Aus Freude am Lesen

btb

Buch

Ihr madonnengleiches Gesicht hat ihren Bruder, den Maler Dante Gabriel Rossetti, zu zahlreichen weiblichen Porträts inspiriert, und in den elegischen Zügen dieser Bilder ist viel von der Melancholie zu spüren, die Christina Rossettis Leben geprägt hat. Doch hinter der traurigen Fassade verbarg sich auch eine andere, ein leidenschaftliche und mitreißende Frau, deren Talent viele Bewunderer fand. Christina Rossetti war – wie die Schwestern Brontë – eine der wenigen Frauen, die im 19. Jahrhundert den literarischen Durchbruch schafften und Anerkennung als Schriftstellerinnen fanden. Sie war der Mittelpunkt der damaligen Kunstszene, die »Hohepriesterin« der Präraffaeliten, umschwärmt und unnahbar zugleich.

Christinas Weg war nicht leicht: Sie wurde 1830 als jüngstes von vier Kindern in eine Welt hineingeboren, in der Unabhängigkeit und Eigenständigkeit nicht als weibliche Tugenden angesehen wurden. Bescheidenheit war das, was man im viktorianischen England von einer Lady erwartete – und Christinas Familie bildete da keine Ausnahme. Das temperamentvolle Mädchen wurde zu einer beherrschten, tief religiösen und scheuen Frau erzogen. Gnadenlos unterdrückte Christina ihre Sehnsüchte und Gefühle und flüchtete schon früh in ihre eigene Welt. Sie schrieb wundervolle Gedichte, in denen sie ihrer Seele Ausdruck verlieh und in denen die begabte Frau endlich das tun konnte, was sie sich so sehnlichst wünschte: das starre gesellschaftliche Korsett ihrer Zeit ablegen und ihren Gefühlen freien Lauf lassen.

Autorin

Kathleen Jones ist im englischen Lake District geboren. Sie arbeitet als freie Journalistin und Autorin und lebt heute in Bristol.

Kathleen Jones

Die einsame Rose
Das Leben der
Christina Rossetti

*Deutsch von
Ursula Wulfekamp*

btb

Die englische Originalausgabe erschien
unter dem Titel »Learning not to be first«
bei Oxford University Press, Oxford.

Umwelthinweis:
Alle bedruckten Materialien dieses Taschenbuches
sind chlorfrei und umweltschonend.

btb Taschenbücher erscheinen im Goldmann Verlag,
einem Unternehmen der Verlagsgruppe Bertelsmann.

1. Auflage
Deutsche Erstausgabe Juni 1996
Copyright © 1991 by Kathleen Jones
First published in Great Britain by the Windrush Press.
Copyright © der deutschsprachigen Ausgabe 1996
by Wilhelm Goldmann Verlag, München
Ins Deutsche übertragen von Ursula Wulfekamp
(Mitglied des Kollektivs Druck-Reif)
Umschlaggestaltung: Design Team München
Umschlagmotiv: Dante Gabriel Rossetti
Satz: Uhl + Massopust, Aalen
MK · Herstellung: Ludwig Weidenbeck
Made in Germany
ISBN 3-442-72016-8

FÜR DAVID, PETA,
MEREDITH, SARAH
UND CHRIS
IN LIEBE

INHALT

Einleitung	11
Teil I: In ein Muster gepreßt	17
Teil II: Entsagung	93
Teil III: Nur ein Märchen	153
Teil IV: Ein Leben im verborgenen	277
Anmerkungen	371
Danksagung	382

Nicht Erste zu sein – wie schwer ist doch
Diese lebenslange Lektion der Vergangenheit zu erlernen.
Falte um Falte, Schlag um Schlag,
Doch Gott sei Dank ist sie endlich erlernt.

<u>Christina Rossetti</u>
»The Lowest Room«
(Der bescheidenste Raum)
30. September 1856

EINLEITUNG

Christina Rossetti war eine faszinierende Frau, weil sie etwas Rätselhaftes an sich hatte – im wirklichen Leben wie in ihrer Literatur. Wenn von ihr die Rede ist, dann wird häufig nur von der Schwester Dante Gabriels gesprochen, einer strengen viktorianischen Dame, deren Frömmigkeit einschüchternd wirkte, die stets Schwarz trug und Kindergedichte und religiöse Lyrik schrieb. Eines ihrer Gedichte wurde von Gustav Holst vertont und gehört mittlerweile zu den beliebtesten englischen Weihnachtsliedern – aber viele Menschen singen »In the Bleak Midwinter« (Mitten im freudlosen Winter), ohne auch nur einen Gedanken an die Verfasserin zu verschwenden. Es ist bezeichnend, daß Christina kein weihnachtliches Lied über Krippen und verschneite Landschaften schrieb, sondern über die Freudlosigkeit des kalten Winters. Diese Kargheit war auch ein zentraler Begriff ihres religiösen Glaubens und entsprach jenem asketischen, herben Zug im tiefsten Inneren ihrer Seele, die es sonst nach Sonnenschein und der Wärme menschlicher Beziehungen verlangte.

Jener Aspekt, den Raymond Williams (in seinem Buch über die Schwestern Brontë) »eine Betonung des Mangels« nannte, stellt den Inbegriff von Christina Rossettis Lyrik dar. Nach Ansicht ihres Bruders Dante Gabriel hätte sie über die Schönheiten der Natur schreiben sollen – wie es sich damals für Frauen gehörte. Doch sie befaßte sich lieber mit der Wirklichkeit des Lebens, wie sie es erlebte, und dazu gehörten auch

Einsamkeit, Verrat, Verzweiflung, Krankheit und Tod. Andererseits war ihre Dichtung nicht ausschließlich von Trauer erfüllt. Es ist auch Freude darin zu finden – sowohl die Freude, die die Liebe zweier Menschen hervorbringt, als auch die Freude der spirituellen Ekstase der Seele, wobei diese beiden Gefühle in den Gedichten oft untrennbar miteinander verwoben sind, denn ihrer Ansicht nach war das eine Reflexion oder Erweiterung des anderen. In ihrem Sonettzyklus »Monna Innominata« schrieb sie über ihre Liebe zu Gott und zu Charles Cayley:

> Ich kann dich nicht lieben, wenn ich Ihn nicht liebe,
> Ich kann Ihn nicht lieben, wenn ich dich nicht liebe.

Obwohl Christina ihr ganzes Leben in der Gesellschaft der unkonventionellen Geister der italienischen Exilgemeinde oder der exzentrischen Präraffaeliten und deren Freunde verkehrte, blieb sie wie ihre Mutter und ihre Schwester extrem konventionell. Doch hinter diesem unauffälligen Äußeren verbarg sich eine leidenschaftliche, wütende Frau, die sich weigerte, sich der Mode entsprechend zu kleiden, und die Gedichte schrieb, deren Sinnlichkeit ihre Brüder gelegentlich peinlich berührte.

Es fällt dem Biographen nicht leicht, Christina als Person zu »entdecken«. Sie vernichtete nicht nur den größten Teil ihrer persönlichen Aufzeichnungen, sondern bat auch ihre Freunde und Verwandten, ähnliches zu tun. Einige von ihnen entsprachen diesem Wunsch, verbrannten Briefe und tilgten Tagebucheinträge, die sich auf Christina bezogen. Das taten sie nicht, um mögliche Leichen in Christinas Keller zu verbergen, sondern um den Heiligenschein, mit dem die Öffentlichkeit Christina umgeben hatte, nicht zu zerstören. Dante Gabriels Bild von ihr als demütiger Jungfrau in seinem Gemälde *Die Kindheit der Jungfrau Maria*, MacKenzie Bells sorgsame Hagiographie, Katharine Tynan Hinksons *Santa Christina* und auch William Rossettis Memoiren heben alle das Bild von Christina als pflichtbewußter Tochter, Schwester und Freundin hervor, die unendliche Geduld besaß und überaus fromm war. Christina wäre entrüstet gewesen. Einmal schrieb sie ihrem Bruder Gabriel, sie wolle nicht für »allzu süß« gehalten werden.

William Rossetti war ein ausgezeichneter Publizist, und sein sorgfältig geschönter Bericht über das Leben seiner Schwester hielt sich lange und hartnäckig in der Öffentlichkeit, die Auswahl von Briefen und Papieren, die er der Nachwelt hinterließ, stellte dieses Bild kaum in Frage. Man wird nie erfahren, wie viele Papiere er vernichtete oder überarbeitete. Auch wenn er letztlich ein aufrichtiger Mensch war, hätte er kein Unrecht darin gesehen, Material zu unterdrücken, das er für Christinas Ruf als abträglich oder für allzu persönlich hielt.

Das einzige, was uns von der »echten« Christina erhalten ist, sind ihre Briefe, Prosatexte und Gedichte. Sie räumte freimütig ein, daß diese Gedichte »sehr subjektiv« seien, und die Tatsache, daß sich nach ihrem Tod über dreihundert unveröffentlichte Gedichte fanden – die vielfach als zu persönlich betrachtet worden waren, um gedruckt zu werden –, bestätigt diese Aussage. Einem Freund der Familie schrieb sie, ihre Gedichte seien nicht nur das »Ergebnis von Bemühung«, sondern auch eine »Aufzeichnung von Gefühlen, Vorstellungen, etc.«. Ihre Notizbücher lesen sich vielfach wie ein emotionales Tagebuch, in dem sie ihre Stimmungen, ihre Ängste und Träume aufzeichnete.

Allerdings wäre es falsch, ihre Gedichte ohne erhärtende Beweise als autobiographisch zu betrachten; und selbst dann verweist der Prozeß, durch den ein Dichter eine persönliche Erfahrung in Kunst verwandelt, das fertige Ergebnis in den öffentlichen und nicht in den privaten Bereich. In einem solchen Prozeß werden Tatsachen unweigerlich verändert oder ausgewählt. Ein Biograph muß sich davor hüten, alles im Werk für autobiographisch zu halten, darf aber umgekehrt auch das Leben der betreffenden Person nicht ganz außer acht lassen.

Lona Mosk Packer, deren Biographie *Christina Rossetti* 1963 erschien, baute ihr sonst ausgezeichnetes Buch auf der Hypothese auf, Christina habe ihr Leben lang heimlich eine Liebesaffäre mit einem verheirateten Mann, nämlich W. B. Scott, unterhalten. Aus dieser – wie sie selbst einräumte – »vorläufigen« Hypothese schuf sie ein Gespinst, von dem sich die späteren Biographen nur schwer befreien konnten. Der führende Rossetti-Forscher Professor W. Fredemann tat L. M. Packers Theorie ab, weil sie auf »Indizienbeweisen« aus Christinas Gedichten beruhe, für die es keinen »einzigen erhärtenden, positiven Beweis« gäbe. Die wenigen existierenden Berichte über Christinas Beziehung zu Scott unterstützten eher Professor Fredemanns Meinung als die L. M. Packers.

Der Grund, warum sie diese Theorie vertrat, lag in ihrer Überzeugung, daß Christinas Lebensumstände und ihre tatsächlichen Liebesbeziehungen ihre leidenschaftliche Lyrik nicht hinreichend erklärten. L. M. Packers ungewöhnliche Schlußfolgerung ist jedoch völlig haltlos. So schrieb sie selbst: »Ich erachtete es nicht für notwendig, jede Aussage in meiner Erzählung zu belegen oder für jede Spekulation einen dokumentierten ›Beweis‹ vorzulegen.« Außerdem geht sie gutgläubig davon aus, daß ein Gedicht praktisch an demselben Tag entstand, an dem das auslösende Ereignis stattfand. In den Beispielen, bei denen sich eine mögliche Verbindung zwischen einem Ereignis und einem Gedicht herstellen läßt, zeigt sich, daß es oft eines langen Reifungsprozesses bedurfte, bevor Christina tatsächlich zur Feder griff. Außerdem berücksichtigt L. M. Packer die Fähigkeit des »Dichtergeistes«, wie Christina es nannte, »unbekannte Welten« zu ersinnen, höchst ungenügend. Angeregt durch Schauerromane, die Dichtung der Romantik und die Bibel, war Christinas Vorstellungsvermögen sehr rege, insbesondere am Anfang ihrer schriftstellerischen Laufbahn.

In diesem Portrait von Christinas Leben habe ich versucht, einige der literarischen Legenden zu enttarnen, die sich seit ihrem Tod 1894 angesammelt haben. Ich habe das in Manuskriptform vorliegende Material und Erinnerungen aus erster Hand genau durchgesehen und eine detaillierte Analyse ihres Werks angestellt. Damit, so hoffe ich, vermittele ich ein Bild der Frau und Dichterin, das der Wahrheit so nahe kommt, wie Christina es sich gewünscht hätte.

TEIL I

In ein Muster gepreßt

Wir nennen sie Liebe und Schmerz,
Die Leidenschaft ihrer Melodie;
Und doch wissen wir nicht:
Vielleicht ist es auch Freude,
Die ihre bewegten Lieder erfüllt?

Christina Rossetti
»Twilight Calm« (Abendruhe)
7. Februar 1850

KAPITEL 1

Als Christina Rossetti am 5. Dezember 1830 zur Welt kam, war Elizabeth Barrett vierundzwanzig und eine Dichterin, die bereits auf mehrere Veröffentlichungen verweisen konnte. Emily Brontë, versunken in der Phantasiewelt von Gondal in Haworth, war zwölf. Fünf Tage nach Christinas Geburt kam im amerikanischen Amherst Emily Dickinson zur Welt.

Von keinen anderen Schriftstellerinnen des 19. Jahrhunderts wurden mehr Werke in Anthologien aufgenommen als von diesen vier Frauen, und es verband sie mehr als nur die Tatsache, daß sie einer Generation angehörten. Sie alle trugen das schwere Los der Dichterin, die in einem Jahrhundert um Anerkennung ringen mußte, in dem selbst eine so begabte Schriftstellerin wie Willa Cather meinte, es stelle sich »ernstlich die Frage, ob Frauen in der Dichtung überhaupt etwas zu suchen haben«.[1] Zwar lernten die vier Frauen sich nie persönlich kennen, doch sie setzten sich mit dem Werk der anderen intensiver auseinander, als man bislang glaubte, und übten großen Einfluß aufeinander aus. Zu dieser Gruppe von Dichterinnen gehörten auch Jean Ingelow, Felicia Hemans, Laetitia Landon, Dora Greenwell und Augusta Webster. Sie alle sind heute mehr oder minder vergessen, doch damals genossen sie großes Ansehen. Was diese Frauen verband, war ein umfassendes Netz von Verweisen und Bezügen, in denen sich offenbarte, daß sie als Frauen in der Kunst der Poesie ähnliche Erfahrungen gemacht hatten.

Diese Frauen ließen sich nicht »in Prosa einsperren«, wie Emily Dickinson so anschaulich sagte. Sie übernahmen eine gemeinsame literarische Tradition, und in ihrem Werk finden sich verblüffende literarische und persönliche Parallelen. Die Dichtung der einen erläutert das Werk der anderen, und wenn man die Lyrik all dieser Frauen liest, wird man sich ihrer vielen Gemeinsamkeiten bewußt. Es ist berauschend zu verfolgen, wie sie gelegentlich die männliche Tradition der Literatur unterwanderten und zu ihren eigenen Zwecken umgestalteten. So schreibt Ellen Moers in ihrem Buch *Literary Women,* die Lektüre der Liebesgedichte von Christina Rossetti, Emily Brontë, Elizabeth Barrett und Emily Dickinson sei vergleichbar damit, »eine Flasche seltenen Weines zu entkorken«.

Elizabeth Barrett Browning, die älteste des Quartetts, hatte einen solch guten Ruf, daß man sie nach dem Tod Wordsworths für den begehrten Titel des *poet laureate* in Erwägung zog. Ihr Namen konnte ihren jüngeren Kolleginnen nicht verborgen bleiben. Elizabeths Kunst ging über ihr Wesen als Frau und ihre Lebenssituation hinaus. In ihrer Dichtung zeigen sich die Kraft eines geschmeidigen Intellekts und eine Allgemeinbildung, die sie sich zielstrebig angeeignet hatte. Ihr langes Gedicht *Aurora Leigh* erklärt die kreative Wut, die ihre Zeitgenossinnen und insbesondere Christina Rossetti erfüllte; eine Wut, die Christina innerlich quälte und die sie zwischen der Bescheidenheit, zu der ihre Religion und ihr Geschlecht sie zwangen, und dem Bedürfnis, zu schreiben und Anerkennung zu finden, hin und her riß.

Wie Aurora Leigh, Elizabeth Barrett Brownings leidenschaftliche Heldin, war Christina halb italienischer, halb englischer Herkunft. Ihr Vater Gabriele Rossetti war als politischer Flüchtling auf dramatische Weise in der Verkleidung eines englischen Matrosen aus Neapel geflüchtet und 1824 über Malta nach England gelangt. Bis zu seinem Tod behielt er die neapolitanische Staatsbürgerschaft bei. Für ihn bedeuteten Politik und Patriotismus die »ewige Plattform des Lebens«. Als er 1826 heiratete, war er dreiundvierzig, achtzehn Jahre älter als seine Frau Frances.

Frances war die Tochter Gaetano Polidoris – der ebenfalls aus Italien geflüchtet war – und seiner englischen Gattin Anna. Frances war in England erzogen und protestantisch getauft worden, und sie hatte eine Ausbildung als Gouvernante erhalten, um sich selbst ihren Lebensunterhalt verdienen zu können. Als Inbegriff einer guten viktorianischen Ehefrau arbeitete sie schwer, war aufopfernd bis zur Selbstaufgabe und fast krankhaft bescheiden; aber diese Eigenschaften hatten ihren Preis. Frances' Sohn Gabriel erzählte einmal einem Freund, Frances Rossetti »wäre zweifellos eine bedeutende Gestalt in der Welt der Literatur geworden«, wenn nicht ihre überragenden intellektuellen Fähigkeiten »zu einem gewissen Grad... durch die Auferlegung einer völligen Selbstverleugnung zugunsten ihrer Familie«[2] unterdrückt worden wären.

In der Familie gab es traditionell enge Verbindungen zur Literatur. Gaetano Polidori war der Sekretär des italienischen Dramatikers Alfieri und selbst Schriftsteller gewesen. Frances' Lieblingsbruder John hatte Byron als Reisearzt begleitet und unter dessen und Mary Shelleys Einfluß den Schauerroman *The Vampyre* geschrieben. Gabriele Rossetti hatte sich in Italien durch seine patriotischen Gedichte einen Namen gemacht; einige wurden noch zur Zeit des Ersten Weltkriegs gesungen. Zudem hatte er kontroverse Artikel und Bücher über Dante und Petrarca verfaßt, die in seiner Heimat wegen antikirchlicher und in einigen Fällen sogar antichristlicher Inhalte auf dem Index standen.

Das frischverheiratete Ehepaar Rossetti wohnte in London in einem kleinen Stadthaus in der Charlotte Street 38, der heutigen Hallam Street, einer düsteren Sackgasse in der Nähe von Portland Place. Es war ein ziemlich verwahrlostes Viertel. Gelegentlich versuchten die angeseheneren Anwohner der Straße sich ihrer zwielichtigen Nachbarn zu entledigen, doch diese Versuche waren selten von Erfolg gekrönt. Vor allem der

Barbierladen eines »Kleinstadt-Figaros« war manchem Bürger ein Dorn im Auge, zum Teil wegen der anstößigen Plakate, die im Schaufenster hingen. Doch die Gegend war billig, und die Rossettis hatten sehr wenig Geld.

Gabriele arbeitete als Professor für Italienisch am Londoner King's College. Diese Anstellung sowie zusätzliche Privatstunden brachten ihm zweihundert bis dreihundert Pfund im Jahr ein. Damit konnte sich die Familie lediglich ein Dienstmädchen leisten sowie – solange die Kinder klein waren – ein Kindermädchen. Der Großteil der Hausarbeit und der Kindererziehung oblag Frances, und tagsüber sah man sie selten ohne ein Geschirrtuch um die Taille geschlungen.

In den ersten vier Ehejahren brachte Frances vier Kinder zur Welt. 1827 wurde Maria Francesca geboren, und auf sie folgten im Abstand von jeweils einem Jahr Gabriel Charles Dante, William Michael und 1830 schließlich Christina Georgina. Bei allen Entbindungen half Dr. William Locock, der später Königin Victorias Geburtshelfer wurde. Auf Gabrieles Wunsch hin erhielt seine Frau den besten ärztlichen Beistand; trotzdem war für sie Christinas Geburt so entsetzlich, daß sie vielleicht aus diesem Grund nie wieder schwanger wurde.

Alle vier Kinder wurden protestantisch getauft. Christinas Patin, nach der sie auch benannt wurde, war die Nichte Napoleons, Prinzessin Christina Bonaparte, die damals in England lebte und einen Engländer geheiratet hatte. Gelegentlich stattete die Familie Bonaparte einschließlich Louis – dem früheren Napoleon III. – den Rossettis einen Besuch ab und brachte ein wenig Glanz in das kärgliche Haus.

Von Zeit zu Zeit unterstützten wohlhabende Bekannte die Familie. Ein Freund Coleridges, Rt. Hon. John Hookham Frere, der in Malta lebte und Gabriele bei der Flucht nach England geholfen hatte, schickte gelegentlich fünfzig oder hundert Pfund, und Charles Eyall, ein in Schottland lebender Verehrer Dantes, finanzierte Gabrieles Veröffentlichungen.

Abgesehen von Geldschwierigkeiten war Gabrieles und

Frances' Ehe offenbar glücklich. Ihre Kinder erinnerten sich lediglich an Auseinandersetzungen über Religion. Gabriele war ein abtrünniger Katholik, der zwar an die Lehren Christi glaubte, aber nicht an die »übernatürlichen und legendären Elemente« der christlichen Religion. Er hielt sich mit Kritik an der Bibel nicht zurück und war ein überzeugter Gegner der katholischen Kirche. William Rossetti erinnerte sich an eine Bemerkung seines Vaters über die Geschichte Abrahams, den Gott beauftragte, zum Zeichen seines Glaubens seinen einzigen, geliebten Sohn zu opfern. Wütend sagte Gabriele, vor die gleiche Wahl gestellt, hätte er erwidert: »Du bist nicht Gott, du bist der Teufel.«[3]

Der Vater liebte seine Kinder über alles und verwöhnte sie mit Lutschern und Süßigkeiten, die Frances als »Schund« verbot. Er schrieb sogar Gedichte für seine Kinder. In einem beschreibt er Maria und Christina als Veilchen und Rosen und als wunderschöne »Turteltäubchen im Liebesnest«. Glaubt man seinem Sohn William, so bestand sein größter Fehler in seiner Selbsteinschätzung, »die voller Eigenlob war«[4]. Leider galt die Liebe der Kinder überwiegend ihrer Mutter und Gaetano, ihrem Großvater mütterlicherseits.

Frances behandelte die Kinder wesentlich strenger als ihr Mann. Sie war sehr fromm, und Gabrieles unorthodoxe Ansichten müssen sie oft geschmerzt haben. Ihre Brüder waren zwar katholisch, aber sie und ihre Schwester hatten wie ihre englische Mutter eine Erziehung in der evangelistisch-protestantischen Tradition genossen. Später fühlten sie sich von der »Tractarian« oder »Oxford«-Bewegung der Hochkirche angezogen, die auf die Lehren John Kebles und Thomas Puseys zurückging. Diese Gemeinde betrachtete die anglikanische Kirche als Zweig vom Stamm der heiligen katholischen Kirche. Gelegentlich erschütterten Übertritte zum Katholizismus diese Bewegung in ihren Grundfesten, und deswegen begegnete man dem katholischen Glauben – insbesondere der Verehrung der Heiligen Jungfrau – mit großem Mißtrauen. In ihrer Kindheit machten diese familiären Auseinandersetzungen über Religion und die Unstimmigkeiten über Katholizismus und Anglikanismus einen tiefen Eindruck auf Christina.

Ansonsten waren die Rossettis eine lebhafte, ungewöhnliche und sehr italienische Familie. Auch wenn die Kinder mit ihrer Mutter Englisch sprachen, redeten sie in Gegenwart des Vaters und des Großvaters stets Italienisch. William, der die Geschichte der Familie aufschrieb, erinnerte sich später, das Haus sei immer voll »Exilanten, Patrioten, Politiker, Literaten, Musiker... beleibter gutmütiger Neapolitaner, eifriger Toskaner und leidenschaftlicher Römer« gewesen.[5] Abends saßen sie gedrängt in dem kleinen Wohnzimmer und diskutierten und gestikulierten wild durcheinander. Eine der bunten Gestalten, die sich dort einfanden, war der Bildhauer Sangiovanni, ein Bigamist, der in Kalabrien offenbar einen Mann ermordet hatte. Er schenkte Christina einen selbstgemachten Briefbeschwerer, den sie bis an ihr Lebensende aufbewahrte. Ein anderer Freund aus Italien gab ihr ein Medaillon mit der Heiligen Jungfrau und dem Christuskind, in Perlmutt eingefaßt.

Nur selten wurden die Kinder bei solchen Zusammenkünften aus dem Zimmer geschickt, gleichgültig, welche Verschwörungen diskutiert wurden. Sie spielten gemeinsam vor dem Kamin oder unter dem Tisch und wurden nicht wie die Kinder der englischen Mittelklasse von der Gesellschaft der Erwachsenen ausgeschlossen. Keines der vier Kinder interessierte sich später auch nur andeutungsweise für Politik.

Zu anderen englischen Familien gab es kaum Kontakte. Die einzigen Kinder, von denen die Rossettis manchmal Besuch bekamen, waren die Söhne und Töchter von Gabrieles Freund Cipriano Potter, dem Konzertmeister der Royal Academy of Music. Seine Frau war eine Pianistin, die sich in besseren Kreisen bewegte und Frances Rossetti Zugang zu dieser Gesellschaft hätte verschaffen können, wenn diese es gewünscht hätte. Die zwei Söhne und zwei Töchter der Potters waren in einem ähnlichen Alter wie die jungen Rossettis, aber sie hatten wenige Gemeinsamkeiten. Gelegentlich spielten sie mit den Kindern des Musikers Signor Rovedino, der Maria auch Gesangsunterricht gab. Wie die Geschwister Brontë mußten sich die Kinder der Rossettis vorwiegend selbst beschäftigen und unterhalten, und dies ist nur eine von vielen Ähnlichkeiten zwischen diesen beiden Familien. Die enge Beziehung der Geschwister untereinander, ihre nichtenglische Abstammung, ihre literarischen Unternehmungen sind weitere Gemeinsamkeiten, ähnlich wie die Parallelen zwischen Branwell und Dante Gabriel.

Als die Rossettis heranwuchsen, kam es zwischen ihnen zu den üblichen Eifersüchteleien. Maria, die mit fünf Jahren bereits fließend Italienisch und Englisch lesen konnte, war die Älteste und intellektuell Frühreifeste der vier. Allerdings hatte sie auch am wenigsten Phantasie, und sie war oft eifersüchtig, vor allem auf die hübschere und lebhaftere Christina. Sie hatte eine volle, beeindruckende Stimme, einen starken Charakter und war eine imposante Erscheinung. Trotz ihres dunklen Teints und ihres italienischen Aussehens – offenbar schlug sie nach Gabrieles Mutter – hielt sogar ihre Familie sie für wenig hübsch. Wegen ihres runden Gesichts und ihrer nachdenklichen Art bedachte Christina sie mit dem Spitznamen »Moon« oder »Moony« (»Mond«). Schon als Kind war Maria sehr fromm, und mit dreizehn Jahren, bald nach ihrer Konfirmation, fühlte sie sich offenbar berufen. Religion wurde zum Hauptinhalt ihres Lebens; sie verbrachte die Tage damit, zu beten und ihren Mitmenschen gute Dienste zu erweisen. William war bekümmert über den großen Einfluß, den Maria auf Christina ausübte, und andere teilten diese Meinung. Marias »strenge, überzeugte Denkweise« und ihre engumrissenen Ansichten schränkten Christinas empfindsames, phantasievolles Wesen ein.

Der älteste Sohn Gabriel, der sich später Dante nannte, war ein lebhafter Junge mit einnehmendem Wesen, temperamentvoll und stolz auf seine frühreife künstlerische Begabung. Später übernahm er die führende Rolle in der Familie. Im Alter von fünf Jahren machte er seine ersten Zeichnungen, und die Familie beschloß, ihm eine Ausbildung als Maler angedeihen zu lassen. Oft verspottete er Christina derart unbarmherzig, daß sie sich schutzsuchend an William wandte.

Gabriel und Christina galten als die beiden »Stürmischen« der Familie, die das hitzige Temperament ihres Vaters geerbt hatten. Dabei war Christina noch unbändiger als ihr Bruder und extrem leidenschaftlich: Sie neigte zu heftigen Wutausbrüchen. Doch schon als Kind besaß sie eine besondere Qualität, deretwegen Erwachsene sie gerne um sich sahen. Die hing nicht nur mit ihrer Begeisterung für Worte zusammen und mit ihrer altklugen Art, Sprache zu verwenden. Jahre später erzählten Leute, die sie kennengelernt hatten, von einer »geheimnisvollen Faszination«, die von ihr ausging. Sie war »nachdenklich, aufmerksam, melancholisch, sehnsuchtsvoll«, doch keiner dieser Begriffe wird ihrem eindringlichen, beschwörenden Charakterzug gerecht. Ihr Bruder Gabriel versuchte, diesen Zug in seinen Porträts von ihr als Jungfrau Maria einzufangen, und das gleiche wollte Holman Hunt vermitteln, als er Jesus in seinem Bild *Das Licht der Welt* ihren Gesichtsausdruck verlieh. Christinas Großvater Gaetano Polidori meinte, sie würde sich zum brillantesten der vier Kinder entwickeln – »*avra piu spirito di tutto*«. Aber Christina selbst gab sich keinen derartigen Erwartungen hin. In einem Brief an Edmund Gosse schrieb sie: »Vor allem dachte ich, daß meine kluge Schwester und meine zwei klugen Brüder, die ein bißchen (aber nur ein bißchen) älter waren als ich, mir weit überlegen wären. Und was ihre Fertigkeiten betraf, so hinkte ich ihnen endlos hinterher und habe sie bis auf den heutigen Tage nicht eingeholt.«[6]

Der nur ein Jahr ältere William war wesentlich sanftmütiger als Maria und auch weniger launisch als Gabriel oder Christina. Er war von Natur aus anhänglich und liebevoll, und von seiner Mutter hatte er die Bescheidenheit geerbt und die Fähigkeit, schwer zu arbeiten und sich selbst zu verleugnen. Als die Gesundheit des Vaters nachließ, betrachtete man folglich William und nicht Dante Gabriel als Oberhaupt der Familie. Aufgrund der Tatsache, daß er schon so früh Verantwortung übernehmen mußte, wurde er vielleicht ernsthafter und pedantischer, als es ansonsten der Fall gewesen wäre.

Die Geschwister Rossetti erfanden Phantasiegeschichten, wenn auch nicht so ausgefallene wie das Gondal oder Angria der Schwestern Brontë, und sie gaben eine Familienzeitung mit dem Namen *Hodge Podge* (Mischmasch) heraus. Außerdem schrieben sie gerne »Bout-rimes«. Bei diesem Gesellschaftsspiel muß man aus vorgegebenen Reimen ein Sonett dichten. Gabriel und Christina wetteiferten beim Schreiben miteinander und entwickelten sehr früh große technische Geschicklichkeit. Außerdem lieferte Christina voll Begeisterung Beiträge zu den anderen literarischen Unternehmungen der Geschwister; sie dichtete ihr erstes Gedicht noch bevor sie schreiben konnte und verfaßte später Prosa wie *The Dervise* (Der Derwisch) und *Retribution* (Vergeltung). Als Anregung dienten den Kindern oft die Geschichten und Gedichte, die Frances Rossetti ihnen aus ihrem Kollektaneenbuch vorlas, in dem sie ihre Lieblingszitate und ausgewählte Textstellen aufzeichnete, und damit vermittelte sie den vier Geschwistern eine Liebe zur Literatur, lange bevor sie selbst lesen konnten.

Bei *Hodge Podge* und der späteren *Illustrated Review* (Bebilderte Zeitschrift) handelte es sich um regelmäßig erscheinende Hefte mit Geschichten, Gedichten und Zeichnungen, die alle von den Kindern stammten. Für sie war es ganz natürlich, Gedichte zu schreiben. William konnte sich an keine Zeit erinnern, »in der wir wußten, was eine Strophe ist, ohne gleichzeitig zu wissen und zu fühlen, was eine *korrekte* Strophe ist«.[7] Seine eigenen Gedichte, die zu seinen Lebzeiten veröffentlicht und bewundert wurden, sind mittlerweile völlig in Vergessenheit geraten.

Bis zu Christinas neuntem Lebensjahr verbrachten die Rossettis die Ferien immer im Haus der Großeltern in der Nähe von Little Missenden in Buckinghamshire. Für die Kinder war die sechsstündige Fahrt mit der Postkutsche ein großes Ereignis, auf das sie sich schon lange vorher freuten. In Holmer Green genossen sie die Freiheiten des Landlebens und durften unbeaufsichtigt kurze Ausflüge unternehmen. Christina liebte es, allein durch den Garten zu streifen und die Tiere zu beobachten, die dort lebten. Später erzählte sie Edmund Gosse:

> Wenn etwas Bestimmtes mich zum Dichten hinführte, dann vielleicht die reizvolle Muße und die Freiheit, ganz allein durch den Garten um das Häuschen meines Großvaters zu streunen... Der Garten war klein und recht bescheiden – aber in jenen Tagen erschien er mir riesig und vielfältig, und es bereitete mir großen Spaß, ihn zu erforschen.[8]

Die Großmutter Anna Polidori war dauerhaft ans Bett gefesselt durch eine jener nie näher erläuterten weiblichen Krankheiten, die zuhauf in viktorianischen Romanen vorkommen. Mir ihr lebten in Holmer Green ihr Sohn Philip, der als »schwachsinnig und etwas seltsam« galt, sowie dessen Schwester Margaret, die offenbar ein Nervenleiden hatte. Versorgt wurden sie von der jüngsten Tochter Eliza, einer freimütigen und unkonventionellen Frau, die einen Schutenhut trug, obwohl der schon seit zwanzig Jahren außer Mode war, und deren größter Trost darin bestand, daß der Tag nur vierundzwanzig Stunden hatte.

Ein weiterer Bruder, Henry, schlug sich in London erfolglos als Anwalt durch, obwohl er seinen Namen eigens zu dem englisch klingenden »Polydore« verändert hatte. Frances' Lieblingsschwester war Charlotte; in der Familie hießen die beiden wegen ihrer beider Körperbau nur »Schatten und Fülle«. Charlotte hielt sich oft in Somerset auf, wo sie als Gouvernante der Marchioness Dowager of Bath arbeitete.

Gaetano Polidori verbrachte mehr Zeit in London als in Holmer Green. Er hatte in der Nähe der Oxford Street zwei Zimmer gemietet, um seinen Lebensunterhalt mit Italienischunterricht zu verdienen. Seine Enkel liebten ihn. Er war ein ausgesprochener Exzentriker, der vormittags gerne Milton ins Italienische übertrug und sich nachmittags seiner zweiten Leidenschaft, der Schreinerei, widmete. Angeblich hatte er den Sturm auf die Bastille mitgemacht, sich dann aber entsetzt von den Vorgängen abgewandt. Als ein Franzose ihm ein Schwert ausgehändigt hatte mit der Aufforderung, alle Aristokraten, die ihm über den Weg liefen, ins Jenseits zu befördern, hatte er es an der nächsten Straßenecke dem ersten unbewaffneten Franzosen überreicht, der ihm begegnet war.

1839 mietete Gaetano Polidori ein Haus in Park Village East am Regents Park und siedelte mit seiner Familie dorthin um. Damit fanden die Besuche der Kinder in Holmer Green ein Ende. Sie verließen die Stadt nur noch selten. Christina fühlte sich »in London eingesperrt« und schrieb von der »wiedererwachten Freude«, als sie im Alter von vierzehn Jahren auf einem Eisenbahndamm Schlüsselblumen blühen sah – bei diesem Ausflug war sie zum ersten Mal nach fünf Jahren aus der Stadt herausgekommen.

Einen gewissen Ausgleich für die entgangenen Ferien auf dem Land boten die häufigen Besuche, die die Verwandten nun einander abstatten konnten. Gaetano kaufte eine Druckerpresse, die er in einem Schuppen im Garten unterbrachte, und stellte einen sizilianischen Setzer an. Die Kinder waren fasziniert, wie er am Ufer des Kanals Schnecken sammelte und sie zu einer Suppe verkochte. Die Druckerpresse bot den Kindern zum ersten Mal die Gelegenheit, etwas zu veröffentlichen. 1841 druckte Gaetano Marias Übersetzung eines italienischen Gedichts. Darauf folgten 1843 Gabriels Ballade *Sir Hugh the Heron* (Sir Hugh, der Held) und 1847 eine Ausgabe von Christinas *Verses*. Alle drei Bände sind heute begehrte Sammlerobjekte.

1839 zogen die Rossettis in ein etwas größeres Haus am anderen Ende der Charlotte Street. Das Haus Nr. 50 war wesentlich teurer als Nr. 38, aber trotzdem immer noch zu klein. Für eine Miete von sechzig Pfund pro Jahr standen der Familie jetzt fünf Stockwerke mit jeweils zwei Zimmern zur Verfügung. Das Haus hatte keinen Garten und lag gegenüber einer Schenke und einem Droschkenstand. Im Souterrain gab es wie allgemein üblich eine Küche mit einer Tür zum Hinterhof. Im Erdgeschoß befanden sich das Eß- und das Wohnzimmer, im ersten Stock der Salon und ein Schlafzimmer, und auf dem zweiten und dritten Stock lagen weitere fünf oder sechs Schlafzimmer. In einem davon wohnte das Hausmädchen. Eines der kleinsten Zimmer, das anfangs Gabriele als Ankleidezimmer diente, ging nach und nach als »Höhle« in den Besitz von William und Gabriel über.

In diesem Haus beendete Christina ihre schmerzliche Verwandlung von einem lebhaften, hitzköpfigen und leidenschaftlichen Kind zu einer schüchternen, extrem zurückhaltenden und über alle Maßen zweifelnden Frau. Christinas Metamorphose, die in den Jahren von 1842 bis 1847 passierte, bereitet Biographen große Schwierigkeiten, denn über diese Zeit ist nur sehr wenig bekannt. Offenbar stellte diese Veränderung Christinas Familie vor ein ebenso großes Rätsel. Ihr Bruder William, gleichzeitig ihr bester Freund, schrieb:

> Inwendig war sie lebhaft und angenehmen Einflüssen durchaus aufgeschlossen. Während ihrer Jungmädchenjahre hätte man angenommen, daß sie zu einer Frau heranwachsen würde, die ein großes Herz besaß und Geselligkeit und Unterhaltung liebte – und daß sie sich mit überdurchschnittlicher Brillanz an diesen Zerstreuungen beteiligen würde.

Doch das Gegenteil war der Fall. William schrieb dazu: Nicht nur die verzweifelte finanzielle Situation, unter der die Familie litt, sondern auch Christinas »angegriffene Gesundheit und eine frühe Beeinträchtigung ihres Gemüts waren für vieles verantwortlich, ebenso wie eine übertriebene Empfindlichkeit des Gewissens, auf das strengste religiöse Gebote einwirkten«. Als Folge davon wurden »ihr Temperament und ihr Wesen, von Natur aus warm und offen, zu ›einer versiegelten Quelle‹... Ihre Impulsivität und ihr Elan waren gebremst, nicht nur im Handeln, sondern auch beim Schreiben«.[9]

KAPITEL 2

Christinas geistige und emotionale Lähmung lag in gewissem Maße an der Art, wie viktorianische Mädchen auf das Leben vorbereitet wurden. Christina wurde von ihrer Mutter streng protestantisch erzogen. Sie unterrichtete ihre Tochter ausschließlich zu Hause und schottete sie von der Außenwelt ab.

In *Aurora Leigh* beschreibt Elizabeth Barrett Browning die Auswirkungen dieser Erziehung auf ein temperamentvolles Mädchen mit den Worten: »In den Stickrahmen gezwungen und mit spitzer Nadel bearbeitet.« Diese Metapher verdeutlicht nicht nur die Schmerzhaftigkeit eines solchen Prozesses, sondern erläutert auch eine der Methoden, mit denen jungen Damen Gehorsam beigebracht wurde. In seinem Gemälde *Die Jungfrau Maria als Mädchen* zeigt Dante Gabriel seine jüngere Schwester, wie sie unter der Aufsicht ihrer Mutter pflichtschuldig eine Altardecke bestickt. In Wirklichkeit haßte Christina jede Art von Handarbeit und vermied sie nach Möglichkeit – ebenso, wie sie in ihren Gedichten jede Metapher vermied, die auf Hausarbeit anspielte.

Viel später, nach der Veröffentlichung von *Aurora Leigh,* beschrieb Christina ihre Erziehung und verglich das Heranwachsen junger Engländerinnen mit dem ihrer italienischen Freundin Enrica.

> Wir englischen Frauen, adrett und korrekt,
> Wurden in einer Anstalt geprägt,

Sind warmherzig, doch erscheinen kalt,
Sind aus Selbstachtung allzu höflich.

Sie, Frau von natürlicher Anmut,
Ist weniger in Regeln gefangen,
Ist von Natur aus höflich, nicht aus Pflicht,
Ist warmherzig, zeigt ein freundliches Gesicht.[1]

Von Natur aus war Christina rebellisch, leidenschaftlich und spontan, aber diese Eigenschaften paßten nicht zu den viktorianischen Vorstellungen von weiblicher Bescheidenheit und Demut. Mühevoll versuchte Christina, es ihrer duldsamen Mutter gleichzutun und ihre Heftigkeit unter Aufbietung aller Willenskraft zu bändigen. Ihren Nichten Helen und Olive erzählte sie, sie sei nicht immer »ruhig und gesetzt gewesen«, und erklärte, sie habe sich nur ihrer Mutter zuliebe Zurückhaltung angeeignet. Dann forderte sie die beiden Mädchen auf, ihrem Beispiel zu folgen. Sie berichtete, sie habe sich einmal aus Wut den Arm mit einer Schere aufgerissen, nachdem sie wegen eines Vergehens getadelt worden war. Christina brachte ihrer Mutter sehr starke Gefühle entgegen. Im April 1842, mit nur elf Jahren, schrieb sie Frances zum Geburtstag ein formvollendetes Gedicht, das sie ihr zusammen mit einem Blumenstrauß überreichte.

An Deinem Geburtstag heute
Überreiche ich Dir duftende Blumen:
Mutter, ich bitte Dich, nimm sie an,
Meine Gabe.

Mögest Du glücklich leben
Und uns lange Deinen Segen geben,
Mögest Du so großes Glück empfangen,
Wie Du es uns gewährst.[2]

Elizabeth Barrett Browning schrieb *Aurora Leigh* in Italien, bevor Christinas erstes Buch veröffentlicht wurde, doch die Lebensumstände ihrer Titelfigur sind denen Christinas sehr ähnlich und bieten uns durch diesen glücklichen Zufall Einblick in ihre Gemütsverfassung und ihre Schwierigkeiten. Es gibt mehrere Parallelen: von Geburt und dem Wesen nach Italienerin, doch als Engländerin erzogen; Dichterin in einer Zeit, in der die Fähigkeiten von Frauen allgemein wenig Beachtung fanden; Verzicht auf Liebe und Ehe zugunsten eines höheren Ideals. In *Aurora Leigh* verwendete Elizabeth Barrett Browning das Bild eines Vogels im Käfig, um das Leben einer Engländerin aus der Mittelklasse zu beschreiben.

> Sie hatte gelebt
> Das Leben eines gefangenen Vogels, geboren in einem Käfig,
> Im Glauben, kein Vogel bräuchte mehr Bewegung und Freude,
> Als von Stange zu Stange zu hüpfen.
>
> Ich jedoch
> Wurde als kaum gezähmter, wilder Vogel in ihren Käfig gesperrt.
> Sie begrüßte mich, war sehr freundlich.
> Bring das saubere Wasser, reich mir frische Samen.[3]

1861 verwendete Christina die gleiche Analogie in ihrem Gedicht »A Royal Princess« (Eine Königliche Prinzessin).

> Zu zweit stehen die Wachen hinter mir, zu zweit stehen sie mir vor,
> Zu zweit zur Rechten und zur Linken, mich immerfort bewachend,
> Ich, arme Taube, die nicht gurren darf – ein Adler, der nicht fliegen darf.

Aber nicht nur Frauen benutzten diesen Vergleich. Walter Deverell, der dem Kreis der Präraffaeliten angehörte, malte in seinem Bild *Das Haustier* ein Mädchen, das einen Vogel im Käfig füttert. Die junge Frau ist ebenso gefangen wie ihr kleiner Vogel, im Gegensatz zu den Lebewesen, die draußen im Garten jenseits der Tür in Freiheit leben.

Nur eine Dichterseele konnte mit Hilfe der Phantasie diesem Käfig entfliehen. Auch Elizabeth Barretts Lerche flüchtet: »Hinter den Mauern der Vernunft wird ihr kein Leid geschehen... Im Aufwind des Ruhms und des blauen Himmels.«[4]

Christinas Gedichte waren wie ein Blick nach innen. Sie benutzte Bilder von geschlossenen Räumen und verriegelten Gärten. Immer wieder erging sie sich in Selbstbetrachtungen und schrieb Gedanken nieder, die sich im Ich, im Streben nach Vollkommenheit erschöpften.

> All meine Mauern verlieren sich in Spiegeln, in denen ich
> Mich suche rechterhand, linkerhand, allüberall;
> Die gleiche einsame Gestalt, das gleiche forschende Gesicht.[5]

Emily Brontë konnte sich ihren Gefühlen im wilden Moor von Haworth hingeben. Um sich ihre Individualität und ihre geistige Freiheit zu bewahren, eignete sie sich eine religiöse Philosophie an, die gelegentlich als heidnisch bezeichnet wurde. Den meisten anderen Frauen waren Grenzen gesetzt. Sie durften zwar das Innenleben von Tennysons »Lady of Shalott« kennenlernen, konnten aber die Wirklichkeit nur durch einen Spiegel betrachten.

Gelegentlich brach diese unterdrückte Leidenschaft gewaltsam hervor – etwa wenn sich Christina nach dem Tadel ihrer Mutter mit einer Schere in den Arm stach oder wenn Emily Brontë ihren Hund Keeper mit bloßen Fäusten schlug. Symbolisch kam sie auch in Romanen zum Ausdruck, etwa in

Charlotte Brontës rotem Zimmer in *Jane Eyre* und George
Eliots Roten Tiefen in *Die Mühle am Floss.* In einem Essay
schrieb Alice Meynell, eine Dichterin des 19. Jahrhunderts:
»Rot ist nicht die Farbe des Lebens, sondern die Farbe der
Gewalt« – allerdings einer verdeckten Gewalt: »Die Farbe von
Blut unter der Haut... Was Frauen betrifft, so ist es das
lebende, unveröffentlichte Blut, das die gewalttätige Welt als
zart und schamhaft ausgibt.«[6] Emily Brontë lebte ihre innere
Gewalttätigkeit in *Sturmhöhen* aus, während Christina diese
Gefühle unterdrückte und tief in ihrer Seele verbarg. Nur
gelegentlich bricht sie in leidenschaftlichen, schrecklichen Gedichten hervor.

> Die ganze Nacht träumt ich von dir,
> Erwachte und sprach Gebete, ohne es zu wollen,
> Schlief ein, um erneut von dir zu träumen.
> Bis ich aufstand und auf Knien betete.
> Ich kann nicht sagen, was ich sprach,
> Die Worte kamen stockend, die Tränen zögernd,
> Doch im Dunkel hallte mein Schweigen
> Wie Donner. Als der heutige Morgen anbrach,
> War mein Gesicht verhärmt, mein Haar ergraut,
> Und gefrorenes Blut war auf dem Fensterbrett.
> Auf dem ich kämpfend, erstickend lag.[7]

Es wäre nicht verwunderlich, wenn Christina – wie Aurora
Leigh – »Dutzende von Büchern über die Weiblichkeit« gelesen hätte. Aber die Rossetti-Kinder haßten Tugendbücher und
moralische Fabeln. Später lasen sie Romane des 19. Jahrhunderts, die allerdings kaum weniger belehrend waren. Maria
mochte die stark an der anglikanischen Hochkirche ausgerichteten Romane von Charlotte M. Yonge, die kaum verhüllte
Benimmbücher waren, während Christina die Romane von
Mrs. Gaskell bevorzugte. Heute lesen wir in diesen Büchern
vor allem eine Beschreibung, wie aus rebellischen, unabhängi-

gen Mädchen sittsame, pflichtbewußte Ehefrauen und Töchter werden. Tatsächlich ging es um nichts anderes als um das Abtöten der eigenen Persönlichkeit. Als Mrs. Gaskells Heldin Molly in *Wives and Daughters* aufgefordert wird, an ihre Mitmenschen zu denken, die Wünsche der anderen über ihre eigenen zu stellen und darin ihr Glück zu finden, antwortet sie:

> Es wird sehr öde sein, wenn ich mich schließlich selbst getötet habe und mein Leben darauf verwende, so zu handeln und zu sein, wie andere es für richtig erachten. Ich weiß nicht, ob das jemals ein Ende haben kann. Genausogut könnte ich nie gelebt haben. Und was das von Ihnen erwähnte Glück betrifft, so werde ich nie wieder glücklich sein.[8]

Zwar wurden William und Gabriel mit sieben Jahren auf eine Schule geschickt, doch im großen und ganzen oblag die Erziehung der Kinder Frances. Trotz ihrer Ausbildung als Gouvernante fiel ihr diese Aufgabe nicht leicht. Maria und William bereiteten ihr als gefügige Schüler mit einer raschen Auffassungsgabe weniger Schwierigkeiten, aber Gabriels und Christinas Persönlichkeit war anders gelagert. Keines der beiden Kinder besaß die Geduld, sich mit Dingen zu beschäftigen, die sie nicht interessierten. Christina lehnte jede formale Ausbildung ab und las nur Bücher, die ihr gefielen. Sie eignete sich ihr Wissen auf sehr zufällige Art und Weise an.

Die jungen Rossettis konnten sich unbegrenzt Bücher aus Gaetano Polidoris Bibliothek ausleihen und lasen viele sehr unterschiedliche Werke. Sie bevorzugten Sir Walter Scott, die Schauerromane von Ann Radcliffe, »Monk« Lewis und Maturin, die Gedichte von Keats, Shelley und Byron sowie italienische Gedichte von Petrarca, Tasso und Metastasio. Dantes Dichtkunst hingegen, an der ihr Vater zeit seines Lebens mit fast besessener Begeisterung arbeitete, gefiel ihnen anfangs überhaupt nicht. William schrieb, daß »Dante Alighieri in den

Häusern in der Charlotte Street als eine Art Werwolf galt; seine Schreie waren uns innig vertraut, aber seine Botschaft wurde nicht verstanden«.[9]

In den frühen Gedichten Christinas findet man Elemente des Märchens, des Schauerromans, der Romantik und der Bibel ebenso wie italienische Einflüsse, und William beschrieb die Wirkung dieser Verse als »ein wenig abweichend von der britischen Tradition und dem insularen Denken«.

Körperliche Auslastung bekamen die Kinder bei Spaziergängen im Regent's Park, wo Christina in Gabriels Begleitung oft den Zoo besuchte. Die seltsamen Tiere und Vögel, die sie dort sah, faszinierten sie, aber gleichzeitig bedrückte sie, daß diese Lebewesen in Käfigen gefangen waren. Vor allem mit den Vögeln empfand sie großes Mitleid, auch wenn Gabriel sie mit lustigen Biographien der Käfiginsassen aufzuheitern versuchte. Eines Nachts träumte Christina, alle Kanarienvögel in London würden bei Einbruch der Dunkelheit ihren Käfig verlassen und erst im Morgengrauen zurückkehren, um »in einer Woge gelben Lichts« von den Bäumen herabzuschwirren.[10]

Als William sieben und Gabriel acht Jahre alt waren, wurden sie auf die von Rev. Dr. Paul in Portland Place geführte Tagesschule geschickt und später auf das King's College, wo ihr Vater Italienisch unterrichtete. Keiner der beiden Jungen war dort glücklich, ihre bisherige Erziehung unterschied sich zu stark von derjenigen der englischen Kinder, die überwiegend aus akademischen Familien stammten. Außerdem hatten sie keinerlei Erfahrung mit den sportlichen Wettkämpfen, die im Schulalltag der Jungen eine wichtige Rolle spielten. Nach einem turbulenten Zwischenfall ging Gabriel 1842 im Alter von 13 Jahren von der Schule ab, um Malerei zu studieren. William mühte sich verbissen weiter durch das Schulsystem.

1842 bekam Gabriele Probleme mit seiner Gesundheit. Seine Sehkraft ließ nach, und im Winter litt er an einer schweren Bronchitis. In den Industriegebieten Englands waren Erkrankungen der Bronchien in den Wintermonaten keine Seltenheit. Sie wurden hervorgerufen durch die fatale Mischung von kalter, feuchter Luft und dem Kohlerauch, die zusammen den berüchtigten Smog erzeugten.

Auf Rat seines Arztes reiste Gabriele mit Frances nach Paris. Einige Monate später erklärte man ihn für soweit genesen, daß er zurückkehren konnte. Doch die Besserung erwies sich als kurzfristig; seine Sehkraft und sein allgemeiner Gesundheitszustand verschlechterten sich. Eines Morgens war er beim Aufwachen auf einem Auge vollkommen und auf dem anderen zur Hälfte blind. Eine Zeitlang befürchtete man, er würde völlig erblinden. In diesem Zustand war es für ihn unmöglich, zu schreiben oder zu unterrichten, und er sah sich gezwungen, seine Stelle am King's College aufzugeben. Er behielt nur ein oder zwei Privatschüler. Einer davon war Charles Cayley, ein außerordentlich schüchterner junger Gelehrter, der sich zum Freund der Familie entwickelte. Die finanzielle Situation der Rossettis war hoffnungslos.

1844 suchte Frances Rossetti per Anzeige Privatschüler. Zudem mußte sie ihre Familie um ein Darlehen auf den Besitz ihres Großvaters mütterlicherseits bitten; beim Tod ihrer Mutter sollte sie zweitausend Pfund erben. Dieser Vorschuß wurde ihr sofort gewährt, aber die Polidoris waren keineswegs wohlhabend, und Frances empfand es als demütigend, diese Bitte äußern zu müssen. Als Frances' Tante Harriet 1849 starb, gab es eine bittere Enttäuschung. Die alte Dame hatte ihr nicht unbeträchtliches Vermögen Frances hinterlassen, doch dann stellte sich heraus, daß ihr Testament nicht richtig bezeugt worden war. So erhielt Frances lediglich eine kleine Summe, auf die sie als Verwandte einer Person, die ohne Testament gestorben war, Anspruch hatte.

Mit siebzehn begann Maria auf Vermittlung von Tante Charlotte als Gouvernante bei Rev. Lord und Lady Charles Thynne zu arbeiten, dem Schwager der Marchioness Dowager of Bath. Sie sollte bis 1848 von zu Hause fort sein.

1845 verließ William die Schule und trat beim Finanzamt

eine Stelle an, die ihm ein früherer Schüler seines Vaters vermittelt hatte. Er haßte seine Arbeit und hätte lieber Medizin studiert, aber eine solche Ausbildung war zu teuer. Beim Finanzamt verdiente er achtzig Pfund im Jahr.

Zur selben Zeit studierte Gabriel Malerei – zuerst an der Sass's Academy in Bloomsbury und dann an der Antique School der Royal Academy. Da er der älteste Bruder war und zudem eindeutig Talent besaß, hatte er ein Anrecht darauf, daß das Geld der Familie in ihn investiert wurde. Sein Vater setzte alle Hoffnungen in ihn, doch Gabriel war an der Royal Academy genauso unglücklich wie am King's College. Er lehnte sich gegen die Unterrichtsmethoden auf und beklagte sich ständig. Die Tatsache, daß es für die Familie ein Opfer war, ihn die Schule überhaupt besuchen zu lassen, ignorierte er.

Christina war zu jung, um zum Lebensunterhalt der Familie beizutragen, aber sie war sich der Schwierigkeiten ihrer Eltern und insbesondere der Verantwortung, die auf ihrer Mutter lastete, sehr wohl bewußt. Sie versorgte ihren Vater und half ihrer Mutter im Haushalt. Nebenbei versuchte sie sich an Gedichten, die sie in schmale, längliche Notizbücher ins reine schrieb.

Anhand ihrer frühen Gedichte kann man erkennen, welche Bücher sie las, denn die Zeilen enthalten Hinweise auf Gestalten aus den Schauerromanen, die ihr gefielen, etwa Isadora, Zara, Eva, Immalee. Ihre Lyrik steckt voll jugendlicher Morbidität, doch die Gefühle sind klischeehaft; ihnen fehlt die Überzeugungskraft der persönlichen Erfahrung. »Present and Future« (Gegenwart und Zukunft) ist ein typisches Beispiel dafür.

> Irdische Freuden sind sehr flüchtig,
> Irdische Leiden währen lang;
> Auf jede Begegnung folgt ein Abschied,
> Auf jedes Abendlied die Nacht.

Einige der Gedichte nehmen bereits Themen späterer Werke vorweg, insbesondere »The Solitary Rose« (Die einsame Rose), die nur ihren eigenen Duft verströmt und alleine blüht. Die Rose war Christinas persönliches Symbol.

> Erklingt für dich kein Lied der Nachtigall?
> Sie singt am Abend, verstummt jedoch am Morgen.
> Dich umschwirren keine Falter und Bienen,
> Um im Morgengrau deinen Nektar zu trinken;
> Du verströmst deinen süßen Duft erst in der
>   Dämmerung,
> Du glückliche Rose.

Allmählich wurde Christina sich bewußt, daß sie anders war als die anderen – nicht nur als Künstlerin, sondern auch als Frau und in ihrer Zugehörigkeit zu einer anderen, fremden Kultur. Ihre Gedichte, beeinflußt von Keats und Tennyson, besitzen eine natürliche Sinnlichkeit. Häufig setzte sie Wasser als Metapher für »ozeanische Gefühle« ein und verwendete es bewußt oder unbewußt, um starke, vielfach sexuelle Emotionen auszudrücken, aber auch als Bild für persönliche Freiheit und kreative Phantasie. »The Water Spirit's Song« (Das Lied des Wassergeistes) entstand 1844 und wurde in keine der späteren gesammelten Ausgaben von Christinas Werk aufgenommen.

> Wenn abends durch die Bäume
> Die kühle, frische Brise weht;
> Wenn das wilde Lied der Nachtigall
> Kraut, Blume und Baum
> Aus ihrem süßen Schlummer erweckt,
> Um die Schönheit der Rose zu verkünden;
> Wenn der Ozean trügerisch schläft
> Und die Wellen sich sanft wiegen,
> Dann breite ich meine Schwingen und fliege fort

Zum fröhlichen Haus meiner schönen Schwester:
Ich lasse Felsen und Berge hinter mir,
Lasse Bach und Quelle hinter mir,
Tauche hinab in das rauschende Meer,
Wo meine Schwester mich freudig begrüßt,
Denn sie ist ewig Königin des Ozeans,
Und ich der Quellen, der Seen und Flüsse.[11]

Christinas erster Biograph MacKenzie Bell bemerkte den Einfluß Felicia Hemans' und Laetita Landons auf ihr Werk. Man entdeckt in Christinas Jugendgedichten ähnliche Themen und Gefühle, vor allem die extreme Neigung zu Melancholie und Todessehnsucht. Die Rossettis besaßen Ausgaben von Laetitia Landons *The Improvatrice, The Golden Violet* und *The Venetian Bracelet*. *The Improvatrice* handelt von einer jungen Dichterin, »durch und durch italienisch – eine junge Frau mit all der Lieblichkeit, den lebhaften Gefühlen und den wunderbaren Zügen ihrer leidenschaftlichen Heimat«. In diesem Band finden sich auch Gedichte, die von der Lyrik Sapphos beeinflußt sind, und zu Christinas frühen Werken gehören einige Gedichte an Sappho, von deren Schicksal Christina offenbar fasziniert war. Eines trägt den Titel »What Sappho would have said, had her leap cured instead of killing her« (Was Sappho gesagt hätte, wenn ihr Sturz sie geheilt und nicht getötet hätte) und ist eine Klage um eine verlorene Liebe. Laetitia Landons Sappho nimmt Abschied von ihrer Laute, während Christinas Sappho sich nach dem Tod sehnt und ihre leeren Tage mit Seufzen füllt.

Befreit von meiner unendlichen Schwere,
Der Vergessenheit vergessend,
Frei von Schmerz, Gram und Sorgen
Die lange Nacht hindurch, die kein morgen kennt;
Ungeliebt leben, unbekannt sterben,
Unbeweint, einsam und allein.[12]

Felicia Hemans und Laetitia Landon waren neben Elizabeth Barrett Browning und der skandalumwitterten Caroline Norton[13] die Dichterinnen, die im frühen 19. Jahrhundert den größten Einfluß ausübten. Sie alle wurden zu unterschiedlichen Zeiten als »weibliche Byrons unserer Zeit« bezeichnet. Auch Eliza Cook war bei der Leserschaft sehr beliebt, obwohl sie wegen ihres populären Stils und ihrer häuslichen Themen kritisiert wurde. Felicia Hemans starb 1835, Laetitia Landon drei Jahre später. Beide Frauen hatten ein kurzes und tragisches Leben. In schwierigen Phasen identifizierte Christina sich offenbar mit beiden von ihnen, vor allem aber mit Laetitia, oder L.E.L., wie sie meist schrieb.

1844 veröffentlichte Elizabeth Barrett (wie sie damals noch hieß) eine Gedichtsammlung, die sie ihrem Vater widmete. Zu dem Zeitpunkt hatte seine zunehmende Herrschsucht ihre tiefe Zuneigung zu ihm noch nicht völlig ersterben lassen. Sowohl William als auch Gabriel verehrten Elizabeth Barrett und lasen ihre Gedichte mit Begeisterung. Christina teilte die Bewunderung ihrer Brüder und hielt sie für die bei weitem größte lebende Dichterin. Die Kritiker waren allerdings anderer Ansicht. Sie fanden, Elizabeths Experimente mit Reimen, insbesondere mit unreinen Reimen, beeinträchtigten ihre Gedichte.

Christina war fasziniert von neuen Möglichkeiten in der Metrik, von unreinen Reimen und Endreimen und setzte diese Mittel in ihrer eigenen Lyrik ein. In zwei Gedichten, die sie 1845 schrieb, reimte sie *pure* mit *store*, *heaven* mit *even* sowie – was vielleicht weniger geglückt ist – *blossom* mit *bosom* und *daisies* mit *raises*. Außerdem experimentierte sie mit der Balladenform, die Elizabeth Barrett so gekonnt verwendete, und versuchte sich an ähnlichen Themen. Die Ungewißheit irdischer Liebe im Vergleich zur himmlischen Liebe wird in »The Dead Bride« (Die tote Braut) und »The Dying Man to His Betrothed« (Der Sterbende an seine Angetraute) angesprochen.

Die Wurzeln von »The Dead City« (Die tote Stadt), einem ihrer beeindruckendsten Gedichte, liegen im Schauerroman und den Erzählungen aus Tausendundeiner Nacht, die Christina als Kind mit großem Vergnügen gelesen hatte. Viele der Bilder stammen aus Zobeides Geschichte, und die üppige Sinnlichkeit darin findet sich später in »Goblin Market« wieder. Ein Wanderer, der sich in einem unheimlichen Wald verirrt, wird von einer verlassenen »schönen Stadt aus weißem Stein« angelockt. Im Garten des Königspalasts ist ein Zelt aufgebaut, in dem ein Festmahl aufgetischt ist. Doch die geladenen Gäste sind zu Stein geworden.

> Alle Schüsseln waren aus Gold
> Und mit edlen Steinen besetzt.
> Inmitten sprudelte ein Brunnen
> Aus reiner Milch, deren Strahl
> Sich in eine silberne Schale ergoß.
>
> In grünen Körben aus Smaragd
> Lagen rote Äpfel, sonnengeküßt;
> Nektarinen, Pfirsiche gab es
> Sowie reife Pflaumen, alle
> Mit zartem Flaum bedeckt.
>
> Von oben hingen Trauben herab,
> Purpur, blaß und kräftig rot;
> Und in Körben glänzten
> Gelb die frischen Melonen,
> Mit feuchtem Tau benetzt.
>
> Auch Birnen gab es, Aprikosen,
> Fleischig-saftige Feigen,
> Kirschen und dunkle Blaubeeren,
> Johannisbeeren, Erdbeeren
> Und die bleiche, schöne Zitrone.

Die Vision verflüchtigt sich ebenso geheimnisvoll, wie sie erschienen war, und der Wanderer, das »Ich« des Gedichts, bleibt ehrfurchtsvoll und ängstlich zurück.

Aber nicht alle Gedichte sind so ernsthaft. Christina hatte auch einen spielerischen, geistreichen Zug, der in kurzen, epigrammatischen Versen zum Tragen kommt. »On Albina« entstand, als sie dreizehn war.

> Ein rosiger Hauch überzog ihre Wangen,
> Als Albina in Ohnmacht fiel;
> Geneigter Leser, ist es möglich,
> Daß die hübsche Albina malte?

Christinas frühe Gedichte können dem Vergleich mit Dante Gabriels ersten Versuchen ohne weiteres standhalten. In diesem Auszug aus *Sir Hugh The Heron* wird der Held in der Schlacht beschrieben.

> Und das Kreischen der Fallenden, das Stöhnen der
>   Sterbenden
> Und das betäubende Lärmen der Schlacht,
> Und das Rasseln der Rüstung, als der Krieger sich reckte,
> Und ihr Krachen, als er fiel.

Im Alter zwischen dreizehn und achtzehn Jahren lebte Christina als einzige Tochter im Haus und war zum ersten Mal von Maria getrennt. Offenbar wirkten sich die bedrückenden Lebensumstände der Familie, die Angst, so bald wie möglich als Gouvernante selbst Geld verdienen zu müssen, die Sorge um die Gesundheit ihres Vaters, der Beginn der Pubertät und eine religiöse Krise so nachteilig auf Christinas empfindsames, unbeständiges Gemüt aus, daß ihre Gesundheit angegriffen wurde.

Was genau passierte, läßt sich schwer feststellen. Ein Freund von Christinas Biographen MacKenzie Bell berichtete, es habe sich um eine »religiöse Manie, die an Wahnsinn grenzte«, gehandelt. Es ist möglich, daß sie »sich in Christus verliebte«, wie viele junge Menschen in diesem Alter, aber es finden sich wenige Anzeichen für übertriebenen religiösen Eifer. Christinas poetisches Schaffen aus dieser Zeit enthält weniger religiöse Elemente als all ihre anderen Gedichte.

Ursprünglich besuchte die Familie den Gottesdienst in der Trinity Church in der Marylebone Road. Doch eines Tages hatte der Pfarrherr Mrs. Rossetti wegen der Mietzahlungen für die Kirchenbank barsch zur Rede gestellt. Als Christina dreizehn war, gingen die Rossettis – wie auch Margaret und Eliza Polidori – zum Gottesdienst in die Christ Church in der Albany Street. Der dortige Pfarrer, Rev. William Dodsworth, war eine der führenden Figuren in der Bewegung für die anglikanische Hochkirche; bald darauf konvertierte er zum Katholizismus. Christina war von seinen Lehren sehr beeindruckt. Sie fühlte sich immer mehr vom Anglikanismus angesprochen, der die Gläubigen dazu auffordert, jedes Motiv und jedes Verhalten zu hinterfragen, und Selbstentäußerung, Demut und die Unterdrückung jeglicher Eitelkeit verlangt.

In den Romanen Charlotte Yonges werden besonders deutliche Beispiele für diese Entwicklung gezeichnet. Christina erwähnt von Charlotte Yonges Büchern nur eines namentlich, und deshalb läßt sich nicht mit Gewißheit sagen, welche der Romane sie tatsächlich gelesen hatte. Andererseits entsprechen die Gefühle, die dort beschrieben werden, so genau den Emotionen, die Christina in ihren Gedichten zum Ausdruck bringt, daß man die Verse oft als Gegenstück zu Miss Yonges Prosa betrachten kann. In der Zeitschrift *The Daisy Chain* erschien ein Artikel über Ehrgeiz und die Notwendigkeit, auch mit dem Geringsten zufrieden zu sein. Der Aufsatz bezog sich auf den Bibeltext »Die Letzten werden die Ersten sein«, und nur wenige Monate später schrieb Christina das Gedicht »The Lowest Room« (Der bescheidenste Raum), das auf den gleichen Text zurückgeht und dieselben Argumente verwendet.

In den Romanen Miss Yonges entsagen Frauen der Liebe und der Unabhängigkeit, um ihren Familien zu dienen. Sie verzichten auf ein Studium, um den Stolz ihrer weniger intelligenten Brüder nicht zu kränken. Sie finden sich mit einem Leben auf der Schattenseite ab, weil es ihren Vätern mißfällt, wenn die Frauen im Rampenlicht stehen. Die Pflicht gegenüber den Eltern ist oberstes Gebot, selbst wenn die Frauen daraufhin ein »zerstörtes und glückloses« Leben führen. Die Romangestalten unterwerfen sich einer Art moralischer Selbstgeißelung. Persönlicher Ehrgeiz und Leistung galten als Sünde, wenn die Motive nicht über jeden Zweifel erhaben waren. Christina übernahm diesen Glauben, der das Streben nach Größe verdammte, sofern es nicht um seiner selbst willen geschah und Christus geweiht wurde.

Christina war zu dieser Zeit sehr betrübt über den Tod von Lady Isabella Howard, einer früheren Schülerin von Charlotte Polidori, die krank wurde und im Alter von achtzehn Jahren starb. Offenbar hegte Christina »glühende Bewunderung für das liebliche Wesen und die reizende Persönlichkeit« von Lady Isabella. In ihren Notizbüchern finden sich zahlreiche Gedichte über ihren Tod. Einige sind uns noch in Marias Handschrift, andere in der ihrer Mutter erhalten. Laut William war Christina gelegentlich zu schwach, um ihre Gedichte selbst ins reine zu schreiben, auch wenn sie die Strophen noch dichten konnte.

Die hormonellen Umstellungen und die heftigen Stimmungsumschwünge, die den Beginn der Pubertät begleiten, brachten weitere Schwierigkeiten mit sich. Zudem veränderte das Einsetzen der Menstruation Christinas bisherige Lebensweise. Die primitive Hygiene beim Umgang mit der monatlichen Blutung und die Tatsache, daß heranwachsende Mädchen nur in Begleitung ausgehen durften, schränkte die Bewegungsfreiheit junger Frauen zwangsläufig ein. Einer der Ärzte, den Christina aufsuchte, stellte eine Anämie fest. Zudem hatte sie alle Symptome einer Angina pectoris – Kurzatmigkeit,

Herzklopfen und Schmerzen in der Brust. Diese Erscheinungen können auch bei Anämie und akuten Angstzuständen auftreten. Aber damals, ohne moderne Diagnosetechniken, war es schwer, sich Gewißheit darüber zu verschaffen. Überdies litt Christina an Bronchitis, was stets besorgniserregend war, weil diese Erkrankung die Lunge in Mitleidenschaft zieht und damals zu Tuberkulose oder chronischem Emphysem führen konnte.

Christina ging zu mehreren Ärzten – darunter einem Gynäkologen –, aber offenbar stellten sie unterschiedliche Diagnosen. Fast unvermeidlich fiel das Wort Hysterie. Zweifellos war Christinas Krankheit teils psychosomatischer Natur, das heißt, daß eine emotionale oder nervöse Störung körperliche Auswirkungen hatte. Eines der Symptome, unter denen sie litt, war das »Gefühl zu ersticken«, eine Beschreibung, in der die dabei auftretende Panik zu spüren ist. Das Wort Hysterie stammt vom griechischen *hystera,* Gebärmutter. Nach damaliger Lehrmeinung entsprangen Nervenleiden der Gebärmutter. Ebenso glaubte man, daß die dichterische Tätigkeit von Frauen dort ihren Ursprung hatte. Diese Überzeugung war so tief verwurzelt, daß viele herausragende Ärzte noch bis Anfang des 20. Jahrhunderts glaubten, Schreiben und Studieren könnten junge Frauen entweder unfruchtbar oder verrückt machen oder auch beides bewirken. Bis zum Ersten Weltkrieg, als Hysterie den Namen Neurasthenie erhielt, ging man davon aus, daß nur Frauen darunter litten.

Allerdings stellten mehrere viktorianische Psychiater bereits einen Zusammenhang her zwischen der gesellschaftlichen Repression von Frauen und ihren Nervenleiden. So schrieb Charles Mercier in *Sanity and Insanity,* nur wenige junge Frauen würden heranwachsen, ohne auf die eine oder andere Art an Hysterie zu leiden. Diese würde hervorgerufen durch die Unmöglichkeit, ein Ventil für die sich entwickelnden emotionalen und sexuellen Kräfte zu finden. Freud hingegen ignorierte meist den gesellschaftlichen Druck auf Frauen, obwohl er

Beweise dafür vor sich hatte. In *Studien über die Hysterie* bemerkten Freud und Breuer, »Heranwachsende, die später hysterisch werden, sind zum Großteil lebhaft, begabt und intellektuell interessiert, bevor sie erkranken«. Beide räumten allerdings ein, daß »wiederholte häusliche Tätigkeiten bei sehr intelligenten Frauen für die Hysterie verantwortlich sein könnten«. Die Romane Charlotte Brontës beschreiben diese Entwicklung als den Weg »vom Frühstück zum Wahnsinn«. In *Jane Eyre* und *Villette* führt eine Unterdrückung der Gefühle, insbesondere der sexuellen Empfindungen, zum Zusammenbruch und gelegentlich zum Wahnsinn. Sowohl Jane Eyre als auch Bertha Mason und Lucy Snowe leiden darunter. *Villette* ist einer der eindrücklichsten Berichte über einen Zusammenbruch, der je geschrieben wurde.[14]

Es ist auffallend, wie häufig psychosomatische Krankheiten bei Frauen im 19. Jahrhundert auftraten. Elizabeth Barrett erlebte als junges Mädchen eine gesundheitliche Krise, die sie erst überwand, als Robert Browning ihr ab 1845 helfend zur Seite stand. Emily Brontë erkrankte jedesmal, wenn sie Haworth verließ. Florence Nightingale machte eine ähnliche Krise durch, als ihre Eltern ihre Hoffnung auf eine Karriere als Krankenschwester vereiteln wollten. Diese Erfahrungen beschrieb sie später in *Cassandra*.

Erschwerend wirkte sich auch Christinas Familiengeschichte aus. Sie hatte einen Onkel, der geistig zurückgeblieben war, und eine Tante, die unter Neurasthenie litt. Auch ihr Onkel John Polidori war geistig instabil gewesen. Er hatte 1821 Selbstmord begangen, nachdem er riesige Spielschulden angehäuft hatte, die er nicht zurückzahlen konnte. Vermutlich beeinflußte die Familiengeschichte auch das Verhalten der Angehörigen gegenüber Christina. Sie war leicht erregbar, und vermutlich führten die Diagnosen zu einer Art Autosuggestion, die ihre Persönlichkeit stark beeinflußte. Die junge Elizabeth Barrett wurde im Glauben an ihre Krankheit bestätigt, als der Arzt ihren Eltern mitteilte, er könne keine Anzeichen einer Wirbelsäulenerkrankung feststellen, aber man solle die Patientin behandeln, als bestünde dieses Leiden. So wurde die rastlose, ehrgeizige Elizabeth, die offenbar an postviraler Depression litt, ebenso wie Christina dazu ermutigt, sich als Kranke zu betrachten.

Auch den viktorianischen Psychiatern entging nicht, welche Vorteile die Hysterie bot. Gelegentlich gestattete diese Krankheit den Leidenden, die sonst keine Macht besaßen, ihre Mitmenschen zu manipulieren. Christinas Freundin Dora Greenwell betrachtete ihre angegriffene Gesundheit als eine Zuflucht – »eine kleine Höhle, die ich aufsuchen kann« –, die »viele gesellschaftliche Privilegien« mit sich brachte, und diese wollte sie nach Kräften nutzen. Aufgrund ihrer Krankheit stand Elizabeth Barrett im Mittelpunkt der Familie und wurde von vielen unangenehmen Aufgaben im Haushalt und von gesellschaftlichen Verpflichtungen befreit, so daß sie Zeit zum Schreiben fand. Emily Brontë konnte in der Stille von Haworth bleiben und brauchte nicht wie ihre Schwestern als Gouvernante oder Lehrerin zu arbeiten und Geld zu verdienen. Christinas schwächlicher Gesundheitszustand half ihr ebenfalls, diesem Schicksal zu entgehen, und führte dazu, daß ihre Ausbildung abgebrochen wurde und sie sich mit Dingen befassen konnte, die sie interessierten. Später erzählte sie Swinburne, sie fühle sich wie eine »entlaufene Gouvernante... und deshalb sollte ich Mitgefühl für meine ›Schwestern in der Not‹ aufbringen«.[15]

Sie verbrachte immer mehr Zeit mit Schreiben. 1847 verlegte ihr Großvater Gaetano Polidori einen dünnen Band mit Christinas Gedichten, die von der Familie für würdig befunden wurden, gedruckt zu werden. Im Vorwort deutete Gaetano mögliche weitere Veröffentlichungen an:

> ... zwar räume ich bereitwillig ein, daß die wohlbekannte Parteilichkeit eines Großvaters mich möglicherweise dazu veranlaßt, die Qualität ihrer jugendlichen Bemühun-

gen zu überschätzen; dennoch bin ich der Überzeugung, daß Liebhaber der Dichtkunst mein Urteil nicht ausschließlich auf Parteilichkeit zurückführen werden.[16]

Exemplare der *Verses* wurden an Verwandte und Freunde verschenkt und meist wohlwollend aufgenommen, aber es gab auch Ausnahmen. Im Juli schrieb Dante Gabriel seiner Mutter:

> Was den Unsinn mit Christinas *Verses* anbelangt, so würde ich ihr raten, sich mit einem inneren Gefühl von Überlegenheit zu trösten (und außerdem kann sie versichert sein, daß sie keineswegs die erste ist, die sich immer wieder zu diesem Schritt gedrängt fühlt). Sie soll diesen Narren Mr. L. und seine Narretei jener absoluten geistigen Vergessenheit anheimstellen, in die sie, davon bin ich überzeugt, schon lange all jene beförderte, die mit dem Geschenk ihres Büchleins einer allzu großen Ehre teilhaftig wurden.[17]

Als Christina langsam wieder zu Kräften kam, hatte sie wieder mehr Freude am Leben. Maria kehrte aus Somerset zurück (Rev. Lord Charles Thynne war zum Katholizismus konvertiert) und lebte nun bei der Familie Read in Finsbury Pavement. Man lud Christina dorthin ein, um Elizabeth kennenzulernen, die Tochter des Hauses, die Bessie genannt wurde. Zwischen den beiden jungen Frauen entwickelte sich eine lose Freundschaft, und Christina schickte Bessie ein feinsinniges Gedicht und Briefmarken für ihre Sammlung.

Dante Gabriel und William hatten mit Freunden einen kleinen Lesezirkel gegründet, der in dem kleinen Arbeits- und Ankleidezimmer ganz oben im Haus abgehalten wurde. Hier lasen sie nicht nur eigene Werke vor, sondern auch die neuesten Veröffentlichungen. Sowohl *Sturmhöhen* als auch *Agnes Grey* und *Jane Eyre* erschienen 1847, und die Rossettis diskutierten wie alle anderen literaturbeflissenen Engländer über die jeweiligen Vorzüge der Romane. *Jane Eyre* erhielt einen Ehrenplatz in der Kunst der Präraffaeliten. *Sturmhöhen* hingegen bereitete ihnen gewisse Probleme. Dante fand es »ein Teufelsbuch. Die Handlung spielt in der Hölle«. Auch Christina wurde aufgefordert, sich dem Kreis anzuschließen. Aber natürlich lehnte sie ab – teils aus Schüchternheit und teils, weil sie vor jeder Art von »Selbstdarstellung« zurückschreckte; so wie die strikten Vorschriften ihrer Religion es verlangten. Sie gestattete nicht einmal ihren Brüdern, die von ihr verfaßten Gedichte vorzulesen.

Gabriel fühlte sich an der Royal Academy zusehends eingeschränkt. Im März 1848 verließ er das Institut, um bei dem Maler Ford Madox Brown Privatstunden zu nehmen. Dieser Schritt führte zur Gründung der Bruderschaft der Präraffaeliten, einem der einschneidendsten Ereignisse in Christinas Leben.

KAPITEL 3

An der Royal Academy hatte Dante Gabriel Menschen kennengelernt, die seine Interessen und Gedanken teilten. Da er weniger schüchtern und zurückhaltend war als William und Christina, ging er ohne Hemmungen auf Leute zu, die er bewunderte. 1847 schrieb er einen überschwenglichen Brief an William Bell Scott, der als Maler in Newcastle-upon-Tyne Kunstunterricht gab und auch Gedichte schrieb. In dem Brief erzählte Gabriel, wie er Scotts Gedichtband *Year of the World* mit großer Mühe ausfindig gemacht und ihn sofort ganz gelesen habe. Scotts Antwort auf diesen Brief führte zu einer Einladung, der Familie Rossetti bei seinem nächsten Aufenthalt in London einen Besuch abzustatten.

Scott faszinierten Gabriels ungewöhnliche Kontaktaufnahme und die Gedichte, die er ihm geschickt hatte. Als er kurz vor Weihnachten nach London kam, suchte er das Haus in der Charlotte Street tatsächlich auf. Allerdings fand er nur Gabriele und Christina vor. Das Dienstmädchen führte ihn in den Raum, wo Gabriele wie üblich in seinem Sessel vor dem Kamin saß, mit einem offenen Manuskript auf dem Schoß und einer großen Dose Schnupftabak neben sich.

> Neben dem Fenster befand sich ein hohes, schmales Lesepult, an dem ein schmächtiges Mädchen stand und schrieb. Es hatte ein ernsthaftes, regelmäßiges Profil, das sich dunkel vor dem dämmrigen Winterlicht draußen ab-

> hob. Dieses Mädchen, meines Erachtens die bei weitem interessanteste Erscheinung in diesem Zimmer, wandte sich um, als ich den Raum betrat, machte einen überaus förmlichen und anmutigen Knicks und kehrte zu seiner Schreibarbeit zurück...[1]

Scott war ein gutaussehender, beeindruckender Mann mit kalten blauen Augen. Frauen fanden ihn äußerst anziehend, und da er seinerseits weibliche Gesellschaft nicht verachtete, hatte er viele Affären. Zu der Zeit war den Rossettis nicht bekannt, daß er verheiratet war. Allerdings führte er eine jener merkwürdigen, scheinbar nie vollzogenen Ehen, die im 19. Jahrhundert keine Seltenheit waren. Diese kurze Begegnung, ihre spätere Freundschaft und einige wenige Gedichte baute Christinas Biographin L. M. Packer zu einer Liebesbeziehung zwischen Scott und Christina aus. Dabei berief sie sich fast ausschließlich auf Christinas Gedichte; direkte Beweise für eine solche Verbindung gibt es nicht. Da Christinas Gefühle zwischen 1847 und 1851 einem weiteren Bekannten aus dem Kreis der Präraffaeliten galten, nämlich James Collinson (und dies übersieht L. M. Packer), ist dieser Gedanke darüber hinaus höchst unwahrscheinlich.

Gabriel stellte sich auch bei Ford Madox Brown vor, einem siebenundzwanzigjährigen Maler, dessen Frau vor rund einem Jahr gestorben war und der nun alleine mit seiner kleinen Tochter Lucy lebte. Gabriel überhäufte ihn in einem Brief mit Komplimenten für seine Arbeit und fragte an, ob er sein Schüler werden dürfe. Der überschwengliche Stil Gabriels machte Ford etwas stutzig. Er wußte nicht, inwieweit er die Zeilen ernst nehmen konnte. Ein wenig mißtrauisch suchte er das Haus in der Charlotte Street 50 auf, deutete auf den Brief und fragte: »Was wollen Sie damit sagen?« Aber auch er erlag rasch Gabriels Ausstrahlung, und bald siedelte Gabriel, den die Unterrichtsmethoden an der Royal Academy langweilten, in Fords Atelier um. Dort experimentierte er mit Techniken für

Stilleben und malte Gläser mit Essiggemüse und antike Flaschen.

Christina, die ebenfalls Talent zum Malen besaß, ließ sich wie ihr Bruder von Madox Brown unterrichten und nahm an einem Malkurs teil, den er im Stadtteil Camden Town abhielt.

Die Bekanntschaft Gabriels mit Holman Hunt und John Millais an der Royal Academy wurde zum Ausgangspunkt der Bruderschaft der Präraffaeliten. Es ist noch immer unklar, wie diese Gruppe tatsächlich entstand und welches Mitglied wofür verantwortlich war. William Rossetti galt als der inoffizielle Geschichtsschreiber des Kreises, aber ihm wird oft Parteilichkeit bei seinen Darstellungen vorgeworfen, da er dazu neigte, seinen Bruder als bedeutendstes Mitglied der Gruppe und als treibende Kraft des präraffaelitischen Ideals darzustellen.

In seinem Buch über die Präraffaeliten bemühte sich Holman Hunt, die Dinge ins rechte Licht zu rücken. Seiner Ansicht nach hatte er selbst und nicht Madox Brown den größten Einfluß auf Dante Gabriel. Gabriel blieb nur wenige Monate bei Madox Brown, arbeitete aber längere Zeit unter Hunts Anleitung. Dieser betrachtete Gabriel als einen Schützling, den er und Millais unter ihre Fittiche genommen hatten, und war offenbar aufrichtig davon überzeugt, daß Gabriel seine Technik ihnen zu verdanken hatte.

Hunts detaillierte Darstellung von der Gründung der Präraffaeliten entspricht anscheinend ziemlich genau der Wahrheit. An der Royal Academy lernte er den jungen Maler Millais kennen, dem eine brillante Zukunft vorausgesagt wurde und der mit vielen Preisen ausgezeichnet wurde. Die beiden Männer lehnten das konservative Kunstestablishment ab; ihrer Meinung nach hatte es die Royal Academy in eine Gesellschaft zur gegenseitigen Bewunderung verwandelt, die allem Neuen sehr mißtrauisch gegenüberstand. An der Akademie wurden die Schüler dazu ermuntert, die alten Meister zu kopieren, und die Lehrer blickten ehrfürchtig auf das goldene

Zeitalter der Kunst – insbesondere auf Raphael – zurück, das sie zum Maßstab ihrer eigenen Werke nahmen.

Millais' und Hunts Kritik an Raphael bestand darin, er habe »über die Schlichtheit der Wahrheit in Bausch und Bogen hinweggesehen«; ihrer Meinung nach nahmen seine Figuren »pompöse Haltungen ein« und »stellten sich in Pose«. Gemeinsam lasen sie Ruskins Buch *Moderne Maler,* in dem der Autor seine Bewunderung für Turner zum Ausdruck brachte und Wahrhaftigkeit gegenüber der Natur als den Weg nach vorne wies. Außerdem entdeckten sie Keats, dessen Gedichte damals kaum bekannt waren. In einer Kiste mit der Aufschrift »Alle Bücher 4d« fand Hunt einen in Pappe gebundenen Band mit einigen seiner Werke. Insbesondere gefiel ihnen »The Eve of St. Agnes« (Der Vorabend des St. Agnes-Tags), das laut Hunt »die Heiligkeit aufrichtiger, verantwortlicher Liebe und den Makel stolzer Maßlosigkeit«[2] beschrieb.

Damit begann die enge Verbindung der Präraffaeliten mit der Dichtkunst, und die ungewöhnliche Verflechtung von Dichtung und Malerei sucht noch heute ihresgleichen. Hunt malte nach Keats' Gedicht *Der Vorabend des St. Agnes-Tages,* und sobald Dante Gabriel das Bild sah, stellte er sich dem Maler vor und sprach ihm seine Bewunderung aus. Die beiden Männer entdeckten gemeinsame Ziele und Ideale, und schon bald darauf wurde Gabriel – der es leid war, bei Madox Brown antike Flaschen zu malen – Hunts Schüler, obwohl zwischen den beiden kaum ein Altersunterschied bestand: Gabriel war zwanzig, Hunt einundzwanzig.

Hunt fühlte sich von Gabriel ebenso angezogen wie abgestoßen. Er beschrieb ihn als »einen jungen Mann von unverkennbar südlicher Herkunft und Wesensart, etwa 1,70 m groß, mit langen, braunen Haaren, die ihm bis zu den Schultern gingen. Er bemühte sich nicht, aufrecht zu gehen, sondern wiegte sich sorglos beim Dahinschlurfen, schmollte mit leicht geöffneten Lippen, suchte mit träumerischen Augen.«[3] Hunt seinerseits erhielt den Spitznamen »Der Wahnsinnige«, zum Teil wegen seines Äußeren, aber auch, weil seine Entschlossenheit beinahe an Fanatismus grenzte.

Bei einem Besuch im Haus der Rossettis lernten Hunt und Millais auch Christina kennen. Das Mädchen war zu einer jungen, sehr kleinen Frau mit wohlgeformter Figur herangewachsen. Ihr Gesicht war länger, als es dem Schönheitsideal entsprach, und das Beeindruckendste an ihr waren ihre großen, ausdrucksvollen Augen. Bisher hatte sie ihre gelockten Haare ins Gesicht fallen lassen, aber 1848 legte sie sich eine strengere Frisur zu und flocht die Haare zu Schnecken über den Ohren. Wie ihre Mutter kleidete sie sich sehr schlicht, ohne sich um die jeweilige Mode zu kümmern, und trug unauffällige Farben, die nur durch einen Spitzenkragen oder eine Schleife am Hals aufgehellt wurden. Hunt, der damals nichts von ihren Talenten wußte, hielt sie für ein »reines und gefügiges junges Mädchen«. Es gelang ihm nie, ihre madonnenhafte Fassade zu durchschauen.

Die Abende bei den Rossettis verliefen sehr lebhaft. Am Kopfende des Eßtischs saß Frances, dominierend, aber zurückhaltend, während Maria – wohl die Geselligste der Familie – die Rolle der Gastgeberin übernahm und »jeden mit überschäumender Aufmerksamkeit bedachte und jedem einzelnen ihr Interesse schenkte«. Am Platz vor dem Kamin, wo der gebrechliche und fast blinde Gabriele saß, wurden »tragische Leidenschaften« diskutiert.[4] Man sprach über Politik und die Revolution in Italien, gestikulierte, debattierte oder sprang vom Sessel auf, um seine Meinung vor dem Kamin kundzutun. Millais und Hunt hatten dergleichen noch nie erlebt.

Wenn das Abendessen serviert wurde, gingen die Gäste – die um die angespannte finanzielle Lage der Rossettis wußten – entweder zu sich nach Hause, oder sie blieben vor dem Feuer sitzen und erklärten, sie hätten bereits gegessen. Bei seinem ersten Besuch wurden Hunt Makkaroni serviert, und anschließend bat man ihn, noch auf ein Spiel Domino oder Schach zu bleiben.

Christina liebte Schach und zeigte beim Spielen großen Kampfgeist. Wenn sie gewann, war sie außer sich vor Freude, und wütend, wenn sie geschlagen wurde. Allerdings stand das für sie im Widerspruch zu ihren christlichen Prinzipien und war Teil des für sie sündigen Stolzes, so daß sie sich schließlich zwang, das Schachspielen als Übung in Selbstverleugnung aufzugeben. Diesen Schritt rechtfertigte sie mit einem Bibelzitat: »Und wenn dich dein Auge zum Abfall von Gott verführt, reiß es aus.« Aus ähnlichen Gründen verzichtete sie später auf Theaterbesuche: Schauspieler und Schauspielerinnen waren in der Regel unmoralisch, und Christina wollte unmoralisches Verhalten nicht einmal ansatzweise unterstützen. William beschrieb seine Schwester als puritanisch, und ihre Einstellung war sicher großteils auf Mrs. Rossettis evangelischen Eifer zurückzuführen, in dem sie vom anglikanischen Glauben noch bestärkt wurde. In *Letter and Spirit,* veröffentlicht 1883, erläuterte und rechtfertigte Christina diese Art von Selbstverleugnung.

> ...unser ganzes Leben lang werden wir dazu genötigt sein, unsere Seele zu bändigen und von Stolz zu befreien, aber was dann? Für die Bücher, die zu lesen wir heute entsagen, werden wir eines Tages mit Weisheit und Wissen ausgestattet. Für die Musik, der wir nicht lauschen, werden wir in den Lobgesang der Erlösten einstimmen... Für die Gesellschaft, die wir meiden, werden wir in die Schar der Engel aufgenommen... Für die Vergnügungen, denen wir uns entziehen, werden wir des höchsten Jubels teilhaftig werden. Für die Freude, die uns entgeht, werden wir immer und ewiglich in himmlischer Verzückung leben.

Bei ihren Gesprächen über Kunst stellten Hunt, Millais und Gabriel fest, daß sie alle die »naiven Merkmale des freimütigen Ausdrucks und der ungekünstelten Anmut« der frühen italienischen Malerei bewunderten. Ihrer Ansicht nach vermittelten diese Bilder die Prinzipien der Wahrhaftigkeit gegenüber der Natur, nach der sie selbst strebten. Sie fuhren meilenweit, um die richtige Landschaft zu finden. Nacht um Nacht saß Hunt in einem Obstgarten, um das Spiel des Mondlichts auf den Bäumen einzufangen. Sie kauften Kleider und Schmuckstücke eigens, um sie auf ihren Gemälden abzubilden. Trotzdem waren sie keineswegs Realisten. So schrieb Hunt: »Das Werk eines Menschen muß das Spiegelbild eines lebendigen Bildes in seinem Kopf sein, nicht das kalte Abbild der Wirklichkeit an sich.« Der Essayist Carlyle bemerkte etwas unfreundlich: »Angeblich kopieren die Präraffaeliten das Ding, wie es ist, oder sie erfinden, wie es ihrer Ansicht nach gewesen sein muß.«[5]

Sie alle hatten eine Schwäche für die Romantik und begeisterten sich für die Mythen König Artus'. Insbesondere Gabriel malte gerne »Ritter, die Damen erretten, Liebende in mittelalterlichen Gewändern« und die »aufwühlenden Erlebnisse romantischer Dichter«, vor allem von Tennyson. Gelegentlich bildeten Gedicht und Gemälde eine Einheit, wobei der Text an den Rahmen geheftet wurde. Gabriel schrieb: »Bild und Gedicht müssen in der gleichen Beziehung zueinander stehen wie die Schönheit in Mann und Frau. An dem Punkt, an dem beide sich am weitesten annähern, ist die höchste Vollkommenheit erreicht.«[6] Immer wiederkehrende Themen waren höfische Liebe und Ritterlichkeit, die Erhöhung der Frau und die Traurigkeit über einen frühen Tod.

Im Laufe der Zeit spiegelten Christinas Gedichte immer häufiger die Ideale der Präraffaeliten wider, so daß man sie später als »die Hohepriesterin des Präraffaelitismus« bezeichnete. Ihre Schlichtheit und fehlende Sentimentalität, die Verwendung von Emblemen, der goldene Faden einer gestickten Verzierung wie auf einem mittelalterlichen Gobelin, und ihre Themen wie Entsagung, Verlust und Sehnsucht entsprachen genau den Vorstellungen ihres Bruders und seiner Freunde.

Wie diese wurde Christina anfangs von Keats und Tennyson beeinflußt, aber sie ließ in ihre Gedichte auch ihr italienisches Erbe einfließen sowie ihr umfassendes biblisches Wissen. Insbesondere mit ihrer Kenntnis der unvergleichlichen Prosa/Poetik der King-James-Bibelübersetzung erzielte sie eine einzigartige Wirkung.

Den Höhepunkt ihrer präraffaelitischen Phase erreichte Christina in der zweiten Strophe von »A Birthday«, die wie die Beschreibung eines Bildes von Dante Gabriel klingt.

> Einen Baldachin erbaut mir aus Seide und Daunen;
> Schmückt ihn mit Purpur und Silberweiß;
> Schnitzt Tauben und Granatäpfel ein
> Und Pfauen mit hundert Augen;
> Wirkt goldene und silberne Trauben ein,
> Blätter und silberne Lilien;
> Denn heute beginnt mein Leben:
> Mein Geliebter kam zu mir.

In »A Shadow of Dorothea« (Ein Schatten Dorotheas) begibt sich Christina in die sagenhafte, emblematische Welt der präraffaelitischen Gemälde mit ihren träumerischen Figuren mit goldenen Haaren und üppig verziertem Hintergrund. Am Anfang des Gedichtes steht das Symbol der Lilie.

> »Du mit deinen goldenen Haaren, weiß wie eine Lilie,
> Wirst du Lilien für mich pflücken?«

Der Angesprochene erwidert:

> »Ich pflücke Blumen aus dem Paradies,
> Lilien und rote Rosen;
> Ein Szepter für meine Hand,
> Eine Krone für mein goldenes Haupt.
> Die Liebe macht mich weise:

Ich singe, ich stehe,
Ich pflücke Palmzweige im Heiligen Land.«

Die vierte Strophe kehrt in die Welt der Legenden zurück, aber ebenso findet sich hier die Spannung des Schauerromans mit seiner Vorliebe für Geheimnisse, verfallene Gebäude und die Schönheit illuminierter Handschriften.

»Eine Treppe führt zum Himmel hinauf –
Besteige sie, mühe und quäle dich –
Der Boden gibt nach unter deinem Tritt,
Der nie mehr herabsteigen wird,
Dort wächst ein Baum aus uralter Wurzel,
Besitzt heilendes Laub und zwölffache Frucht
In der Musik der Himmelsluft:
Dort sollst du mit mir ein Freudenfest feiern.«

1848 begann Dante Gabriel unter Holman Hunts Anleitung mit seinem Gemälde *Die Kindheit der Jungfrau Maria,* auf dem die heilige Anna die Jungfrau in weiblichen Tugenden unterweist: Maria bestickt ein Altartuch mit Lilien. Links im Bild steht ein kleiner Engel, dessen Hand auf einem Stapel Tugendbücher liegt. Ihre Titel verweisen auf die Eigenschaften, die man von der Jungfrau Maria erwartete – Mäßigkeit, Keuschheit, Seelenstärke, Hoffnung, Glaube und Barmherzigkeit. Im Mittelpunkt des Bildes sieht man eine Lilie und eine Taube und im Hintergrund den heiligen Joachim, der eine Weinrebe beschneidet. Gabriel verwendete Christina als Modell für die Jungfrau Maria und seine Mutter als Vorbild für die heilige Anna, und damit zog er bewußt eine Analogie. Das Gemälde sollte »ein Symbol weiblicher Vortrefflichkeit« darstellen, und Christinas Äußeres »eignete sich vortrefflich für meinen Zweck«, obwohl er ihrem braunen Haar eine goldene Farbe verlieh.

Das Gedicht Gabriels, das auf den Bildrahmen gedruckt

wurde, faßt das präraffaelitische Ideal der Weiblichkeit zusammen und beschreibt nachdrücklich die Einflüsse und Zwänge, denen Christina ausgesetzt war und die sie formten.

> Ihrer Familie hingebend zugetan
> Im Geiste überaus schlicht
> Und von großer Geduld war sie. Von Natur aus
> Treu und stets voll Hoffnung: Klug in ihrer Güte,
> Stark in ernstem Frieden; umsichtig bei der Pflicht.
> So verlebte sie ihre Kindheit: beinahe schon
> Eine von Engeln benetzte Lilie, die nahe Gott
> Gedeiht und stille wird.

Im Gegensatz zu seiner Schwester hatte Gabriel es nicht gelernt, sein heftiges Temperament zu bändigen, und es war nicht leicht, für ihn Modell zu sitzen. Das kleine Mädchen, das ihm als Vorbild für den Engel diente, war etwas zappelig und »überforderte seine Geduld derart, daß er maßlos in seiner Gereiztheit wurde, wild tobte, seine Geräte umherwarf und mit den Füßen aufstampfte, bis das arme Kind schluchzte und vor Angst laut schrie«.[7]

Im Lauf der Zeit schlossen sich weitere Bekannte von der Royal Academy dem Kreis der Präraffaeliten an, und die Gruppe nahm allmählich das Wesen eines Geheimbunds an. Erst nach einer hitzigen Debatte einigte man sich schließlich auf den Namen »Bruderschaft der Präraffaeliten«. Jeder Maler sollte seine Signatur auf der Leinwand mit den Initialen P.R.B. ergänzen, deren Bedeutung jedoch geheim bleiben sollte. Man beschloß, die Zahl der Mitglieder auf sieben zu beschränken. Gabriel schlug vor, seinen Bruder William aufzunehmen, auch wenn dieser nicht malte, sondern nur gelegentlich Gedichte schrieb. Die anderen stimmten unter der Voraussetzung zu, daß William Zeichenunterricht nahm. Madox Brown wurde aufgefordert, sich dem Kreis anzuschließen, aber er lehnte ab – Klüngelei war ihm zuwider. Der Bildhauer Thomas Woolner, der Maler Fredrick Stephens und ein junger Maler namens James Collinson hingegen traten der Gruppe bei.

Wie die meisten Präraffaeliten malte James Collinson nicht nur, sondern schrieb auch Gedichte »im Geist der anglikanischen Höchst-Kirche«. An der Akademie hatte die »Vollendung« seiner Gemälde, die vorwiegend in der viktorianischen Genretradition gehalten waren, große Bewunderung erregt. Gabriel sah sein Bild *Das Debüt des Wohltätigkeitsjungen* bei der Ausstellung der Royal Academy 1847 und nahm den jungen Mann unter seine Fittiche. Gabriele war der Meinung, Collinson würde »einschlagen wie ein Blitz«. Die anderen zeigten sich weniger begeistert. Millais hielt ihn für einen »unverdrossenen Verfechter einer verlorenen Hoffnung«. Hunt tat ihn als »einen lammfrommen kleinen Kerl ab« und beschwerte sich, er könne nur selten »das Lustige einer Sache« sehen. Doch alle ließen sich von Gabriels Überzeugung mitreißen.

Christina kannte Collinson bereits, denn er hatte früher oft die Christ Church besucht, die Kirche, in der Christina und ihre Familie dem Gottesdienst beiwohnten, und war durch seine offensichtliche religiöse Hingabe auf ihn aufmerksam geworden. Kurz bevor er sich der PRB anschloß, konvertierte er – wie viele andere Mitglieder der anglikanischen Hochkirche – zum Katholizismus. William Bell Scott bezeichnete Collinsons Werk verächtlich als ein Beispiel für den »geistlosen Dilettantismus der Konvertiten, die damals ihre Studienplätze in Oxford und Cambridge hinschmissen und sich der Marienverehrung und dem Jesuitismus in die Arme warfen«.

Collinson, der jüngere Sohn eines verstorbenen Buchhändlers, stammte aus Mansfield in der Nähe von Nottingham. Er war klein und untersetzt und sprach mit einem ländlichen Dialekt. William Rossetti beschrieb ihn als »unterwürfig und sehr zurückhaltend, und das gleiche konnte man auch von seiner Kunst sagen«. Anfangs besuchte er die Rossettis wegen Gabriel und William, aber schon bald galt seine Aufmerksamkeit vorwiegend Christina. Einige ihrer Biographen können nicht glauben, daß Christina Collinson ernstlich als Bewerber um ihre Hand in Betracht zog und ihm so viele leidenschaftliche Gedichte widmete, aber seine strenge Auffassung von Religion und sein bescheidenes, ernsthaftes Wesen paßten ausgezeichnet zu Christina, und sie fühlte sich von seiner Schüchternheit angezogen. Sie war gerade erst siebzehn Jahre alt und erlebte ihre erste Liebesbeziehung. Es entsprach ganz ihrem Wesen, jemanden tief und dauerhaft zu lieben.

Im Frühsommer 1848 sprach Collinson mit Gabriel über seine Gefühle für Christina. Daraufhin redete Gabriel mit seiner Schwester, die erklärte, daß sie Collinson zwar gerne mochte, einen Heiratsantrag aber nicht annehmen könnte, solange er der katholischen Kirche angehöre. Auf den ersten Blick mag diese Entscheidung sehr engstirnig erscheinen. Schließlich stammte Christina selbst aus einer katholisch-evangelischen Familie, und auch ihre Großeltern hatten eine solche Mischehe offenbar mit Erfolg geführt. Andererseits ist es gut möglich, daß das Wissen um die Schwierigkeiten dieser Beziehungen und die religiösen Auseinandersetzungen zwischen ihren Eltern Christina davor zurückschrecken ließen, eine ähnliche Verbindung einzugehen.

Collinsons große Schwäche bestand darin, daß er unentschlossen war und sich leicht von stärkeren Persönlichkeiten beeinflussen ließ. Nachdem Christina ihn abgewiesen hatte, überdachte er seine Konversion zum katholischen Glauben, kam zu dem Ergebnis, er habe einen Fehler begangen, und kehrte in den Schoß der anglikanischen Kirche zurück. Als er im Herbst 1848 seinen Antrag wiederholte, nahm Christina freudig an. Von dem Zeitpunkt an, so berichtete ihr Bruder William, habe sie ihm offen und herzlich ihre Zuneigung entgegengebracht.

Nun folgte eine glückliche Zeit. Die Mitglieder der präraffaelitischen Bruderschaft malten gemeinsam und besuchten sich oft gegenseitig. Sie hatten sehr wenig Geld, oder »Zinn«, wie

Gabriel sagte, aber sie waren jung und begeisterungsfähig. Mit dreiundzwanzig Jahren waren Collinson und Woolner die Ältesten, Millais und William mit neunzehn die Jüngsten. Natürlich kam es in ihrem jugendlichen Übermut gelegentlich zu Exzessen. So kursierte das Gerücht, die jungen Männer hefteten Namenszettel in ihre Jacketts, bevor sie abends ausgingen, damit die Kleidungsstücke ihnen wieder zugestellt werden konnten, wenn die Herren dem Alkohol einmal allzusehr zusprachen. Collinson ließ sich nur schwer dazu überreden, an solchen Geselligkeiten teilzunehmen, und oft schlief er dabei ein. An manchen Abenden sagte er so wenig, daß hinterher niemand mit Sicherheit berichten konnte, ob er dabeigewesen war oder nicht. Gelegentlich schlossen sich auch Walter Deverell und Arthur Hughes diesen Treffen an.

An solchen Abenden sprachen sie über Kunst und Literatur und lasen Gedichte. Eines Tages erstellten sie eine Liste der unsterblichen Maler und Dichter, denen je nach Bedeutung ein bis drei Sterne verliehen wurden. Elizabeth Barrett Browning war die einzige Frau und wurde ebenso wie Raphael mit einem Stern geehrt. Shakespeare bekam drei, Robert Browning zwei Sterne, Milton und Wordsworth erhielten keinen.

William und Gabriel hätten es gerne gesehen, wenn Christina an einigen dieser Zusammenkünfte teilgenommen hätte, aber die anderen erhoben Einspruch. Davon abgesehen ist es zweifelhaft, ob sie einer Einladung überhaupt gefolgt wäre. An den Diskussionen nahm sie nur teil, wenn die Mitglieder der Bruderschaft sich in der Charlotte Street trafen. Ford Madox Brown war nach wie vor regelmäßig dort zu Gast, auch nachdem Gabriel den Unterricht bei ihm abgebrochen hatte. Der junge Gelehrte Charles Cayley, der noch schweigsamer war als Collinson, erschien, um Gabriele wegen seiner Dante-Übersetzungen um Rat zu fragen, und 1849 erneuerte auch W. B. Scott in den wenigen Wochen, die er in London verbrachte, seine Bekanntschaft mit den Rossettis. Wegen seiner geistreichen Art und seines ungezwungenen Charmes war er bei der ganzen Familie sehr beliebt.

Plötzlich kam Christina mit vielfältigen Einflüssen und Denkweisen in Kontakt. W. B. Scott schickte William die Gedichte von Walt Whitman. Woolner führte den Dichter Coventry Patmore ein, und er und seine neue Frau Emily mieteten von Christinas Onkel Henry Polidori ein Haus. Christina mochte die Patmores, und an Sommerabenden spazierte sie gelegentlich mit ihrer Schwester zu ihnen, um gemeinsam durch die Felder zu streifen. Emily Patmore war eine der wenigen Auserkorenen, die Christinas Gedichte sehen durfte – vermutlich wurden sie ihr von Gabriel gezeigt. Sie war »höchst erfreut«, aber Coventry zeigte sich weniger beeindruckt; er bewunderte nur eines der Bout-rimes-Sonette.

Coventry Patmores Lyrik huldigte der viktorianischen Vorstellung von Weiblichkeit, die Virginia Woolf als das größte Hindernis für Schriftstellerinnen bezeichnete. Als Vorbild zu Patmores »Angel in the House« (Engel im Haus) diente seine Frau, die er als Inbegriff von Unterwürfigkeit und Tugend betrachtete. Ihr gelang es, Mutterschaft und Haushalt mit der Fürsorge für ihren Mann in Einklang zu bringen. Im Grunde jedoch war Emily eine begabte Autorin, deren Talent unter den Anforderungen, die ihre sechs Kinder und ihr Mann an sie stellten, begraben wurde. John Ruskin, ein weiterer Bekannter aus dem Kreis der Präraffaeliten, trug zur Entstehung des weiblichen Mythos, der sich als so hartnäckig erwies, ebenfalls bei. Seine Darstellung weiblicher Vollkommenheit in *Sesam und Lilien* und *Von den Gärten der Königin* hat dieselbe Bedeutung wie Gabriels »Blessed Damozel« (Das selige Mädchen), das an der Himmelsbrüstung lehnt. Auch Ruskin war kein vorbildlicher Ehemann, sondern zwang seiner Frau Effie eine lieblose, nie vollzogene Ehe auf. Nachdem sie annulliert worden war, verliebte er sich Hals über Kopf in ein junges Mädchen, das kaum geschlechtsreif war. Offenbar fühlte er sich von reifer weiblicher Sexualität abgestoßen.

In dieser frühen Phase des Präraffaelitismus verkörperten Christinas Aussehen und ihr frommes Gesicht die Ideale von Wahrheit und Reinheit, die die Maler auf der Leinwand festzuhalten versuchten. Leslie Parris, stellvertretender Kustos der britischen Sammlung in der Tate Gallery, sagt: »Der ausgemergelte und kantige Stil der Präraffaeliten wurde ebensosehr durch Christina Rossettis Erscheinung bestimmt wie durch die Rückkehr... zu den Fresken aus der Zeit vor Raphael im Campo Santo in Pisa.«[8]

Christina saß James Collinson Modell für ein Porträt, das eine völlig andere Person darstellt als das Profil, das Gabriel ein Jahr zuvor von ihr angefertigt hatte. Sie sieht angestrengt und ernst aus, ihr Gesichtsausdruck unterscheidet sich wenig von dem der Jungfrau Maria in Gabriels Gemälde. Einige der Präraffaeliten baten Christina, für sie Modell zu sitzen. Die jungen Maler konnten sich nur selten ein professionelles Modell leisten, und deswegen wurden vielfach Familienmitglieder und Freunde dazu gedrängt, diese Aufgabe zu übernehmen.

Christina verbrachte ihre Zeit jedoch nicht nur mit Modellstehen für ihren Bruder und seine Freunde, sondern schrieb zunehmend eigene Gedichte. Auf Anregung Williams und Gabriels hin reichte sie mehrere bei *Athenaeum* ein, einer der einflußreichsten Literaturzeitschriften der damaligen Zeit. Zwei Gedichte lehnte der Herausgeber ab mit der Begründung, sie enthielten zu viele Manierismen im Stil Tennysons. Zwei andere wurden angenommen und am 14. bzw. 21. Oktober veröffentlicht. Das erste Gedicht war eine Klage von Anne of Warwick über den Tod ihres Mannes, des Prinzen von Wales, der 1471 bei der Schlacht von Tewkesbury ums Leben kam. Gabriel veränderte den Titel zu »Death's Chill Between« (Die Kälte des Todes). Das zweite, das wenige Tage vor dem ersten im September 1847 entstanden war, hieß »The Lost Hope« (Verlorene Hoffnung), was Gabriel zu »Heart's Chill Between« (Die Kälte des Herzens) verwandelte, um eine Verbindung zwischen den Gedichten herzustellen. Beide beschwören sentimental eine vergangene Liebe herauf – ein Liebespaar wird durch den Tod getrennt, das andere durch Untreue. Weder Christina noch ihr Bruder William hielten die Strophen für gut genug, um sie zu ihren Lebzeiten ein weiteres Mal zu veröffentlichen.

Im November fuhr William mit Collinson zu dessen Eltern nach Pleasley Hill, Mansfield. Dorthin schrieb Christina ihm einen ihrer typischen lebhaften Briefe.

Lieber William,
das Klopfen des Postboten heute morgen verdeutlichte mir eine höchst demütigende Geistesverfassung meinerseits. Denn obwohl ich nicht philosophisch genug bin, um die Ankunft Deines Briefes am heutigen Tage zu bedauern, war ich doch kindisch genug, um zu bedauern, daß mir diese Freude morgen entgehen wird, dem Tag, an dem ich mit seiner Ankunft gerechnet hatte. Daraus wirst Du sicherlich den Schluß ziehen, daß die Andeutung einer zweiten Korrespondenz von Dir mich recht getröstet haben muß, und bitte vertraue der Aufrichtigkeit, mit der ich Dir sowohl für das tatsächliche als auch für das in Aussicht gestellte Schreiben danke... Ich hatte mir Mrs. Collinson als genaues Gegenteil von *bieder* vorgestellt; allerdings doch, wie Du mutmaßtest, als warmherzig. Ich freue mich, daß Miss Collinson Dir zusagt, vermute aber, daß sie entsetzlich klug sein muß. Ist eine dieser Damen *einschüchternd*? Nicht für Dich, natürlich nicht, aber könnten sie auf mich diese Wirkung haben? Ich wünschte, sie könnten davon überzeugt werden, daß das berühmte Porträt schmeichelhaft ist und daß »der nachdenkliche und gefällige Ausdruck« meines Gesichts in der Tat »ebenso ausgebildet ist wie in dem Porträt«. Vermutlich hast Du Deine armen Opfer mit meinen *Gedichten* nicht nur *überschüttet,* sondern regelrecht übersättigt; doch daran magst Du nicht allein die Schuld tragen.[9]

Im Dezember schrieb Christina eines ihres berühm[ten] dichte mit der schlichten Bezeichnung »Song – [When I am] dead, my dearest« (Lied – Wenn ich einst tot bin, [...]). Titel bereiteten Christina stets Schwierigkeiten. Mi[tte] des Winters litt sie wieder an einer Bronchitis, und d[ies machte] ihr ihre anfällige Gesundheit erneut bewußt. In diesen Versen kommt die Mischung aus »Frömmigkeit und Trauer« zum Ausdruck, die W. B. Scott das Hauptmerkmal von Christinas Gedichten nannte. Selbst im Glück findet sich das Wissen um die Sterblichkeit, und der Tod erhält etwas Verlockendes.

> Wenn ich einst tot bin, Liebster,
> Sing kein Trauerlied für mich;
> Pflanz keine Rose auf mein Grab,
> Noch schattige Zypressen:
> Laß grünes Gras über mich wachsen,
> Benetzt von Tau und Regen,
> Und wenn du willst, gedenke,
> Und wenn du willst, vergeß!
>
> Ich werde den Schatten nicht sehen
> Noch den Regen spüren;
> Nicht die Nachtigall hören,
> Die wie vor Schmerzen singt.
> Und wenn ich im Zwielicht träume,
> Das nicht kommt und nicht vergeht,
> Mag sein, daß ich gedenke,
> Mag sein, daß ich vergeß.

Sieben Tage später starb Emily Brontë in Haworth an Tuberkulose. Bis wenige Stunden vor ihrem Tod hatte sie jede ärztliche Hilfe abgelehnt. Ihren nächsten Angehörigen erschien diese Weigerung wie ein willentlicher Akt der Selbstvernichtung; ihre Todessehnsucht und ihre Entschlossenheit waren ebenso stark wie die Christinas.

KAPITEL 4

Christinas Verlobung mit James Collinson bestand das ganze Jahr 1849 hindurch. Zu den Gefühlsschwankungen, die die erste Liebe mit sich brachte, kamen Sorgen über ihre Gesundheit sowie Angst um den Vater und um die finanzielle Lage der Familie. Im Februar schrieb sie ein weiteres Gedicht, das ebenfalls »Song« heißt.

> Rosen für das Glück der Jugend
> Und Lorbeer für die Lebensblüte;
> Mir aber pflückt einen Efeuzweig,
> Die ich alt wurde vor der Zeit.
>
> Veilchen für das Grab der Jugend
> Und Lorbeer für jene, die in der Blüte starben;
> Doch mir gebt die trockenen Blätter, die ich wählte,
> Damals in der alten Zeit.

Im Mai ließ Gabriel *Die Kindheit der Jungfrau Maria* ausstellen – allerdings nicht zusammen mit anderen Mitgliedern der PRB in der Royal Academy, sondern bei der »Free Exhibition« in einer Galerie in der Nähe des Hyde Park. Das Gemälde wurde äußerst wohlwollend aufgenommen. Ein Kritiker des *Athenaeum* sprach von einem »heiligen Mystizismus, der untrennbar mit den Werken der frühen Meister verbunden ist«. Die Darstellung der Heiligen Jungfrau wurde vielfach bewundert und für achtzig Pfund von der Marchioness Dowager of Bath erworben.

Mittlerweile hatte Christina ihren Jugendroman *Maude* begonnen, eine Erzählung für Mädchen mit vier Hauptfiguren: Maude, ihre Cousinen Agnes und Mary Clifton sowie deren Freundin Magdalen. Die Rossettis betrachteten das Buch als eine verschlüsselte Autobiographie. Zwar darf man diesen Standpunkt nicht vorbehaltlos übernehmen, aber es gibt zweifellos Ähnlichkeiten zwischen Maude und Christina.

Maude Foster war soeben fünfzehn geworden. Klein, ohne ausgesprochen kleinwüchsig zu sein, konnte man sie leicht übersehen, aber nicht so leicht vergessen. Ihre zarte, wohlgebaute Gestalt erschien beinahe hochschulterig aufgrund ihrer Gewohnheit, mit hochgezogenen Schultern und gebeugtem Rücken zu gehen. Ihre Züge waren regelmäßig und ansprechend, und als Kind war sie außerordentlich hübsch gewesen; und wäre es noch, besäße das Gesicht nicht diese starre Blässe und einen Ausdruck, der zwar keinen ausgesprochenen Schmerz verriet, doch fast schmerzlich matt und in sich selbst versunken wirkte. Aber selbst jetzt noch erfüllte ein wunderbares Leuchten ihre schläfrigen Augen, wenn sie angeregt und ihr Interesse angesprochen wurde, ihre Wangen erglühten, und wenn sie sich dann zu voller Größe aufrichtete, sah sie schöner aus als jemals in ihrer Kindheit.

Insgeheim schreibt Maude »eigene Kompositionen, die nicht für die Augen der Öffentlichkeit bestimmt sind. Zitate, die ihr zu Herzen gehen, ungewöhnliche kleine Skizzen und gelegentlich auch Tagebucheinträge«. Sie läßt ihre Zeilen sofort verschwinden, wenn jemand das Zimmer betritt. Sie weiß, daß die Leute sie für klug halten und daß »ihre kleinen Gedichtchen« in der Familie und im engen Freundeskreis »herumgereicht und bewundert« werden. Wie bei Christina ...

... fragte sich jedermann verwundert, woher die Melancholie ihrer Gedichte stammte, die sie zumeist an sich hatten. Einige Leute verkündeten, sie schreibe dummes Zeug über Dinge, die zu verstehen sie sicherlich nicht fähig sei. Andere fragten sich, ob in der Tat etwas Geheimnisvolles sie quäle; während manche sie lediglich als affektiert bezeichneten. Vielleicht lag ein Körnchen Wahrheit in all diesen Meinungen.

Ähnliches wurde über Christinas melancholische Gedichte gesagt, und zur Erklärung wurden ähnliche Hypothesen angeführt. Aufschluß bietet möglicherweise das Werk einer früheren Dichterin, nämlich Laetitia Landon. Wie Maude/Christina schrieb sie tragische Gedichte, obwohl sie im Freundeskreis als eine lebhafte, umgängliche Person galt, die keine Spur von Melancholie besaß. Im Vorwort zu *The Venetian Bracelet* 1829 versuchte L.E.L., diesen Widerspruch zu erklären.

> Im Wissen, daß ich zuerst erweichen muß, um zu erhöhen, daß ich zuerst ergreifen muß, um zu läutern, war ich stets darum bemüht, Kummer und Enttäuschung zu beschreiben, das gefallene Blatt, die verblühte Blume, das gebrochene Herz und das frühe Grab.

Allerdings darf man den Aussagen von L.E.L. und ihren Freunden nicht allzu großen Glauben schenken. Nach einer schwierigen Kindheit, einem Skandal mit dem Herausgeber der *Literary Gazette,* mehreren gescheiterten Liebesbeziehungen und einer abgebrochenen Verlobung sowie akuten finanziellen Schwierigkeiten führte sie wohl kein besonders glückliches Leben. Ihre Suche nach Liebe fand ein Ende, als sie mit fünfunddreißig Jahren eine katastrophale Ehe mit dem schweigsamen Gouverneur von Cape Coast Castle an der afrikanischen Goldküste einging. Als sie ihm dorthin folgte, mußte sie feststellen, daß sie die einzige Europäerin in der Siedlung war. Die

Beziehung zu ihrem Ehemann, den sie nach wenigen Monaten Bekanntschaft geheiratet hatte, war ein Fiasko, und sechs Monate nach der Hochzeit starb sie an einer selbst verabreichten Dosis Blausäure. In L.E.L.s Dichtung steckte »ein Körnchen Wahrheit«, ebenso wie in Christinas, auch wenn es nach wie vor en vogue war, »sich Poetik zum Vorbild zu nehmen«.

In *Maude* kommt ein Sonett vor, das Christina erst schrieb, als sie das Manuskript 1850 überarbeitete – zu einer Zeit also, als ihr Leben düsterer und weniger hoffnungsvoll aussah als je zuvor. Es heißt »Endurance« (Erdulden) und beginnt:

> Auch ich könnte mich furchtlos dem Tode stellen.
> Viel schwerer ist, ein verhaßtes Leben zu ertragen:
> Sich mit Händen und Knien ermattet abzuplagen,
> Die schwere Kette zu schleifen, deren Glieder
> Bis aufs Mark vordringen.

Dieses Thema taucht in Christinas Dichtung auch später immer wieder auf; es geht auf ihre frühen Erfahrungen zurück, die auch von späteren Erlebnissen nicht positiv beeinflußt wurden.

> Etwas zu tun, ist schnell getan; Leiden
> Währt länger und ist erfüllt mit Pein:
> Und jeder neue Tag beweist aufs neue:

Die letzte Zeile ist der bittere Aufschrei eines Menschen, der leidet und fragt – warum ausgerechnet ich?

> Tausende trinken vom gefüllten Becher; wer leert die Neige?

Doch im Roman findet sich auch ein leicht ironischer Unterton. Die Geheimniskrämerin Maude ist eine vollendete Meisterin in der Kunst, die Wahrheit zu verbergen, ohne je zu lügen.

Sie zeigt sich offenbar unberührt von dem schmerzlichen Sonett, das sie gerade geschrieben hat: »... sie gähnte, lehnte sich im Stuhl zurück und fragte sich, womit sie die Zeit bis zum Abendessen füllen sollte.«

Als Maude Mary und Agnes Clifton besucht, wird der Gegensatz deutlich zwischen Maudes korrekter Erziehung und ihrem mangelnden gesellschaftlichen Geschick einerseits und der »wahren, unaufdringlichen Höflichkeit« ihrer Cousinen andererseits. Wie die Rossettis veranstalten die jungen Damen gemeinsam Spiele mit Sprichwörtern, magischer Musik und Bout-rimes. Christina verfaßte drei Sonette mit den gleichen Reimen, um das unterschiedliche Wesen der Mädchen darzustellen. Agnes hat keinerlei Talent zur Dichterin.

> Alles lieber als Schreiben; ich würde lieber das Rosa
> Meiner Gaze eintauschen gegen ein häßlich gelbes
> Seidenkleid.

Die Freundin Magdalen schreibt zarte Verse über Feen.

> Oder hüllen Lilien in ihr Blättergewand
> Unter dem das Weiß hervorblitzt.

Maude trägt mit ihren Strophen den Sieg davon, und sie erhält zum Preis einen Lorbeerzweig, den Agnes ihr ins Haar steckt. Das Gedicht ist witziger als sonst üblich bei Christina/Maude.

> Bestünde auch die ganze Welt aus Wasser, in dem man
>   ertrinken muß,
> Gäbe es doch Menschen, die man zu schwimmen nicht
>   lehren wollte;
> Mit Freuden sähe man sie in der Tiefe versinken;
> Manche alte Damen in kindischem Rosa,
> Die Kleider mit Rosen und Geranien geschmückt.

Maudes Gesundheit ist angegriffen, und als der zweite Teil des Romans ein Jahr später wieder einsetzt, ist sie blaß und dünn geworden. Magdalen ist zum Entsetzen ihrer Freundinnen in ein Kloster eingetreten. Maude verteidigt diese Entscheidung, auch wenn sie einräumt, daß sie selbst nicht den Wunsch hegt, diesen Schritt zu machen. »Für ein solches Leben bin ich weder geeignet, noch verlange ich danach: Dennoch kann ich mir vorstellen, daß diejenigen, die diese Neigung haben, sehr glücklich damit werden.« Hier beschäftigt sich Christina zum ersten Mal in ihrem Werk mit den gegensätzlichen Möglichkeiten, sein Leben in der Welt oder im Kloster zu verbringen. Dieser Abschnitt spiegelt offenbar nicht nur Marias Gefühl, berufen zu sein, wider, sondern auch Christinas Sehnsucht, in gewissen Lebensabschnitten eine ähnliche Gewißheit zu empfinden. Immer wieder befaßt sie sich mit dem Thema der Nonne, ebenso wie diese Vorstellung Lucy Snowe in *Villette* verfolgt.

Die Anglikaner gründeten gerade Schwesternorden überall in England und boten damit erstmals eine protestantische Variante der katholischen Klöster an. Einer der ersten Orden der Barmherzigen Schwestern befand sich ganz in der Nähe der Christ Church, die Kirche, in der Maria und Christina den Gottesdienst besuchten. Hier hatten Frauen die Möglichkeit, zu unterrichten, Krankenschwestern zu werden oder ihren Mitmenschen gute Dienste zu erweisen. Dies stellte eine Alternative zum Leben als Gouvernante dar – bislang die einzige Tätigkeit, die den unverheirateten Frauen der viktorianischen Gesellschaft offengestanden hatte.

Mit dem Porträt der älteren Christina Rossetti vor Augen – die schüchterne, zurückgezogene, strenge Gestalt, hinter deren Fassade nur ihr engster Freundeskreis drang –, kann man leicht vergessen, daß sie als junges Mädchen in der Gegenwart von Familie und guten Freunden fröhlich und gesellig sein konnte und einen ansteckenden Humor hatte. Zu ihren Lieblingsbüchern gehörten Thackerays *Die Snobs von England* und die Werke des Nonsense-Dichters Edward Lear. Dieser Humor blitzt ein wenig durch in den Zeilen, in denen ein Abend bei Bekannten beschrieben wird. Maude wird gedrängt, aus ihren Gedichten vorzulesen.

> Zwischen Miss Savage und Sophia Mowbray sitzend, wurde sie von beiden Seiten mit Fragen bezüglich ihrer Gedichte überschüttet. Zum einen – schreibe sie auch weiterhin? Ja. Diesem Eingeständnis folgte ein Schwall überschäumender Komplimente: Sie sei so jung, errege so große Bewunderung, und dabei sehe sie, das arme Ding, so zart aus. Es sei durchaus herzzerreißend, sich vorzustellen, wie sie nachts wach liege und sich die süßen Zeilen durch den Kopf gehen ließe – (»Ich schlafe wie ein Stein«, warf Maude trocken ein) –, diese Zeilen, die ihre Freunde so entzückten und die Öffentlichkeit hinreißen würden, wenn Miss Foster sich nur dazu überreden ließe, sie zu veröffentlichen. Schließlich wurden die Anwesenden aufgefordert, auf einer Rezitation zu bestehen.
> Vor Mißfallen lief Maude rot an. Ihr wollte eine rasche Antwort über die Lippen kommen, doch unversehens wurde ihr mit aller Deutlichkeit klar, in welch absurder Lage sie sich befand. Trotz ihrer Verärgerung konnte sie sich des Lachens beinahe nicht erwehren und preßte sich rasch ihr Taschentuch an die Lippen. Miss Savage erlag dem Eindruck, daß ihrer Bitte nun entsprochen würde, und hob, um Ruhe bittend, die Hand. Dann lehnte sie sich behaglich in ihrem Stuhl zurück, bereit, dem Kommenden zu lauschen.

Doch Maude weigert sich, etwas vorzutragen, genauso wie Christina es immer tat. Im stillen erwog Christina wie ihre Romanheldin das ethische Für und Wider des Schreibens. War es nicht eine Art Eitelkeit, zu der auch die Sucht gehörte, sich zur Schau zu stellen? »Niemand kann sagen, daß es mir unmöglich ist zu vermeiden, mich in den Mittelpunkt zu drängen und mit meinen Gedichten zu prahlen.« In diesem Konflikt sahen sich viele Frauen gefangen, die der Hochkirche angehörten. So schrieb Charlotte M. Yonge in *Womankind*, »*far la civetta*« – eine italienische Redewendung über die Eitelkeit »der kleinen *civette* [Eulen], die sich auf den Hausdächern Roms mit ihrem Gehabe der Lächerlichkeit preisgeben« – dies sei Frauen nicht erlaubt. Es sei nichts gegen Vortrefflichkeit einzuwenden, wenn sie dem Ziel der Vortrefflichkeit selbst diene, aber wenn man sich an seiner eigenen Vortrefflichkeit erfreue, begehe man damit die Sünde der Eitelkeit. Charlottes Vater »unterzog sie einem ernsten Verhör über ihre Motive, ihr Werk zu veröffentlichen«. Seine Einwilligung erhielt sie erst, als sie ihm unter Tränen der Reue versicherte, »daß ich wirklich hoffte, geschrieben zu haben in der Absicht, anderen jungen Mädchen dienlich zu sein«. Vor dem Wunsch, »an erster Stelle stehen anstatt sein Bestes geben zu wollen«, mußte man sich um jeden Preis hüten.

Christinas Gewissenskonflikt führte dazu, daß sie auf die heilige Kommunion verzichtete, denn sie empfand sich als unwürdig, das Sakrament zu empfangen. Maude erlebt eine ähnliche Krise.

»Morgen werde ich nicht empfangen«, erwiderte Maude und fuhr dann rasch fort, als ob sie den Einwänden ihrer Freundin zuvorkommen wollte. »Nein; zumindest will ich nichts Heiliges entweihen. Ich will zu all meinen Sünden nicht auch noch diese auf mich laden. Ich habe mir das immer wieder durch den Kopf gehen lassen und dachte, daß sich im Laufe der Zeit alles finden würde, aber das ist nicht eingetreten. Ich werde nicht mehr zur Kommunion gehen.«

William beschrieb diese Einstellung als Christinas »unerbittliche Skrupel«.

Die kränkliche Maude verunglückt bei einer Droschkenfahrt und wird bettlägerig. Das letzte Kapitel beginnt mit einer der lebendigsten Passagen im ganzen Buch.

> Drei Wochen waren verstrichen. Die gleißende Sonne schien selbst den Staub auf den Straßen zu verdorren und die letzten Tropfen Feuchtigkeit aus dem Stroh, das vor Mrs. Fosters Haus ausgebreitet lag, zu pressen.

Maude nimmt ihre Krankheit als gottgesandte Strafe hin.

> Erinnerst du dich, wie Mr. Paulson uns letzten Sonntag erklärte, daß Krankheit und Leiden über uns kommen, um uns zu züchtigen? Ich leide sehr. Vielleicht kommt eine Zeit, in der diese Züchtigung auch bei mir ihr Werk vollbracht haben wird; wenn ich gereinigt sein und der Welt entsagt haben werde.[1]

Man kann den vier Mädchen Maude, Mary, Agnes und Magdalen die vier Möglichkeiten zuschreiben, die Frauen damals offenstanden. Maude strebt nach Erfüllung in der Literatur, Mary wird Ehefrau, Agnes bleibt unverheiratet, beschäftigt sich mit Aufgaben in der Kirchengemeinde und vollbringt »gute Taten«, und Magdalen tritt in ein anglikanisches Kloster ein. Es ist bezeichnend, daß ausgerechnet Maude mit ihren geheimen Ambitionen und ihrem Talent stirbt. Das Ende ist ebenso pessimistisch wie das der Romane George Eliots. Und wie es auch in Wirklichkeit oft vorkam, »sterben« Maudes Gedichte mit ihr; manche werden von Agnes verbrannt, einige in Maudes Sarg gelegt, zusammen »mit all den närrischen, sündigen, eitlen Worten«. Dieses Ende von Christinas Geschichte geht möglicherweise auf den Bericht über Keats' Begräbnis zurück und seinen Wunsch, alle Briefe Fanny Brawnes sollten mit ihm beerdigt werden.

Einige Bemerkungen Williams sowie inhaltliche Hinweise

lassen darauf schließen, daß Christina den ersten Teil von *Maude* mit siebzehn oder achtzehn Jahren schrieb und den folgenden Teil zwei oder drei Jahre später. Die zweite Hälfte des Buchs und die dort enthaltenen Gedichte sind von Düsterkeit und einer aufrichtigen Trauer überlagert, was darauf hindeutet, daß dieser Teil nach der Auflösung der Verlobung mit James Collinson entstand. Die Gedichte sind mit dem Jahr 1850 datiert.

Maude ist viel zu kurz, um ein Roman zu sein; bei dem Text handelt sich vielmehr um eine lange Kurzgeschichte, und er enthält alle Fehler, die man von einem ersten Versuch in diesem Genre erwarten kann. Die Dialoge sind meist überzeugend, wenn auch etwas gespreizt, und die Beschreibungen sind gut, obwohl es den Gestalten an Tiefe fehlt. Trotzdem gibt die Erzählung einen Hinweis darauf, was Christina hätte leisten können, wenn sie sich ernsthaft dem Schreiben von Romanen gewidmet hätte. So bemerkt Charles Sisson in der Carcanet-Ausgabe von Christinas Werk: »Es ist bei jedem Dichter aufschlußreich, seinen sozialen und literarischen Ausgangspunkt herauszufinden, und um Christinas Ausgangspunkt aus erster Hand zu erfahren, ist die kurze Lektüre von *Maude* sehr lohnenswert.«[2]

Viele der Gedichte, die Anfang 1849 entstanden, befassen sich mit der Möglichkeit eines frühen Todes. Allerdings ist dieses Thema angesichts Christinas angegriffener Gesundheit nicht überraschend. Sie sah »das Antlitz des Todes neben dem ihrem« und war dadurch »gezwungen, wenn nicht von Natur aus dazu geneigt, diese Welt als ›Tal des Todesschattens‹ zu betrachten.«[3]

Im 19. Jahrhundert starben viele Menschen in sehr jungem Alter. Emily Brontës Kindheit war keine Ausnahme – mit sieben Jahren hatte sie bereits ihre Mutter und ihre zwei Lieblingsschwestern verloren. Den Tod von Little Nell in Charles Dickens' *Der Raritätenladen* konnten seine Leser durchaus nachvollziehen. Das tragische Ereignis wurde durch Religion rationalisiert. Das Leben war hart und schwierig und der Tod eine Art glückliches Ende, der Übergang zu einem Leben nach dem Tode, in dem nur Freude herrschte, wie Christina es in »Looking Forward« (Freudig in die Zukunft blickend) beschrieb:

> Wenn ihr euch dereinst der Vergangenheit entsinnt,
> Dann sagt: Das arme Kind, ihr Wunsch wurde ihr doch zuteil;
> War ihr Leben auch fruchtlos, trägt sie im Tod nun Früchte.

Im Sommer 1849 besuchte Christina Collinsons Familie in Pleasley Hill. Allerdings sah sie dieser Reise ängstlich entgegen, denn im Umgang mit Fremden war sie gehemmt. Sie war noch nie alleine verreist und wollte auf ihre Gastgeberinnen einen guten Eindruck machen. Die Frauen der Familie Collinson stellten sich als sehr freundlich heraus, hatten aber völlig andere Interessen als Christina. Sie schrieb an William:

> Hier wird ebenso unermüdlich von *Beaus* gesprochen wie bei Mrs. Heimann. Allerdings werden weniger Scherze auf meine Kosten gemacht, als man erwarten könnte; und an diesen trifft Mary keine Schuld. Weißt Du, mir gefällt Mary recht gut; sie ist so gar nicht einschmeichelnd, sondern erscheint mir sehr ehrlich. Siehst du gelegentlich die Kings? Neuigkeiten über sie, oder über die Bruderschaft, oder über anderes, werden dankbar entgegengenommen. Apropos entgegennehmen. Könntest Du die Güte besitzen und mir, wenn es Dir nicht allzu große Ungelegenheit bereitet, »As I lay a-thinking« zukommen lassen? In meiner Verzweiflung stricke ich Spitze mit einer meinem Wesen völlig fremden Hingabe. Gestern bereitete ich im Garten Erde vor, um einige Johannisbeerableger zu pflanzen. Mein stümperhaftes Vorgehen läßt ein völliges Schei-

tern vermuten. Ach, Will! Wenn Du hier wärest, würden wir Bout-rimes schreiben und gemeinsam trübsinnig sein. Mary erzählte mir eine großartige Geschichte von drei Bären, mit der ich Dich bei meiner Rückkehr möglicherweise aufmuntern werde. Du wirst Trost sicher benötigen.[4]

Die Mitglieder der Bruderschaft waren damit beschäftigt, ihre »Urlaubsbilder« für die Royal Academy zu malen. Collinson arbeitete an *Brief des Emigranten,* das später eine seiner berühmtesten Studien werden sollte, und Gabriel machte sich Gedanken über ein Begleitbild zu *Die Kindheit der Jungfrau Maria – Ecce Ancilla Domini,* das die Verkündigung darstellen und auf dem die Heilige Jungfrau wiederum Christinas Gesichtszüge tragen sollte. Im Kreis der PRB hatte man begonnen, Elizabeth Barrett Brownings *Drama of Exile* zu lesen, und es gab heftige Auseinandersetzungen darüber, ob nun Elizabeth oder ihr Ehemann besser sei. Der Großteil der PRB hielt Browning für völlig unverständlich, aber Gabriel und Coventry Patmore waren überzeugt, daß er seiner Gattin überlegen war. Außerdem sprachen sie über die Möglichkeit, eine eigene Publikation herauszubringen, die den Namen *Thoughts Towards Nature* (Gedanken zur Natur) tragen sollte. Die Zeitschrift sollte Gedichte und Prosa enthalten sowie Artikel, in denen sie ihre neue Vision von Kunst darlegen wollten. Schließlich einigte man sich darauf, sie *The Germ* (Der Keim) zu nennen. Am 31. August schrieb Christina an William:

> Vielen Dank für »As I lay, etc.«. Ich habe nach Deinen Reimen ein recht ergreifendes Sonett geschrieben, das sicherlich Deine Billigung findet. Der Gedanke, daß *life* (Leben) zu *must* (Moder) wird, ist keineswegs abgedroschen. Auf der Rückseite stehen einige Reime, die Du ergänzen kannst. Sie stammen aus meiner alten Schatztruhe...

Mit Ungeduld erwarte ich Euer erstes *Thought*. Es steht außer Zweifel, daß eine Zeitschrift wie die Eure sehr klug und kultiviert sein wird; aber Du mußt entschuldigen, daß ich mich einem Unterfangen nicht anschließen kann, zu dessen Verfassern ein »toller Chartist« gehört sowie jemand, »der ausschließlich an Politik denkt« und »die Verleugnung der Religion«. Euer Vorhaben ist für meinen Geschmack bei weitem zu blauäugig.
Mary bittet mich, Dir von »uns« Grüße oder etwas in dieser Art zu übermitteln. Morgen fahren sie und ich nach Mansfield; sie prophezeit, daß C[harles] C[ollinson] mich aufgrund meiner unentwegten Gefaßtheit zu seinem *Liebling* erküren wird. Stelle Dir den hochgemuten Zustand vor, in dem ich wieder in London einziehen werde, falls mein Besuch tatsächlich zu dieser schmeichelhaften Vorliebe führen sollte.[5]

Christina hatte James Collinsons Bruder Charles bereits in London kennengelernt und ihn, ebenso wie ihre Familie, wenig liebenswert gefunden. Die im Brief erwähnte »unentwegte Gefaßtheit« bezieht sich offenbar auf die Bemerkung, die jemand – vermutlich Mary Collinson – ihr gegenüber fallenließ, daß sie »alles aus Selbstachtung zu tun« schien, und nicht aus Mitgefühl für andere oder aus »wohlwollender Rücksichtnahme auf sie«. Die Familie Collinson deutete Christinas Zurückhaltung völlig falsch. William schrieb, ihr Wesen besitze eine »Reserviertheit, die einiges mit *hauteur* gemein hat«, und dieser Zug war zu der Zeit ziemlich ausgeprägt. Christina war zutiefst verletzt, erkannte aber auch die Wahrheit, die diesen Worten zugrunde lag. Der Ausdruck »alles aus Selbstachtung tun« erscheint in den Gedichten »Is and Was«, das Anfang 1850 entstand, und in »Enrica«, wo sie sich mit ihrer italienischen Freundin Enrica Barile vergleicht.

Im großen und ganzen bereitete der Besuch Christina offenbar Vergnügen, und sie betrachtete ihn als einen Erfolg. Gleich nach ihrer Rückkehr schrieb sie an William, der auf der Isle of Wight mit James Collinson Urlaub machte.

> Am Montag kam ich nach einem genau einmonatigen Aufenthalt von Nottinghamshire zurück. Von allen Bekannten dort wurde ich mit unentwegter Freundlichkeit und Gastlichkeit aufgenommen. Bei Deiner Rückkehr wirst Du vermutlich das Fortschreiten eines kleinen Werks begleiten (nicht beobachten), das ich, wie ich hoffe, eines Tages Mrs. Charles zu ihrer geneigten Annahme überreichen werde. Ich habe Miss Collinson bereits mein Portfolio gegeben, und somit brauche ich aus diesem Grund keine Zurückhaltung zu üben und kann mein nächstes Präsent dort verschenken, wo es mir beliebt...

Allerdings fügte sie hinzu: »Mein Besuch war aus einigen Gründen ausgesprochen reizend, aber nicht nur.« Mit einem gewissen Entsetzen mußte sie erfahren, daß Mary die neue Bekanntschaft nicht fortsetzen wollte.

> Mein Briefwechsel mit Mary Collinson wurde auf ihren Wunsch hin beendet. Bitte glaube nicht, wir hätten Streit gehabt, keineswegs; aber es hat den Anschein, als betrachte sie die Affären ihres Bruders als recht aussichtslos, wodurch eine weitere Korrespondenz unangenehm würde. Klingt dies nicht höchst ungewöhnlich? Wir waren alle sehr überrascht.[6]

Man kann nur vermuten, warum die Collinsons die Affäre für aussichtslos hielten. Zwar hatten weder James noch Christina Geld – er lebte von einer Jahresrente seiner Familie, und es war noch nicht abzusehen, wann er seinen Lebensunterhalt als Maler würde verdienen können –, doch das wäre nicht notwendigerweise ein Hinderungsgrund gewesen. Lange Verlobungszeiten waren fast die Norm. Vielleicht war Christinas angegriffene Gesundheit ein Grund, ebenso ihre »Eigenartigkeit«. Möglich ist auch, daß die Collinsons James' Wahl nicht guthießen. Andererseits ist es denkbar, daß sie über James' Wankelmütigkeit bezüglich seiner Konfession Bescheid wußten. Vielleicht hatte er im Mai bei seinem Besuch in Mansfield angedeutet, daß er sich nicht sicher war, ob er weiterhin der anglikanischen Kirche angehören wollte. Offensichtlich war Christina ihm keineswegs gleichgültig. Am 17. September, dem Tag nach ihrer Rückkehr aus Pleasley Hill, verließ er Cowes und kehrte nach London zurück, wo er sofort die Charlotte Street 50 aufsuchte.

»From House to Home« (Von zu Hause ins Daheim), ein langes, 1858 vollendetes Gedicht, beschreibt den Weg der Seele, die abhängig von irdischer Liebe über Bitterkeit und Qual die göttliche Liebe erfährt. Beschrieben wird eine Beziehung, in der die eine Person glücklich ist, ohne das Zweifeln und Zögern der anderen zu bemerken.

> Wir sangen unterwegs gemeinsam Lieder,
> Rufe, Erinnerungen, Widerhall des Glücks;
> So sprachen wir den ganzen Tag, den langen,
> Und selbst die Nacht im Traum.
>
> Ich kann nicht sagen, welchen Pfad wir nahmen,
> Den unvergessenen Pfad, der jetzt verschlossen ist,
> Ich kann nicht sagen, wovon wir damals sprachen,
> Und die Dinge, die er mir enthüllt.
>
> Nur eines kann ich sagen: daß ich mit jeder Stunde
> Froher wurde, beschwingt und wohlgemut;
> Ich fühlte keine Dornen, wenn ich Blumen pflückte,
> Und nicht die Trauer, die meinen Freund erfüllte.

Morgen, sagte ich einst lächelnd zu ihm.
Heute abend, erwiderte er ernst und schwieg,
Und zeigte auf die Meilensteine,
Die in die Zukunft wiesen.

Nicht doch, sagte ich. Morgen wird sehr schön;
Heut abend ist nicht so schön wie das, was kommt.
Dann erst sah ich, wie er zum Gehen sich wandte,
Das Gesicht mir abgewandt.

Etwas Ähnliches geschah offenbar mit Christina, denn Collinsons Wandel in der Frage des Glaubens traf sie trotz aller Warnsignale von seiner Familie völlig unvorbereitet.

Christina beteiligte sich mit großem Einsatz an der Herstellung von *The Germ*. Der »tolle Chartist«, dessen Mitarbeit sie abgelehnt hatte, wurde ausgeschlossen, und so ließ sie sich dazu überreden, Gabriel einige ihrer Gedichte auswählen und veröffentlichen zu lassen. Brieflich besprach sie die Produktion der Zeitschrift mit William, der sich nach wie vor auf der Isle of Wight aufhielt.

Gabriel, der unter Zeitdruck steht, beauftragte mich, Dir Folgendes mitzuteilen.
Es ist nicht notwendig, wegen der Zeitschrift Deine Rückkehr zu beschleunigen, da die Prospekte noch warten können. Alle Beiträge bis auf den von Mr. Stephens kennst Du bereits. Dieser besteht im Augenblick aus verschiedenen Notizzetteln in chaotischem Durcheinander. Mr. Hunts Radierung hat zwei Teile. Der erste stellt Mr. Woolners Mann und Frau dar, wie sie Blumen am Wasser pflücken; der zweite, wie der Mann sich auf das Grab einer Frau wirft. Soweit ich mich erinnern kann, sind dies alle Botschaften...
P.P.S. Es sind Überlegungen im Gange, es das P.R.B. Journal zu nennen. Erwäge den Vorschlag weise und

schreibe das Ergebnis Deiner Überlegungen sofort an Stephens. Beeile Dich nicht mit Deiner Rückkehr, denn Stephens kommt zurecht, bis Du wieder hier bist. Alle Korrespondenz soll an ihn gerichtet werden.[7]

Dante Gabriel verbrachte einen Teil seiner Zeit in der British Library, wo er alte Ritterromane las, um für seine Gedichte »atemberaubende Wörter« zu finden, und plante mit Holman Hunt eine Reise nach Paris. Anfang Oktober war William wieder in London, und Christina schrieb keine weiteren Briefe.

Im Dezember einigte man sich darauf, die Zeitschrift *The Germ* zu nennen, und am 31. Dezember holte William die ersten Exemplare vom Herausgeber ab. Sie enthielten Beiträge von Woolner, Ford Madox Brown und Coventry Patmore sowie von den Rossettis. Von Gabriel erschienen »My Sister's Sleep« (Der Schlaf meiner Schwester) und ein Prosastück mit dem Titel »Hand and Soul« (Hand und Seele), von Christina »Dreamland« und »An End«. Keines dieser beiden Gedichte ist besonders herausragend. Ihr wunderschönes Sonett »Remember« (Gedenk), das sie im Juli 1849 geschrieben hatte, war nicht enthalten, weil sie nichts veröffentlichen wollte, in das man eine »persönliche Liebe« hineinlesen konnte. In der ersten Ausgabe erschienen alle Beiträge anonym, später jedoch wurden Namen oder Pseudonyme genannt. Christinas Gedichte wurden auf Gabriels Vorschlag hin unter dem Namen Ellen Elleyne veröffentlicht.

Voller Erwartung druckten sie 700 Ausgaben, von denen sich nur rund 200 verkauften. Die zweite Nummer erschien in einer Auflage von 500, doch die Nachfrage war noch geringer als zuvor. In dieser Ausgabe erschienen von Christina »Pause of Thought« (Gedankenpause), »Testimony« (Bekenntnis) und »Song« – »Oh Roses for the Flush of Youth« neben W. B. Scotts »Morning Sleep«, Coventry Patmores »Stars and Moon« und Gabriels »Blessed Damozel«.

Die Zeitschrift wurde in *Art and Poetry* (Kunst und Dichtung) umbenannt. Doch im April 1850, nach der vierten Ausgabe, mußte sie eingestellt werden. Dem Herausgeber George Tupper blieben hohe Schulden, die erst nach langer Zeit getilgt waren. Bei den Kritikern jedoch war das Magazin ein Erfolg, und später wechselten die verbliebenen Exemplare für überhöhte Summen den Besitzer.

Collinson hegte schon seit einigen Monaten Zweifel bezüglich seiner Konfession. William hatte ihn als einen »Mann mit verzagtem Gewissen« beschrieben, und er war zweifellos willensschwach. Es fiel ihm sogar schwer zu entscheiden, an welchem Bild er arbeiten wollte. Anfang 1850 kehrte er zum römisch-katholischen Glauben zurück, und damit versetzte er, laut William, »Christina Rossettis Seelenfrieden einen fürchterlichen Schlag... einen Schlag, von dem sie sich erst nach vielen Jahren wirklich erholte«.[8]

»From House to Home« berichtet vom Ende einer irdischen Liebe:

> Jene Nacht begrub mich wie eine Lawine;
> In einer Nacht mein Sommer ward zu Schnee:
> Am nächsten Morgen saß kein Vogel in den Ästen,
> Und kein Lamm regte sich im Feld.

Für Christina gab es keine andere Wahl, als die Verlobung zu lösen. Einige ihrer Biographen sind der Ansicht, daß sie dabei ein Gefühl der Erleichterung empfand, und schrieben die späteren Gedichte, in denen von einer qualvollen Wahl gesprochen wird, einer Affäre mit William Bell Scott zu. Aber es gibt keine Beweise, daß die Darstellung ihrer engsten Familienangehörigen nicht der Wahrheit entspricht. Innerhalb eines Kreises von Menschen, in dem man sehr freimütig übereinander schrieb, könnte man Andeutungen über einen Skandal – sollte es ihn gegeben haben – durchaus erwarten.

In Christinas Gedichten wird ihr innerer Kampf mit ebenso knappen, kargen Worten geschildert wie bei Emily Dickinson

und noch unversöhnlicher als bei Emily Brontë. Ein Zusatz zu
»A Pause of Thought«, geschrieben 1854, lautet:

> Den Todesstoß wollt ich auf einen Schlag versetzen,
> Alles einmal hingeben, und dann nie mehr wieder –

Die fünfte Strophe erinnert an Emily Dickinsons »My Life
closed Twice Before its Close« (Zweimal schloß mein Leben,
ehe es beendet).

> Das sagte ich im stillen zu mir und vermeinte,
> Mein Leben sei vorüber, würde öder Alltag werden:
> Ich wollte mich verschließen, einsam sein,
> Weder suchend noch gesucht.

Bei Emily Dickinson hat das Bild, eine Königin zu werden –
mit seinen Konnotationen von Triumph und Vorherrschaft –,
eine besondere Bedeutung in bezug auf Frauen und Dichtung. Für sie waren Elizabeth Barrett Browning und George
Sand »Frauen nun, Königinnen nun«. Auch Elizabeth Barrett
Brownings Aurora Leigh war »eine Frau und Königin«. Christina hingegen war es unvorstellbar, daß ihr etwas derart Wunderbares widerfahren könnte. Für sie bestand die einzige Möglichkeit im Scheitern, und zwar in der Liebe ebenso wie in der
Dichtung.

> Kein eigenes Nest kann ich mir bauen,
> Mein Haupt nicht krönen
>
> Mit königsroten Blüten für das Fest.
> Kann nicht fröhlich lachen oder Lieder singen:
> Diese Freuden verstreichen, wie nun die Zeit verstreicht,
> Und vergehe, wie sie einst vergingen.

Ich mag streben und doch das Ziel versäumen,
Muß bis ans Ende meiner Tage dürsten und mich
   mühen;
Oder besitze, und wage doch nicht, noch einmal zu
   geben,
Was ich einmal gab.

Was ihre Gefühle betraf, war Christina extrem zurückhaltend. William schrieb, es wäre »nicht nur taktlos, sondern auch fruchtlos gewesen, sie mit Fragen zu bedrängen«.[9] Sie verbarg ihre Empfindungen in ihrem tiefsten Inneren, wo sie ihr den Lebensmut raubten.

In »Three Moments«, entstanden im März 1850, trauert das junge Mädchen darum, nicht weinen zu können.

Sie rief: O Mutter, wo sind sie,
Die Tränen, die früher so leicht flossen?
Eine einzige Träne
Könnte meinen Verstand jetzt retten oder verhindern
Daß mein Herz zerbricht...

in »Seeking Rest« (Nach Ruhe suchend) drängen Mutter und Schwester das junge Mädchen zuerst, ihnen ihre geheime Quelle der Freude zu verraten, und dann, den Grund ihres Kummers zu erzählen, damit sie mit ihr mitempfinden und sie trösten können. Das junge Mädchen erwidert:

Wie könnt ich von meinem Kummer reden, wo ich doch
Alle Freuden für mich behielt?
Für mich gibt es keinen Frühling mehr;
Meine Blumen sind zum letzten Mal
Verblüht; ich kann nur stille sitzen,
Denken und weinen.

Als Christina später auf dieses Ereignis zurückblickte, schlich sich ein unerschütterlicher Stoizismus in ihre Gedichte ein. Sie alleine hatte die Entscheidung getroffen, die Beziehung mit Collinson zu beenden, und nur sie konnte ermessen, welchen Preis sie dafür gezahlt hatte. Als sie ihre Pflicht gegenüber Gott vor ihr eigenes Glück stellte, mußte sie sich mit der Möglichkeit abfinden, niemals zu heiraten und Kinder zu bekommen. Die Entschlossenheit der kargen Zeilen von »Memory« lassen an Emily Brontës Willenskraft in »Remembrance« und »No Coward Soul is Mine« (Feigheit ist meiner Seele fremd) denken.

> Als es noch lebte, hegte ich's in meiner Brust,
> Und als es starb, verbarg ich es im Herzen;
> Ich bewahrte die Freude für mich und trauerte nun auch
> Allein und sagte kein Wort.
>
> Ich verschloß die Tür, der nackten Wahrheit mich zu
>   stellen,
> Ich stand allein, stellt mich allein der Wahrheit,
> Entblößt der Selbstachtung, der Formen, des Erbarmens,
> Bis das Erste und das Letzte gewägt waren.
>
> Ich nahm die Waage und wog alles ab;
> Kein Zittern meiner Hand das Gleichgewicht gestört;
> Gewogen und zu leicht befunden; doch ich sagte kein
>   Wort
> Und traf schweigend meine Wahl.
>
> Niemand weiß um meine Wahl; ich treff sie noch.
> Niemand weiß um meine Wahl, die mein Herz zerbrach,
> Indem ich mein Idol zerstörte: Dies eine Mal ich faßte
>   Mut,
> Dies eine Mal entschied ich mich.

Ich zerbrach's mit einem Schlag und legte es auf Eis;
Es liegt zerschlagen mir im Herz, wo es früher lebte.
Mein Herz stirbt Stück um Stück; die Zeit vergeht,
Und ich trauere.

TEIL II

Entsagung

Er wählte, was zu wählen ich nicht wagte.
(Ach, wer wählte klüger – ich oder er?)
Er wählte ein warmes, teures Herz,
Und ich die kalte, karge Würde.

Er wählte einen Garten voller Freuden,
In dem noch frisches Wasser fließt;
Ich wählte die öde Wildnis
Mit lang schon verdorrten Knospen.

<u>Christina Rossetti</u>
Stanzen, die aus »Two Choices« gestrichen wurden
Oktober 1854

KAPITEL 5

Im Mai 1850 trat Collinson aus der PRB aus und erklärte Gabriel in einem förmlichen Brief, sein Gewissen als Katholik gestatte ihm nicht, künstlerische Ansichten und Ideale von Menschen zu vertreten, die nicht seinem Glauben angehörten. Er malte weiterhin, etwa ein vielfach diskutiertes Porträt der heiligen Elisabeth von Ungarn, der Königin, die auf die Krone verzichtete, um Nonne zu werden. Im darauffolgenden Jahr trat er in ein Jesuitenkolleg ein, das er aber noch vor der Priesterweihe wieder verließ.

Obwohl Christina Collinson sehr entschieden aufgegeben hatte, liebte sie ihn noch immer und sehnte sich nach Neuigkeiten von ihm. Gelegentlich geriet ihre Entschlossenheit ins Wanken. Den Sommer verbrachte sie mit einigen Familienmitgliedern in Brighton – eine Tradition, die man Gabrieles Gesundheit zuliebe begonnen und wegen Christinas Leiden beibehalten hatte. In dieser Zeit schrieb sie an William heimlich einen Brief, der im Vergleich zu den lebendigen Zeilen des Vorjahres traurig und niedergeschlagen klingt.

> Mein lieber William,
> ergriffen von meiner üblichen Sehnsucht nach Neuigkeiten, wende ich mich wie so oft an Dich: Ich schäme mich ein wenig ob des nichtssagenden Briefsystems, doch nicht genügend, um darauf zu verzichten...
> Hast Du in letzter Zeit die heilige Elisabeth gesehen? Und

weißt Du bereits, was mit der Gestalt der alten Frau geschehen wird, deren Haltung auf Ablehnung stieß? Wenn es Dir nicht allzu großes Ungemach bereitet, wäre ich Dir sehr verbunden, wenn Du während meines Aufenthalts hier herausfinden könntest, ob Mr. Collinson noch so angegriffen ist wie früher. Du und Gabriel, Ihr seid meine einzigen Informationsquellen, und Du bist bei weitem die angenehmere.

Ich schicke Dir diese Zeilen an das Finanzamt, damit Mama nichts davon erfährt. Sei nicht entsetzt ob dieser Heimlichkeit, dieser Brief würde ihr wenig Freude bereiten. Bitte übe Nachsicht, sowohl mit der Beschwerlichkeit, die ich Dir auferlege, als auch mit mir. Ich schäme mich wegen dieses Briefchens, doch fehlt mir der Mut, es wegzuwerfen; also muß ich es mit seiner trostlosen Leere auf seinen Weg bringen...[1]

Als Christina James Collinson einige Monate später zufällig auf der Straße begegnete, fiel sie in Ohnmacht. Zu dieser Zeit bedeutete ihr auch das Schreiben keinen Trost. In den Monaten nach April 1850 entstanden wohl nur drei Gedichte, die eher durchschnittlich sind: »Song« – »We buried her among the flowers« (Inmitten Blumen begruben wir sie) am 14. Mai, ein erzählendes Gedicht über eine unerfüllte Liebe mit dem Titel »Annie« im September und zwei Strophen über die heilige Elisabeth von Ungarn, die sie 1850 begann, aber erst 1852 vollendete. Christina erwähnte, sie arbeite an »zwei oder drei Dingen, von denen wahrscheinlich keines abgeschlossen werden wird«. An William schrieb sie, daß »im großen und ganzen unsere Tage und Nächte und Tage verstreichen, ohne sich wesentlich voneinander zu unterscheiden«.[2]

William verbrachte seinen Urlaub zuerst in Edinburgh und dann in Newcastle, wo er bei W. B. Scott wohnte. Nach seiner Abreise traf ein Brief Christinas aus Brighton in der Charlotte Street ein und wurde anscheinend von Mrs. Rossetti geöffnet.

Christina schrieb daraufhin ihrem Bruder: »Insgesamt war es kein Dokument von außergewöhnlicher Bedeutsamkeit; doch er enthielt eine unglückliche Passage, die Mama so entsetzte, daß ich ihn hastig vernichtete.«[3]

Mittlerweile übersteigerte Christina ihre Liebesbeziehung mit Collinson und die Tatsache, daß sie ihm entsagt hatte, zu einer großen Tragödie. Seine Bedeutung für sie und die Tiefe ihrer Gefühle für ihn nahmen immer größere Ausmaße an, um die emotionale Leere zu füllen, die die Trennung hinterließ. Wenn Christina eine erfüllende Beschäftigung oder mehr Umgang mit Menschen gehabt hätte, so daß sie andere Beziehungen hätte eingehen können, dann wäre Collinson in ihrem Denken bald der Platz zugewiesen worden, der ihm zustand: als eine erste Liebschaft, eine Romanze zwischen jungen Leuten, die zu nichts weiter geführt hatte. Doch Christinas Lebensumstände ließen sie daran zerbrechen.

Nachdem *The Germ* eingestellt worden war, bereiteten Christina nur noch wenige Dinge Freude. Offenbar war sie zutiefst deprimiert. Ihrem Vater ging es gesundheitlich immer schlechter, und zusätzlich schwächte ihn eine Reihe von Herzanfällen. Ständig stritt er sich mit Gabriel, warf ihm vor, er würde sein Talent vergeuden, weil er sich nicht genügend bemühe und »unbeständig« sei, wie William es nannte.

Anscheinend konnte Gabriel sich nicht entscheiden, ob er Dichter oder Maler werden wollte. Sein Vater fühlte sich von Gabriel enttäuscht, und es kam zu unerfreulichen Szenen. Auch anderweitig geriet Gabriel in Schwierigkeiten: Er hatte ein Atelier über einer Tanzschule gemietet – die er gerne als »Hüpfschule« bezeichnete –, und als der Hauptmieter mit seinen Zahlungen in Rückstand geriet, pfändete der Hausbesitzer auch Gabriels Eigentum. Als Untermieter hatte er nur wenig Möglichkeiten, dagegen etwas zu unternehmen.

Einige Zeit zuvor hatte er Elizabeth Siddal kennengelernt, die später seine Frau werden sollte. Es gab eine bestimmte rotgoldene Haarfarbe, die die Präraffaeliten faszinierte und die sie bei all ihren Modellen suchten. Eines Tags begleitete Walter Deverell seine Mutter in den Laden einer Putzmacherin. Als er durch die Tür in den Arbeitsraum blickte, sah er Elizabeth, wie sie eine Hutschachtel von einem Regal hob. Sie war ein großgewachsenes Mädchen mit langem Hals, achatgrünen Augen und der begehrten Haarfarbe. Deverells Mutter zog diskret Erkundigungen ein, und das junge Mädchen erklärte sich bereit, für ihren Sohn Modell zu stehen. Als professionelles Modell verdiente sie wesentlich mehr denn als Putzmacherlehrling, und bald wurde das Modellstehen zu ihrer Hauptbeschäftigung – Millais etwa bildete sie in seinem Gemälde *Ophelia* im Wasser liegend ab. Sobald Gabriel sie in Deverells Atelier sah, verliebte er sich in sie. Obwohl sie anfangs offenbar eine Verbindung mit Deverell gehabt hatte, erwiderte sie nach einiger Zeit Gabriels Zuneigung.

Die damals erst sechzehnjährige Elizabeth war die Tochter eines Messerschmieds und künstlerisch sehr begabt, aber wegen ihrer mangelnden Bildung und ihrer sozialen Herkunft hatte sie ihr Talent nie weiterentwickeln können. William beschrieb sie als

> etwas eigentümlich – nicht leicht zu verstehen und durchaus nicht oberflächlich ... Ihre Unterhaltung war stets ein wenig »frotzelnd« – sarkastisch im Ton, im Inhalt etwas flatterhaft ... ständig schien sie zu sagen: »Meine Gedanken und Gefühle gehören mir, und kein Außenseiter darf in sie eindringen.«[4]

Gabriel begann, ihr Zeichenunterricht zu geben, und unter seiner Anleitung malte sie düstere Porträts und schrieb trostlose, traurige Gedichte. Er malte sie als Beatrice, und damit wurde sie zum Inbegriff dessen, was wir uns heute unter der präraffaelitischen Frau vorstellen. Doch Elizabeth war sich weder ihrer Begabung noch Gabriels Treue sicher, und sie litt an Depressionen und zeigte Anzeichen von Schwindsucht.

Allerdings mag dieses Leiden psychosomatischen Ursprungs gewesen sein.

1850 mußten die Prinzipien der Bruderschaft zum ersten Mal die Probe aufs Exempel bestehen. Gabriel hatte seinen Freund Alexander Munro in das Rätsel um die Initiale PRB eingeweiht. Munro plauderte das Geheimnis aus, und daraufhin erschien in der Zeitschrift *The Illustrated London News* ein Artikel, der katastrophale Folgen hatte. Als nämlich Hunt und Millais ihre Gemälde bei der Royal Academy einreichten, wurden sie der Lächerlichkeit preisgegeben, und Gabriel, der wiederum beschlossen hatte, in der »Free Exhibition« auszustellen, stieß bei seinen Kollegen und dem Publikum auf wenig Verständnis. Das Verhältnis zwischen ihm und den anderen kühlte sich ab. Sie nahmen ihm übel, daß er nicht mit ihnen in der Academy ausstellte. Sie wollten geschlossen für ihre Sache eintreten und waren entsetzt, daß er Munro das Geheimnis verraten hatte. Von der Öffentlichkeit wurde Gabriels *Verkündigung* heftig kritisiert, und er beschloß, nie wieder ein Bild auszustellen.

Athenaeum druckte einen direkten Angriff auf Gabriel und die PRB ab, in dem *Die Verkündigung* als »geistlose Imitation« bezeichnet wurde. Das einzig Gute daran sei »ein gewisser Ausdruck in den Augen des schlecht ausgeführten Gesichts der Heiligen Jungfrau, der auf eine irgendwie nobel geartete Absicht hindeutet«. Aber das Geschick des Malers sei »wenig überzeugend«, und das Gemälde leide unter Affektiertheit und »infantilen Absurditäten«.[5]

Für die Künstler bedeutete dieses Urteil den sicheren Ruin, denn plötzlich ließen sich ihre Gemälde nicht mehr verkaufen. Gabriel lebte von Geld, das William und Tante Charlotte ihm gaben, und nun mußte er überdies seine Mutter in ihrer finanziell angespannten Lage um Hilfe bitten, damit er überhaupt weitermalen konnte. Das belastete die Beziehungen innerhalb der Familie noch mehr. Tante Charlotte war der Ansicht, er zeige nicht genügend Dankbarkeit für all die Opfer, die die

Rossettis für ihn brachten. Gabriel kam zu dem Entschluß, das Dichten aufzugeben und sich auf die Malerei zu konzentrieren, um seine Technik zu verbessern, denn er war sich seiner Schwächen und Fehler durchaus bewußt. Einmal stand er kurz davor, alles aufzugeben, und wollte sogar eine Stelle als Telegraphist bei der North Western Railway annehmen. Die Lage entspannte sich erst, als Ruskin sich einige Jahre später für die PRB einsetzte.

Durch die Vermittlung von Madox Brown wurde William mit einundzwanzig Jahren zum Kunstkritiker des *Spectator*. Damit verdiente er zusätzlich zu seinem Gehalt beim Finanzamt jährlich weitere fünfzig Pfund. Die Belastung, seine Familie zu ernähren, hinterließ allmählich Spuren, und eines Tages gingen ihm die Haare aus, so daß er eine Perücke tragen mußte. Seine Freunde und Angehörige spotteten, der Haarausfall sei auf seine Liederlichkeit zurückzuführen.

Der Herausgeber des *Spectator*, R. S. Rintoul, hatte eine Tochter, Henrietta, die sich eng mit Christina anfreundete. Obwohl Henrietta um einiges älter war als William, verliebte er sich in sie, und Christina wurde zu einer Art Vermittlerin in der Liebesverbindung ihres Bruders. Maria hatte zu der Zeit gerade eine schmerzliche Beziehung mit Charles Collins, dem Bruder des Romanschriftstellers Wilkie Collins. Charles war Maler und hatte durch Madox Brown Kontakt zur PRB aufgenommen. Er gehörte der anglikanischen Hochkirche an, und sein Werben um Maria stellte ihr Gefühl, berufen zu sein, zum ersten Mal auf die Probe. Sie liebte ihn, beschloß aber dennoch, ihn nicht zu heiraten; Gott kam für sie an erster Stelle. Nachdem sie Collins abgewiesen hatte, verwandelte er angeblich die Frauengestalt, an der er gerade malte, in eine Nonne. Das Gemälde wurde schließlich unter dem Titel *Klösterliche Gedanken* bekannt.

Für die niedergeschlagene Christina war es wenig tröstlich zu sehen, daß ihre Schwester und ihre Brüder in der Liebe Erfüllung fanden. Mehrere Gedichte berichten von emotionaler und geistiger Öde und beschreiben das Gefühl, inmitten glücklicher Menschen isoliert zu sein. »Downcast« (Niedergeschlagen) endet mit den Zeilen:

> Ich, nur ich allein,
> Bin verändert, traurig und kalt, und tief in meiner Seele
> Vertrocknet der Quell der Freude.

Im Herbst 1850 unternahm Frances Rossetti erneut Anstrengungen, die finanzielle Lage der Familie aufzubessern, und Anfang 1851 zog die Familie in die Arlington Street 38 um. Das Haus war nicht so hübsch wie Charlotte Street 50, hatte aber einen Garten, und das war eine der Voraussetzungen für die Schule, die Frances mit Christinas Hilfe gründete. Leider sprachen die Räumlichkeiten und der Unterricht, den sie anboten, nur die Töchter der benachbarten Händler an – darunter ein Friseur und ein Metzger –, nicht aber die wohlhabenderen Kinder aus Akademikerfamilien, die der Schule zu einem finanziellen Erfolg verholfen hätten.

Auf der Suche nach Trost widmete sich Christina immer mehr der Religion. In der zweiten Jahreshälfte 1851 schrieb sie die ersten religiösen Gedichte, denen im Verlauf ihres Lebens eine immer größere Bedeutung zukam. 1852 ging es vorwiegend darum, im Jetzt zu leiden in der Hoffnung auf spätere Glückseligkeit. »The Heart Knoweth its own Bitterness« (Das Herz weiß um seinen bitteren Schmerz) vom Dezember verdeutlicht, an welche Art von Glauben sie sich klammerte.

> Weine, elend und allein,
> Füll dein Herz mit Tränen.
> Niemand soll um das Geheimnis
> Deines Kummers und deiner Ängste wissen.
> Weine bis zum Morgengrauen,
> Bis zum ersten Tau,
> Weine bis zum Frühjahr,

> Denn warmer Regen
> Bringt Blüten hervor,
> Und im Sommer
> Singst du vom Erblühen.
>
> Dann wird die Liebe freudig
> Ihre Tränen vergessen.
> Kein Hoffen mehr und keine Angst,
> Kein Wachen oder Schlafen,
> Sondern nur endlose Liebe
> In tiefster Tiefe.
> Jetzt säen wir tränenreich Liebe,
> Doch später holen wir die Ernte ein.
> Sei geduldig, wie die Schafe des Herrn,
> Sei geduldig mit seiner Liebe,
> Der hier auf Erden starb und für dich im Himmel
>   weiterlebt.

Freudlose Zeilen wie »Doch wie soll ich schweigen, die ich doch verbrenne / Und wer kann Trost mir spenden?« verdeutlichen ihre innere Zerrissenheit. Gelegentlich schien sie zu glauben, es gäbe keine Erlösung für sie, und ihre Angst vor allem Weltlichen wurde noch größer. In einem Gedicht mit dem Titel »The World« finden sich bereits einige der Themen und Bilder, die später in »Goblin Market« auftauchen. Es kann als Beispiel dafür dienen, wie ausdrucksstark ihr Stil mittlerweile geworden war. Sie beherrschte ihre Technik meisterlich und beschrieb die Widersprüche, die sie quälten, mit einer lebendigen Bilderwelt, die ihre Ursprünge in der Offenbarung des Johannes hatte.

> Bei Tag umwirbt sie mich, die Sanfte, ungewöhnlich
>   Schöne,
> Doch bei Nacht ist sie wechselhaft wie der Mond;
> Eklig und faulig, wie von Lepra befallen,

Falsche Schlangen gleiten durch ihr Haar.
Bei Tag lockt sie mich ins Freie,
Zu reifen Früchten, süßen Blumen und zum Überdruß.
Doch nachts grinst sie wie ein böses Tier.
Ein Monster, das Liebe noch Gebet nicht kennt.
Bei Tag lebt sie in Lüge, doch bei Nacht
Zeigt sie ihr wahres Schreckensbild,
Mit spitzen Hörnern und krallenden, klammernden
  Händen.
Ist dies die Freundin, der ich
Meine Seele verkaufen, der ich meine Liebe und meine
  Jugend schenken soll,
Bis auch meine Füße gespalten sind und zur Hölle
  fahren?

Christina hatte nicht nur zu ihrer Technik gefunden, sondern auch zu ihrem Thema, und dieses Thema hieß Leiden. Ihre besten Gedichte lassen sich mit den sogenannten »terrible sonnets« von John Donne und Gerard Manley Hopkins vergleichen. Christinas große Gabe bestand darin, uns einen Blick in uns selbst zu ermöglichen, uns zu unserem Innersten zu führen und den Augenblick der Wahrheit zu beschreiben, in dem wir uns dem, was wir sind, stellen müssen.

Den Sommer 1851 verbrachte Christina bei ihrer Tante Charlotte in Longleat, dem Haus der Marchioness Dowager of Bath in Somerset. Man hoffte, die Luftveränderung und das Land würden ihr guttun. Christina wurde freundlich aufgenommen; Lady Bath bestand darauf, daß ihr Gast in ihrer eigenen Kutsche von der Kirche nach Hause fuhr, während sie selbst zu Fuß durch den Regen ging. Christina berichtete, sie nehme zur Stärkung Pfeilwurz ein und vermische ihren Wein mit »Hopfentee«, was »unangenehm und heilsam« sei.

Unterdessen bemühte sich William erfolglos, einen Verleger für *Maude* zu finden, das Christina mittlerweile beendet hatte. Außerdem bereitete er sich auf einen zweiten Besuch bei W. B.

Scott in Newcastle vor. Bei seinem ersten Aufenthalt dort hatte er festgestellt, daß Scott verheiratet war, und diese Tatsache hatte alle Rossettis sehr überrascht. Laetitia Scott war eine fröhliche, redselige Frau, geistreich, ohne klug zu sein, und in religiösen Dingen relativ unstet. Sie bekannte sich zu verschiedenen Konfessionen, bevor sie sich schließlich für den Anglikanismus entschied. Die Ehe der Scotts hatte sich als Fehlschlag erwiesen, doch das Paar lebte offenbar freundschaftlich, aber getrennt unter einem Dach. Auch Laetitia Scott verfaßte Gedichte, und William schickte Christina Kostproben davon nach Somerset. Sie beurteilte die Zeilen mit zurückhaltendem Wohlwollen und meinte, sie zeigten »Talent und Gefühl: wenn man denn davon ausgehen kann, daß derlei Dichtung eine wahre Geschichte erzählt«.

Christinas Biographin L. M. Packer ist der Meinung, daß es die Entdeckung von Mrs. Scotts Existenz war, die zu Christinas großer Krise führte, welche ihre Gesundheit zerrüttete und sie dazu veranlaßte, ihre leidenschaftlichsten Gedichte zu schreiben. Dokumente hingegen belegen, daß Mrs. Scott erst »entdeckt« wurde, als Christinas Gesundheit bereits angegriffen war. Die Vermutung, sie könnte in W. B. Scott verliebt gewesen sein, wird auch von Christinas eigenen Briefen widerlegt. Aus ihnen geht deutlich hervor, daß Collinson die Hauptperson für sie war sowie die Tatsache, daß sie Scott zu diesem Zeitpunkt nicht besonders gut kannte. Im Juli 1851 schrieb sie William:

> Wenn Du ihn das nächste Mal siehst, könntest du vielleicht nicht nur Mrs., sondern auch Mr. Scott von mir grüßen. Damit möchte ich einem eiligen Gruß auf der letzten Zeile zuvorkommen. Hat Mr. Scott ein gutes Urteilsvermögen in künstlerischen Dingen? Aber selbst wenn dem nicht so ist, mag seine Meinung natürlich dennoch gelegentlich Gültigkeit besitzen.[6]

Bislang war Christina Mr. Scott wohl gerade ein halbes dutzendmal begegnet. Er verbrachte jedes Jahr nur einige Wochen in London und stattete in der Charlotte Street ausschließlich Höflichkeitsbesuche ab. Die Treffen mit William und Gabriel, denen sein Hauptinteresse galt, fanden entweder in Gabriels Atelier oder im Haus von Freunden statt. Man gewinnt den Eindruck, daß Scott ein recht eitler Mann war, der sich gerne selbst mit Lob überhäufte. Er machte abschätzige Bemerkungen über den »Oxforder Traktarianismus [A. d. Ü.: zum Katholizismus tendierende Richtung des Anglikanismus], der gegenwärtig geistig Minderbemittelte anzieht«, zu denen er offenbar auch seine eigene Frau zählte. Mit dieser Meinung wäre er bei Christina auf wenig Gegenliebe gestoßen, aber er verbarg diese Einstellung hinter seinem Charme. Christina mochte Scott ebenso wie ihre Mutter, doch nur mit seiner Frau war sie eng befreundet, und als Laetitia nach London zurückkehrte, begleitete sie Christina oft als Anstandsdame. In ihren Briefen ist häufig von Christina und ihren gemeinsamen Unternehmungen und Gesprächen die Rede.

Im August 1852 fuhr Christina für einige Wochen nach Darleston Hall in Staffordshire, um den Töchtern von Mr. Jervis Italienischunterricht zu geben. Swynfen Jervis, ein alter Freund Gabrieles, war Parlamentsabgeordneter und profunder Kenner von Shakespeares Werken. Während ihres Aufenthalts dort begann Christina wieder zu malen, und Gabriel schrieb ihr aus London:

> Soeben zeigte mir Maria einen Brief von Dir, dem ich entnehme, daß Du Porträts der einen oder anderen Art angefertigt hast. Wenn Du auf diese Zeilen antwortest, schicke doch eines davon mit, da ich gerne eines Deiner Werke sehen möchte. Allerdings solltest Du Dich vorsehen, eine Rivalität mit der Sid aufzubauen, und besser respektvoll Deine Grenzen wahren. Nach Deiner Abreise habe ich mir aus Highgate neben einigen meiner

> persönlichen Besitztümer auch eine Haarsträhne schikken lassen, die von dem geliebten Köpfchen der Teuren geschoren wurde, so leuchtend wie die Flechten der Aurora, ein Anblick, der Dich bei Deiner Rückkunft blenden mag. Mit Freude vernehme ich, daß Deine Gesundheit sich gebessert hat, und hoffe, diese Veränderung möge von Dauer sein. Vor kurzem durfte ich die Gesellschaft von Mrs. und Miss Howitt genießen, bei denen Du ein beliebtes Gesprächsthema bist. Meines Wissens hat Mama Dir ein geistreiches Magazin von Mrs. H. nachgesandt, zu dem Du gerne einen Beitrag leisten kannst. Die Dame war entzückt über Deine in Druck erschienenen Zeilen und möchte Dich von Herzen gerne kennenlernen.[7]

Mittlerweile hatte sich Gabriel mit Lizzie Siddal verlobt, und offenbar begegnete Christina ihrer zukünftigen Schwägerin mit gemischten Gefühlen – zum Teil vielleicht auch deshalb, weil Gabriel Lizzies Talent nach Kräften förderte, so daß er seine ganze Aufmerksamkeit auf sie richtete und Christina vernachlässigte. Im Grunde war sie nicht eifersüchtig veranlagt, aber Gabriels neckender Satz »Allerdings solltest du Dich vorsehen, eine Rivalität mit der Sid aufzubauen« war äußerst provokant. Außerdem war bekannt, daß nun Lizzie und nicht mehr Christina *das* Gesicht der präraffaelitischen Bewegung war – eine Abkehr von den anfänglichen asketischen Darstellungen hin zu der erotischeren Bilderwelt der späteren Gemälde. Aus welchem Grund auch immer – in Madox Browns Tagebüchern finden sich Eintragungen über Unstimmigkeiten zwischen Gabriel und Christina bezüglich Lizzie.

Christina war sehr hellsichtig, was die Beziehung zwischen Gabriel und Lizzie betraf. Sie beobachtete, wie er seine Verlobte auf die Leinwand projizierte, wie er sie neu erschuf und als idealisiertes Wesen betrachtete; und sie bemerkte, daß das Ideal die wirkliche Lizzie in seinem Kopf langsam überlagerte.

Die ersten Zeilen von Christinas Gedicht »In an Artist's Studio« (In einem Atelier) sind zweideutig. Zum einen beschreiben sie die ständig wachsende Anzahl von Gemälden und Zeichnungen von Lizzie Siddal, die Gabriel zu der Zeit schuf, deuten aber auch an, daß jedes Modell, das Gabriel verwendete, die gleiche idealisierte Gestalt annahm und lange Finger, einen Schwanenhals, rotgoldene Locken, große, träumerische Augen und ein kantiges Gesicht bekam. Sogar Holman Hunt ließ Bemerkungen über Gabriels Neigung fallen, »die Züge seines Modells in die seines bevorzugten Idealtyps zu verwandeln«. Angeregt durch Lizzies Erscheinung hatte Gabriel eine neue präraffaelitische Frau geschaffen, und wen immer er nun malte, wurde auf der Leinwand zu dieser Gestalt überhöht.

> Ein Gesicht nur blickt von seinen Bildern,
> Eine Gestalt nur sitzt dort, geht und steht:
> Vom Schirm verborgen sahen wir sie,
> In ihrer Lieblichkeit vom Spiegel reflektiert.
> Als Königin in Opal und Rubin gehüllt,
> Ein namenloses Mädchen in frischem Sommergrün,
> Eine Heilige, ein Engel, jedes Bild zeigt
> Das gleiche, nicht mehr und auch nicht weniger.
> Tag und Nacht weidet er sich an ihrem Gesicht,
> Und sie blickt ihn mit warmen Augen an,
> Schön wie der Mond, heiter wie das Tageslicht.
> Nicht bleich vom Warten oder grau vor Kummer:
> Nicht wie sie ist, doch wie damals, als es Hoffnung gab;
> Nicht wie sie ist, doch wie er sie im Traume sieht.

Wie Jan Marsh in ihrem hervorragenden Buch *Pre-Raphaelite Women* feststellt, herrschten bei den Präraffaeliten Darstellungen von Frauen vor. Die Maler hatten sehr genaue Vorstellungen davon, wie Frauen auszusehen und sich zu verhalten hatten, und es war nicht ungewöhnlich, daß sie sich junger Mädchen annahmen und sie nach ihrem Geschmack formten.

So wie Gabriel Lizzie Siddal unterwies, kümmerte sich Holman Hunt um die des Lesens unkundige Annie Miller. Ford Madox Brown verliebte sich 1848 in sein junges Modell Emma Hill, die damals erst fünfzehn war. Sie lebte bei ihm und wurde seine Geliebte, 1850 brachte sie eine Tochter, Cathy, zur Welt. 1853 ließ sich das Paar heimlich trauen, und Brown schickte seine Frau auf ein Pensionat, damit sie gute Manieren und gesellschaftliche Umgangsformen erlernte. Emma behauptete, ihr Vater sei ein mittlerweile verstorbener Landwirt gewesen, obwohl ihre Eltern im armen Londoner East End lebten.

Die Schule der Rossettis in der Arlington Street erwies sich als Fehlschlag, und mit Hilfe von Lady Bath und Tante Charlotte wurde ein neuer Plan gefaßt. Christina und ihre Mutter sollten nach Frome in der Grafschaft Somserset umsiedeln, einer kleinen Marktstadt in der Nähe von Longleat. Seit kurzem zahlte Lady Bath dem anglokatholischen Priester Dr. W. J. Bennett, dem man wegen seiner hochkirchlichen Neigungen die Stelle in der Kirche St. Barnabas im Londoner Stadtteil Pimlico gekündigt hatte, dort eine Pfründe. Alle glaubten, daß die Schule unter seiner einflußreichen Fürsprache größere Erfolgsaussichten hatte.

Im März 1853 zogen Christina und Frances in die Brunswick Terrace in Fromefield ein, und sobald das Haus eingerichtet war, wurde Gabriele nachgeholt. Im Grunde hätte man ihm in seinem angegriffenen Zustand eine derartige Veränderung nicht zumuten dürfen, und kaum war er eingetroffen, sehnte er sich schrecklich nach London und seiner Familie zurück sowie den Freunden, die ihn abends besucht hatten. Durch die mangelnde Anregung und Ablenkung verfiel er immer mehr. William und Maria blieben in der Arlington Street wohnen, bis der Pachtvertrag auslief, aber Gabriel verließ das Haus und mietete eine Wohnung, die Ruskin wenig schmeichelhaft als »Verschlag in Blackfriars« bezeichnete. Die PRB existierte praktisch nicht mehr. Woolner wanderte mit seiner Frau nach Australien aus. Hunt beschloß, in Ägypten neue Anregungen zu suchen, und Millais bewarb sich bei der Royal Academy um Mitgliedschaft – ein Entschluß, den die anderen Präraffaeliten als Verrat betrachteten. Christina schrieb ein satirisches Sonett, was laut Hunt die Auflösung des Kreises nur beschleunigte.

> Die P.R.B. steht nun vor dem Verfall;
> Woolner brät in Australien seine Koteletts.
> Hunt sehnt sich nach dem Land Cheops';
> D. G. Rossetti verabscheut alles äußerlich Vulgäre;
> Während William M. Rossetti nur die »B«s verschluckt
> Und sein Englisch wie Koptisch klingen läßt;
> Der ruhige Stephens schmaucht in der Dämmerung ein
>   Pfeifchen,
> Sein Tag des Ruhms dauert noch ein Weilchen;
> Und zu guter Letzt Millais, der große Meister,
> Den es nach akademischen Würden verlangt,
> Schreibt A.R.A. nun hinter seinen Namen.
> So wie Flüsse münden in das weite Meer,
> Muß überreifes Obst vom Baume fallen,
> Und so jetzt auch die eminente P.R.B.

Kaum einen Monat nach der Übersiedlung nach Frome erkrankte Christinas Großmutter Anna Polidori schwer, und Frances mußte sofort nach London aufbrechen. Wenige Tage später starb Anna im Alter von vierundachtzig Jahren. Christina fuhr zur Beerdigung nach London. Sie schrieb ihrer Mutter, sie würde die Leiche ihrer Großmutter gerne sehen, bevor der Sarg verschlossen wurde. »Bitte sei unbesorgt wegen der Auswirkungen, die dieser Anblick auf mich haben könnte. Es ist wirklich ein Herzenswunsch von mir, es sei denn, die vielen in der Zwischenzeit verstrichenen Tage lassen dies unratsam erscheinen.«[8]

Sobald Mutter und Tochter wieder in Frome waren, bemühten sie sich, die Schule zu einem gewinnbringenden Unternehmen zu machen. Leider setzte sich Rev. Dr. Bennett überhaupt nicht für ihr Institut ein, und wieder waren die Schüler Händler- und Bauernkinder aus der Umgebung. Frances war zwar eine geborene Lehrerin, aber ihrer Tochter bereitete das Unterrichten Mühe. Sie wurde immer niedergeschlagener, war unglücklich und vermißte die restlichen Familienmitglieder. Ihrer Mutter zuliebe machte sie gute Miene zum bösen Spiel, und Gabriel neckte sie wegen ihres »stereotypen Lächelns«. In ihrer Freizeit zeichnete Christina und malte Aquarelle, unter anderem ein Porträt ihrer Mutter, das der ganzen Familie gut gefiel. Doch es fiel ihr schwer, ihr Talent ohne Anleitung weiterzuentwickeln, und schließlich gab sie das Malen völlig auf. Allerdings kehrte ihre poetische Inspiration zurück, und sie schrieb das ganze Jahr hindurch regelmäßig Gedichte.

Die meisten drehen sich um die gleichen Themen, die sie auch in den zwei vorhergehenden Jahren behandelt hatte – das, was Gabriel »das alte Zeug« nannte: Sehnsucht nach dem Tode, der vom Leiden erlöst. Doch einige Gedichte sind herausragend. So erinnert »A Pause«, geschrieben im Juni, an die mystische Gewalt von Emily Brontës »He comes with Western Winds« und zeigt, wie sehr Christinas Stil gereift war.

> Sie schmückten das Zimmer mit Blumen und mit
>   Blättern;
> Das Bett, auf dem ich lag, roch blütensüß,
> Doch meine Seele trieb sich liebeskrank umher,
> Ich hörte nicht die Vögel auf den Dächern,
> Hört nicht die Schnitter auf dem Felde reden;
> Nur meine Seele wartete mit jedem Tag,
> Meine dürstende Seele wartete auf den, der in der Ferne
>   weilte:
> Vielleicht liebt er mich, dachte ich, erinnert sich und
>   trauert.
> Endlich erklangen Schritte auf den Stufen,
> Die vertraute Hand griff nach der Klinke.

> Erst dann spürte mein Geist den Hauch
> Des Paradieses; erst dann wurde der langsame Sand
> Der Zeit zu Gold; und um mein Haar
> Legte sich ein goldener Schein, meine Seele wurde weit.

In der Zeitschrift *The Bouquet Culled from Marylebone Gardens* erschienen zwei von Christinas italienischen Gedichten, und ein Almanach mit dem Titel *Aikin's Year* veröffentlichte »Behold I stand at the Door and Knock« (Seh, ich steh vor der Tür und klopfe). Überdies arbeitete Christina an Prosaerzählungen, obwohl William für *Maude* noch keinen Verleger gefunden hatte und sich erfolglos darum bemühte, die Schauergeschichte *Nick* zu verkaufen. Nach wie vor versuchte Gabriel, seine Schwester zu dominieren und ihr Schreiben zu beeinflussen.

> Vor kurzem habe ich Papa und Mama geschrieben... aber es ist schon einige Zeit her, seit ich Dich auf den neuesten Stand der Dinge gebracht habe. Vor einigen Tagen zeigte mir Maria zwei Deiner Gedichte. Sie gehören mit zu dem Besten, was Du seit langem geschrieben hast, nur der Titel des einen. Irgend etwas wie Wahrheit – klingt mir »sehr nach Walfisch«. Was soll das bedeuten? Die letzten Strophen sind exzellent, aber einige, an die ich mich vage erinnere, in denen es um »Träume von lebenslangem Weltschmerz« (usw. usw. *ad libitum*) geht, riechen förmlich nach dem alten Zeug. Ich wünschte, Du würdest Dich an einer Erzählung oder einer Gefühlsdarstellung der wirklichen Fülle der Natur versuchen, die in jeder ihrer Phasen wesentlich größere Vielfalt bietet als all diese »Träumereien«.[9]

Die vorherrschende Meinung war, daß Dichterinnen sich ausschließlich mit der Schönheit der Natur beschäftigen sollten. Die leidenschaftlichen inneren »Träumereien« von Emily

Brontë, Emily Dickinson und Christina Rossetti und die Polemik Elizabeth Barrett Brownings waren für die damalige Zeit etwas Neues.

Dante Gabriel war nicht der einzige, der sich wünschte, Christinas Dichtung hätte einen stärkeren Bezug zur Natur, in dieser Hinsicht wurde sie oft zu ihrem Nachteil mit Jean Ingelow verglichen. Für Gabriels Freund Theodore Watts-Dunton bestand das Problem darin, daß Christina in der Stadt aufgewachsen war. So schrieb er in *Athenaeum*:

> Eben in diesem Punkt ist Miss Ingelow Christina Rossetti weit überlegen. Ihre Liebe zu Blumen, Vögeln und Bäumen und allem, was diese Welt so schön macht, ist um keinen Deut tiefer als Christinas, doch diese Liebe entspringt einem umfassenden, detaillierten Wissen um das Leben in der Natur.[10]

Es wurde gar nicht in Betracht gezogen, daß Christina möglicherweise lieber innere als äußere Landschaften beschrieb.

Anna Mary Howitt, deren Mutter sich bei *Aikin's Year* und anderen Zeitschriften, zu denen sie Beziehungen hatte, für Christinas Gedichte eingesetzt hatte, blieb auch weiterhin ihre begeisterte Fürsprecherin, und diese Unterstützung brauchte Christina zur damaligen Zeit dringend. Bei den Howitts lernte Gabriel die Feministin Barbara Leigh Smith kennen, eine Cousine Florence Nightingales, und machte sie mit Christina bekannt. Gabriel schrieb:

> [Der Dichter William] Allingham ist soeben in der Stadt eingetroffen, und zusammen mit ihm und William ging ich gestern abend zu den Howitts. Anna Marys Enthusiasmus über Deine Person hat sich um keinen Deut verringert, und sie hofft, Dich das nächste Mal, wenn Du in die Stadt kommst, nicht wieder zu verpassen. Sie hat ein sonniges Bild von Margaret [Faust] in angemessen klägli-

chem Zustand gemalt, und es ist wesentlich besser gelungen, als ich ihr zugetraut hätte. Demnächst werde ich sie tagsüber aufsuchen, um ihr einige Ratschläge bezüglich Farben zu geben. Ich wünschte, es bestünde die Möglichkeit, ähnliches für Dich zu tun, aber ich befürchte, Du bist der Ansicht, Kunst könne sich störend auf Deine legitime Beschäftigung mit Leiden auswirken. Ach, wenn Du nur wie Miss Barbara Smith wärst! Eine junge Frau, die ich bei den Howitts kennenlernte. Sie ist gesegnet mit großen Mengen an Geld, Fett, Begeisterung und goldenem Haar und denkt sich nichts dabei, einen Berg in Reithose zu besteigen oder einen Fluß ohne besagtes Kleidungsstück zu durchwaten, alles im geheiligten Namen der Pigmente. Gestern abend lud sie uns für den Sonntag zum Mittagessen ein, und vielleicht werde ich hingehen, weil sie ein unterhaltsamer Kerl ist...[11]

Kurz vor Weihnachten starb Gaetano Polidori, und die Familie ging getrennter Wege. Eliza entschied sich für ein ungebundenes Leben und zog in eine eigene Wohnung. William und Maria hatten sich kurzfristig über einer Apotheke in der Nähe vom Regent's Park eingemietet, und Philip und Margaret nahmen sich Zimmer in der Nähe. Nach dem Tod ihrer Eltern erbten alle Polidoris eine kleine Geldsumme, die ihnen ein bescheidenes Auskommen ermöglichte.

Aufgrund einer Beförderung im Finanzamt erhielt William nun 250 Pfund im Jahr. Seinen Berechnungen nach sollte dieses Einkommen zusammen mit seinem Honorar vom *Spectator*, Marias Bezahlung für Privatstunden und dem Geld, das Frances geerbt hatte, genügen, damit die ganze Familie wieder unter einem Dach leben konnte. Es war William wichtig, die Familie zusammenzubringen und seiner Mutter die Mühe des Unterrichtens zu ersparen. Also mietete er ein Haus in der Albany Street 166 und bestand darauf, daß Frances bis zum Frauentag [A. d. Ü.: 25. März] dort einziehe.

Obwohl Christina und ihre Mutter die Natur und das Land vermißten, freuten sie sich sehr, wieder in London zu sein. Das Haus in der Albany Street war größer als alle vorherigen. Zwar war der Blick aus den Fenstern etwas trostlos – man sah auf die Rückseite einer Häuserzeile, die direkt am Park stand –, aber die Nähe zum Regent's Park machte alle Nachteile wieder wett. Eliza und Margaret kamen regelmäßig zu Besuch, und als Philip (der in den letzten Jahren sehr merkwürdig geworden war) starb, bot man Margaret zwei Zimmer im obersten Geschoß an. Sie zog dort ein, drängte sich den Rossettis aber nie auf, sondern lebte zurückgezogen. Offenbar bekam sie immer wieder hysterische Anfälle, während denen sie sich auf dem Boden wälzte und vor Lachen brüllte.

Für Gabriele allerdings war der Umzug so anstrengend, daß er sofort danach sehr krank wurde. Am Ostersonntag ließ man den Hausarzt kommen, und eine Woche später wurde der Spezialist Dr. Hare hinzugezogen.

Am 24. April schien es Gabriele besserzugehen, und er verlangte, daß Frances ihm beim Aufstehen half und ihn anzog. Nach dem Frühstück brach er zusammen, und Frances bemerkte eine besorgniserregende Veränderung in seinem Gesichtsausdruck. Er wurde zu Bett gebracht und sollte es nicht wieder verlassen. Abwechselnd saßen die Kinder bei ihm, und Frances las ihm aus der italienischen Liturgie vor. Gelegentlich glaubte er, seine Mutter sei bei ihm. Er starb friedlich am Nachmittag des 26. April um halb sechs und war bis fast zuletzt bei Bewußtsein. Gabriel verbrachte den Abend bei John Ruskin, erschien aber sofort, als man nach ihm schickte, und so waren alle seine Kinder um Gabriele versammelt, als er starb, ebenso wie sein Cousin Teodoro Pietrocola-Rossetti, Margaret, Eliza und Charlotte Polidori. Charles Cayley, dessen Dante-Übersetzung Gabriele betreut hatte, kam zweimal, während sein Mentor im Sterben lag, und Christina und die ganze Familie schlossen ihn ins Herz, als er bis zum Ende respektvoll in einem Zimmer im Erdgeschoß ausharrte.

Gabriele wurde im Friedhof Highgate neben Ford Madox Browns Frau beigesetzt. Alles, was er besessen hatte (wenig genug), ging an Frances. Sobald sie die schlimmste Trauer überwunden hatte, bestand ihre erste Handlung darin, alle noch existierenden Exemplare von einem der Bücher Gabrieles zu verbrennen – es hieß *Mistero dell'Amor Platonico,* und Frances betrachtete es als häretisch und gefährlich.

KAPITEL 6

Gabriel hoffte, durch seine Beziehungen zu dem Dichter William Allingham einen kleinen Band mit Christinas Gedichten veröffentlichen lassen zu können. Allerdings ist unklar, ob er damit eher seiner Schwester oder Lizzie helfen wollte. Im März 1854 schrieb er an William:

> Sag Christina, daß Lizzie hier sein wird, wenn sie am Donnerstag kommt... Ich würde mich freuen, wenn sie käme, weil ich Lizzie gesagt habe, sie hätte den Wunsch geäußert, sie zu sehen.
> Allingham hat ihre Gedichte durchgesehen und ist von vielen entzückt. Ich möchte sie ihm gerne eine Zeitlang überlassen (und gehe davon aus, daß ich ihr Einverständnis dazu habe), damit er sich ein Urteil bilden kann, welche sich am besten für einen Band eignen. Lizzie wird das Buch bebildern, und ich zweifele nicht daran, daß wir einen Verleger finden werden.[1]

Einen Monat später wurde Lizzie wieder krank und fuhr zur Erholung nach Hastings. Gabriel verbrachte einige Zeit bei ihr, und die im Brief erwähnte Idee verlief sich im Sande. Obwohl man mehrere Ärzte, unter anderem sogar einen Homöopathen, konsultierte, wurde Lizzies Krankheit nie richtig diagnostiziert. Sie hatte eine angegriffene Lunge und litt an Depressionen und Verdauungsstörungen. Ihre Situation war wenig beneidenswert. Gabriel war zwar in sie verliebt, konnte oder wollte sie jedoch nicht heiraten. Außerdem versuchte sie, ihr kreatives Potential zu entfalten, und das brachte unweigerlich Enttäuschungen mit sich. Einer ihrer Ärzte war der Meinung, die Hauptursache für ihren Zustand läge darin, daß ihre »geistigen Fähigkeiten lange unterdrückt, in letzter Zeit aber überfordert wurden«.

Barbara Leigh Smith wollte Gabriel dazu überreden, seine Geliebte in Florence Nightingales Sanatorium in der Harley Street einzuweisen, aber statt dessen fuhr Lizzie im September 1855 in Begleitung einer Verwandten von Frances Rossetti nach Nizza und Paris.

Christina war gerade dabei, ihrem Bruder William bei der Übersetzung der Memoiren und Briefe von Mallet du Pan zu helfen, zu denen auch ein Bericht über die Französische Revolution aus der Sicht eines Adeligen gehörte. William hatte diese Aufgabe gemeinsam mit Dr. Benjamin Paul übernommen. Mrs. Rossetti und Maria übersetzten ebenfalls Teile des Textes, doch Christinas Anteil daran war offenbar beträchtlich, wie William selbst einräumte. Trotzdem steht ihr Name nicht auf der Titelseite. Ihr Biograph MacKenzie Bell jedoch führt das Buch in seiner Bibliographie von Christinas Arbeiten auf. In Dr. Wallers *Imperial Dictionary of Universal Biography* (Lexikon der Biographien) wird Christinas Name auch genannt, denn sie verfaßte die Artikel über die italienischen Schriftsteller.

Mittlerweile war sich Christina ihrer Fähigkeiten sehr sicher geworden. Nach Meinung ihres Bruders hielt sie sich für »eine wahre Dichterin, ohne jeden Zweifel; und innerhalb ihrer gedanklichen und thematischen Bandbreite und der Grenzen ihrer Arbeitsmöglichkeiten auch für eine gute«. Einerseits gab sie sich große Mühe, nicht der Sünde der Eitelkeit zu verfallen, aber auf der anderen Seite blieb sie ihrem künstlerischen Anspruch und ihrem kritischen Urteilsvermögen treu. William bemerkte, daß ihr Selbstbewußtsein sie

> in keinster Weise eingebildet oder arrogant bezüglich ih-
> rer eigenen Person machte, und auch nicht kritiksüchtig
> gegenüber den Werken anderer; doch sie zog entschlos-
> sen eine Grenze zwischen Menschen, die Dichter, und
> solchen, die Versschmiede sind.[2]

Christina hielt sich stets das Zitat »Richtet nicht, auf daß ihr nicht gerichtet werdet« vor Augen. Oft sagte sie lieber nichts, als eine abwertende Bemerkung zu äußern. Wenn andere Menschen ihr Gedichte zuschickten, dankte sie ihnen stets sofort, um nicht später, nachdem sie das Werk gelesen hatte, einen möglicherweise kritischen Brief schreiben zu müssen.

Es gab noch eine zweite Richtschnur, nach der sie lebte und die die Richtung, die ihre Begabung nehmen sollte, mehr als alles andere prägte – die biblische Aufforderung, nichts zu tun, das »deinen Bruder stolpern läßt, ihn beleidigt oder schwächt«. Freimütig schrieb William, seiner Ansicht nach habe

> dies sie beim Schreiben in gewisser Hinsicht gehemmt,
> denn es lag in ihrem Wesen, die biblischen Gebote sehr
> buchstäblich auszulegen, und in manchen Fällen hätte sie
> sich mit einer größeren Gedanken- und Wortfreiheit aus-
> gedrückt und hätte eine stärkere Wirkung erzielt, wenn
> nicht die Angst, etwas zu sagen, das sich zum Nachteil
> eines verzagten oder begriffsstutzigen Menschen auswir-
> ken könnte, sie daran gehindert hätte.

Christina glaubte, daß »man eine große geistige Verantwortung auf sich nimmt, wenn man etwas zur Veröffentlichung schreibt«.[3]

Zum Teil entsteht die Spannung ihrer Gedichte erst durch genau diese Zwänge und Konflikte – durch die Mühe, einen für sie gangbaren Weg zwischen Selbstaufgabe und literarischer Meisterschaft zu finden. Diese Gewissensskrupel veranlaßten sie auch dazu, das Gedicht »A Triad« zurückzuziehen, das in *Goblin Market* veröffentlicht worden war. Jemand machte sie darauf aufmerksam, sie habe darin eine tugendhafte Ehefrau wenig schmeichelhaft gezeichnet und sie nachteilig mit der Geliebten verglichen – die Ehefrau wird »abgestumpft in seelenloser Liebe, eine öde Gattin«, während die Geliebte aufblüht, »Glühend bis ins gelbe Haar, bis in die Fingerspitzen«.

Unter der Woche besuchte Christina im Auftrag der Kirchengemeinde Menschen in den armen Stadtteilen Londons. Das Bewußtsein von vergeudetem Leben wird in ihren Gedichten spürbar. In einem kurzen Stück, das in Ausdruck und Stil an Emily Dickinson erinnert, beschreibt sie das Gefühl von Nutzlosigkeit und Lethargie, das viele Frauen damals empfanden:

> Es ist ein ödes Leben, sagt sie,
> Zweimal, wenn man das Los der Frauen teilt.
> Ich wünsche mir, ein Mann zu sein,
> Oder besser noch, gar nicht zu sein.

Während dieser Zeit suchte Florence Nightingale eine Gruppe von Krankenschwestern aus, die sie auf die Krim begleiten sollten. Auch ihr waren psychosomatische Leiden und die liebevolle Tyrannei einer Familie nicht fremd. Und auch sie hatte aufgrund ihrer Prinzipien darauf verzichtet, den Mann zu heiraten, den sie liebte. Eine Bemerkung von Florence Nightingale erläutert Christinas einige Jahre zuvor getroffene Entscheidung, nämlich, daß der Mann ihre »intellektuelle Ader« und ihr »leidenschaftliches Wesen« befriedigen würde, aber daß sie auch »eine moralische, eine aktive Seite besitzt, und diese würde in seinem Leben nicht zu ihrem Recht kommen«.

Christinas unkonventionelle Tante Eliza gehörte zu den ersten Frauen, die sich für den Dienst in Scutari – dem Stützpunkt der britischen Armee im Krimkrieg – meldete und angenommen wurde. Mit ihrer positiven Lebenseinstellung und ihrer Entschlußfreudigkeit war sie genau die Art Frau, die dort gebraucht wurde. Allerdings mußte sie bei ihrer Ankunft auf der Krim enttäuscht feststellen, daß sie als Lagerverwalterin eingesetzt wurde und Bettwäsche und Vorräte austeilen mußte, anstatt die Kranken und Verwundeten zu betreuen. Trotzdem war sie sehr stolz auf die Rolle, die sie gespielt hatte, und schrieb Memoiren über ihre Zeit in Scutari. Auch Christina wollte sich Florence Nightingales Krankenschwestern anschließen und meldete sich als Begleiterin ihrer Tante an, wurde jedoch abgelehnt mit der Begründung, mit vierundzwanzig Jahren sei sie noch zu jung.

Christina suchte nach etwas, das ihr Leben erfüllen und ihm einen Sinn geben würde. In den wunderschönen, geheimnisvollen Gedichten, die sich mit Emily Brontës vergleichen lassen und die Gabriel als ihre »Träumerei« bezeichnete, beschreibt sie eine Frau, die in einem tranceartigen Zustand lebt und darauf wartet, erweckt zu werden. Titel wie »Dead Before Death« (Tot vor dem Tode) und »Dream Love« (Traumliebe) erzählen von einer Art Tod im Leben, einem emotionalen Schwebezustand. Die zwei Gedichte »Long Looked For« (Lange gesucht) und »Echo« lehnen sich stark an Emily Brontës »The Prisoner« an. Der Anfang des ersten lautet:

> Wenn das Auge kaum sieht,
> Wenn der Puls sich kaum regt,
> Und das Herz kaum schneller schlägt,
> Obwohl ihre Stimme erklingt.

Diese Zeilen scheinen fast Emilys Vision entlehnt. »Echo« besitzt mit der Anrufung des Geliebten die gleiche visionäre Kraft, die gleichen übernatürlichen Andeutungen, die gleiche Ambiguität (ist der Geliebte spiritueller oder sexueller Natur?). Man denkt dabei an Heathcliffe aus *Sturmhöhen,* der auf Cathy wartet, aber auch an die Gedichte, in denen Emily entweder als Gestalt aus Gondal oder als sie selbst die herbeisehnt.

Christinas Strophen sind quälend und ergreifend, eine leidenschaftliche Anrufung.

> Komm zu mir in der Stille der Nacht;
> Komm zu mir, wenn schweigend die Träume sprechen;
> Komm mit weichen, runden Wangen und mit Augen, die
>   hell leuchten
> Wie Sonnenlicht im Fluß;
> Komm zurück in Tränen;
> Erinnerung, Hoffnung, Liebe vergangener Jahre.
>
> Traum von allzu bitterer Süße,
> Aus dem ich im Paradies erwachen sollt,
> Wo liebende Seelen wohnen und sich vereinen;
> Wo sehnsüchtige Augen
> Das Tor betrachten,
> Die Öffnung, die aufnimmt, aber nicht mehr entläßt.
>
> Doch komm zu mir in Träumen, damit ich mein Leben
> Noch einmal leben kann, wenn auch kalt wie der Tod:
> Kehr im Traum zu mir zurück, damit ich
> Puls um Puls, Atem um Atem geben kann:
> Sprich leise, beug dich zu mir,
> Wie schon vor langer, langer Zeit, Geliebter.

Einige von Christinas Träumen zeigen düstere, lebhafte Bilder. Gabriel sagte, seine Schwester schreibe mit den Augen einer Malerin.

Eines ihrer ungewöhnlichsten Gedichte, schlicht »My Dream« genannt, kann als perfektes Beispiel dafür gelten, was William »Christina Rossettis ungewöhnlichen Geisteszustand« nannte – »die unberechenbaren Kapricen, welche die extreme und beinahe exzessive Ernsthaftigkeit ihrer Gedanken unterbrechen«.[4] Christina bestritt, daß es sich bei dem Gedicht um einen wirklichen Traum handele, wie man ihn beim Schlafen träumt.

Das Gedicht erinnert an eine Fabel und beruht auf Pharaos prophetischen Träumen, die Joseph im ersten Buch Mose interpretiert. Offenbar enthält es auch Anspielungen auf zeitgenössische Karikaturen des russischen Zaren, der gelegentlich als Krokodil dargestellt wurde. Die Träumerin steht am Ufer des Euphrat und beobachtet, wie eine Schar frischgeschlüpfter Krokodile aus den Wellen auftaucht.

> Ein jedes Krokodil mit reinstem Gold gegürtet,
> Mit kostbaren Edelsteinen, die an Umfang mit ihm
>   wuchsen.

Ein Krokodil ist besonders prachtvoll und wächst schneller heran als die anderen.

> Ein entsetzliches Grauen lag auf seiner Miene;
> Die kleineren Brüder erschauderten vor seinem
>   Schwanz.

Schließlich fällt das große Krokodil über die anderen her und verschlingt sie, wie die magere Kuh, die im Traum des Pharaos aus dem Fluß auftaucht.

> Fiel her über sie, zermalmte und zerquetschte sie,
> Kannte und fürchtete kein Gesetz,
> Zerbiß sie nur mit starken Kiefern.
> Fett troff ihm aufs Kinn,
> Trat ihm aus Nüstern und Augen,
> Und dennoch schlang es weiter wie der hungrige Tod.

Als das Krokodil einschläft, schrumpft es auf seine normale

Größe, und seine Haut nimmt die übliche Farbe an. Ein geheimnisvolles, geflügeltes Gefährt erscheint – »weiß war es, wie ein Gespenst der Rache« –, und angesichts dieser richtenden Macht...

> Das bedachte Krokodil sich stellte auf,
> Vergoß gar bittere Tränen, rang die Hände.

Was kann das bedeuten? fragt Christina am Ende des Gedichts, weigert sich aber, eine Erklärung zu geben: »Eine Erklärung kann ich nicht bieten / Sondern frage mich selbst: Was?« Andererseits muß sie gewußt haben, daß es sich um eine moralische Fabel handelt, deren Ursprung auf das Alte Testament zurückgeht.

Durch Christinas gesamtes Werk zieht sich verdeckt, mitunter auch sehr deutlich, ein stark pädagogischer Zug. Ihre Begabung bestand darin, diese Didaktik dichterisch zu umschreiben. »My Dream« ist auch ein gutes Beispiel für Christinas Sinn für Humor. Nicht all ihre Gedichte sind traurig. Die Gestalt des »bedachten Krokodils« war in der Familie heiß geliebt und gab Anlaß zu vielen Scherzen. Gabriel verlieh seinem Freund William Morris den Spitznamen »Der Bedachte«, und zu dessen Ärger wurde er ihn nicht wieder los.

Mittlerweile hatte sich Ruskin der Sache der PRB angenommen und schrieb Artikel, in denen er die Bruderschaft verteidigte, so daß die Maler ihre Gemälde wieder leichter verkaufen konnten. Er war ein häufiger Gast in Gabriels Atelier und lud auch Maria und Christina zu sich zum Abendessen ein. Das Jahr 1854 war schwierig für Ruskin und die PRB. Hunt unternahm Reisen durch den Nahen Osten, und Walter Deverell starb nach langer Krankheit an Nierenschrumpfung. Ruskins Frau Effie hatte sich in John Millais verliebt, und auf Rat von Freunden hin ließ sie die nie vollzogene Ehe annullieren. Später heirateten sie und Millais, und das führte zu Spannungen zwischen den Familien Millais und Rossetti, weil diese weiterhin mit Ruskin befreundet blieben. Dante Gabriel und John Millais verband zwar nach wie vor ein herzliches Verhältnis, aber die beiden Männer trafen sich immer seltener.

Ruskin war von Lizzie Siddals Talent sehr beeindruckt. Ihre Jugend und Zerbrechlichkeit sprachen ihn an, und er erbot sich, ihr eine Leibrente von 150 Pfund im Jahr auszusetzen, um ihren Geldsorgen ein Ende zu bereiten. Die Bedingung war, daß sie ihm all ihre Zeichnungen überließ. Gabriel war begeistert über diesen Vorschlag; Lizzies Meinung dazu ist uns nicht bekannt. Auf jeden Fall wurde das Angebot angenommen. Es ist schwer zu verstehen, warum Gabriel sie jetzt nicht heiratete. Er verdiente mindestens ebensoviel wie William, und zusammen mit Lizzies Geld hätten sie ein gutes Auskommen gehabt. Allerdings zeigte sich Gabriel seinen Freunden und Angehörigen gegenüber äußerst großzügig und war einer jener Menschen, dem »das Geld nie treu blieb«; Geldmangel war bei ihm chronisch. Ruskin schrieb ihm, seiner Ansicht nach

> wäre es das beste, wenn Du heiraten würdest... und der eigenartigen Trauer und »Sehnsucht nach dem Ich-weiß-nicht-was« ein Ende setzt, die Euch beiden eigen ist.[5]

Es muß zu einer Krise gekommen sein, denn Dante Gabriel riß aus Williams Tagebuch Einträge von den Jahren 1854/55 heraus, die, wie William vermutete, von Lizzie handelten. Auch die restliche Familie war offenbar der Auffassung, daß Gabriel sich ihr gegenüber nicht anständig verhielt. In Gabriels Briefen an William Allingham finden sich Andeutungen über einen Flirt mit einer »*Belle pas Sauvages*«, der sich über 1854 und 1855 hinweg zog. Gabriels Worten zufolge war die Frau »umwerfend«.

Christina bemerkte auch eine wachsende Zuneigung zwischen Maria und John Ruskin, obwohl unklar ist, inwieweit dies nur von Maria ausging. Im Grunde fühlte sich Ruskin eher von heranwachsenden Mädchen als von reifen, intellektuell anspruchsvollen Frauen angezogen. Doch Gabriels Briefen kann man entnehmen, daß Ruskin eigens darum bat, Maria zu treffen, und daß Maria gemeinsam mit Gabriel und Lizzie mehr als einmal bei Ruskin zu Abend aß. In dem religiösen Prosatext *Time Flies* (Die Zeit verfliegt) schrieb Christina: »Eine der aufrechtesten Christinnen, die ich je kennenlernte, nahm einmal unbekümmert das Ersterben einer kurzen Bekanntschaft hin, die ihr warmes Herz erfüllt hatte, mit der Begründung, daß ein solcher Vorgeschmack, ein solcher Einblick in gegenseitig erfüllenden irdischen Verkehr im Himmel fortgesetzt werde.« Am Rand des Textes steht »Maria mit Ruskin«.[6]

Im Sommer 1855 kamen die Brownings nach London und nahmen sich eine Unterkunft in der Dorset Street, wo William und Dante Gabriel sie besuchten. Die beiden Brüder bewunderten Elizabeth, seitdem sie ihre ersten Gedichte gelesen hatten – laut William schon seit 1844, als er gerade fünfzehn war. Robert Brownings Werke lernte Gabriel erst später schätzen. Er schrieb dem Dichter auf die für ihn typische Art nach Italien und wurde eingeladen, ihn in London zu besuchen. Den Brownings gefielen Gabriels Bilder, und sie erbaten sich eines – *Dantes Traum* – als Leihgabe, um es in ihrer Londoner Wohnung aufzuhängen.

Im September lernten William und Gabriel auf Vermittlung der Brownings bei einer Dichterlesung Tennyson kennen. Leider konnte Christina ihre Brüder dabei nicht begleiten. Für sie war es Tradition, den Sommer in Hastings oder Brighton zu verbringen, und im Herbst 1855 nahm sie eine Gouvernantenstelle bei einer Familie in der Nähe von Hampstead Heath an. William bedauerte, daß seine Schwester Elizabeth Barrett Browning nicht begegnete. Elizabeth arbeitete gerade an *Aurora Leigh,* und offenbar durfte William das Manuskript sehen. Er meinte, Gabriel habe Elizabeth einige von Christinas Gedichten gezeigt; ihre Reaktion darauf ist allerdings nicht bekannt. 1850 hatte man sie in einem Artikel in *Athenaeum* scherzhaft für den Titel des *Poet Laureate* vorgeschlagen. Wenn man sie ernannte, witzelte der Verfasser, würde man nicht nur einen, sondern gleich zwei Dichter ehren.

Im folgenden Jahr bat Robert Browning William in einem Brief aus Italien, sich um die Radierungen für das Deckblatt zu *Aurora Leigh* zu kümmern. William freute sich sehr darüber, an diesem Unterfangen beteiligt zu werden, wenn auch nur in untergeordneter Rolle. Allerdings waren die Brownings mit dem Ergebnis seiner Bemühungen nicht besonders glücklich. William seinerseits fand, *Aurora Leigh* sei »erfüllt und beladen mit poetischer Schönheit und leidenschaftlichem Mitgefühl und Einsicht«[7], doch die Länge der Dichtung erschreckte ihn. Christinas Kommentar zu dem Werk kennen wir nicht.

Christina eignete sich ihrem Wesen nach nicht zur Gouvernante, und während ihrer kurzen Zeit in Law Hill war sie ebenso unglücklich wie Emily Brontë in ihrer Stelle. Und wie diese wurde sie krank. Mit Einbruch des Winters bereitete ihr die Lunge wieder Schwierigkeiten, und sie mußte das Bett hüten. Am 13. November schrieb sie an William:

> Ich hoffe, Du freust Dich zu hören, daß ich es in meinem Exil sehr bequem habe; ich auf jeden Fall bin überglücklich im Gefühl, daß meine Gesundheit es mir partout nicht gestattet, auf Dauer verschiedenste Gouvernantenstellungen anzunehmen. Gestern etwa gab ich mich dem Genuß hin, im Bett zu frühstücken, da ich am Tag zuvor sehr unwohl gewesen war; nun geht es mir erheblich besser, doch glaube ich kaum, eine große Stütze sein zu können.[8]

In diesem Brief scherzte sie auch über Williams Zuneigung für Henrietta Rintoul und freute sich offensichtlich sehr auf ihre Heimkehr. Den ganzen Winter hindurch war sie krank und versuchte, ihr Leiden als Willen Gottes hinzunehmen. »I Have a Message unto Thee« (Meine Botschaft an Dich), datiert mit dem 26. März 1855, trägt den Untertitel »Written in Sickness« (Geschrieben in Krankheit).

> Süße Jasminzweige bilden
> Einen dunklen, sternübersäten Schleier;
> So schön anzusehen,
> Reizvoll in ihrer Art.
> Ach, nur ich allein
> Bin tödlich bleich.

Sie klagt: »Selbst in meinem Frühjahr / Kann ich weder blühen noch singen« und stellt sich der Möglichkeit, daß sie durch den Tod »unsterbliche Schönheit erlangen könnte«. Ihre Familie schickte sie zur Erholung nach Hastings, und bei ihrer Rückkehr wohnte sie bei der Familie Madox Browns.

Im Januar 1856 hielt William um Henrietta Rintouls Hand an, und obwohl sie älter war als er, willigte sie ein. Allerdings erhoben ihre Eltern Einwände gegen diese Verlobung, und gehorsam löste die Tochter sie wieder auf. Später nahm sie Williams Heiratsantrag gegen den Willen ihrer Familie ein zweites Mal an und ließ sich damit auf eine Verlobung unbestimmter Dauer ein. William hätte Henrietta sofort heiraten können, wenn er nicht seine Familie finanziell unterstützt hätte. Anscheinend empfand er deswegen keinerlei Bitterkeit, und das ist bezeichnend für sein Wesen und sein Pflichtgefühl – eine Eigenschaft, die offenbar alle Rossettis besaßen. Die Familie war außergewöhnlich eng miteinander verbunden, und dies mag zum Teil der Grund dafür gewesen sein, warum die Kinder entweder sehr spät oder gar nicht heirateten.

Im Jahr 1856 wurde Christina sechsundzwanzig. Wenn sie auf ihr bisheriges Leben zurückblickte, hatte sie das Gefühl, immer mehr von den gewöhnlichen Freuden menschlichen Glücks ausgeschlossen zu sein. In einer Reihe von Gedichten, insbesondere in »Shut Out« (Vor verschlossener Pforte), beschreibt sie, wie sie durch das Tor ins Paradies blickt, aus dem sie wie Eva verbannt wurde. Diese Gedichte sind doppeldeutig und beschreiben ihre Angst, daß ihr wie Eva wegen der Sünden, die sie in der Vergangenheit beging, auch das geistige Paradies des Glaubens versagt bleiben könnte. »Shut Out« – im Manuskript »What Happend to Me« (Was mir geschah) betitelt – erinnert in seiner Schlichtheit und Symbolik an Blake.

> Die Tür war zu. Ich blickte durch
> Die Eisengitter und sah ihn liegen,
> Meinen Garten unter dem Himmel
> Voll taufeuchter, grüner Blüten.

Der Garten ist ihr verschlossen, und der »schattenlose Geist«, der das Tor bewacht, gibt ihr zur Erinnerung nicht einmal einen Zweig, sondern:

> Der Geist blieb stumm, doch er baute
> Aus Mörtel und Steinen eine Mauer;
> Er ließ keine Öffnung, keine noch so kleine,
> Durch die ich sehnsüchtig blicken konnte.

Geblendet von Tränen, sitzt sie alleine da und beachtet nicht den Trost, den die Natur außerhalb des Paradieses bietet.

> Veilchen knospen in der Nähe,
> Dort baut die Lerche nun ihr Nest;
> Schön sind sie, doch nicht die schönsten;
> Lieb sind sie mir, doch nicht die liebsten.

KAPITEL 7

Zwischen 1856 und 1862 schrieb Christina den Großteil ihrer besten Gedichte. Mittlerweile beherrschte sie ihre Technik mit meisterlicher Perfektion und brachte Ordnung in die heftigen und gelegentlich turbulenten Gefühle, die sie zum Ausdruck brachte. So entstand eine dramatische Spannung zwischen den kraftvollen Emotionen und der strengen Form, in die sie gezwungen wurden.

Christina war der Ansicht, daß ihre frühen Werke der späteren religiösen Prosa und Dichtung technisch gesehen überlegen waren. Edmund Gosse erzählte sie, sie glaube »fest an den wahren poetischen Impuls, der (sehr häufig) zum Frühjahr, und nicht zum Herbst des Lebens gehört«.[1] Als sie älter wurde, stellte sich der »wahre lyrische Ruf« – ihre eigene Stimme – immer seltener ein, doch in den Jahren zwischen 1855 und 1865 kam er voll zum Tragen.

Christina besuchte häufig Ford Madox Brown und seine Frau Emma, und durch ihn machte sie zahlreiche Bekanntschaften. Außerdem war sie häufig bei Dr. und Mrs. Heimann sowie bei den Patmores zu Gast. Dort lernte sie auch Adelaide Proctor kennen, die für ihr Gedicht »The Lost Chord« (Die verlorene Saite) berühmt ist. Christinas Schüchternheit verhinderte, daß die beiden sich enger befreundeten, und später meinte sie, ihre Beziehung sei »nur oberflächlicher Art« gewesen. W. B. Scott hatte ihr seine Frau Laetitia vorgestellt, deren Redseligkeit Christinas mangelndes Konversationstalent wettmachte. Kurz zuvor war Mrs. Scott zum Anglikanismus übergetreten, und somit hatten die Frauen viele Gemeinsamkeiten. Eine weitere von Christinas Freundinnen war Henrietta Rintoul, die mittlerweile mit William verlobt war und von Christina bereits als Schwester betrachtet wurde. Die lebhafte, begabte Henrietta wurde zum Mittelpunkt eines literarischen Zirkels, und gelegentlich ließ Christina sich dazu überreden, an diesen Treffen teilzunehmen.

Weniger herzlich verlief dagegen Christinas Beziehung zu Lizzie Siddal. Möglicherweise hing dies aber mehr mit Lizzies rätselhaftem, melancholischem Wesen zusammen als mit tatsächlich vorhandenen Spannungen zwischen den beiden. Lizzies einzige enge Freundin war Emma Brown, die eine ähnliche Vergangenheit wie sie hatte. Obwohl Lizzie und Christina beide malten und Gedichte schrieben, kann man sich wohl kaum zwei unterschiedlichere Menschen vorstellen. Außerdem war Dante Gabriel sehr besitzergreifend, was Lizzie betraf, und William beschwerte sich, daß die Familie das Paar nur selten zu Gesicht bekam; seiner Ansicht nach waren Besuche bei ihnen unerwünscht.

Aurora Leigh wurde im Herbst 1856 veröffentlicht, nachdem Elizabeth Barrett Browning und ihr Mann nach Italien zurückgekehrt waren. Das Buch rief in London großes Aufsehen hervor und stellte den ganzen Winter über ein Thema für heftige Diskussionen dar. Ruskin nannte es perfekt, aber die Kritiker waren geteilter Meinung. Einige verglichen Aurora Leigh mit Jane Eyre – eine Ähnlichkeit, die Elizabeth vielleicht nicht beabsichtigte, die aber auf der Hand liegt: Auch hier handelte es sich um eine selbständige Heldin, die nicht die geplante Ehe eingeht, eine Waise, die von einer gefühllosen Tante erzogen wird und den Helden erst heiratet, nachdem er eine entstellende Verletzung erhalten hat. Außerdem wurden schmeichelhafte Vergleiche mit George Sand gezogen; Elizabeth bewunderte diese Schriftstellerin und hatte ihrer Heldin auch deren Geburtsnamen – Aurora – gegeben.

Außerdem zeigt das Gedicht Einflüsse von Laetitia Landons *Improvatrice,* zumindest oberflächlich in der Verwendung einer leidenschaftlichen Frau und Dichterin italienischer Herkunft. Auf seine Art ist *Aurora Leigh* ebenso anspruchsvoll wie Wordsworths *Prelude*. Auch dessen Thema ist das Heranwachsen eines jungen Dichters – in diesem Fall eine Frau –, und das Werk leidet an den gleichen Schwächen. Es fehlen Variationen in Tempo und Ton, und wie bei jedem langen, erzählenden Gedicht stellt sich die Schwierigkeit, durchgängig die gleiche Qualität beizubehalten. Doch wie *Prelude* ist Elizabeths Dichtung ein großes literarisches Werk.

Obwohl Christina, ebenso wie Emily Dickinson, Elizabeth Barrett Browning mehr als jeden anderen lebenden Dichter bewunderte, leugnete sie, sie bewußt nachzuahmen. Allerdings versuchte sie sich gelegentlich an »politischen« Gedichten, etwa »A Royal Princess« (Eine Königliche Prinzessin), »The Lowest Room« (Der bescheidenste Raum) und »The Iniquity of the Fathers Upon the Children« (Die Sünde der Väter an ihren Kindern). Wie Elizabeth beschäftigte auch Christina das Schicksal »gefallener Frauen«, und es wurde bei ihr fast zur Besessenheit, sich mit diesen Thema zu befassen. In der viktorianischen Zeit setzte man sich gerne mit diesem Problem auseinander und betrachtete es mit einer Mischung aus prüder Ablehnung und sensationslüsterner Neugier; das Motiv faszinierte auch die Präraffaeliten. 1853 malte Holman Hunt *Das erwachende Gewissen;* es zeigt eine Geliebte, die beim Anblick ihres Liebhabers, der verträumt am Klavier sitzt, plötzlich Gewissensbisse bekommt. Es entstand zur gleichen Zeit wie W. B. Scotts Gedicht »Rosabell« mit ähnlichem Inhalt. Dante Gabriels »Jenny« – »Laue, lachende, laszive Jenny / Der Küsse soviel bedeuten wie Geld«, die ihr Haar offen trägt und ihre Seidenkleider »ungegürtet, ungeschnürt / Süß duftend, offen bis zur Taille« – handelt von Fanny Cornforth, die er angeblich kennenlernte, als sie in Londons Straßen, auf dem Strand, ihrem Gewerbe nachging und mit den Zähnen Nüsse knackte. Sie wurde seine Geliebte und stand ihm für einige seiner eindeutig erotischen Gemälde Modell. *Gefunden,* das Bild einer jungen Frau vom Lande, die ein junger Mann in bäuerlicher Bekleidung in ihrer »Scham« überrascht, wurde nie fertiggestellt.

Christina war eine Ausnahme unter den viktorianischen Frauen, denn sie wagte es nicht nur, über Prostitution zu schreiben – wogegen ihr Bruder in typisch viktorianischer Doppelmoral Einwände erhob –, sondern engagierte sich auch in der Sozialarbeit. Uns mag es zwar als Widerspruch erscheinen, daß junge, unverheiratete Frauen, die kaum aufgeklärt waren und entsprechend wenig über sexuelle Abgründe wußten, als geeignete Helferinnen und Beraterinnen galten für jene, die gegen die herrschende Moral verstoßen hatten – doch die Viktorianer betrachteten dies als eine durchaus angemessene Beschäftigung. In ihrem Essay »Our Single Women« vertrat Dora Greenwell die damals geltende Meinung und schrieb, daß gefallene Frauen von denjenigen errettet werden sollten, »denen die Münze, die schon lange verloren und in den Boden getreten wurde, noch kostbar ist, und zwar um Seinetwillen, dessen Bild und Inschrift sie trägt«.[2]

Vor allem in ihren früheren Gedichten hielt Christina es nur selten für notwendig, moralische Schlußfolgerungen zu ziehen. In »Look on This Picture and on This« (Betrachte dieses Bild, betrachte dies) von 1856 beschreibt sie die verführerische Zara.

> Du hast ihre rehbraunen Augen gesehen, ihre warme, dunkle Haut,
> Ihr dunkles Haar – doch in den rehbraunen Augen tanzt der Teufel;
> Du, meine Heilige, führst zum Himmel, aber sie verlockt zur Sünde.

> Sie ist stattlich in ihrem Überfluß – sei ehrlich, hast du je
> Eine solche Schönheit und Gestalt, ein solches Gesicht
>   gesehen?
> Sie mag Königin der Teufel sein, aber jeder Zoll eine
>   Königin.
>
> Wenn du für mich singst, höre ich sie noch zarter, süßer;
> Mit ihrer seltsam süßen Weise erfüllt sie alles in mir,
> Was Musik nicht erfüllen kann – meine Seele, all mein
>   Sinnen und Trachten.

Der Geliebte, dem die körperliche Vereinigung mit Zara in dieser Welt versagt ist, sehnt die Verbindung nach dem Tod herbei und stößt die Frau, der er vor dem Gesetz verbunden ist, Eva, mit dieser Liebe vor den Kopf.

> Ich wünsche, einer von uns wäre tot, wäre fort, ohne ein
>   Wiedersehen,
> Oder daß sie und ich tot zu deinen Füßen lägen,
> Sie und ich in ein Laken gehüllt.
>
> Liebte ich dich? Vom ersten freudlosen Tag bis heute
>   nicht:
> Du genügst mir nicht als Lebenssinn und nicht zu
>   meinem Glück:
> Du genügst nicht, aber ich habe die Eine gefunden, die es
>   tut.

In seinen Notizen schrieb William: »Erschiene nicht der Name ›Eva‹, wäre ich peinlich berührt, erraten zu müssen, was meine Schwester dazu bewegt haben könnte, ein solcherart ausgefallenes Thema und derartige Zeilen zu wählen.« Doch die Erwähnung dieses Namens überzeugte William davon, das Gedicht beziehe sich auf Maturins Roman *Women* und könne deshalb entschuldigt werden.[3]

Elizabeth Barrett Brownings Interesse galt der Gestalt Marion Erles, die in *Aurora Leigh* gegen die Moralvorstellungen der Gesellschaft verstößt; Christinas hingegen beschäftigte sich mit dem unschuldigen Kind einer illegitimen Verbindung. Aber obwohl die beiden über ähnliche Themen schrieben, enthalten Christinas Gedichte der Reifezeit ihre ureigensten Gedanken und ihre metrischen und verbalen Muster. Bei den Ähnlichkeiten zwischen ihrer und Elizabeths Dichtung handelte es sich weniger um Entlehnungen als vielmehr um Querverweise.

Dies wird deutlich in dem Gedicht »L.E.L.« vom Februar 1859. In Christinas Manuskript trägt es den Titel »Spring« (Frühling) mit der Anmerkung »L.E.L. von Elizabeth Barrett Browning.« Das Motto besteht aus einer einzigen Zeile: »Deren Herz sich nach ein wenig Liebe verzehrte«. Das Gedicht gehört zu Christinas besten Werken. Es bringt nicht nur ihre Einsamkeit und ihre Angst, keine Erfüllung zu finden, zum Ausdruck, sondern stellt auch Verbindungen zu drei anderen Dichterinnen her, nämlich Elizabeth Barrett Browning, Laetitia Elizabeth Landon und Felicia Hemans.

In seinen Anmerkungen zu dem Gedicht schrieb William, das Gedicht Elizabeth Barrett Brownings, auf das seine Schwester sich beziehe, sei »L.E.L.'s Last Question«, in dem Elizabeth sie als »dürstend nach ein wenig Liebe« beschreibt, und diese Zeile setzte William mit Christinas Motto in Zusammenhang. Möglich ist aber auch, daß sie dabei an Elizabeth Barrett Brownings Gedicht »Felicia Hemans« dachte, das den Untertitel »Für L.E.L., mit Bezug auf ihre Klage über die Dichterin« trägt. Dies verweist auf L.E.L.s berühmtes Gedicht über den Tod Felicia Hemans, die ebenfalls »viel zu wenig Liebe fand« und die das gleiche Gefühl von Isolation empfand wie Christina und L.E.L.

Offenbar identifizierte sich Christina derart stark mit Laetitia Landons Gedicht über Felicia Hemans, daß sich in ihrem Werk (insbesondere in »Passing Away« [Vergehen]) zahlreiche Hinweise darauf finden, die man beinahe als Zitate lesen kann. Es lohnt sich, Teile dieses Gedichts wiederzugeben, denn sie verdeutlichen den Hintergrund zu Christinas »L.E.L.« sowie die Gedanken, die sie damals beschäftigten – Gedanken, die sicher auch L.E.L.s einsamem, qualvollem Selbstmord galten.

> Teuer erkauft ist die Gabe,
> So wie du zu singen:
> Ein schwereres Schicksal erwartet jene,
> Die als Priesterin das Heiligtum hütet.
> Die Menschen sehen nur die Krone,
> Hören nur die Hymne;
> Und erkennen nicht, wie blaß die Wangen,
> Wie trüb die Augen sind.
>
> Allzu stark gespannt
> Sind die feinen Saiten der Seele;
> Mit Elend und Melodie
> Sind sie überspannt.
> Das Herz ist zu empfindsam,
> Um jeden Tag Schmerz zu erleiden;
> Es schlägt zu der Musik, aber es schlägt
> Hinter tiefer Verzweiflung.
>
> Es begegnet nie der Liebe, die es oft beschreibt,
> Der Liebe, nach der es so verlangt;
> Der Glaube, der ein solches Herz erfüllt,
> Liegt allzusehr im Himmlischen.
> Der strahlende Kranz, den der Dichter trägt,
> Macht das Leben einsam;
> Er blendet, aber trennt von allen,
> Die ihn nicht tragen.

> Bist du nicht erzittert vor deinem Ruhm,
> Hast du nicht seinen bitteren Preis verwünscht,
> Weil das, was anderen als Triumph erschien,
> Für dich ein Opfer war?
> Blume, die du aus dem Paradies
> In unsere kalte Welt gekommen,
> Schatten von einer Schönheit wie der deinen
> Erinnern an den Baum, von dem du stammst.[4]

Christinas Motto ist weder ein direktes Zitat von Elizabeth Barrett Browning noch von L.E.L., sondern eine Aussage, die eine emotionale Verbindung zwischen Christinas Werk und den Gedichten L.E.L.s herstellt, in denen diese beschreibt, wie ihr Herz am ständigen Scheitern der Liebe zerbricht. In »Song« aus *The Golden Violet* (Das goldene Veilchen) schreibt sie:

> Mein Herz ist wie die Laute,
> Die ich nun störe:
> So stark gespannt,
> Daß beide jetzt zerbrechen.

Und in einem weiteren Gedicht mit dem Titel »Song«:

> Ich wende mich der begnadeten Seite zu,
> In die der Barde seine Seele ergießt;
> Sie klingt so sehr wie mein eigenes Herz,
> Das beim Singen noch zerbricht.

Die Themen von Laetitia Landons Gedichten sind denen Christinas sehr ähnlich. In *The Golden Violet* gesteht sie, daß die Dinge, denen ihr Mitgefühl gilt, »Liebe und Leid der Frau« sind. Allerdings ist die thematische Bandbreite bei L.E.L. weniger vielfältig als bei Christina; ihre Gedichte sind eine Vermischung romantischer Ideale und des Kults der Empfindsamkeit – sie blicken eher zurück zum 18. Jahrhundert als in die Zukunft und eröffnen nichts Neues. »A Night in May« (Eine Nacht im Mai) aus *The Venetian Bracelet* (Der venezianische Reif) ist ein typisches Beispiel dafür und gewährt einen aufschlußreichen Vergleich mit Christinas Gedicht an L.E.L. Wie bei Christina beobachtet auch hier die Dichterin eine heitere Runde aus »jungen, schönen Menschen«.

> Ich verließ den fröhlichen Kreis: – Er war mir öde,
> Doch waren die anderen wahrlich unbeschwert und
>   heiter?
> Ich sah eine müde Blässe auf der zarten Wange,
> Sah die dunklen Augen traurig verhangen.
> Ich ging auf mein Zimmer, um allein zu sein,
> Lehnte am Fenster, atmete süße Luft;
> Große Tränen fielen herab und machten mich blind; bin
>   denn ich die einzige,
> Die traurig und müde ist, obwohl kein wahrer Kummer
>   sie bedrückt?

Christinas Gedicht »L.E.L.« ist mehr als nur eine Klage um das Scheitern menschlicher Liebe oder um die Einsamkeit, die in der Gesellschaft anderer am stärksten empfunden wird. Es ist George Herberts Schrei von der mangelnden Fruchtbarkeit des Geistes, die sich vor allem im Frühling bemerkbar macht, wenn die Erde mit den Verheißungen der kommenden Ernte erblüht. Die geistige Unfruchtbarkeit steht im krassen Gegensatz dazu.

> Unten lache ich, scherze und bin heiter;
> Doch oben in meiner Kammer
> Wende ich das Gesicht schweigend zur Wand;
> Mein Herz verzehrt sich nach ein wenig Liebe.
> Der eisige Winter ist vorüber,
> Die Vögel suchen sich Gefährten

Und Blätter sprießen, denn das Frühjahr ist gekommen.

Für mich ist nicht Frühling, trotz aller Blütenpracht,
Ich finde kein Nest, obwohl der Hain voll Nester ist:
Mein armes Herz, das ganz alleine ist,
Mein Herz, das sich nach ein wenig Liebe verzehrt.
Während in der goldenen Sonne
Bäche quellen und fließen,
Während Lilien knospen, denn das Frühjahr ist
    gekommen.

Alle lieben, werden geliebt, nur nicht ich; ihre Herzen
Sind erfüllt mit Liebe und Freude:
Sie, deren Leben heiter ist, erahnen nicht,
Daß mein Herz sich verzehrt nach ein wenig Liebe.
Es summt und schwirrt am Bienenkorb,
Kaninchen bekommen ihr Sommerfell
Im Frühling, der die Welt zu neuem Leben erweckt.

Christina war sich der großen Leere in ihrem Leben bewußt. Ihre beiden Brüder fanden Glück in der Liebe, Maria fand Erfüllung in der Religion. Christinas Gedichte hingegen wurden zwar von ihren Freunden mit Vergnügen gelesen und auch gelobt, waren in der breiteren Öffentlichkeit aber noch unbekannt, und ihre Sozialarbeit – die Besuche bei »gefallenen Frauen« in einer kirchlichen Institution in Highgate – gab ihr weniger Befriedigung, als sie gehofft hatte. Collinson hatte das Jesuitenkolleg verlassen, um wieder zu malen, und war mittlerweile verheiratet und hatte eine kleine Tochter. Christina hielt es für unwahrscheinlich, daß sich ihr jemals wieder die Möglichkeit bieten würde zu heiraten. Das hatte eine Reihe von Gründen: Es gab mehr Frauen als Männer, und die meisten Männer, die sie kennenlernte, paßten nicht zu ihr. Darüber hinaus stand ihr ihre Armut im Weg sowie die Tatsache, daß sie an alle Menschen einen sehr hohen Maßstab anlegte. In ihrem Werk drückt sie den fehlenden Sinn ihres Lebens aus, das Gefühl, in einem Vakuum zu existieren. Für Christina lag Hoffnung nur in der kommenden Welt – Hoffnung für sie selbst, für Felicia Hemans und für Laetitia Landon.

> Doch sagt ein Heiliger: »Geduld soll deine Sichel sein«;
> Doch sagt ein Engel: »Wart, und du wirst sehen,
> Die Letzten sind die wahrhaft Besten; wahres Leben
>   ersteht aus dem Tode;
> Du, die sich nach ein wenig Liebe verzehrt.
> Dann wird Liebe dich erfüllen,
> Wird Liebe deinen Mangel stillen,
> Wenn ein neues Frühjahr einen neuen Himmel und neue
>   Erde bringt.

William war der Ansicht, der Titel »L.E.L.« sei lediglich ein »Schleier«, um die autobiographischen Elemente des Gedichts zu verbergen. Sicher ist das Gedicht äußerst persönlich, aber die Verbindungen liegen nicht offen auf der Hand.

Dante Gabriel las das Gedicht in Manuskriptform und machte den Vorschlag, die bisher ungereimten Zeilen eins und drei zu reimen. Christina folgte seinem Rat und meinte, dadurch würde das Gedicht »erheblich besser«.

Ein weiteres Gedicht von 1859, »Spring« (Frühling), greift das Thema der Unfruchtbarkeit wieder auf, und »An Apple Gathering« (Ernten der Äpfel) beschreibt ein Mädchen, das im Frühling Apfelblüten pflückt, um sich das Haar zu schmücken, im Herbst dann aber feststellen muß, daß der Apfelbaum keine Früchte trägt. »Autumn« (Herbst) greift das Thema von Einsamkeit auf. Es zeichnet sich aus durch viele Alliterationen, Inversionen, Wiederholungen und innere Reime, und diesen Stil sollte später auch Gerard Manley Hopkins sehr wirkungsvoll einsetzen.

Ich bin allein, allein
Während mein Fluß quellend dem Meer zustrebt,
Vergoldet mit prächtigen Booten,
Die keinen Freund mir bringen;
Liebeslieder, die aus hundert Kehlen erschallen,
Liebesschmerzen, laßt mich sein.

Boote tragen Gold und edle Steine
Und Gewürze hin zum Meer;
Schlanke, lachende Mädchen singen,
Verheißen Liebe und beschwören –
Wie süß, doch flüchtig –
Unter den bebenden, schneeweißen Segeln.
Still! der Wind legt sich –
Still! reglos liegen sie vor dem Strand,
Vor dem Strand, wo ich alleine bin;
Ihre Lieder hallen singend durch mein Reich –
Sie können mein Klagen nicht hören.

Dies gehört mit zu ihren düstersten Gedichten. »Autumn« endet:

Meine Bäume blühen nicht,
Ich habe keine Laube;
Mein Turm steht ächzend im Sturm,
Und sehr einsam ist mein Strand.

Offenbar war Christina zutiefst bedrückt. Sowohl sie als auch Gabriel litten an unberechenbaren Stimmungsschwankungen und schwachen Nerven. Gabriel beneidete Maria und William um ihr ausgeglichenes Wesen. Vor allem Maria war ruhig und praktisch veranlagt – die Vernünftigste von ihnen, wie Gabriel in einem Brief schrieb, während er und Christina im Vergleich dazu »nichts« waren. Bei Maria folgte alles einer strikten Logik. Selbst die Religion betrachtete sie mit einer fast wissen-

schaftlich gelehrten Haltung und löste Probleme verstandesmäßig. Christinas Ansatz hingegen war instinktiv. Für sie war Religion eine Sache des Glaubens und des Gefühls, und deswegen fiel es ihr schwer, in Zeiten des Zweifels und der inneren Zerrissenheit an ihrem Glauben festzuhalten. Für Maria besaß der Glaube die Gewißheit eines bewiesenen Arguments; für Christina war er eine Frage des Herzens und der Vorstellungskraft.
William, zeit seines Lebens ein Agnostiker, versuchte mit ihr über dieses Thema zu reden. Er schrieb:

> Sie wollte nichts davon hören, daß in der christlichen Religion eine Sache glaubwürdig war, weil *sie vernünftig war* oder weil sie auf historischen Tatsachen beruhte. Christina vertrat die Auffassung: »Ich glaube, weil mir zu glauben befohlen wird, und ich weiß, daß die Macht, die mir zu glauben befiehlt, die einzig wirklich existierende Macht ist, nämlich Gott.« In sie zu dringen und zu fragen: »Woher weißt du, daß es Gott ist?«, wäre zwecklos gewesen; letztlich hätte ihre Antwort darin bestanden zu beteuern: »Mein Glaube ist Glaube; er entsteht nicht aus rationalen Argumenten heraus und benötigt derer auch nicht.«[5]

Am schönsten kommt Christinas Glauben in »A Birthday« zum Ausdruck; wahrscheinlich wurde es von allen ihren Gedichten am häufigsten zitiert und in Anthologien aufgenommen. Es beschreibt den Geburtstag der Seele – was wir heute »Wiedergeburtserlebnis« nennen würden – und ist ein Liebesgedicht an Christus den Erretter, mit Bildern aus dem Hohelied Salomos und den Psalmen. Wie im Hohelied wird der Geliebte nie näher genannt, und dadurch erhält das Gedicht seine Mehrdeutigkeit, die es zeitlos macht.

> Mein Herz ist wie ein singender Vogel
> In seinem Nest am Wasser;
> Mein Herz ist wie ein Apfelbaum
> Schwer behängt mit Früchten;
> Mein Herz ist wie die bunte Muschel,
> Die heiter am Meeresgrund lebt;
> Mein Herz ist froher als all dies:
> Mein Liebster ist gekommen.

Allerdings bot sich das Gedicht auch förmlich zu Parodien an. Eine dieser Persiflagen mit dem Titel »An Unexpected Pleasure« (Ein unerwartetes Vergnügen) erschien in einer illustrierten Satirezeitschrift und gefiel Christina so gut, daß sie es ausschnitt und in die Ausgabe ihrer gesammelten *Poems* klebte. Es beginnt:

> Mein Herz ist wie eine zum Diner Geladene,
> Deren Robe zerschlissen ist;
> Mein Herz ist wie ein Mann,
> Dem man einen eitrigen Zahn grad zieht.
> Mein Herz ist wie ein feiner Pinkel,
> Dessen Stimme am hohen C versagt;
> Mein Herz ist irrer noch als dies –
> Die Schwiegermama sitzt hier zum Tee.[6]

Christina war immer bereit, über sich selbst zu lachen. Einen Witz, der in der Familie über ihr melancholisches Wesen – ihren »finsteren Kobold« – kursierte, nahm sie in ihr poetisches Drama »A Pageant« (Ein Aufzug) als Teil von der Rede des Monats Oktober auf:

> Hier kommt meine jüngste Schwester, die trüb
> Und grimmig dreinschaut
> Und Unerfreuliches mit sich bringt.

Sie schrieb Gabriel: »Im stillen mußte ich über die Bemerkung des Oktober lachen, die den November einläutet, weil ich sie mit meinen Brüdern und mir in Verbindung bringe! Hoffentlich kannst Du das Porträt würdigen!«[7]

Das Jahr 1858 war besonders bedrückend für Christina. Für sie wollte sich kein Erfolg einstellen, während ihr Bruder Gabriel sich allmählich als Maler einen Namen machte und zusammen mit Freunden in Oxford an den Oxforder Wandgemälden arbeitete. Mittlerweile war er der Wichtigste in einer neuen präraffaelitischen Bruderschaft, zu der auch – angezogen von Gabriels Ausstrahlung – Edward Burne-Jones und William Morris gehörten. Max Beerbohm beschrieb die Anziehungskraft, die Gabriel besaß: »In den hehren Tagen der tiefen, blasierten, dicken, reichen, öden, industriellen Selbstzufriedenheit leuchtete Rossetti für die Männer und Frauen, die ihn kannten, mit dem zweideutigen Licht einer roten Fackel irgendwo im dichten Nebel.«[8]
Sein Privatleben war nach wie vor sehr schwierig. Obwohl er viel Geld verdiente, hatte er ständig Schulden, wurde immer wieder wegen seiner Mietzahlungen bedrängt und mußte erniedrigende Bittbriefe an Tante Charlotte schreiben. Lizzie Siddal hatte die Hoffnung aufgegeben, daß er sie jemals heiraten würde, und die Verlobung aufgelöst; außerdem hatte er sich mit Holman Hunt wegen einer Frau zerstritten – wobei die beiden Ereignisse möglicherweise in Zusammenhang standen. In den Augen der Familie war Gabriels Verhalten höchst ungehörig.

In Oxford wurde Gabriel auf Swinburnes leuchtendroten Haarschopf und seine »überwältigende« Dichtung aufmerksam. Dort lernte er auch Jane Burden kennen, deren Gesicht er auf vielen seiner späteren Gemälde abbildete. William beschrieb sie als »tragisch, mystisch, leidenschaftlich, ruhig, schön und anmutig zugleich – ein Gesicht für einen Bildhauer, und ein Gesicht für einen Maler«.[9] Jane heiratete William

Morris, und sie war auch selbst eine begabte Künstlerin. Sie entwarf und fertigte viele der kunstvollen Dekorationsstoffe, die in der Morris-Werkstatt hergestellt wurden.

In dieser Zeit fuhr Christina auf eine Einladung hin zu William Bell Scotts Ehefrau in Newcastle. Sowohl William und Gabriel als auch Maria hatten ihr bereits längere Besuche abgestattet, und die Tatsache, daß Christina bislang keine Einladung angenommen hatte, wurde gelegentlich mit ihrer unerwiderten Liebe zu W. B. Scott begründet. Daß diese Hypothese völlig falsch ist, erläuterte bereits Georgina Battiscombe in ihrer ausführlichen Biographie, und auch ich habe nicht den geringsten Hinweis gefunden, der diese Theorie untermauern würde. Christina verließ ihr Zuhause nur sehr ungern, sie war schüchtern gegenüber Fremden, und der Umgang mit den Bediensteten anderer Leute war ihr höchst unangenehm. Bereits Kleinigkeiten wie die Frage, wieviel Trinkgeld sie ihnen geben sollte, bereiteten ihr Kopfzerbrechen, zumal Frances und Gabriel ihr widersprüchliche Ratschläge erteilten. Allein dies genügte, um sie von einem Besuch abzuhalten; aber schließlich hatte sie das Gefühl, Laetitia genügend zu kennen, um sich bei ihr wohl zu fühlen. Entspräche die Theorie, sie habe Scott geliebt, auch nur ansatzweise der Wahrheit, wäre sie sicher nicht gefahren. In *Letter and Spirit* schrieb sie, in Angelegenheiten, die die sinnliche Versuchung betrafen, befahlen die Gebote »ein striktes Vermeiden, und nicht allein Selbstbeherrschung oder auch nur Zurückhaltung«.

In Newcastle lernte sie die Dichterin Dora Greenwell kennen, eine Freundin von Laetitia Scott, mit der sie einen Briefwechsel begann. Dora war neun Jahre älter als Christina, die Tochter eines vormals wohlhabenden Mannes, der zur Tilgung seiner Schulden sein Erbe hatte verkaufen müssen. Aus diesem Grund hatte die Familie kein richtiges Zuhause und lebte in relativer Armut. Nach dem Tod ihres Vaters wohnte Dora bei ihrer Mutter, die Jean Ingelow als eine Frau »von beinahe römischer Entschlossenheit und Energie« beschrieb und die ihre Tochter völlig beherrschte. Wie Christina war Dora sehr religiös, was in all ihren Gedichten zum Ausdruck kommt. Ihr erster Band wurde 1848 veröffentlicht, und darauf folgte 1850 die Sammlung *Stories That Might be True* (Geschichten, die wahr sein könnten). Christina mochte Dora und begegnete ihr mit der Achtung, die einer älteren Frau mit literarischem Ruf gebührte. Sie schrieb für sie das Gedicht »Autumn Violets« (Herbstveilchen), das sie ihr »in Liebe und in der Hoffnung, wir möchten uns über kurz oder lang wiedersehen« schickte. Dora verfaßte für Christina ebenfalls ein Gedicht. Es beginnt mit den Zeilen:

> Einen goldenen Kelch fülltest du mir
> Mit einem göttlichen, glühenden Trunk
> Und einer zarten Blüte,
> Die aus dem Herzen der knospenden Rose steigt.

Dora war schlank, brünett und relativ groß. Sie hatte eine melodiöse Stimme und war von gesetzter Eleganz, die zu ihrem ernsthaften Wesen paßte. An ihre Freunde schrieb sie lebhafte, unterhaltsame Briefe über zahlreiche gesellschaftliche und literarische Themen, bei denen ihr fester christlicher Glaube stets durchklang. Sie hatte das Gefühl, daß sie »die Anregung eines großen literarischen Zirkels brauchte« und »andere intellektuelle Menschen beeinflussen und von ihnen beeinflußt werden wollte«. Eine ihrer Freundinnen bemerkte, sie besitze »die Fähigkeit, junge, erregte Geister an sich zu ziehen« – Menschen wie Christina. Die Tragödie ihres Lebens bestand darin, daß sie einen verheirateten Mann liebte, dem sie bis an ihr Lebensende ergeben blieb. Doras Gesundheit war angegriffen, aber sie betrachtete dies gelegentlich eher als Vorteil, wie sie einer Freundin gestand: »Ein *erklärter* Invalide wird vieler gesellschaftlicher Verpflichtungen enthoben, und diesen Umstand werde ich in nächster Zeit nach Kräften nutzen.« So fand sie die Ruhe zu schreiben, und sie wurde von häuslichen Pflichten befreit.[10] Christina sah Dora auch, als sie nach London kam, und die beiden Frauen schrieben sich regelmäßig.

Zusammen mit Mrs. Scott verbrachte Christina vierundzwanzig Stunden in Wallington Hall, um Pauline Trevelyan und ihren Mann zu besuchen. Pauline war vierzehn Jahre älter als Christina, eine begabte Malerin und Schriftstellerin und zudem Traktarianerin. Mit ihrer Größe von 1,50 m und ihrem hübschen, zerbrechlich wirkenden Äußeren beschrieb W. B. Scott sie als »leicht wie eine Feder und flink wie ein Kätzchen«.[11] Zudem war sie sehr geistesgegenwärtig, und aufgrund ihrer durchdringenden grauen Augen fühlten sich andere in ihrer Gegenwart manchmal unbehaglich. Ihr Ehemann war wesentlich älter, ein gelehrter Mensch, der weder trank noch rauchte. Ihre Beziehung schien platonischer Art zu sein, zumindest zu der Zeit, als Christina das Ehepaar kennenlernte. Pauline war überaus gebildet und diskret und hatte einige Jahre zuvor als Vertraute von Ruskin, Effie und Millais fungiert. W. B. Scott hatte sich einst heftig in sie verliebt, und Swinburne betrachtete sie als eine Mutterfigur und seine Patronin.

Christina mochte Pauline, beneidete sie aber auch ein wenig um ihr gesellschaftliches Geschick. Pauline war eine geborene Gastgeberin; in ihrer Umgebung fühlten sich Menschen wohl und entspannt. Für Christina waren gesellige Anlässe eine Qual, und im Verlauf ihres Aufenthalts bei den Scotts verstärkte sich ihr Gefühl von Isolation. Nach einem Picknick am 29. Juni 1858 schrieb sie »At Home« (Zuhause):

> Nach meinem Tod besuchte mein Geist
> Das Haus, wo oft zu Gast ich war.
> Ich stand vor der Tür und sah die Freunde
> Im grünen Orangenhain feiern;
> Sie reichten den Wein vom einen zum anderen,
> Sie schwelgten im Fleisch von Pfirsich und Pflaume;

Sie sangen, scherzten und lachten,
Jeder wurde vom anderen geliebt.

»Morgen«, sagten sie hoffnungsfroh
Und gaben sich den Genüssen hin.
»Morgen«, riefen sie im Kreis,
Aber keiner sprach von gestern.
Ihr Leben stand in seiner Blüte,
Nur ich war schon gestorben.
»Morgen und heute«, riefen sie;
Ich aber gehörte zum Gestern.

Ich zitterte ungetröstet, doch warf
Keinen kalten Schatten auf den Tisch;
Ich zitterte, ganz vergessen, wollte nicht
Bleiben, doch auch nicht gehen:
Ich verließ das vertraute Zimmer,
Ich, der Liebe nicht beschieden,
Wie die Erinnerung an einen Gast,
Der nur einen Tag verweilt.

Noch am gleichen Tag und in derselben gedrückten Stimmung schrieb sie das stoische, schöne »Up-Hill« (Hügellauf) und »Today and Tomorrow« (Heute und morgen) – ihr freudlosestes, düsterstes Gedicht. Wie in »At Home« wird hier der Gegensatz dargestellt zwischen einer einsamen, unglücklichen Frau und der Welt um sie, die Knospen treibt und blüht.

In »Today and Tomorrow« beobachtet sie die Ankunft des Frühlings und sehnt sich nach dem Wind des Lebens, der sich in den Ästen regt. Deutlicher war es Christina nicht möglich, ihr unbefriedigtes sexuelles Verlangen einzugestehen.

Die ganze Welt gibt sich der Liebe hin:
Die Vögel in den Bäumen,
Die Tiere in den Hainen,

Die Frösche im Schilf am See:
Süßer Südwind, erwecke
Den zarten Hauch der Rose.

Beim Lesen dieser Zeilen ahnt man, daß Christina sich den Tod herbeigesehnt haben könnte. Das Gedicht endet:

Ich wünschte, ich wäre tot, mein Feind,
Mein Freund, ich wünsche, ich wäre tot,
Mit einem Stein zu meinen müden Füßen
Und einem Stein zu meinem müden Haupt.

In den schönen Tagen des April
Wird die halbe Welt sich regen und singen,
Aber die halbe Welt wird verrotten,
Trotz aller Macht des Frühlings.

Einen Monat später, noch immer im selben emotionalen und geistigen Konflikt gefangen, schrieb Christina »The Convent Threshold« (Die Schwelle zum Kloster). In einem Essay, den Alice Meynell nach Christinas Tod verfaßte, meinte sie, dieses Gedicht sei leidenschaftlicher »als jedes andere Gedicht einer Frau. Es hat den Anschein, als würden die Zeilen von der Macht der Gefühle erschüttert, die nie in Gewalt ein Ventil findet«.[12] Das Gedicht erzählt von einer verbotenen Liebe.

Zwischen uns steht Blut, Geliebter,
Das Blut des Vaters und des Bruders;
Und Blut ist eine Schranke, die ich nicht überschreiten
    kann.

Es ist nicht klar, ob es sich dabei um eine inzestuöse Liebesbeziehung handelt oder um eine Blutfehde wie bei Heloise und Abelard. Wie Heloise entscheidet sich das »Ich« des Gedichts für die Flucht ins Kloster.

Ich wählte die Stufen, die nach oben führen,
Stufe um goldene Stufe himmelwärts
Zur Stadt, zum Meer aus Glas.

Von Schuldgefühlen – die scharlachrote Erde, die ihre lilienweißen Füße beschmutzt – zerrissen, sucht sie Erlösung durch Reue und drängt ihren Geliebten, das gleiche zu tun, damit sie im Paradies wiedervereint werden können. Widersprüchliche Träume stören ihren Schlaf.

> Ich sage dir, was letzte Nacht mir träumte:
> Ein Geist von verklärtem Gesicht
> Erklomm mit feurigen Füßen eine endlose Weite.
> Ich hörte seine hundert Federn schwirren,
> Fröhlich schallten die Himmelsglocken,
> Die himmlische Luft erfüllt mit zarten Düften,
> Welten wirbelten vorüber:
> Er stieg hinan und schrie: »Gebt mir Licht.«
> Licht und noch mehr Licht flutete auf ihn;
> Die Engel überstrahlte er, und Erzengel,
> Frohlockend ob seiner großen Macht,
> Trat die Gewänder der Cherubime mit Füßen,
> Und rief dennoch weiter »Gebt mir Licht«; und tauchte
> Sein durstiges Gesicht und leerte ein Meer
> Mit Durst, der nicht zu stillen war.

Der Geist verlangt nach Wissen, doch letztlich läuft alles, was er erfährt, darauf hinaus, daß »Liebe alles in allem ist«. Sie träumt, daß ihr Geliebter nach dem Tod zu ihr kommt.

> Ich sage dir, was letzte Nacht mir träumte:
> Es war nicht dunkel und nicht hell,
> Mein dichtes Haar war durch den Lehm hindurch
> Naß mit kaltem Tau; dort suchtest du mich.
> »Träumst du von mir?« sprachst du fragend.

> Wie Staub war mein Herz, das dir stets
> Zugeflogen war; halb schlafend sagte ich:
> »Mein Kissen ist feucht, meine Laken sind rot,
> Mein Bett hat einen bleiernen Baldachin:
> Such dir eine wärmere Gefährtin.
> Ein wärmeres Kissen für deinen Kopf,
> Eine sanftere Liebe als die meine.«
> Du rangst die Hände; während ich wie Blei
> Durch die nasse Erde hinuntersank:
> Du strecktest die Hände, doch nicht vor Freude,
> Und taumeltest, ohne trunken zu sein.

Durch die Körperlichkeit und die rastlose erotische Energie kann das Gedicht jedem Vergleich mit Popes *Eloise and Abelard* standhalten. In dem Gedicht tauchen zahlreiche Schwellen auf – zwischen dem Kloster und der Welt, zwischen Himmel und Hölle, zwischen irdischer und himmlischer Liebe, Leben und Tod, Sünde und Erlösung –, und sie alle versinnbildlichen die Konflikte, die Christina in ihrem eigenen Leben erfuhr.

Das Gedicht machte einen tiefen Eindruck auf Gerard Manley Hopkins, den Christina 1864 durch gemeinsame Bekannte kennenlernte. Hopkins schrieb eine Antwort auf Christinas Gedicht aus der Sicht des Geliebten; es heißt »A Voice from the World« (Eine Stimme aus der Welt). Ihm fehlt das Alptraumhafte von Christinas Zeilen. Darin wandert der Geliebte umher, hört die Stimme der Geliebten und sehnt sich nach einem Wiedersehen.

> Dein Trost ist wie ein scharfes Schwert;
> Ich schreie aus verletzter Liebe.
> Du bist so weit im Himmel entfernt,
> Hörst Liebe nicht und keinen Schmerz.
> Meine Tränen sind nur eine Regenwolke,
> Von meiner Leidenschaft wie ein närrischer Wind

Ein wenig himmelwärts getrieben.
Aber du, so hoch erhaben, kannst nicht mehr sehen –
Siehst nur noch mit heiligem Verstand –
Du hörst, doch verwandelt wie du bist, hörst nichts mehr,
Du bist ein prächtig geschmückter Stern.[13]

Laut Christinas Biographen W. MacKenzie Bell handelt »The Convent Threshold« von einer italienischen Vendetta, und William widersprach dieser Ansicht nicht, sondern betonte nur, daß es sich auf kein tatsächliches Ereignis bezog. Dante Gabriel nannte es ein »prachtvolles Beispiel weiblicher asketischer Leidenschaft«.[14] Alice Meynell meinte in der *New Review*, es sei ein Meisterwerk »ohne Bilderwelt, ohne Schönheit, abgesehen von derjenigen, die unvermeidlich ist (und welche Schönheit ist kostbarer); ohne Anmut, außer der unvermeidlichen Anmut leidenschaftlicher Poesie; ohne Musik, außer der letztgültigen Musik der kommunizierenden Welt«, und besäße doch keines dieser Elemente, »ein unsterbliches Lied der Liebe... und ein Schrei, der aus mehr als irdischer Angst entsteht«.[15]

TEIL III

Nur ein Märchen

Sie erzählen von Träumen nur –
Träumen eines einsamen Geists.
Doch durch ihre flüchtige
Bilderwelt
Zieht ein trauriger Hauch der
Liebe,
Ein zielloser Gedanke an daheim;
so, wie man im Lied
Der gefangenen Lerche
Himmelsblau und Blüten
leidenschaftlich erinnert zu hören
vermeint,
Rauschende Flüsse in großer
Ferne.

Felicia Hemans
»Songs of the Affections«
(Lieder der Gefühle)
Poetical Works, 1879

KAPITEL 8

Am 27. April 1859, sechs Monate nach »The Convent Threshold«, beendete Christina ihr berühmtestes und rätselhaftestes Werk, nämlich »Goblin Market« – eine einzigartige Verbindung von Groteske, Märchen, Erotik und Moral. Es ist eine aufwühlende Erfahrung, das Gedicht zu lesen; ständig ist man sich bewußt, daß unterschwellig etwas vor sich geht, so daß man es nicht als eine einfache moralische Erzählung begreifen kann. Gerade wenn man zu wissen glaubt, wovon es handelt, verschiebt sich die Perspektive, und dadurch wirken die Strophen auf drei Ebenen: der erzählerischen, der allegorischen und der psychologischen. Vordergründig handeln sie von einem Mädchen, das seine Schwester durch eine mutige Tat erlöst. Aber wovon erlöst es sie? Auch die Erlösung selbst bietet sich zu fast endlosen Interpretationsmöglichkeiten an. Christina betonte, es sei »nur ein Märchen«, aber ihre ersten Leser waren sich der immensen psychologischen Weite bewußt, die sich dahinter eröffnet. In seinen Anmerkungen zu dem Gedicht schrieb William Rossetti:

> Mehr als einmal hörte ich Christina sagen, daß sie mit diesem Märchen nichts Tiefgründiges zu sagen beabsichtigt habe – es sei kein moralischer Apolog, der das ganze Werk hindurch beständig ausgetragen würde. Dennoch haben die Ereignisse an sich auf jeden Fall eine suggestive Bedeutung, und je nach Ausrichtung mögen unterschied-

liche Leser unterschiedliche Botschaften darin entdecken.[1]

C. M. Bowra schrieb in *The Romantic Imagination,* Christina habe »keinen direkten Bericht ihrer bewußten Gedanken [aufgeschrieben], sondern Träume und Sehnsüchte, die normalerweise nicht in ihr Leben einflossen, sondern in verborgenen Winkeln ihrer Seele versteckt waren«. Dies gilt für jeden Autor, trifft aber insbesondere auf Christina zu, die einen sehr großen Teil ihrer Persönlichkeit unterdrückte. Frei konnte sie nur werden, wenn »ihre Genialität von ihr Besitz ergriff und sie Gedichte schreiben ließ, die ihr bewußtes Ich als verfälschte Beschreibungen ihrer Gefühle zurückgewiesen hätte, die aber dennoch ihr wahres Ich widerspiegelten«.[2]

Dieses andere Ich hatte leidenschaftliche sexuelle Gefühle, die während ihrer Liebesverbindung mit Collinson erwacht waren, aber kein Ventil fanden – sogar Masturbation war verboten. In »Goblin Market« zeichnet Christina das Bild von zwei Schwestern, die in heiterer Unschuld ihr Leben und ihr Bett teilen – natürlich drängt sich die Parallele von ihr selbst und Maria wie »zwei Turteltauben im Liebesnest« auf.

> Die goldenen Köpfchen auf einem Kissen
> Wie zwei Tauben in einem Nest,
> Die sich mit den Flügeln umarmen,
> Lagen sie in ihrem Himmelbett.

Doch nachdem Laura der Verlockung der Goblins erlegen ist, verändert sich alles. Sie schleicht zu Bett und liegt

> Still, bis Lizzie schlief;
> Setzte sich mit sehnsüchtiger Leidenschaft auf,
> Knirschte vor unterdrücktem Verlangen die Zähne und weinte,
> Als würde ihr das Herz zerbrechen.

In dem kurzen Gedicht »Song«, das Christina vor 1863 schrieb, hatte sie einen ähnlichen Gegensatz dargestellt. Darin schlendern zwei anscheinend unschuldige Schwestern, »Zwei Tauben auf dem gleichen Ast«, Hand in Hand, »im rosigen Licht des Sommers gebadet / Wie zwei Lilien an einem Stiel«, dahin. Man kann sich von dieser Vorstellung eines hellen Tages bezaubern lassen, »Ohne des Abends zu gedenken«. Große Teile von Christinas Dichtung handeln von der Nacht und den Dingen, die die Dunkelheit verbirgt.

Formal und inhaltlich ist »Goblin Market« sehr originell, und durch das völlig uneinheitliche Versmaß wird das doppeldeutige Thema schwungvoll von Seite zu Seite vorangetrieben. In *Life of Swinburne* schrieb Edmund Gosse, die britische Dichtung in den fünfziger Jahren des 19. Jahrhunderts sei ein

> wunderschöner bewachter Park, in dem über sorgsam geschorene Rasen, auf denen sanfte Herden von Damwild ästen, Drosseln von den Zweigen uralter Bäume zurückhaltend flöteten, und in dem sich nichts hören oder blicken ließ, das die Gefühle der wohlerzogensten Dame der viktorianischen Zeit beleidigt hätte.[3]

In diese heile Welt fallen Christinas Goblins ein – Wesen, die halb Mann, halb Tier sind – mit ihren verführerischen Rufen und ihren Körben voll exotischer, verbotener Früchte.

> Einer hatte ein Katzengesicht,
> Einer schlug mit dem Schwanz,
> Einer kroch im Rattentempo,
> Einer schlich der Schnecke gleich,
> Einer stolzierte stumpfsinnig wie der pelzige Wombat,
> Einer hoppelte eilig wie ein Honigdachs.

Möglicherweise war Christina von William Allinghams Gedicht angeregt worden:

> Oben in luftiger Höhe
> Unten im frischen Tal
> Wagen wir nicht zu jagen
> Aus Angst vor Männlein klein.

Doch die Ursprünge von »Goblin Market« liegen in der weiblichen Bewußtheit von der Existenz des Schauerlichen, und das Gedicht entspringt derselben Vorstellungskraft wie *Frankenstein, Sturmhöhen* und *Udolphos Geheimnisse* – die in *Athenaeum* 1847 die »exzentrischen Ergüsse der weiblichen Phantasie« genannt wurden. Die Schauergestalten sind erfüllt mit all der Wut, der unterdrückten Gewalt und Leidenschaft, die Frauen nicht äußern konnten.

Die Goblins, das Gegenstück zu den zwei Schwestern, sind Brüder, und sie werden – anders als Allinghams »Männlein« – sehr genau beschrieben. Bei Besuchen im Zoo im Regent's Park fand Christina alle Eigentümlichkeiten, mit denen sie ihre Wesen ausstattete. Sie schrieb in Briefen von wieselgesichtigen Gürteltieren und Baumfröschen, die wie Blechspielzeug aussahen. Eine besondere Faszination besaß für sie aber ein blinder Wombat, dessen Käfignachbar ein Stachelschwein war; zwischen den beiden Tieren kam es immer wieder zu Feindseligkeiten. Christina war von den Wombats derart entzückt, daß Gabriel ihr einen schenkte.

Das Bild, das sich die Öffentlichkeit von diesen Wesen machte, entstand durch Dante Gabriels Darstellung der Goblins als Tiere mit menschlichen Händen. In Christinas Versen und den Aquarellen, die sie an den Rand eines Exemplars der Ausgabe von 1862 malte, sind die Goblins wesentlich vielgestaltiger und menschenähnlicher; schlanke, in Blau gekleidete athletische Figuren, halb Mensch, halb Tier. Das Erschreckende an ihnen besteht genau darin, daß sie einerseits menschlich wirken, andererseits aber wieder nicht – und dies ist sehr irreführend.

Auch das Obst, das die Goblins verkaufen, ist eine Mischung

aus dem Normalen und dem Unnatürlichen. Zum einen bieten sie die üblichen Früchte an:

> Äpfel und Quitten,
> Zitronen und Orangen,
> Saftige Kirschen,
> Melonen und Himbeeren,

aber auch exotische Früchte aus dem Süden:

> Trauben frisch von der Rebe,
> Üppige, süße Granatäpfel,
> Datteln und saure Pflaumenschlehen,
> Seltene Birnen und Reineclauden,
> Damaszenerpflaumen und Blaubeeren,
> Kostet und probiert sie.

Allerdings handelt es sich nicht um gewöhnliche Früchte – sie sind größer, saftiger, »duftend und auch zuckersüß«, und sie besitzen die übernatürlichen, wundersamen Eigenschaften jenes Apfels, den die böse Stiefmutter Schneewittchen anbietet.

Christina war sich des Bezugs zwischen Früchten und Sexualität durchaus bewußt; er geht zurück auf den Apfel, den Eva im Paradies aß und durch den sie ihren Zustand der Unschuld verlor und schuldig wurde. Die Parallele zwischen dem Verzehr von Früchten und dem Sexualakt kommt in dem Gedicht deutlich zum Ausdruck.

Bedeutsam ist auch, daß Christina hier zwei Schwestern als zentrale Gestalten wählte. In dieser Zeit befassen sich mehrere ihrer Gedichte mit der Beziehung von Schwestern zueinander. In der Ballade »Noble Sisters« nimmt eine eifersüchtige Schwester der anderen ihren Geliebten. »Sister Maude« hintergeht ihre Schwester, indem sie den Eltern von »Schande« erzählt. In »The Lowest Room«, ein Gedi sie drei Jahre zuvor geschrieben hatte, lernt die eine S

– die Ich-Erzählerin – von der anderen Demut und akzeptiert ihr »untergeordnetes, unsichtbares Los«, wie Christinas Philosophie von Leben und Glauben es verlangt.

In diesen Gedichten stellen die sich ähnlichen und doch gegensätzlichen Schwestern möglicherweise die zwei Seiten eines Charakters dar und versinnbildlichen die Licht- und Schattenseiten. Offenbar deuten die Gedichte auch auf Probleme zwischen den Rossetti-Geschwistern hin: auf Marias Eifersucht auf ihre brillante, attraktivere Schwester, und gleichzeitig auch auf die Nähe und das körperliche Element in der engen Beziehung von kleinen Kindern, die nicht nur ein Zimmer, sondern sogar ein Bett teilten. Christina ihrerseits bewunderte ihre ältere Schwester, empfand aber auch ein wenig Ehrfurcht vor ihr. Als Edmund Gosse die beiden Schwestern beobachtete, empfand er wie William Rossetti, daß Marias Einfluß auf Christina nicht immer zu deren Vorteil war. Gosse schreibt, Maria

> machte auf mich den Eindruck, den stärkeren Charakter zu besitzen, aber sie war auch engstirniger und hatte eine wesentlich geringere Vorstellungskraft. Ich kam zu dem Ergebnis, ob zu Recht, weiß ich nicht zu sagen, daß die ausgeprägten hochkirchlichen Ansichten Marias, die Rituale wie ihr täglich Brot brauchte, das weniger pietistische, aber qualvoll gewissenhafte Wesen Christinas hemmten. Der Einfluß Marias auf ihre Schwester erschien mir wie derjenige Newtons auf Cowper, eine Art Polizeiaufsicht, die ein starker, überzeugter Geist auf einen weicheren, phantasievolleren ausübt.[4]

In »Goblin Market« gehen die beiden Schwestern Laura und Lizzie jeden Abend zum Fluß, um Wasser zu holen. Laura warnt Lizzie, nicht auf die Rufe der Goblins zu achten, die durch das Ried waten und sie auffordern, bei ihnen Obst zu kaufen.

»Lieg nah bei mir«, riet Laura
Und hob den goldenen Kopf:
»Wir dürfen nicht die Goblins sehen,
Nicht ihre Früchte kaufen:
Wer weiß, in welchem Boden
Sie durstige Wurzeln schlugen?«

Aber Laura kann der Versuchung nicht widerstehen, ihr »schimmerndes Köpfchen« zu heben und die Goblins zu betrachten. Sofort ist sie von der Horde umlagert:

Kaum standen sie vor Laura,
Verharrten sie reglos im Gras
Und warfen begehrlich Blicke sich zu,
Ein schäbiger Bruder dem anderen;
Gaben einander Zeichen,
Ein listiger Bruder dem anderen.

Laura verlangt es nach dem »goldenen Gewicht« der Früchte, die sie anbieten, sie hat aber kein Geld. Die Goblins fordern sie auf, die Ware mit einer »goldenen Locke« zu bezahlen. Wie in Popes *Der Lockenraub* hat dieser Tauschhandel mit Haar eine sexuelle Bedeutung. Maureen Duffy geht noch einen Schritt weiter und schreibt: »... durch die übliche Transposition wissen wir, daß es sich um Schamhaare handelt.«[5] In einer Orgie oraler Erotik verschlingt Laura die Früchte.

Sie schwelgte und schlemmte endlos weiter
An den Früchten des geheimen Gartens;
Sie schlemmte sich die Lippen wund.

Benommen von der Schwelgerei weiß sie nicht, ob es Tag oder Nacht ist. Ängstlich wartet Lizzie auf ihre Rückkehr und erinnert sie dann an Jeanie »in ihrem Grab«,

> Die zur Braut bestimmt war;
> Doch an den ersehnten Freuden der Braut
> Krank wurde und starb.

Christina stellt eine eindeutige Verbindung zwischen illegaler Sexualität her und dem, was die Goblins anbieten, denn auch Jeanie war »im Mondlicht ihnen begegnet... Aß ihre Früchte, nahm ihre Blumen«. Dann siechte sie dahin und starb.

Zuerst ist Laura von dem Überfluß gesättigt, aber dann entdeckt sie, daß sexuelle Befriedigung nur zu dem Verlangen nach weiteren Freuden ähnlicher Art führt. Wie eine »unstete Flamme« geht sie mit ihrer Schwester zum Fluß; sie möchte unbedingt wieder die Früchte der Goblins kosten. Allerdings muß sie feststellen, daß sie nach dem Verzehr des Obstes weder die Männer noch ihre Rufe hören kann. Wie Marion Erle in *Aurora Leigh* erkennt, haben Männer kein Interesse an gefallenen Frauen.

> Tag um Tag und jeden Abend
> Hielt Laura umsonst Ausschau,
> Schwieg mürrisch aus tiefstem Schmerz.
> Nie wieder vernahm sie den Ruf der Goblins:
> »Kommt und kauft«;
> Nie wieder sah sie die Goblins
> Die Früchte im Hain feilbieten.

Ihre Haare werden grau, sie kann weder schlafen noch essen und verfällt zusehends. Der Obstkern, den sie aufbewahrte, keimt nicht, obwohl sie ihn in ein sonniges Beet pflanzt und ihn mit ihren Tränen begießt.

> Mit trüben Augen und blassem Mund
> Träumte sie von Melonen, wie Wanderer
> In der Wüste Wellen zu sehen vermeinen.

Lizzie befürchtet, daß ihre Schwester wie Jeanie sterben könnte, und beschließt, sich mit den Goblins einzulassen, um Laura zu retten. Allerdings erfahren wir nicht, woher sie weiß, daß ihre Schwester genesen wird, wenn sie noch einmal von den goldenen Früchten kostet. Wie William Rossetti bemerkte, ist die Moral nicht durchgängig. Lizzie steckt sich einen silbernen Penny in die Tasche und geht in der Dämmerung zum Fluß. Lachend tritt die makabere Bande der Goblins ihr entgegen.

> Fliegend, laufend, springend,
> Hechelnd und japsend,
> Kichernd, klatschend, krähend,
> Zungenschnalzend und schmatzend.

Lizzie läßt sich nicht einschüchtern, wirft ihnen den Penny vor die Füße und verlangt, Obst zu kaufen. Die Goblins fordern sie auf, sich in ihrem Kreis niederzulassen und mit ihnen zu essen, und begründen ausführlich, warum sie die Früchte nicht mitnehmen kann.

> Früchte wie diese
> Kann niemand tragen;
> Die Hälfte der Blüte würde verfliegen,
> Die Hälfte des Taus würde verdunsten,
> Die Hälfte des Geschmacks vergehen.

Aber Lizzie weigert sich, die Früchte zu essen, und verlangt ihr Geld zurück. Darauf reagieren die Goblins sehr grob und unfreundlich und werden gewalttätig.

> Sie stießen und bedrängten sie,
> Rempelten und knufften sie,
> Zerrten mit Krallen an ihr,
> Bellend, miauend, zischend, spottend,

> Zerfetzten ihr Kleid und beschmutzten die Strümpfe,
> Rissen ihr Haare aus,
> Traten auf ihre zarten Füße,
> Hielten sie fest und preßten die Früchte
> Auf ihren Mund, sie zum Essen zwingend.

Die Parallele mit einer Vergewaltigung wird noch hervorgehoben durch die Beschreibung, wie Lizzie sich gegen dieses Eindringen in ihre Person »wie eine jungfräuliche Königsstadt« zur Wehr setzt. Sie weigert sich, »Lippe von Lippe« zu trennen und den Goblins zu gestatten, ihr das Obst in den Mund zu schieben. Schließlich lassen die Goblins von ihr ab und verschwinden geheimnisvoll. Zerkratzt und geschlagen geht Lizzie nach Hause, aber beglückt über den Sieg, den sie davongetragen hat: Sie ist über und über mit dem Fleisch und Saft der Früchte beschmiert.

> Durch den Garten rief sie: »Laura,
> Hast du mich vermißt?
> Komm küß mich.
> Achte nicht auf meine Wunden.
> Umarm mich, küß mich, schwelg in meinen Säften,
> Für dich aus Goblinobst gepreßt,
> Goblinfleisch und Goblintau.
> Iß mich, trink mich, liebe mich;
> Laura, gib dich mir hin;
> Für dich hab ich den Hain betreten,
> Hab mich den Goblins ausgesetzt.«

Lizzies Aufforderung hat eindeutig sexuellen Charakter, und was daraufhin zwischen den Schwestern passiert, ist noch erotisch-sinnlicher als die Begegnungen mit den Goblins; aber auch die religiöse Komponente ist bedeutsam. Laut dem Johannesevangelium sagte Jesus: »Wer mein Fleisch ißt und mein Blut trinkt, der hat das ewige Leben«[6] – Zeilen, die zur

Grundlage des Heiligen Sakraments wurden. Indem Lizzie also ihre Schwester auffordert, ihr Fleisch zu essen und »in meinen Säften zu schwelgen«, verheißt sie Laura ein neues Leben. Der biblische Gegensatz zwischen Eva, die vom Apfel ißt und damit die Menschheit ins Verderben führt, und Christus, der etwas weitaus Bittereres verzehrt und sie damit erlöst, findet eine Parallele in Laura, die ißt, und Lizzie, die sich opfert, um Laura zu erlösen.

Laura fährt aus ihrem Stuhl hoch und küßt ihre Schwester mit »hungrigen Lippen«. Während sie gierig leckt, brennt der Saft der Früchte wie Wermut in ihrem Mund; diesmal ist es keine Süße, sondern »eine namenlose Bitterkeit«. Sie nimmt eine andere Art Wissen auf, bis sie in einer Art Orgasmus zu Boden fällt, der durch eine Reihe phallischer Bilder beschrieben wird.

> Wie der Wachturm einer Stadt,
> Der im Erdbeben zerbirst,
> Wie ein vom Blitz getroffener Masten,
> Wie ein vom Wind entwurzelter Baum
> Taumelte sie umher,
> Wie ein aufschäumender Wasserstrahl,
> Der tosend im Meer aufschlägt,
> Fiel sie endlich zu Boden;
> Freude und Leid waren jetzt vorbei,
> Ist nun Leben oder Tod?

Es ist eine perfekte Synthese von religiöser und sexueller Ekstase.

Als bei Tagesanbruch die Seerosen ihre Blütenblätter entfalten, erwacht Laura aus einem langen Schlaf, lacht »auf die unschuldige Art von einst«; sie ist wiederhergestellt und ganz sie selbst.

Die Moral der Geschichte – so man sie eine Moral nennen kann – steht in der letzten Strophe. Als erwachsene, verheiratete Frau erzählt Laura ihren Kindern von den Goblins im gespenstischen Tal und davon, wie ihre Schwester

> Zu ihrem Wohle tödliche Gefahren auf sich nahm
> Und die feurige Medizin ihr gab:
> Dann reichten sich alle die Hände,
> Und sie bat sie, zueinanderzustehen –
> »Es gibt keinen besseren Freund als die Schwester,
> Ob bei ruhigen Wellen oder Sturm;
> Sie hilft den öden Gang erleichtern,
> Sie rettet, wenn man vom Wege irrt,
> Sie richtet auf, wenn man gestolpert,
> Sie stützt dich, wenn du stehst.«

Die letzten Zeilen sind wenig überzeugend und enttäuschen in ihrer Metrik, und somit entsteht auch beim Leser ein Gefühl der Enttäuschung. War das wirklich der Sinn dieses Gedichts? Soll es nur eine Liebeserklärung zwischen Schwestern sein? Auch das traditionelle märchenhafte Ende mit Heirat und Kindern – »Ihr Leben mit jungem Leben erfüllt« – erscheint dem heutigen Leser im ausgehenden 20. Jahrhundert sehr langweilig und unbefriedigend.

Doch für Christina hatte das Ende des Gedichts – das ursprünglich »Ein Blick auf die Goblins« hieß – eine besondere Bedeutung. Sie widmete es Maria. William Rossetti schrieb Christinas Biographen MacKenzie Bell, die Schlußzeilen des Werks verwiesen auf »irgend etwas«; aber er konnte sich an »keine besonderen persönlichen Umstände« erinnern. Offenbar glaubte Christina, sie habe sich »eines gewissen geistigen Rückfalls schuldig gemacht, auf den Maria heilsam einwirkte«.[7] Aber er weigerte sich, weitere Spekulationen anzustellen. In *Wife of Rossetti* erzählte Violet Hunt (die Geliebte von Christinas Neffen), Maria habe einmal Nacht um Nacht auf der Türmatte gelegen, um zu verhindern, daß Christina mit einem verheirateten Mann wegliefe. Allerdings wurde diese kolportierte Geschichte nie bestätigt, und Miss Hunts Buch hat sich in mehreren wesentlichen Punkten als völlig unrichtig erwiesen.

1859 verlief für Christina ebenso unglücklich wie das Jahr zuvor. Im August schrieb sie: »Keine Hoffnung im Leben; Hoffnung liegt / Im Tode«. Kurz vor »Goblin Market« schrieb sie das trübsinnige »L.E.L.« und das ebenso desolate »Winter Rain« (Winterregen). Man sagte, dieses Gedicht beziehe sich auf die Sinnlosigkeit zu menstruieren, ohne Kinder zu gebären, aber es kann ebensogut als die Ergebnislosigkeit ihrer künstlerischen Kreativität gedeutet werden. Christina wurde immer klarer, daß sie nicht nur keine Kinder haben würde, sondern daß ihre literarischen Kinder allesamt Totgeburten waren.

> Jedes Tal nimmt durstig auf,
> Jede Senke und Kuhle;
> Dort, wo der freundliche Regen einsinkt,
> Folgt das Grün des Frühjahrs.

Das fruchtbare Land mit seiner Verheißung des Frühlings steht im Gegensatz zu ihrer inneren Wüste:

> Meilenweit unfruchtbarer Sand,
> Ohne Sohn oder Tochter;
> Keine Lilie am Land,
> Keine Rose im Wasser.

Möglicherweise geriet ihr Glaube während dieser tiefen Depression ins Wanken, so daß sie sich hilfesuchend an Maria wandte. Es ist sogar möglich, daß ihre Todessehnsucht zum Wunsch führte, sich selbst zu zerstören – das würde auch erklären, daß Maria die Tür bewachte, damit Christina nicht das Haus verlassen konnte. Denn die Vermutung, daß Christina mit einem verheirateten Mann weglaufen sollte – als mögliche Kandidaten wurden Collinson und W. B. Scott genannt –, hält keiner Überprüfung stand. Selbst wenn Christina diesen Wunsch gehegt haben sollte – W. B. Scott war zuerst mit Pauline Trevelyan liiert gewesen, und im März 1859 hatte er eine Affäre mit Alice Boyd begonnen, die sich später Christinas Freundeskreis anschloß. Seitdem Collinson die PRB verlassen hatte, gehörte er nicht mehr zu den Bekannten der Rossettis, und nichts läßt darauf schließen, daß er auch nur den flüchtigsten Kontakt zu Christina hatte.

Gelegentlich verwandelte sich Christinas leidenschaftliches Verlangen nach irdischer Liebe in die Sehnsucht, »von Christus hinweggerissen« zu werden. Diese Vermischung von Erotischem und Religiösem kommt in vielen religiösen Gedichten und Prosatexten des Mittelalters zum Ausdruck und findet sich auch oft in Christinas Lyrik. In »The Heart Knoweth Its Own Bitterness« schreibt sie von ihrer Sehnsucht.

> Zu geben, nicht zu empfangen!
> Ich verlange danach, mich, meine Seele zu verströmen,
> Nichts zurückzuhalten, nicht aufzurechnen, nicht zu scheiden,
> Sondern dem anderen königsgleich alles zu geben.
> Ich sehne mich nach einem, der meine Tiefen aufwühlt –
> Genug der Hilfe und Geschenke –
> Ich sehne mich nach einem, der mich durchforscht
> Der mich nimmt und mich behält.

Ihrem abweisenden Geliebten wirft sie vor:

> Mit deiner Nadel rührst du nur äußerlich mich an.
> Mit zarten Worten besänftigst du mich;
> Doch du sollst bohren, drängen, in mir graben,
> Zu meinem Kern vordringen, meine Tiefen loten.
> Mit kläglicher Stimme rufst du mich,
> Du redest, lächelst, tust doch nichts;

Wie kann ich dir mein Herz dann schenken,
Wo es doch soviel größer ist als du?

Der einzige Lichtblick des Jahres 1859 bestand für Christina darin, daß ihr Gedicht »An End« in der von William Allingham herausgegebenen Anthologie *Nightingale Valley* (Tal der Nachtigall) erschien. Sie verbrachte ihre Zeit damit, in dem Heim St. Mary Magdalen in Highgate mit »gefallenen Frauen«, unverheirateten Müttern und Prostituierten zu arbeiten. Dies war eine Institution zur »Besserung und zum Schutz von Frauen, die ein schändliches Leben führen«[8]. Irgendwann im Laufe der fünfziger Jahre wurde Christina Mitglied dieses Ordens und trug bei der Arbeit eine dunkle Uniform mit weißem Kragen, weißen Manschetten und einer weißen Spitzenhaube mit Schleier. Gelegentlich blieb sie auch mehrere Tage in dem Heim. Laetitia Scott besuchte sie dort und bemerkte, wie gut ihr die Tracht stünde – sie sähe aus »wie eine Nonne«. Im Oktober fuhr Christina mit Pauline Trevelyan nach Newcastle zu Laetitia, und einige Wochen später reiste William ihr mit W. B. Scott nach, um sie wieder nach London zu begleiten.

KAPITEL 9

Zu Beginn des Jahres 1860 war Christina nach wie vor extrem niedergeschlagen und bedrückt. In *Time Flies* (Die Zeit verfliegt) – beinahe dreißig Jahre später von ihr geschrieben – erinnerte sie sich, wie sie einmal in tiefem Elend lange auf einer Bank sitzen blieb. Doch während sie dort saß, tauchten in einem Teich in ihrer Nähe Lebewesen an die Wasseroberfläche auf, und dieses Erlebnis bescherte ihr einen kurzen Moment des Glücks, »leuchtend im tanzenden Regenbogen«.[1]

Es gab aber auch andere freundlichere Augenblicke. So stärkten die unübersehbaren Aufmerksamkeiten eines Verehrers ihr Selbstvertrauen. William meinte, es handelte sich dabei um den Maler John Brett, und datierte dessen Interesse an Christina auf 1852 zurück, obwohl das Gedicht die Jahreszahl 1860 trägt. Allerdings mag Williams Gedächtnis ihn getäuscht haben – er war fünfundsiebzig, als er die Anmerkungen zu ihren Gedichten schrieb. Die Beharrlichkeit des anonymen John amüsierte die Rossettis, wie das heitere Gedicht »No, Thank You, John« bezeugt. Es wurde schließlich in die Ausgabe ihrer gesamten *Poems* von 1875 aufgenommen, und an den Rand ihres eigenen Exemplars schrieb Christina: »Der ursprüngliche John war abscheulich, weil er nie zu einem ›Nein, vielen Dank‹ Anlaß gab.« In einem späteren Brief an Gabriel leugnete sie, daß der John des Gedichts überhaupt etwas mit einer realen Person zu tun gehabt habe. William versuchte diese Ausflüchte mit einem Schwall komplexer literarischer und moralischer Argumente zu rechtfertigen, doch vermutlich ist die Erklärung weitaus einfacher, nämlich, daß der Mann in Wirklichkeit nicht John hieß und Christina ihm ersparen wollte zu erfahren, daß sie sich öffentlich über ihn lustig gemacht hatte.

1860 war ein Jahr, in dem sich Christina ständig um andere Menschen kümmern mußte. Lizzie Siddal wurde erneut schwer krank; sie litt an Übelkeit, Durchfall, Kopfschmerzen und allgemeiner Unpäßlichkeit. Manchmal hatte es den Anschein, als würde sie bald sterben, dann wieder ging es ihr gut genug, um aufzustehen und Leute zu besuchen. Zur Erholung wurde sie an die englische Südküste geschickt. Aus einer Eingebung heraus kaufte Dante Gabriel, nachdem er jahrelang gezaudert hatte, eine Heiratslizenz und fuhr zu Lizzie nach Hastings. Seiner Mutter schrieb er, er verdiene es nicht, daß Lizzie jetzt noch einwillige, seine Frau zu werden. »Wie alles Wichtige, das ich je zu tun beabsichtigte – meine Pflicht zu erfüllen oder Glück zu finden –, habe ich auch diese Sache so lange hinausgezögert, daß sie sich kaum mehr erfüllen kann.«[2] Die Hochzeit fand am 23. Mai statt.

Es wurde nie klar, ob Gabriel diese Ehe einging, um seine Pflicht zu erfüllen oder um sein Glück zu finden. Sein Freund Thomas Hall Caine war davon überzeugt, daß er Lizzie nur »aus einem irregeleiteten Loyalitätsgefühl heraus und aus Angst zu verletzen«[3] geheiratet habe. Außerdem glaubte Gabriel offenbar, daß Lizzie nicht mehr lange leben würde. Er schrieb Madox Brown: »Lizzie schien jeden Tag sterben zu können.« Das war die denkbar ungünstigste Voraussetzung für eine erfolgreiche Ehe.

Ursprünglich hatte das junge Ehepaar geplant, mit Edward Burne-Jones und dessen neuen Frau Georgina nach Frankreich zu fahren. Aber da Burne-Jones krank wurde, reisten sie alleine. Nach ihrer Rückkehr zogen die beiden in Dante Gabriels Wohnung, die sie vergrößerten, indem sie die Wand zur angrenzenden Wohnung durchbrachen. Eine Zeitlang mieteten sie zudem ein Haus im höher gelegenen Stadtteil Highgate, damit Lizzie die Wintermonate oberhalb des Londoner Smogs verbringen konnte. Etwas später stattete Georgie Burne-Jones ihnen einen Besuch ab und schrieb, die Atmosphäre dort sei romantisch und tragisch.

Die Rossettis nahmen Lizzie freundlich in ihren Familienkreis auf, waren aber pessimistisch, was die gemeinsame Zukunft des Paares betraf, und sprachen oft von der »armen Lizzie«. William bemerkte, daß Gabriel »wegen seiner Neigung, alles zu tun, was ihm in den Sinn kam, aus dem einfachen Grunde, weil es ihm Spaß machte, ohne jemals die Wünsche anderer zu berücksichtigen«, nicht zu einem guten Ehemann prädestiniert sei.[4] Innerhalb kurzer Zeit wurde Lizzie trotz ihrer angegriffenen Gesundheit schwanger und führte Christina deren Kinderlosigkeit damit noch stärker vor Augen.

Im Herbst folgte William einer beiläufig ausgesprochenen Einladung der Brownings, sie in Marciano in der Nähe von Siena zu besuchen, und reiste nach Italien. Allerdings traf er in einem äußerst ungünstigen Augenblick dort ein, denn am gleichen Tag hatte Elizabeths kleiner Sohn einen Sonnenstich bekommen. Das kranke Kind nahm sie völlig in Anspruch, und während sie nervös hin und her eilte, führten William und Robert Browning nur ein zerrissenes Gespräch, und William und sein Freund mußten die Nacht bei Nachbarn verbringen. Bei der Rückkehr nach England erfuhr William, daß Henrietta Rintouls Mutter gestorben war; ihr Vater war bereits 1859 verschieden. Jetzt stand Henrietta endlich nicht mehr unter der strengen Aufsicht ihrer Eltern, die ihre Heirat mit William verboten hatten. William nahm an, daß sie sofort heiraten würden, und war völlig verstört, als Henrietta ihm eröffnete, sie wolle die seit vier Jahren bestehende Verlobung lösen. Sie erklärte, daß sie ihn zwar liebe, sich aber nach dem Tod ihrer Eltern nicht wieder »binden« könne. Diese Haltung erschien William unvernünftig und völlig unbegreiflich. Er konnte nicht verstehen, daß sie das Gefühl von Unabhängigkeit brauchte, nachdem ihre Eltern so lange ihre Freiheit beschnitten hatten, und daß der Gedanke, zu heiraten und damit eine weitere emotionale und körperliche Verpflichtung einzugehen, ihr widerstrebte. Es gab aber auch andere Überlegungen, insbesondere die Tatsache, daß William nach wie vor die Frauen in seiner Familie finanziell unterstützte.

Christina mochte Henrietta sehr und schaltete sich als Vermittlerin ein. Am 30. November schrieb sie ihrem Bruder, sie habe Henrietta besucht, um ihr einige Bücher zurückzugeben, und sei Zeugin hysterischer Trauerszenen geworden.

> Ein Elend wie das ihre habe ich noch nie erlebt. Sie hielt mich umklammert, küßte mich und weinte, und ich fühlte, wie dünn sie ist und wie sehr sie in meinen Armen zitterte. Es schien sie zu erleichtern, mir von allem zu erzählen, was vergangen ist und was nun ist; die Arme, mein Mitleid mit ihr läßt sich nicht in Worte fassen...[5]

Christina schrieb auch, sie sei bereit, ein Opfer zu bringen, damit Henrietta glücklich werde, wenn sie genau wüßte, daß Henriettas Glück auch Williams Glück sei. Diese Bemerkung ist etwas rätselhaft. Möglicherweise wollte Henrietta nicht in einen Haushalt ziehen, zu dem auch Williams Mutter und zwei Schwestern gehörten, aber in dem Brief werden keine Einzelheiten erwähnt.

Ängstlich sah Christina ihrem 30. Geburtstag entgegen. Noch als alte Frau konnte sie sich an die Erleichterung und Freude erinnern, die sie empfand, als sie am Morgen des Geburtstags in den Spiegel blickte und feststellte, daß sich ihr Aussehen nicht verändert hatte. Trotzdem war dieser Tag für sie ein Wendepunkt, mit dem ihre Jugend vorüber war. Unter der Verwendung von Zitaten aus L. E. L.s »Verses on the Death of Mrs. Hemans« und dem Hohenlied schrieb sie das Gedicht, das viele für ihr bestes halten: »Passing Away« (Vergehen). Mit dem für ihn typischen Hang zur Übertreibung schrieb Swinburne, seiner Meinung nach sei »nie eine wunderbarere Dichtung geschrieben worden«.[6] Andere Kritiker halten es für eines der großen Gedichte der englischen Literatur.

Es handelt vom Wandel, vom Übergang von irdischer Verderbnis zum ewigen Leben. Am Anfang sinniert Christina bedrückt über ihre schöpferische Unfruchtbarkeit und daß sie keine sichtbaren Leistungen erbringt.

> Vergehen, sagt die Welt, vergehen:
> Möglichkeiten, Schönheit und Jugend geringer mit jedem
>   Tag:
> Dein Leben verändert sich stetig.
> Werden die Augen trübe, die dunklen Haare grau,
> Die nie mit Lorbeer bekränzt?
> Im Frühjahr werde ich mich neu kleiden und im Mai
>   knospen:
> Aber du, an der Wurzel erkrankt, wirst nie
> An meiner Brust deinen Verfall beheben.
> Und ich sagte: Ja.

In der zweiten Strophe beschreibt sie ihren eigenen Verfall und die Leere aller weltlichen Dinge.

> Vergehen, sagt meine Seele, vergehen:
> Mit Furcht und Hoffnung, Mühe und Spiel beladen,
> Höre, was die Vergangenheit sagt:
> Verroste in deinem Golde, Motten zerfressen dein
>   Gewand,
> Ein Geschwür lauert in deiner Knospe, dein Blatt wird
>   verfaulen.
> Um Mitternacht, beim Hahnenschrei, morgens, an einem
>   bestimmten Tag
> Wird der Bräutigam kommen und nicht weilen;
> Halte Wacht und bete.
> Und ich sagte: Ja.

Doch durch den Glauben und durch Gebete verwandelt sich Niedergeschlagenheit in Triumph.

> Vergehen, sagt mein Gott, vergehen:
> Der Winter stirbt nach langer Zeit:
> Junge Trauben an den Ranken, junge Feigen auf frischem Grün,
> Im Mai des Himmels rufen die Tauben sich zu.
> Auch wenn ich zögere, wart auf Mich, vertrau Mir, halte Wacht und bete:
> Steh auf, komm mit, die Nacht ist vorüber, nun ist es Tag,
> Meine Geliebte, Meine Schwester, Meine Gemahlin, werde Ich sagen.
> Und ich sagte: Ja.

Das Gedicht folgt einer strengen metrischen Form mit nur einem Reim, und es ist ein Beweis für Christinas künstlerisches Geschick, daß die straffe Struktur den Inhalt oder den kraftvollen Ausdruck in keiner Weise einschränkt. Bei der Lyrik von L.E.L. ist sich der Leser fast stets der Vorgaben von Reim und Versmaß bewußt, wodurch man gelegentlich auf den relativ geringen Wortschatz aufmerksam wird. Doch bei Christinas Gedichten ist dies nie der Fall. Aufgrund ihrer technischen Meisterschaft und ihres Gehörs für Wortmelodien sind die Strukturelemente des Gedichts ebenso unauffällig und ein organisches Teil des Ganzen wie die tragenden Teile eines durchdacht entworfenen Gebäudes. Durch das, was Ruskin ihre Sorglosigkeit im Versmaß und ihr innovatorisches Geschick nannte, verändern sich Tempo und Betonung des Gedichts ständig, so daß das Muster nie eintönig wird.

Die Jahreswende wurde auch zum Wendepunkt in Christinas Leben. Dante Gabriel schickte dem Verleger Alexander Macmillan einige von Christinas Gedichten. Zur gleichen Zeit bat John Ruskin auf Anregung Gabriels hin, ihr Werk sehen zu dürfen. Sie gab ihm »Goblin Market« und »Folio Q«, die Geschichte eines Mannes, »dessen Schicksal es war, im Spiegel keine Reflexion zu erzeugen«.[7] Offenbar war dies die beste Erzählung, die sie je geschrieben hatte, aber als Gabriel ihr sagte, sie stelle in dem Text »gefährliche moralische Fragen«, vernichtete sie ihn.

Alexander Macmillan war begeistert von Christinas Gedichten, insbesondere von ihrem »lebhaften kleinen Lied über das Grab« (möglicherweise »When I am dead, my dearest«), das er beim Essen laut vorgelesen habe. Er bat, »Goblin Market« sehen zu dürfen, sobald Ruskin es zurückgegeben habe.

Am 25. Januar schrieb Gabriel an Christina und legte mit »Bedauern und Entsetzen« Ruskins Bemerkungen bei. Sie seien »sinnlos«. Ruskin hatte dezidierte Meinungen zu Malerei und Lyrik, aber er war nicht sehr scharfsichtig, was die Dichtkunst betraf. Er hatte eine ganze Nacht damit verbracht, Christinas Werk zu lesen, bevor er seine eher wohlwollend herablassende Meinung dazu abgab. Die Gedichte seien »voller Schönheit und Ausdruckskraft. Aber es bereitet mir großen Kummer zu wissen, daß kein Verleger sich ihrer annehmen wird aufgrund ihrer zahllosen Wunderlichkeiten und Verstöße. Das unregelmäßige Versmaß ... ist der Untergang der modernen Dichtung«. Dann brachte Ruskin seine Bewunderung für die Dichter Spenser, Milton (Christina haßte Milton) und Keats zum Ausdruck und schrieb: »Deine Schwester sollte sich ausgiebigst mit den Platitüden des Versmaßes befassen, bis sie schreiben kann, wie die Öffentlichkeit es verlangt. Wenn sie dann dies mit ihrer Beobachtungsgabe und Leidenschaft paart, wird alles, was sie schreibt, höchst kostbar sein. Aber zuerst muß sie die Form kennen und wahren.«[8]

Christina hatte keinerlei Absichten, für eine unkritische Öffentlichkeit zu schreiben. Die Art Lyrik, die populäre »Dichterdamen« des 19. Jahrhunderts verfaßten – etwa Caroline Norton und Eliza Cook –, entsprach genau dem Mittelmaß, das Christina verabscheute, denn damit erreichte die Dichtkunst ein Niveau, auf dem sie nur noch eine Fertigkeit junger Damen war. »Nenne mich von nun an Eliza Cook und werde glücklich damit«, schrieb sie sarkastisch an Gabriel. Nach der Aussage von Christinas Neffen Ford Madox Ford hatte Ruskins Ablehnung von Christinas Gedichten noch andere Gründe. Offenbar war er der Ansicht, daß sie durch ihre Veröffentlichungen Gabriel schade. Es gäbe keinen Platz für »zwei Rossettis«, und sie müßte Gabriel mit seiner größeren Begabung den Vortritt lassen.

Zum Glück war Alexander Macmillan anderer Auffassung und veröffentlichte »Up-Hill« (Beschwerlich) in der Februarausgabe von *Macmillan's Magazine*. Ruskins Vorhersage zum Trotz fand es großen Anklang. Das Thema des Gedichts entsprach der viktorianischen Ethik, Erlösung würde durch harte Arbeit und Selbstverlegnung erreicht, und zudem einem Grundsatz des Christentums: Leiden auf Erden in Erwartung späterer Belohnung. Nach diesem Erfolg veröffentlichte Macmillan im April »A Birthday« und im August »An Apple Gathering«. Laut Ford Madox Ford war Christina »wenn nicht ein Luftgeist in Gestalt einer Rauchwolke, dann zumindest eine flüchtige Essenz, die [Ruskins] Balsamierung nicht nur entkam, sondern sie auch überlebte«.[9]

Am 2. Mai brachte Lizzie Siddal ihre Tochter zur Welt. Es war eine Totgeburt. Zwar hatten sie und Gabriel bereits seit zwei Wochen vermutet, daß das Baby tot sein könnte, aber es war dennoch ein Schock. In Anbetracht von Lizzies Gesundheit wäre es erstaunlich gewesen, wenn sie ein gesundes Kind geboren hätte. Mittlerweile nahm sie mit großer Regelmäßigkeit abwechselnd Laudanum und Brandy ein, um mit den Widrigkeiten des Lebens fertig zu werden, und für ein ungeborenes Kind war dies eine tödliche Mischung. Elizabeth Barrett Browning hatte ihr Kind nur austragen können, weil sie auf Rat der Ärzte und mit Robert Brownings Hilfe ihre Laudanumdosis verringert hatte. Es ist höchst unwahrscheinlich, daß Lizzie ähnlich liebevolle Unterstützung erhielt.

Körperlich erholte sie sich zwar rasch, aber sie blieb niedergeschlagen und deprimiert. Als Georgie Burne-Jones sie besuchte, saß sie neben der leeren, rüschenbesetzten Wiege, die sie sanft schaukelte. Lizzie bat Georgie und ihren Mann, leise zu reden, damit sie das Kind nicht aufweckten. Noch als Gabriel im Herbst nach Yorkshire fuhr, um ein Auftragsporträt zu malen, war Lizzie sehr angegriffen, und ihr Mann brachte sie »in sehr kläglichem Zustand« zum Ehepaar Morris. Doch irgend etwas muß Lizzie bekümmert haben, denn sie verließ die beiden in aller Eile, ohne eine Erklärung abzugeben. Verzweifelt schrieb Gabriel seiner Mutter, sie möchte herausfinden, ob es Lizzie gutgehe, und ihr etwas Geld geben, da er ihr keines hinterlassen hatte. Für seine eigenen Ausgaben mußte er sich eine Summe von William und Madox Brown borgen.

Zu dieser Zeit schrieb Christina »Too late for Love. Too late for Joy« (Zu spät für Liebe. Zu spät für Glück), ein Gedicht, das sie später auf Gabriels Rat hin in »The Prince's Progress« aufnahm. Wenn sich das Werk, wie manche Kritiker behaupten, auf Gabriel und Lizzie Siddal bezieht, dann machte Christina damit eine düstere Prophezeiung, die sich bewahrheiten sollte.

> Zu spät für die Liebe, zu spät für Glück,
> Zu spät!
> Du weiltest unterwegs zu lange,
> Du zögerst vor der Tür:
> Die verzauberte Taube auf ihrem Ast
> Starb ohne Geliebten;
> Die verzauberte Prinzessin in ihrem Turm
> Schlief und starb hinter Gittern;
> Die ganze Zeit hungerte ihr Herz,
> Du ließest es warten.
>
> Vor zehn Jahren, vor fünf
> Vor einem Jahr noch

Wärst du rechtzeitig gekommen,
Wenn auch etwas spät;
Du hättest ihr lebendiges Gesicht gekannt,
Das du nie mehr kennen kannst:
Der gefrorene Brunnen hätte gesprudelt,
Die Knospen wären erblüht,
Der warme Südwind wäre erwacht,
Um den Schnee zu schmelzen.

Im Sommer 1861 reiste Christina ins Ausland. In Williams Begleitung fuhren sie und ihre Mutter nach Paris und weiter in die Normandie, wo sie sich vorwiegend in Coutances aufhielten. Christina war begeistert von diesem ersten Auslandsbesuch. Nach ihrer Rückkehr nach London ging sie zu einem Vortrag über Frankreich und freute sich, daß sie viele der erwähnten Städte kannte. »Boulogne, Rouen und Paris sind für mich jetzt keine bloßen Namen mehr, sondern Wirklichkeit.«[10] Christina mochte den Redner, weil er zu einer Abordnung gehört hatte, die sich bei Napoleon III. für ein Verbot der Vivisektion von Pferden einsetzte. Christina war eine überzeugte Gegnerin von Tierversuchen.

Als Gabriel im Oktober in Yorkshire war, schrieb ihm Alexander Macmillan, er habe Christinas »Goblin Market« in einem Arbeiterverein vorgelesen. Anfangs hätten sich die Männer gefragt, »ob sie damit verspottet würden, doch allmählich wurden sie mucksmäuschenstill, und als ich das Ende erreichte, klatschten sie stürmisch Beifall«. Macmillan meinte, eine Auswahl von Christinas Gedichten könnte mit einigen Kürzungen »eine Chance haben«, und er war bereit, das Risiko einzugehen und eine »kleine Ausgabe« herauszubringen. »Mir schwebt ein außerordentlich hübsches Bändchen vor, das als kleines Weihnachtsbuch erscheint. In dieser Form könnte es die Öffentlichkeit sehr wohl ansprechen.«[11] Er bat Gabriel, die Zeichnungen dazu anzufertigen.

Christina verbrachte einige Zeit im Magdalen-House in

Highgate unter der Bedingung, daß sie dort nebenbei an den Fahnen des Gedichtbands arbeiten konnte. Bevor sie aufbrach, erhielt sie Besuch von Charles Cayleys beiden Schwestern. Henriette Cayley war den Rossettis offenbar bereits bekannt, aber Sophie lernte Christina wohl erst bei diesem Anlaß kennen. Sie schrieb, Sophie sei im Gegensatz zu der eher phlegmatischen Henrietta »hübsch und einnehmend, im Gespräch geistesgegenwärtig und unterhaltsam«. Dies ist einer der ersten Hinweise auf die entstehende Bekanntschaft mit der Familie Cayley, und dieser förmliche Besuch bedeutete offenbar, daß von deren Seite eine mögliche Verbindung zwischen Christina und Charles Cayley erwogen wurde.

Das Gedicht »Winter: My Secret« (Mein Geheimnis), entstanden im November 1857, scheint auf die Möglichkeit einer Liebesbeziehung hinzudeuten. Obwohl der Geheimnis-Text nicht gelüftet wird, steckt vermutlich eine Liebe dahinter. Dies könnte auf Christinas wachsendes Interesse an Cayley anspielen. Dieses heitere Gedicht entstand kurz vor einer Reihe trübsinniger Verse, die sie 1859 und 1860 schrieb, unter anderem »Autumn«, »Up-Hill« und »The Convent Threshold«. L. M. Packer stellt eine Verbindung zwischen »My Secret« und W. B. Scott her, aber der Hinweis auf »Russischen Schnee« bezieht sich wohl eher auf den aus Rußland gebürtigen Charles Cayley, dessen anfänglich zurückhaltende Reaktion auf Christinas Zuneigung zu ihm in »A Sketch« beschrieben wird. Dante Gabriel hielt »My Secret« für zu persönlich, um es in ihre *Collected Poems* aufzunehmen, und auch Christina meinte, es lasse »zu viele Interpretationsmöglichkeiten offen«.

Christina hatte Cayley schon als Student ihres Vaters kennengelernt, und über die Jahre hinweg hatte er gelegentlich ihre Brüder besucht, obwohl Gabriel seine Gesellschaft nicht unbedingt suchte. In »Monna Innominata«, dem Sonettzyklus, den Christina an Cayley schrieb, bedauerte sie, sich nicht an ihr erstes Kennenlernen erinnern zu können.

> Ich wünschte, ich könnte mich des ersten Tags
>   entsinnen,
> Der ersten Stunde, des ersten Augenblicks unserer
>   Begegnung,
> Ob dunkel oder hell das Jahr; ich weiß nicht einmal,
> Ob Sommer oder Winter war;
> So unbemerkt verstrich der Augenblick,
> Ich war zu blind, um die Zukunft zu sehen,
> Zu bedrückt, um das Knospen meines Baumes zu
>   bemerken,
> Der erst viele Jahre später blühen sollte.
> Wenn ich mich seiner nur entsinnen könnte,
> Dieses Tages aller Tage! Doch ich ließ ihn verstreichen
> Spurlos wie das Schmelzen des Schnees;
> Er schien so wenig und bedeutete doch so viel;
> Könnte ich mich jetzt nur dieser Berührung entsinnen,
> Als unsere Hände sich trafen – hätte man doch gewußt!

Charles Cayley war Engländer, doch in Rußland geboren. Er hatte einen ungewöhnlich großen Kopf mit wirren, dunklen Haaren und dunklen Augen. Außerdem war er sehr schüchtern, geistesabwesend und nachdenklich und brauchte in Gesprächen sehr lange, um seine Antwort zu formulieren – so lange, daß einige Menschen dachten, er würde nicht antworten. Oliver Madox Brown karikierte ihn in einem Roman als einen geistesabwesenden, professoralen Kleriker. Aber Cayley war keineswegs so bieder, wie viele glaubten. Sein etwas wunderliches Verhalten stand im Gegensatz zu dem fröhlichen Blitzen seiner Augen, als ob ihn insgeheim etwas erheiterte. Dieser Zug verriet seinen Sinn für Humor, den er mit Christina gemein hatte. Nur wenige seiner Briefe an sie sind erhalten, denn sie vernichtete die meisten, aber bereits an diesen wenigen erkennt man seinen verschrobenen Stil.

Was kann ich über den Sonntag berichten, als daß das Museum grandiosissimo war (ich habe eine Cousine in Nordengland, die wichtige Wörter hervorhebt, indem sie sie mit so vielen Buchstaben wie möglich anfüllt und wahrscheinlich auch nicht vor *Lehbeweesen* oder *raddikahll* zurückschrecken würde).

Einmal schickte er Christina einen lustigen Artikel über den Wombat, von dem man früher gemeint hatte, er könne »einen bestimmten Bedarf erfüllen, nämlich denjenigen eines Tieres, das sich als Lebensmittellieferant eignet und das gerade die richtige Größe zwischen einem Schwein und einem Kaninchen hat«. Cayley fügte hinzu: »Hoffen wir, daß die Wombats sich durch den menschlichen Verzehr vermehren und sich ihren Lebensunterhalt verdienen.«[12]

Die Familie Cayley hatte ihr Vermögen beim Börsenkrach der Eisenbahnwerbekampagne 1855 verloren. Charles' älterer Bruder Arthur war Mathematikprofessor an der Universität von Cambridge, und Charles selbst verfaßte gelehrte Bücher, 1860 etwa eine Version der *Psalmen* in Reimen (die William als unlesbar bezeichnete) und 1861 die Übersetzung eines unveröffentlichten italienischen Romans mit dem Titel *Filippo Malincontri*. Christina schickte Gabriel ein Exemplar dieses Buches, und in seinem Dankesbrief meinte er, Cayley sei »in kreativer Hinsicht noch unbedeutender als sonst«.[13]

Im Winter 1861/62 schrieb Christina bis auf einige schwülstige Gedichte über den Tod Prinz Alberts sehr wenig. Das hing zum Teil mit der mühevollen Aufgabe zusammen, *Goblin Market und Other Poems* druckfertig zu machen. Gabriel kam mit seinen Illustrationen nur langsam voran, und das für Weihnachten geplante Erscheinungsdatum mußte verschoben werden. Daneben arbeitete er an einem Band von Übersetzungen italienischer Dichter, die er als noch nicht Zwanzigjähriger gemacht hatte. Sein Leben mit Lizzie war bedrückend. Sie berauschte sich ständig mit Laudanum und glaubte nicht mehr daran, jemals ein lebensfähiges Kind zu bekommen. Sie wollte die liebevoll angefertigte Babyausstattung verschenken, und Gabriel mußte an ihre Freunde schreiben und sie bitten, diese Gegenstände nicht anzunehmen. Er hatte die Hoffnung auf ein Kind noch nicht aufgegeben. Der einzige Mensch, dem Lizzie offenbar vertraute, war Swinburne, der 1860 von Cambridge nach London übergesiedelt war und sich sowohl mit dem Ehepaar Rossetti als auch mit Christina und ihrer Mutter angefreundet hatte.

Am 10. Februar aß Swinburne wie sooft mit Gabriel und Lizzie im Sablonierehotel am Leicester Square zu Abend. Lizzie hatte sich unwohl und müde gefühlt, aber darauf bestanden, die beiden Männer zu begleiten. Nach dem Essen hielt Gabriel im Working Men's Institute einen Kurs in Malerei ab, und Lizzie ging nach Hause ins Bett. Als Gabriel gegen elf Uhr heimkehrte, war sie bewußtlos; auf dem Tisch stand eine leere Laudanumflasche, und an ihr Nachthemd war ein Zettel geheftet. Gabriel riß ihn an sich, las die Nachricht und steckte sie in seine Tasche, bevor er die Haushälterin und den Arzt alarmierte. Lizzie wurde der Magen ausgepumpt, aber das Laudanum hatte bereits zu lange wirken können.

Um vier Uhr morgens stürmte Gabriel zu Madox Brown, weckte ihn auf, zeigte ihm den Zettel und fragte ihn um Rat. Madox Brown verbrannte das Stück Papier sofort, und seitdem werden Spekulationen über den Inhalt der Zeilen angestellt. William Rossettis Tochter (Madox Browns Enkelin) erzählte, ihre Mutter habe gesagt, auf dem Zettel sei lediglich »Kümmere dich um Harry«[14] – Lizzies geistig behinderten Bruder – gestanden. Gabriel hingegen erzählte seinem Freund Hall Caine, die Botschaft habe »eine Narbe in seinem Herzen hinterlassen, die niemals wird heilen können«.[15]

Dann kehrte Madox Brown mit Gabriel in dessen Wohnung zurück, und gemeinsam saßen sie an Lizzies Sterbebett. Zu diesem Zeitpunkt wurde die Familie Rossetti von dem Vorfall noch nicht in Kenntnis gesetzt. William erfuhr davon erst am folgenden Tag zur Mittagszeit, als Gabriel seine Haushälterin zum Finanzamt hinüberschickte.

Gelegentlich nahm Gabriels Trauer theatralische Ausmaße an. Irgendwann im Verlauf der nächsten zwei Tage behauptete er, Lizzie sei nicht tot, sondern liege nur im Opiumkoma. Man habe die Ärzte bereits gerufen, um den Totenschein zurückzunehmen. Sein Schmerz wurde durch Schuldgefühle verstärkt. Er fühlte sich für Lizzies Tod verantwortlich und gestand Hall Caine, sie habe »alle Freude und Interesse am Leben« verloren, weil ihr bewußt geworden sei, daß er zur Zeit ihrer Hochzeit in eine andere Frau verliebt gewesen sei.[16] Dabei könnte es sich entweder um Fanny Cornforth oder um Jane Morris handeln, obwohl es zu der Zeit mehrere »hinreißende Damen« in seinem Leben gab. Zu ihnen gehörte auch die Schauspielerin Ruth Herbert, deren Gesicht ab Ende der fünfziger Jahre immer häufiger das von Lizzie auf Gabriels Bildern ersetzte. Nach Lizzies Tod war Gabriel unfähig, mit seinem Leben zurechtzukommen. William brachte ihn in die Albany Street, wo seine Mutter und Schwestern ihn versorgten, bis er den schlimmsten Kummer überwunden hatte. Er vergrub sich in die Arbeit, denn »die untätigen Augenblicke sind die unerträglichsten«.[17]

Bei der gerichtlichen Untersuchung gaben Familie und Freunde eine sorgfältig abgesprochene Version von Lizzies Tod zu Protokoll; so wurde zum Beispiel der Zettel an Lizzies Nachthemd nicht erwähnt. Deshalb erging das Urteil »Tod durch Unfall«, und Lizzie konnte in geweihter Erde begraben werden. Anne Gilchrist, eine Freundin der Rossettis, deren Ehemann kurz zuvor an Scharlach gestorben war, schrieb Gabriel ein Zitat aus Christinas Gedicht »Up-Hill«: »›Der beschwerlich steile Weg‹, genau das ist die Lebensreise für uns beide mit grausiger Realität geworden«.[18]

Am Tag der Beerdigung, bevor der Sargdeckel verschlossen wurde, legte Gabriel in einer wirren, reuevollen Geste – möglicherweise inspiriert durch Christinas *Maude* – ein Manuskript mit Gedichten in den Sarg zwischen Lizzies rotgoldenes Haar. Er erzählte William, er habe oft an diesen Gedichten gearbeitet, als Lizzie krank war und er sich um sie hätte kümmern sollen. Madox Brown wollte das Manuskript heimlich wieder herausnehmen, denn er ging davon aus, daß Gabriel seine impulsive Tat später bedauern würde, aber William hielt ihn davon ab. Seiner Ansicht nach »gereiche [Gabriel] diese Tat zur Ehre«. Lizzie wurde im Familiengrab der Rossettis im Highgate Cemetery neben Christinas Vater Gabriele beigesetzt.

Als Lizzie starb, waren Dante Gabriels *Italian Poets* und Christinas *Goblin Market and Other Poems* in der letzten Phase der Herstellung. Die beiden Bücher erschienen im Abstand von einem Monat, wobei Gabriels Werk kaum Beachtung fand, während *Goblin Market* eine kleine Sensation hervorrief und mit den Worten »ihr brillanter, phantastischer und höchst origineller Band« gelobt wurde.[19] Mittlerweile hielten viele Kritiker den Einfluß Tennysons auf die damalige Dichtung für »eine Art Upas-Baum« – ein Gewächs, das alles in seiner Umgebung abtötet. W. B. Scott schrieb an Pauline Trevelyan: »Gärtner-Töchter und sechzehnjährige Mauds mit mordlüsternen Geliebten, aber auch schwindsüchtige Musiklehrer und affige Dichter, die stolze Damen ohne Rücksicht auf Anstand umwerben, gerieren sich bis an den Rand der Lächerlichkeit.«[20] Kritiker wie Gosse stimmten ihm zu. So betrachtete man Christinas neue Methoden in ihrer Technik – etwa die kurzen, unregelmäßig gereimten Zeilen und ihre schlichte Ausdrucksweise – als erfrischend. Sie und nicht Dante Gabriel galt als die führende Gestalt der präraffaelitischen Lyrikbewegung, und Swinburne bezeichnete sie als »Jaël, die unserem Heer zum Sieg verhalf«.

Caroline Norton schrieb in *Macmillan's Magazine* eine Kritik von *Goblin Market* und verglich es seltsamerw~~~ ~~~ mit Allinghams *Angel in the House*. Sie bemerkte, »Gol ket« sei ein Werk, »das sich jeder Kritik entzieht...

Fabel – ein bloßes Märchen – oder eine Allegorie gegen die Freuden sündiger Liebe – oder was sonst?« Sie bewunderte »die Vielfältigkeit ebenso wie die geniale Originalität« und kam zu dem Schluß, es sei ein Gedicht, »über das wir lange nachdenken müssen, wie bei Dichtung, die in einer fremden Sprache geschrieben ist und die wir nur zur Hälfte verstehen«.

Die *British Quarterly* zeigte sich in ihrer Besprechung im Juli ebenfalls von *Goblin Market* beeindruckt. Alle Gedichte, meinte der Rezensent, »zeichnen sich durch Schönheit und Zartheit aus. Oft sind sie wunderlich und gelegentlich ein wenig kapriziös...« Auch Gabriels Zeichnungen wurden lobend erwähnt. »Es gibt keine besseren oder lachhafteren Goblins als diese; noch könnten wir uns etwas Geglückteres vorstellen als die Mischung von Sehnsucht und Zögern, die auf dem Gesicht und in der Handlung der Mamsell liegt.« Insbesondere das titelgebende Werk wurde mit Lob überhäuft, denn es »ist dasjenige in dem Bändchen, dessen Ausdruckskraft am stärksten ist, und gleichzeitig dasjenige, das man als reinstes und vollkommenstes Kunstwerk bezeichnen kann; doch es sind die Andachtsverse, die uns am meisten gefielen...«[21]

Christinas religiöse Dichtung fand immer größeren Anklang. Bevor Gerard Manley Hopkins Werk veröffentlicht wurde, galt sie als eine der größten religiösen Dichterinnen des 19. Jahrhunderts und wird auch heute noch als eine der besten der englischen Sprache angesehen. Doch seitdem religiös inspirierte Lyrik ein wenig in Vergessenheit geraten ist, richtet man wieder mehr Aufmerksamkeit auf ihre sogenannte weltliche Dichtung. Allerdings ist dies eine künstliche und abwertende Unterscheidung (die ursprünglich auf Gabriels Betreiben hin gemacht wurde und die William in ihren *Collected Poems* beibehielt), denn Christinas Glaube war ein wesentlicher Bestandteil ihrer Persönlichkeit und floß in ihr ganzes lyrisches Schaffen ein.

Noch bevor *Goblin Market* 1866 in Amerika veröffentlicht wurde, gelangten Exemplare des Buchs über den Atlantik. Es wurde unterschiedlich aufgenommen. Wie die meisten amerikanischen Leser bewunderte Emerson lediglich die religiösen Gedichte. Emily Dickinson, die gerne die Werke anderer Dichterinnen las, gab nie einen direkten Kommentar zu Christinas ab. Allerdings werden in ihren Gedichten aus den Jahren 1862 und 1863 sehr häufig Goblins erwähnt, was sonst bei ihr nie der Fall war. Zeilen wie »ein Goblin trank von meinem Tau«, »Trink, Goblin, von diesen Lippen« und »Kein Goblin an der Blüte« erscheinen zu häufig und klingen zu ähnlich, um reiner Zufall zu sein.[22] Das Gedicht Nr. 691, das möglicherweise 1863 entstand, erinnert ebenfalls an Christinas »Goblin Market«.

> Du möchtest den Sommer? Koste unseren.
> Gewürze? Kauf sie hier!
> Krank? Wir haben heilende Beeren!
> Müde? Bette dich auf Daunen!
> Verwundert? Veilchenbeete, die nie Kummer geschaut!
> Gefangen? Wir bringen befreiende Rosen!
> Ohnmächtig! Krüge voll Luft!
> Selbst für den Tod haben wir eine Zaubermedizin.
> Aber Sir, was ist sie?

Bei Emily Dickinson werden die Goblins zu eindeutigen Symbolen aus dem Umfeld des Schauerromans, während Christina nur kleine Anspielungen darauf machte. In Gedicht Nr. 414 nähert sich das brodelnde Rad des Leidens »mit jedem Tag... wie eine reißende Strömung in der Schlucht«.

> Als ob ein Goblin mit dem Zeitmesser
> Immer wieder die Stunden maß,
> Bis du deine Sekunden
> Hilflos in seiner Pfote gewogen sahst.

Die Goblins beschwören immer ein Bild der Isolation herauf – sowohl Lizzie als auch Laura mußten ihnen allein begegnen. Auch Emily Dickinson muß sich ihrem Goblin in Gedicht Nr. 590 alleine stellen.

> Standest du je in einer Höhle,
> Fern der Sonne –
> Und hast geschaut – bist erschaudert, hieltest den Atem
>   an
> Und vermeintest, allein zu sein
> An einem solchen Ort, welch Grauen,
> Wie Goblin wäre es –
> Und würdest fliehen, als ob es dich verfolgte?
> Einsamkeit – so ist sie –

Es war kein Zufall, daß Emily Dickinson in ihren Gedichten ähnliche Themen verwendete, denn ihr Leben verlief dem Christinas sehr ähnlich. Beide wurden in der Liebe enttäuscht, beide waren eingebunden in einer Familie, die ihnen ihre Freiheit beschnitt, und beide waren schüchtern und zurückhaltend. Für beide spielte Religion eine große Rolle, und beide bewunderten Elizabeth Barrett Browning. Allerdings verstand Emily im Gegensatz zu Christina eher die entsetzlichen Folgen von Introspektion und die Unmöglichkeit, das geteilte Selbst zu vereinen.

> Mich von mir selbst zu verbannen –
> Besäße ich diese Fähigkeit –
> Undurchdringlich meine Festung
> Bis mein Herz –
>
> Aber da mein Ich – greif mich an –
> Wie kann ich Platz finden,
> Außer wenn ich
> Das Bewußtsein unterdrücke?

Da wir uns gegenseitig regieren,
Wie wäre es möglich,
Außer durch Abdanken –
Ich – von mir selbst?[23]

1863 schrieb Christina ein Gedicht, das sehr stark an Emilys erinnert. Es trägt den Titel »Who Shall Deliver Me« (Wer wird mich erlösen) und beginnt: »Gott gib mir die Kraft, mich zu ertragen.« In diesem Gedicht sind es »die anderen«, die ausgesperrt sind.

Ich verschließe die Tür hinter mir
Und verbanne sie draußen; doch wer schützt
Mich vor mir selbst, die mir am verhaßtesten ist?

Ich selbst bin mein größter Verräter;
Mein nutzlosester Freund, mein tödlichster Feind,
Mein Klotz, welchen Weg ich auch beschreite.

Wie Emily Dickinsons Verse beschreiben auch Christinas Worte den Konflikt zwischen Konformität und »Andersartigkeit«, der Christina zuweilen bis an den Rand des Wahnsinns trieb. Georgina Battiscombe gab ihrer Biographie über Christina den Untertitel *A Divided Life* (Ein geteiltes Leben), mit dem sie die widerstreitenden Einflüsse auf ihre Persönlichkeit beschrieb – italienisch gegen englisch, Gott gegen ihre Persönlichkeit. England, Gott und Angepaßtheit erwiesen sich schließlich als stärkere Positionen – aber um einen enormen Preis.

1862 konnte sich Christina zum ersten Mal über die Veröffentlichung ihrer Gedichte und deren Rezeption in der Öffentlichkeit freuen und erlebte das Gefühl von tiefer Erfüllung. Am 31. März schrieb sie das Sonett »In Progress«, das vordergründig von einer nicht näher genannten Freundin (möglicherweise Laetitia Scott) handelt. Doch Christinas Familie sah darin einen deutlichen Bezug zu ihrer eigenen Geistesverfassung.

> Vor zehn Jahren undenkbar noch,
> Daß sie ruhig würde,
> Gefaßt beim wärmsten Kuß,
> Mit trüben, trockenen Augen wie ein versiegter Brunnen.
> Bedacht, wenn etwas zu sagen sie hat,
> Schweigend mit langem Schweigen,
> Selbstversunken, doch bereit zu helfen,
> Ernst und monoton wie eine Glocke.
> Sorgsam in Dingen des öden Alltags,
> Geduldig im Zeitvertreib, geduldig in der Arbeit,
> Müde vielleicht, sicher angestrengt.
> Manchmal denke ich, vielleicht sehen wir eines Tages
> Sieben Sterne aus ihrem Kopf hervorschießen,
> Ihre Augen blitzen und ihren Schultern Flügel wachsen.

KAPITEL 10

Es ist kein Zufall, daß Christina in den Jahren von 1861 bis 1864 gesundheitlich robuster war als je zuvor oder danach – es war die glücklichste Zeit ihres Lebens. Nach einer langen Lehrzeit wurden ihre Gedichte endlich veröffentlicht, und sie fanden großen Anklang. Mit der warmen Zuneigung, die sich zwischen ihr und Charles Cayley entwickelte, verlor ihr Privatleben viel von seiner Trostlosigkeit. Dieses Mal beruhte die Beziehung auf Freundschaft und gemeinsamen Interessen und verhieß ein Zusammenwachsen ähnlicher Geister.

Gegen Ende 1862 schrieb Christina das erste ihrer *Il Rosseggiar Dell'Oriente*-Gedichte. Diese Verse sind ausgesprochen persönlich, so daß sie auf italienisch geschrieben und bis zu ihrem Tod unter Verschluß in ihrem Schreibtisch aufbewahrt wurden. Das erste hieß »Amor Dormente?« (Schlummert die Liebe?). Hier verabschiedet sich der Dichter von der Geliebten auf Erden und verspricht ihr eine Vereinigung im Himmel. Das zweite trägt den Titel »Amor Si Sveglia?« (Erwacht die Liebe?) und beginnt:

> Mit dem Frühjahr
> Erwachen alte Gefühle aufs neue;
> Die Liebe flüstert »Hoffnung« –
> Aber ich schweige.

Die englische Parallele zu Christinas italienischen Gedichten sind die »Monna Innominata«-Sonette. In ihnen beschreibt die Dichterin in Gestalt einer fiktiven Troubadourin einen Mann, der für sie unerreichbar ist. Im vierten Teil dieses Zyklus berichtet sie von den Anfängen dieser Liebe und dem Versuch der beiden, die Gefühle des anderen wortlos zu ergründen.

> Ich liebte dich zuerst, doch später übertraf deine Liebe
> Die meine und sang in Klängen,
> Die das warme Gurren meiner Taube übertönten.
> Wer schuldet dem anderen mehr? Meine Liebe war lang,
> Und deine wuchs mit jedem Augenblick;
> Ich liebte und rätselte über dich, du ersannst mich
> Und liebtest mich für das, was sein oder nicht sein
>   mochte –
> Nein, das Wägen wird uns beiden nicht gerecht.
> Wahre Liebe kennt kein »mein« noch »dein«;
> Freie Liebe erübrigt jedes »ich« und »dich«,
> Denn der eine ist beide, und beide sind eins in der Liebe:
> Tiefe Liebe weiß nichts von »deins, das nicht auch
>   meines ist«;
> Beide empfinden die gleich starke, die gleich lange Liebe,
>   die uns vereint.

Auch in Briefen wird angedeutet, daß die Liebe anfangs von Christina ausging und sie Cayley ermutigte, auf sie zuzugehen; ähnliche Hinweise finden sich in Gedichten wie »A Sketch«, das 1864 entstand. Die Dichterin offenbart ihre Gefühle »klar wie der lichte Tag«, aber der Geliebte

> Sieht nicht, was doch zum Greifen nah,
> Verkennt den Blick, mißdeutet alles ...

Der Sonettenzyklus »Monna Innominata«, veröffentlicht 1882, ist eines der am meisten vernachlässigten Werke Christinas. Sein anspruchsvoller Aufbau geht auf Christinas Lektüre von Dantes Verehrung der Beatrice und Petrarcas Kanzoniere an die flüchtige Laura zurück. In Anlehnung an Elizabeth Barrett Brownings *Sonette aus dem Portugiesischen* schrieb Christina ihr eigenes »Sonett der Sonette« aus der Perspektive der Frau, nicht der des Mannes. Der Unterschied liegt darin, daß Barrett Browning die Glückseligkeit der Liebe beschreibt, während bei Christina eine ähnliche Hoffnungslosigkeit durchklingt wie bei Petrarca und Dante und sie das vermittelt, was Gosse »das *desiderium,* die hartnäckige Sehnsucht nach etwas, das dem Leben verlorenging« nennt – etwas, das für Christinas Dichtung typisch ist.[1]

Da Elizabeth Barrett Browning 1861 gerade gestorben war, stand ihr Werk Christina klar vor Augen; trotzdem sind die Sonette kein Gedenken an die Verstorbene. In ihren Anmerkungen zum Zyklus schreibt Christina, wieviel sie ihrer älteren Kollegin verdankt, erwähnt aber auch die unterschiedlichen Ansätze, die sie beide wählten.

> Wäre die große Dichterin unserer Zeit und unserer Nation unglücklich anstatt glücklich gewesen, so hätten die Umstände sie dazu veranlaßt, uns anstatt ihrer »Portugiesischen Sonette« eine unnachahmliche »Donna innominata« zu hinterlassen, die nicht der Phantasie entsprungen wäre, sondern dem Gefühl, und die zu Recht ihren Platz neben Beatrice und Laura eingenommen hätte.[2]

Jedem Sonett geht ein Zitat von Dante oder Petrarca voraus, und wie Elizabeth Barrett Browning änderte auch Christina ihren Bedürfnissen entsprechend die männliche Form ab. Im Vorspann rechtfertigt sie ihren Bruch mit der Tradition, einen namenlosen Mann in den Mittelpunkt der Sonette zu stellen, damit die Dame selbst zu Wort kommen kann.

> ... in jenem Land und zu jener Zeit, in denen gleichzeitig
> Katholiken, Albigenser und Troubadoure aufkamen,
> kann man sich manch eine Dame vorstellen, welche die
> gleichen poetischen Fähigkeiten besaß wie ihr Geliebter,
> während die Schranke zwischen ihnen beiden als heilig
> galt, ohne daß jedoch gegenseitige Liebe unvereinbar mit
> gegenseitiger Achtung gewesen wäre.

Zur damaligen Zeit waren die Legenden, die sich um die Troubadoure rankten, nicht nur bei den Präraffaeliten beliebt. Zwei Gedichtbände von Laetitia Landon – *The Troubadour* und *The Venetian Bracelet* – beschworen die höfische Liebe herauf. Auch Dora Greenwell fühlte sich von dieser Gedankenwelt angesprochen und schrieb einer Freundin: »[Die höfische Liebe] hatte ein Ideal, sosehr sie diese auch überschreiten mochte: eines der Liebe und der Treue und der Selbsthingabe; und als solches entspricht es auf seltsame und holde Art dem des alltäglichen christlichen Lebens.«[3] Dieser Gedanke hätte Christina zugesagt, denn ihre Sonette sind fest im christlichen Glauben verwurzelt. Ihr größtes Anliegen bestand darin, sich zu verbergen, und der Verweis auf die Troubadourin, ihre Identifikation mit einer namenlosen Dichterin des Mittelalters, diente ihr als ideale Maske. Elizabeth Barrett Browning hatte das gleiche getan, als sie den Titel *Sonette aus dem Portugiesischen* wählte, um nicht offenkundig werden zu lassen, daß es sich dabei um den Ausdruck einer persönlichen Zuneigung handelte. Sie berichtete den Lesern von den *Portugiesischen Briefen,* die angeblich die portugiesische Nonne Caterina dem Soldaten Camoens schrieb. In ihren Vorbemerkungen zieht Christina einen ähnlichen Schleier über ihre Sonette und verweist auf den namenlosen Geliebten einer Dame des Mittelalters. So verbirgt sie, daß es Charles Cayley war, der diese Verse inspirierte, ein schüchterner Mann mittleren Alters, der als Adressat dieser Zeilen nicht unbedingt überzeugend wirkte, dem Christina aber sehr zugetan war.

> Komm zurück zu mir, die ich warte und nach dir
>   Ausschau halte –
> Oder komm noch nicht, denn dann ist es vorüber,
> Und es wird lange währen, bis du wiederkehrst.
> Meine Freuden sind gar wenige und selten.
> Doch wenn du nicht kommst, tue ich mein Werk
> Und denke: »Wenn er jetzt kommt«, mein süßestes
>   »Wenn«:
> Denn meine Welt ist der eine Mann vor allen anderen,
> Die es gibt auf dieser weiten Welt; Liebster, du bist
>   meine Welt.
> Was immer auch geschieht, dich zu sehen ist fast
>   schmerzlich,
> Denn der Schmerz der Trennung naht so bald;
> Ab- und zunehmend wie der Mond ist meine Hoffnung
> Zwischen den himmlischen Tagen, an denen wir
>   beisammen sind.
> Aber wo sind nun die Lieder, die ich sang,
> Als das Leben süß war, weil du süß sie nanntest?

In ihren italienischen Gedichten beneidet sie seine Mutter und seine Schwestern, weil sie sein Leben mit ihm teilen, und sehnt den Tag im Paradies herbei, wo sie gemeinsam glücklich sein werden.

Dante Gabriel wollte auf keinen Fall in seine alte Wohnung zurückkehren, und im März begann er mit Verhandlungen, um Tudor House in Cheyne Walk im Ortsteil Chelsea zu pachten. Das Haus war Teil eines größeren Gebäudekomplexes, der nach dem Tod Heinrich VIII. der Königin Katherine Parr gehört hatte. Ursprünglich war geplant, daß Gabriels Mutter, Maria und Christina mit ihm dort einziehen sollten. Das hätte William von der Verantwortung befreit, seine Mutter und Schwestern zu ernähren, was er seit dem Tod Gabrieles bereitwillig getan hatte. Allerdings lag das Haus sehr weit von der

Londoner Innenstadt entfernt, so daß Maria keine Privatstunden mehr hätte geben können; und nachdem Gabriel diesen Vorschlag in seiner impulsiven Art ausgesprochen hatte, erkannte er wohl, daß ein derart häusliches Leben ihn allzusehr einengen würde. Freundinnen wie Fanny Cornforth hätte er sicher nicht mehr empfangen können, und es wäre von ihm erwartet worden, ein weitaus gesetzteres Leben zu führen. Deshalb wurde der Plan aufgegeben, und Gabriel pachtete das Haus statt dessen mit Swinburne und Meredith. Auch William war offizieller Mieter und verbrachte zwei oder drei Nächte die Woche in Cheyne Walk, wo er die Abwechslung von der rein weiblichen Gesellschaft genoß.

Das Leben in Tudor House verlief überaus gesellig. W. B. Scott, William Allingham und John Ruskin kamen häufig zu Besuch, ebenso wie Fanny – »der liebe Elefant« –, die bei Abendeinladungen der Junggesellen als Gastgeberin fungierte. Trotz der Haushälterin herrschten relativ chaotische Zustände. Gabriels Neffe erzählte später, daß die Mülleimer voll waren mit dem kostbaren Porzellan, das jeden Tag verwendet wurde und das die Bediensteten in der Küche zerbrachen. Eines Abends ging Allingham auf der Suche nach etwas zu essen in die Küche und fand eine Maus, die auf dem Tisch saß und einen Schellfisch annagte. Ein anderes Mal wurde aus Versehen ein Waschbär in eine Schublade eingeschlossen, wo er mengenweise Papier vertilgte.

Im Garten unterhielt Gabriel einen kleinen Zoo, der zusehends verwilderte. Er bestand aus Eulen, Kaninchen, Haselmäusen, Igeln, zwei Wombats, eine Wallaby, Rehen, Gürteltieren, Chamäleons, Pfauen und Sittichen sowie mehreren größeren Hunden und einem kleinen Bullen. Die Nachbarn beschwerten sich über diesen Wildpark, insbesondere über die schrillen Schreie der Pfaue. Die Tiere wurden nicht richtig versorgt und starben, entkamen oder mußten verschenkt werden.

In »The House of D.G.R.«, das Christina nach dem Tod

ihres Bruders für eine Zeitschrift verfaßte, beschrieb sie liebevoll sein Leben dort und erwähnte heitere Familientreffen. In Tudor House gab es nicht nur »Düsterkeit und Exzentrizität«. »Wenn Gabriel wollte« wurde er »zum Sonnenschein seines Kreises... Seine geistreiche, fröhliche Art erheiterte uns; durch sein gutmütiges, freundliches Wesen schlossen wir ihn ins Herz.«[4]

Swinburne gegenüber verhielt er sich sehr großzügig und stellte ihn Verlegern und anderen Leuten vor, die *Atalanta in Calydon* zum Erfolg verhelfen konnten. Aber Swinburne entpuppte sich als schwieriger Zeitgenosse. Er war laut und erregbar und hatte die Gewohnheit, beim Reden auf Möbel zu springen. Seine Exzesse erschreckten William und Dante Gabriel, die befürchteten, er könne sich zu Tode trinken. Gabriel klagte, es mache ihn wahnsinnig, wenn er »wie eine Wildkatze durch das Atelier tanzte«[5], und wenn Swinburne im Haus war, fiel ihm das Arbeiten schwer. Es wurde von Homosexualität gemunkelt und daß er bei einer Party nackt das Geländer hinuntergerutscht sei. Durch sein exzentrisches Verhalten machte er sich viele Feinde.

Um so erstaunlicher ist, daß Swinburne sich nach Lizzies Tod eng mit Christina anfreundete. Seine Beziehung zu Pauline Trevelyan war abgekühlt, weil er ihrer moralischen Vorhaltungen überdrüssig wurde, und es war Christina, der er ein Exemplar von *Atalanta in Calydon* überreichte – Pauline mußte sich das Buch selbst kaufen. Die sonst so auf Formen bedachte Christina ließ sich von Swinburnes Atheismus nicht abschrecken. Sie überklebte einfach alle Stellen des Gedichts, die ihr Gefühl von Anstand beleidigten, und empfand aufrichtige Bewunderung für Swinburnes Fähigkeiten. Beide schätzten Carlyles *Frederick,* ein historisches Buch über Friedrich II. von Preußen, das 1862 veröffentlicht wurde; Swinburne gefiel die »reine, kalte Unerschrockenheit«, während Christina anerkennend meinte, es sei »Majestät bar aller Äußerlichkeiten«.[6] Swinburne widmete ihr *A Century of Roundels,* daraufhin schickte sie ihm eines ihrer religiösen Prosawerke mit der scherzhaften Bemerkung, das Geschenk sei wohl nicht ganz angemessen.

Durch Gabriel lernte Christina eine weitere Freundin kennen. Anne Gilchrist war die Witwe von Alexander Gilchrist, dem Verfasser von *Life of Etty,* der 1861 während seiner Arbeit an *Life of William Blake* gestorben war; Blake war zu der Zeit noch relativ unbekannt. Alexander und Gabriel waren Nachbarn und gute Freunde gewesen. 1862 beschloß Anne, mit ihren Kindern von London nach Brookbank in der Nähe von Haslemere in Surrey zu ziehen. Dort beendete sie mit Williams und Gabriels Hilfe *Life of Blake.* Später verfaßte sie eine Biographie über Mary Lamb. Auch den amerikanischen Dichter Walt Whitman bewunderte sie sehr – ihre Briefe an William über dessen *Grashalme* wurden veröffentlicht. Sie korrespondierte mit Whitman und besuchte ihn sogar in Amerika; allerdings wurden ihre Heiratsanträge aus naheliegenden Gründen abgelehnt. Zudem war sie mit George Eliot bekannt, die das Haus Brookbank von Anne mietete, um den zweiten Teil von *Middlemarch* an einem ruhigen Ort abschließen zu können.

Obwohl sich die beiden Frauen noch nie begegnet waren, lud Anne im Juni 1863 Christina zuammen mit William zu sich nach Surrey ein. Christina sagte zu. Annes Tochter Grace erinnerte sich an eine

> schlanke, dunkeläugige Dame, die am Zenit ihrer poetischen Schaffenskraft stand... Der Erscheinung nach war sie Italienerin, mit olivfarbenem Teint und tief nußbraunen Augen. Auch sie besaß die wunderschöne italienische Stimme, mit der alle Rossettis begnadet waren – eine Stimme mit eigenartigen, süßen Modulationen, die in längeren Unterhaltungen zu silbrigen Modulationen verflossen, so daß ganz gewöhnliche englische Wörter und Sätze in einer weichen, fremden, musikalischen Intonation ans

Ohr drangen, obwohl sie die Wörter selbst mit dem reinsten englischen Akzent aussprach.

Bei ihrem ersten Besuch konnte Christina ihre Schüchternheit kaum überwinden, und nachdem man ihr nach der Ankunft ihr Zimmer gezeigt hatte, wo sie sich für das Abendessen herrichten konnte, war sie zu ängstlich, um es wieder zu verlassen. Grace berichtete:

> Als meine Mutter nach einiger Zeit bemerkte, daß sie sich noch nicht zum Kreis im Salon gesellt hatte, ging sie hinauf, um nach ihr zu sehen, und klopfte sachte an der Tür. Miss Rossetti war bereit, hatte aber noch gewartet; ein wenig furchtsam und zu schüchtern, um sich alleine nach unten zu begeben.

Christina kam gut mit den Kindern aus, spielte mit ihnen Ball unter den Apfelbäumen und suchte für sie nach Fröschen und Raupen. Grace war von ihr hingerissen. »Meinem kindlichen Gemüt erschien sie wie eine Märchenprinzessin, die aus dem sonnigen Süden herbeigereist war, um mit mir zu spielen.«[7]

In der heiteren Stille von Brookbank schrieb Christina »Maiden Song«, eine Ballade über drei Schwestern. Die Stimme Margarets, der schönsten unter ihnen, ist süßer als die der Nachtigall. Ihre Schwestern, deren Stimmen weniger begnadet sind, bekommen nur einen Hirten und einen Schäfer, aber Margaret singt sich einen König mit goldenem Bart herbei.

> Singend führte Margaret ihre Schwestern heim
> Ins eheliche Glück;
> Sang Vögel vom Himmel herab,
> Tiere über die Erde,
> Sang Fische aus der Tiefe –
> Alles, was atmet und sich bewegt –
> Sang von fern und nah

> Ihrem holden Geliebten;
> Versöhnte singend Freund und Feind;
> Sang einen König mit goldenem Bart
> Zu ihren Füßen herbei,
> Brachte ihn singend zum Schweigen, der auf Knien vor
> ihr lag
> In begieriger, süßer Qual ...

»Maiden Song«, das im reinsten Glücksgefühl entstand, wurde zu einem der beliebtesten Gedichte Christinas. Angeblich kannte Gladstone es auswendig, und Lady Waterford – eine begabte Malerin und Freundin Gabriels – bebilderte das Gedicht mit Aquarellen.

Nach Lizzie Siddals Tod galt Gabriels Aufmerksamkeit wieder vermehrt seiner Schwester. Seiner Ansicht nach sollte Christina einen weiteren Gedichtband veröffentlichen, um den Erfolg von *Goblin Market* fortzusetzen. Aber Christina ließ sich nicht drängen. »Warum sollte man sich überstürzt mit einem unreifen Werk an die Öffentlichkeit wenden?« schrieb sie. Sie wollte warten, bis sie »nicht nur entsprechende Quantität, sondern auch Qualität« vorweisen konnte.[8]

Doch auf Gabriels beharrliches Drängen hin erweiterte sie ihr elegisches »Too Late for Love« zu einem längeren erzählenden Gedicht, das anfänglich »The Alchemist« hieß und schließlich zu »The Prince's Progress« wurde. Darin wird von einem Prinzen erzählt, der sich aufmacht, um seine Braut heimzuführen. Doch unterwegs wird er aufgehalten, zuerst von einer Frau und dann von einem uralten Alchemisten, der in einer Höhle lebt. Erst nach dem Tod seiner Braut trifft er bei ihr ein. Wie Cathy in *Sturmhöhen,* wie Laetita Landon und Lizzie Siddal im wirklichen Leben, stirbt auch sie an mangelnder Liebe.

Christina schrieb Gedichte stets aus der Eingebung heraus und hatte trotz ihrer Übung mit Bout-rimés immer Schwierigkeiten, auf Auftrag zu schreiben. Meist entstanden dann flache, durchschnittliche Verse, und »The Prince's Progress« bildet keine Ausnahme. Ihm fehlt, was Christina »die glückliche Hand« bei »Goblin Market« nannte, und sie tat sich schwer mit dem Versmaß. Als Gabriel sich über die »metrischen Ungereimtheiten« beschwerte, betonte sie, sie hätte das Gedicht ohne dem nicht schreiben können. Trotzdem »feilte und polierte« sie an den Versen, bis die Unregelmäßigkeiten verschwunden waren. Doch damit verloren die Gedichte auch einen Teil ihrer Spontaneität und Originalität.

Nach wie vor hatten sich Christina und Gabriel auf keinen Themenkreis für den zweiten Gedichtband geeinigt, und im Verlauf von 1863 und 1864 korrespondierten sie immer wieder über die Auswahl. Christina wollte das Gedicht »Under the Rose« aufnehmen, das später zu »The Iniquity of the Fathers upon the Children«(Die Sünden der Väter an ihren Kindern) umbenannt wurde, eines ihrer seltenen »politischen Stücke«. Es befaßt sich mit einer Frage, die Christina stark beschäftigte, nämlich dem Los unverheirateter Mütter und insbesondere dem Schicksal ihrer Kinder. Es ist vom Standpunkt des Kindes aus geschrieben.

> Ich weiß nicht den Namen dessen,
> Der meiner Mutter Scham bedingt
> Und mir ein verlorenes Los beschied;
> Aber meine Mutter –
> Sie kenn ich sehr gut.
> Meine bleiche, milde Mutter,
> So hübsch wie selten eine,
> War gerade sechzehn,
> Fast selbst ein Kind,
> Als sie mich gebar
> Und ich ihr Schmerz bereitete.
> Mit heimlicher Bitterkeit
> Und heimlicher Qual
> Trug sie mich unter dem Herzen.

Am Ende bekennt sich das Mädchen triumphierend zu sich selbst.

> Ich glaube, ich bin entschlossen
> Und denke nun das eine:
> Mein Schicksal anzunehmen;
> Niemals den Becher zu vergiften,
> Sondern ihn selbst zu leeren.
> Ich bin nicht für Geld zu haben;
> Ich werde meine Schande
> Nicht hinter dem Namen eines guten Mannes verbergen;
> So namenlos, wie ich hier stehe,
> Halte ich an mir selbst,
> Und so namenlos, wie ich gekommen,
> Gehe ich ins dunkle Land.

Gabriel lehnte das Gedicht ab, weil das Thema seiner Ansicht nach für Frauen ungeeignet war. In einem anderen Brief bedauerte er, daß der »moderne, verderbte Schatten« von Elizabeth Barrett Browning in Christinas Werk durchscheine. Vermutlich meinte er damit, daß sie sich mit ähnlichen Themen befaßte – die unverheiratete Marion Erle in *Aurora Leigh* – und eine Vorliebe für Polemik hatte. Ebenso hatte Edmund Gosse einmal Elizabeth Barrett Browning kritisiert, weil sie in ihrer Dichtung politische Überlegungen anstellte: »Dort, wo sie sich leidenschaftlich zeigen wollte, war sie allzuoft hysterisch; die Wirkung ihrer abgeschlossenen Tiraden [A. d. Ü.: hier: Strophen (altfranzösischer Heldenepen)] wird durch eine Art Schrei zerstört.« Gosses Meinung, der sich viele andere männliche Kritiker anschlossen, lautete, daß Frauen »um in der Lyrik Erfolg zu haben, kurz und knapp, persönlich und konzentriert sein müssen«.[9] Dichtung von Frauen dürfe »nur aus Rosen« bestehen, während das, was Gabriel als die »fistelige Muskelprotzerei« der Barrett Browning bezeichnete, um jeden Preis vermieden werden sollte.

In ihren Briefen an Gabriel verteidigte Christina »das Kreischen«, wie sie es einmal nannte: »Während... es sei denn, Weiß könnte Schwarz und der Himmel die Hölle sein, meine Erfahrung (Gott sei Dank) mir die ihre vorenthält, begreife ich dennoch nicht, warum ›das poetische Denken‹ weniger dazu in der Lage sein sollte, sie [die Frau des Gedichts] aus dem eigenen inneren Bewußtsein zu erzeugen als hundert andere unbekannte Dinge.« Allerdings stimmte sie Gabriels Meinung über »die unvermeidliche und durchaus wünschenswerte Unwirklichkeit in Werken von Frauen über viele soziale Fragen« zu; dennoch beharrte sie auf ihrem Recht, »innerhalb der weiblichen Möglichkeiten einen Versuch wie den diesen zu unternehmen«.[10] Christina gestattete auch, daß ihre Gedichte für andere politische Zwecke verwendet wurden. 1863 stiftete sie »A Royal Princess« und »Dream Love« für Anthologien, deren Erlös den unbeschäftigten Arbeitern in den Baumwollfabriken in Lancashire zugute kommen sollten; die Männer waren arbeitslos geworden, als die Fabriken durch den amerikanischen Bürgerkrieg keine Baumwollieferungen mehr erhielten. In den Zeitungen wurde vielfach über das Elend dieser Menschen berichtet, und Dora Greenwell, die ebenfalls an dieser Anthologie mitarbeitete, sprach davon in ihren Briefen. *The Times* beschrieb, wie »überall riesige Fabriken, die einst Tausende ernährten, still und stumm stehen, kein Lebenszeichen von sich geben, außer hie und da ein Rauchfähnlein... und von ›Kurzarbeit‹ und Lohnkürzungen zeugen, die zuwenig zum Leben, zuviel zum Sterben einbringen«.[11]

Christina schrieb auch andere, eindeutig »politische« Stücke. 1882 veröffentlichte sie eine Satire, zu der ein Zeitungsartikel sie angeregt hatte. Darin wurde angeprangert, daß ein Kabinettsminister zurücktrat, während der Premierminister Gladstone trotz des gleichen Vergehens im Amt blieb. Christinas Antwort darauf hieß »Counterblast on a Penny Trumpet« (Erwiderung auf einer Blechtrompete) und erschien in der *St. James Gazette*.

Wenn es zu heftigem Streiten kommt,
Daß der Abgang Mr. Brights nicht gefällt
Und Mr. GladstonesVerbleiben entsetzt,
Was kann man anderes tun?
Benutzt euren gesunden Menschenverstand.[12]

Heftig wies Christina allerdings das Ansinnen zurück, mehr Gedichte politischen Inhalts zu schreiben. »Es ist unmöglich, zur einsaitigen Lyra ständig mit lauter Stimme zu singen. Mir ist es nicht gegeben, mich wie Mrs. Browning der Politik oder der Philantropie zuzuwenden, und aus diesem Grunde kann ich derartiges auch nicht von mir geben. Diese Vielseitigkeit überlasse ich größeren Persönlichkeiten als meiner Wenigkeit, und nachdem ich gesagt habe, was gesagt werden mußte, bin ich's zufrieden zu schweigen.«[13]

Im Herbst 1863 las Christina eine Kritik über einen Gedichtband von einer neuen Dichterin namens Jean Ingelow, und am 31. Dezember schrieb sie Dora Greenwell:

> Was halten Sie von Jean Ingelow, dieser wunderbaren Dichterin? Ich habe den Band noch nicht gelesen, aber Kritiken mit ausführlichen Zitaten haben mir vor Augen geführt, daß ein neuer, bedeutsamer Stern unter uns aufgegangen ist. Ich möchte wissen, wer sie ist, wie sie ist, wo sie lebt. Bislang habe ich nur ein vages Gerücht gehört, daß sie einundzwanzig Jahre alt ist und eine von drei Schwestern, die mit ihrer Mutter leben. Eine stolze Mutter, würde ich vermuten.[14]

In Wahrheit war Jean dreiundvierzig und stammte aus Lincolnshire, lebte aber zu der Zeit mit ihrer Familie im Londoner Vorort Kensington. Ihre Sammlung *Poems*, zu der auch das nach wie vor populäre Gedicht »High Tide on the Coast of Lincolnshire« (Flut an der Küste von Lincolnshire) gehört, erhielt gute Rezensionen. Die scharfsichtige Alice Meynell war der Ansicht, die Gedichte seien metrisch ungeschickt und leichtfertig, aber dennoch »recht gut, so daß es schwerfällt, ihnen gerecht zu werden«. Außerdem bemerkte sie: »Ihre Gedichte... beschwören oft fehlerfrei und entschlossen ein einziges Gefühl herauf; sie hinterlassen häufig eher die reizende Erinnerung eines Rufs als die eines Liedes.«[15]

Anne Gilchrist schickte Christina Jean Ingelows neuen Gedichtband, und später, nachdem Christina Jean kennengelernt hatte, schrieb sie an Anne: »Sie wirkt ebenso ungekünstelt wie ihre Gedichte, auch wenn sie nicht deren regelmäßige Schönheit besitzt; doch, denke ich, hat sie eines jener veränderlichen Gesichter, deren Veränderlichkeit gerade seinen Reiz ausmacht.«[16]

Sowohl Christina als auch Jean Ingelow lieferten Beiträge für die Portfolio Society, einen Literaturzirkel, zu dessen Gründern unter anderem Barbara Leigh-Smith gehörte. Christina gestand, Neid habe sie ergriffen, als die achte Auflage von Jeans *Poems* gedruckt wurde, während ihr *Goblin Market* erst in der zweiten erschien. Unweigerlich verglichen die Kritiker Christinas Werk mit dem Dora Greenwells und Jean Ingelows, und einige der Vergleiche waren sehr abschätzig. Sie verdeutlichen, welcher Art von Kritik Dichterinnen ausgesetzt waren. Im August 1897 veröffentlichte *Athenaeum* Briefe von Christina und Jean an Dora Greenwell, in denen ihre Konkurrenz wie ein Nähwettbewerb dargestellt wurde.

> Ich muß voranstellen, daß diese Damen in einer Zeit lebten, als der Ruf »Geht spinnen, ihr Weibsbilder, geht spinnen!« noch oft erscholl, sobald eine Frau sich dem einen oder anderen Bereich der Kunst widmen wollte, und alle drei bemühten sich zu beweisen, daß sie zwar Gedichte schrieben, aber nichtsdestotrotz auch herkömmliche weibliche Tätigkeiten geschickt auszuführen vermochten.[17]

Auch wenn Dante Gabriel seine Schwester als die demütige Jungfrau Maria beim Nähen darstellte, war Christina hoffnungslos im Umgang mit Nadel und Faden und hatte schon vor langem aufgegeben, andere als die notwendigsten Näharbeiten zu machen. Laut den vom Autor zitierten Briefen hatte Dora Greenwell Christina eine Arbeitstasche geschenkt und »Miss Rossetti aufgefordert, ein glaubwürdiges Beispiel kunstvoller Stickarbeit anzufertigen«. In ihrem Brief bedankte sich Christina bei Dora für das Geschenk und entschuldigte ihr verspätetes Antworten mit der Begründung, sie stehe bei der Arbeit an *The Prince's Progress* unter großem Druck. Auf die Aufforderung ging sie nicht ein; sie wollte Gedichte austauschen, keine Stickereien.

Athenaeum zitierte einen Brief von Jean Ingelow an Dora, den sie einer Arbeitstasche beilegte; diese war mit zart schattierten Blütengirlanden auf schwarzem Hintergrund verziert. »Das Muster habe ich selbst entworfen! Ist der Topflappen bereits fertig? Ich werde so stolz darauf sein. Wenn ich Miss Rossetti das nächste Mal sehe, werde ich sie um einen Beweis dafür bitten, daß sie säumen und nähen kann.« Daß derart oberflächliche Neckereien veröffentlicht wurden, beweist, wie sehr die lyrischen Fähigkeiten dieser drei Frauen belächelt wurden, zeugt aber von dem Druck, unter dem sie arbeiteten. Sie alle wollten beweisen, daß das Dichten sie nicht von »normalen« weiblichen Tätigkeiten abhielt. Christinas Weigerung, sich auf dieses Niveau zu begeben, sagt viel über ihr Selbstvertrauen und ihre Zielstrebigkeit aus. Vielleicht stimmte sie mit Elizabeth Barrett Browning in *Aurora Leigh* überein:

> Die Arbeit der Frauen ist symbolisch.
> Wir nähen, zerstechen uns Finger, trüben das Auge,
> Zu welchem Zweck?[18]

Doch in *Fraser's Magazine* erschien ein Artikel, der Christina zweifellos ermutigte. Dort wurde sie mit Jean Ingelow, Adelaide Proctor und Elizabeth Barrett Browning verglichen, wobei sie, um Gabriel zu zitieren, »den Lorbeerzweig davontrug«.[19]

Die ersten Monate des Jahres 1864 waren für Christina eine schwierige Zeit, und sie wurde wieder krank. Wie Tausende anderer Menschen litt sie entsetzlich unter der Kälte in den großen, unbeheizten Häusern, in denen Kaminfeuer die Zimmer nur dürftig erwärmten. Überdies machte sich mit dem Wintersmog erneut das Brustleiden bemerkbar, das in Industriegebieten fast chronisch war. Christina haßte den Winter; ihrem südlichen Temperament lag der Sommer viel näher.

> Der Winter hat ein kaltes Herz,
> Frühling ist sehr unbeständig,
> Herbst ist wie ein Wetterhahn,
> Der im Wind sich ewig dreht.
> Mir sind Sommertage lieb,
> Wenn alle Bäume Blätter tragen.

Ihr Weihnachtslied »In the Black Midwinter«, das irgendwann in den sechziger Jahren entstand, beschwört ein frostiges Bild von der eisernen Herrschaft des Winters über Körper und Geist herauf. Die traditionelle Gleichsetzung von Winter mit Depression und Unfruchtbarkeit ging Christina selten aus dem Sinn. Deswegen war für sie die Geburt Christi, die in den Winter fällt, aber neues Leben verheißt und auf das Frühjahr verweist, besonders wichtig. In *Seek and Find* (Suche und finde) schrieb sie, daß »wir wie in eine Parabel sehen, wie die Gebote der Natur durch Gnade verkehrt werden; denn der Winter gibt, und der Sommer nimmt« (in Gestalt der Himmelfahrt). Christinas Symbolik bezog sich ausschließlich auf die Bibel.

Christinas Liebesbeziehung mit Cayley hatte ein neues Stadium erreicht: Nun waren sich beide der Gefühle des anderen bewußt. Unter den Biographen herrscht große Uneinigkeit, wann Cayley seinen Heiratsantrag stellte – ob 1864, 1865 oder

1866 –, und gelegentlich wird Christina vorgeworfen, sie habe ihn zwei Jahre lang im ungewissen gelassen. Selbst ihr Bruder William wußte nicht, wann das Thema einer Heirat zum ersten Mal angesprochen wurde. Doch vermutlich brauchte Cayley in dieser engen, sich allmählich vertiefenden Beziehung gar nicht förmlich um Christinas Hand anzuhalten, da in beiden langsam die Erkenntnis ihrer wachsenden, dauerhaften Zuneigung füreinander heranreifte. In Christinas Briefen wird das Thema der Ehe erst 1866 erwähnt; in den zwei vorhergehenden Jahren genügte ihr offenbar das Glücksgefühl, zu lieben und geliebt zu werden.

Dennoch schien 1864 die Zukunft ungewisser als je zuvor. Im Winter ging es Christina gesundheitlich immer schlechter, und sie begann, Blut zu spucken. Wahrscheinlich war dies nur auf eine schwere Bronchitis zurückzuführen, konnte aber auch ein Symptom von Tuberkulose sein. Christinas Ärzte befürchteten das Schlimmste, und zur Erholung wurde sie nach Hastings zu ihrer Cousine Henrietta Polydore geschickt, die sie Lalla nannte.

Henrietta hatte ein ungewöhnliches Leben hinter sich. Nachdem ihr Vater einige Jahre zuvor seine erfolglosen Versuche, sich als Anwalt zu etablieren, aufgegeben hatte, vermietete er sein Haus an Coventry Patmore und ging mit seiner Familie nach Amerika. Doch bald nach ihrer Ankunft in der Neuen Welt verließ ihn seine Frau und nahm Henrietta mit sich. Zwei Jahre später entdeckte Henry Polydore, daß sie bei den Mormonen in Salt Lake City lebte. Daraufhin brachte er Henrietta nach England zurück, wo sie zu einer gläubigen Katholikin wurde. Gelegentlich mußte Christina ihre Reisepläne abändern, damit Henrietta Polydore zur Messe gehen konnte. Auch bei Henrietta hatte man Tuberkulose festgestellt; sie starb 1874.

Christina gefiel es gut in ihrem Exil in Hastings. In ihrer Kurzgeschichtensammlung *Commonplace* schrieb sie, es sei bei prächtigem Urlaubswetter ein hübscher Anblick, die vielen Vergnügungssüchtigen und Erholungssuchenden zu beobachten, die in Grüppchen den Strand bevölkern. Jungen und Mädchen sammeln Muscheln, Steine und Seesterne oder errichten mit Händen und Holzspaten Sandburgen, umgeben von einem mit Seewasser gefüllten Graben, und darüber weht als Fahne ein Stück Tang; Mütter und ältere Schwestern lesen oder arbeiten unter schattenspendenden Hüten und lassen nach dem Baden ihr langes Haar in Sonne und Wind trocknen. Ganz in der Nähe wiegen sich an den Anlegestellen bunt bewimpelte Boote mit blau bekleideten Ruderern oder weißen Segeln.

Christina zog es vor zu beobachten, anstatt an den Vergnügungen teilzunehmen. Sie mochte das Meer, und ihre Lieblingsbeschäftigung war, durch das Strandgut allein am Meeresrand entlangzulaufen. In einem Brief an William erklärte sie, sie könne »endlos durch den Kies wandern«, die Augen »fest am Boden geheftet«.[20]

Da die Cayleys Verbindungen zu Hastings hatten – Charles Cayley wollte später dort begraben werden –, ist es durchaus möglich, daß er sie während ihres langen Genesungsurlaubs besuchte. Zweifellos aber schrieben sie sich. Einmal schickte Cayley ihr eine »Seemaus«, die er am Strand gefunden hatte und die Christina viel bedeutete. In einem Gedicht bezeichnete sie das Geschenk als »Teils Hoffnung... Teils Erinnerung, teils alles / Was du möchtest«.

Christinas Cousin Teodorico Pietrocolo Rossetti, ein Homöopath, sprach sich vehement gegen Christinas Behandlung aus. Eine Luftveränderung sei das schlimmste im zweiten Stadium einer Tuberkulose, erklärte er, aber sein Rat, sie solle unter anderem Quecksilber und Eisenhut einnehmen, wurde nicht befolgt.

Teodorico hatte begonnen, »Goblin Market« ins Italienische zu übersetzen, und diese Version wurde 1867 veröffentlicht.

Der Komponist Aguilar vertonte die Dichtung zu einer Kantate. In genau der Zeit, in der Christina sich als Dichterin einen Namen machte, mußte sie sich mit der Möglichkeit ihres frühen Todes auseinandersetzen. Ihre Genesung hing ab von Meeresluft und einer täglichen Dosis Sherry, die Dr. William Jenner ihr verordnet hatte.

Zu Weihnachten schickten Dante Gabriel und William ihr ein Bild von dem französischen Künstler Griset, auf dem das Nest eines Krokodils zu sehen war. »Das bedachte Krokodil« war in den Hort der Familienscherze eingegangen. Gabriel schrieb, es gäbe noch eine Zeichnung, die dem »Bedachten« recht ähnlich sei und die er gerne für sie kaufen würde. Christina antwortete:

> Ich bin sehr glücklich über mein Krokodilsnest und bitte Dich inständig, Du mögest auf keinen Fall den Bedachten erwerben, der über sie herrschen könnte; und bei genauer Untersuchung der Nestlinge kann man bereits erkennen, welcher von ihnen Ansätze zu späterer Größe besitzt, und den beherrschenden Schwanz der Zukunft erraten.[21]

Trotzdem konnte Gabriel nicht der Versuchung widerstehen, die Zeichnung für seine Schwester zu kaufen.

Im Verlauf des Jahres 1864 entwickelte sich eine neue Bekanntschaft, und zwar mit dem Geistlichen Charles Dogson, der unter dem Namen Lewis Carroll *Alice im Wunderland* schrieb. Er war häufig in Cheyne Walk und am Euston Square zu Gast und machte mehrere Fotoaufnahmen von der Familie Rossetti.

Einmal schlug er vor, Christina und ihrer Mutter Oxford zu zeigen. In ihrer Antwort bat Christina um Abzüge der Fotografien und dankte ihm für die Einladung. »Wir zögern unent-
en, aber ich befürchte, die Waagschale senkt sich auf
r Absage. Es liegt in unserem Wesen, Gelegenheiten
nen. Vor ein oder zwei Jahren hatte ich die Möglich-

keit, Cambridge zu sehen, und natürlich ließ ich sie mir entgehen.«[22] Christinas Leben war bestimmt von ihrer Gesundheit, ihrer Abhängigkeit von ihren Verwandten und von der Tradition.

KAPITEL 11

Während des Winters 1864 schwebte die alchemistische Episode von »The Prince's Progress« noch »im vagen Bereich der bloßen Möglichkeit«, obwohl Christina hoffte, die Druckfahnen des Bandes noch vor der geplanten Italienreise im Mai abzuschließen.

Im Januar schickte Christina den Entwurf an Gabriel. »Hier ist endlich ein Alchemist, dem der Geruch des Scheiterhaufens anhaftet. Er fügt sich wunderbar in den ihm zugewiesenen Platz ein.« Sie entschuldigte sich dafür, daß das Ergebnis nicht ganz ihren Vorstellungen entsprach.

> Zwar ist er nicht genau der Alchemist geworden, wie er mir vorschwebte, aber so ist er nun einmal, und so wird er bleiben; Du kennst meine Arbeitsweise... Wenn Deine Kräfte es gestatten, bitte lese ihn; und wenn Du ihn mir wieder zukommen läßt, werde ich den mit Bemerkungen versehenen Prinzen gründlich durchsehen. Ich hoffe wirklich, daß Band II wird erscheinen können. Ein Grund für meine Eile ist die Befürchtung, ich könnte mich der Freude berauben, unsere Mutter damit zu beglücken, wenn ich die Veröffentlichung endlos hinauszögere, denn natürlich werde ich den Band ihr widmen. [Es ist unklar, ob sie befürchtete, ihre Mutter könnte sterben, bevor das Buch beendet wurde, oder sie selbst.]... angenommen, doch ich werde nichts derart Fürchterliches annehmen;

aber da ich weiß, welch große Freude ihr unsere Schöpfungen bereiten, liegt es mir sehr am Herzen, ihr diese Freude zu bereiten, *wenn es möglich ist*.[1]

Gabriel wollte Christina überreden, in »The Prince's Progress« ein Turnier aufzunehmen, um die Dichtung farbiger und handlungsreicher zu gestalten. Christina weigerte sich. Sie meinte, es würde die Struktur des Gedichts zerstören – »eine gewisse Kongruität im Aufbau, die man nicht leichtfertig verschmähen darf« –, und sie beschrieb die Gliederung scherzhaft:

> erstens, Vorspiel und Aufbruch; zweitens, ein reizvolles Milchmädchen; drittens, eine Aufgabe dröger Langeweile; viertens, wiederum das gesellschaftliche Element; fünftens, dröge Langeweile in kompromißloserer Gestalt; sechstens, Zusammenfassung und Ende. Beachte, wie subtil die Elemente sich ergänzen und zu einem erhabenen Ganzen verschmelzen!

Außerdem, so schrieb sie, fehle ihr das nötige Wissen. »Kein Ausdruck, den ich wirklich beherrsche, keine tiefergehende Kenntnis des Themas, auch nicht der leiseste Hauch einer Inspiration regen mich dazu an, Lanzen zu brechen, und gleichzeitig ragt drohend vor mir das grausige Schreckgespenst von ZWEI Turnieren in Tennysons *Idylls* auf.« Sie wußte auch, daß sie ihrem durchsetzungsfreudigen Bruder nicht erlauben durfte, ihr literarisches Werk zu bestimmen.

> Siehst Du, würdest Du mir als nächstes vorschlagen, ich solle ein klassisches Epos in quantidierenden Hexametern oder im Hendekasyllabus schreiben, um beinahe Tennyson zu vergrätzen – Was könnte ich tun? Nur eben das, was ich im gegenwärtigen Augenblick zu tun geneigt bin – Dir meinen guten Willen und meine Unfähigkeit zu versichern.[2]

Gabriel überhäufte sie mit Vorschlägen, wie sie ihre Gedichte überarbeiten sollte. Einige davon brachten Christina dazu, »mit den Füßen aufzustampfen, zu schäumen und sich die Haare zu raufen«, wie sie selbst sagte. Doch viele seiner Anregungen griff sie auf; sie strich auf seinen Vorschlag hin Zeilen, veränderte Reime und fügte Strophen hinzu, auch wenn die Gedichte dadurch nicht immer besser wurden. Christina war sich dessen bewußt, und in einem weiteren Brief ging sie ernsthafter auf dieses Thema ein.

> Ich frage mich ernstlich, ob ich tatsächlich den Arbeitseifer besitze, den Du mir unterstellst: Und ob all die Mühe, die ich auf Geheiß hin aufwende, wirklich zu besserer – im Grunde halb so guter – Arbeit führen würde als das, was ich unter dem anderen System hervorbrachte.[3]

Im Vergleich mit Gabriel empfand sie sich als minderwertig, denn seine Gedichte waren wesentlich schillernder und spektakulärer im Vergleich zu ihrer Schlichtheit und Genauigkeit.

> Es ist müßig, meine Fähigkeiten (!) mit den Deinen zu vergleichen... Sollte jedoch das keimende Epos »durch immense Aufwerfungsarbeit« doch das Tageslicht erblikken, oder wenn ich es durch mühseliges Schürfen ausgraben kann, oder wenn Du durch unablässige Pflege dem fraglichen zarten Pflänzchen zum Gedeihen verhilfst, dann freue ich mich. Aber bitte bedenke, daß »das Unmögliche selten eintritt« – und sei nicht allzu streng mit mir, wenn das »Unmögliche« sich nicht ergibt. Manchmal befürchte ich beinahe, mein Gehirn zeige eher Aufweichungserscheinungen (oder ähnliches) als die Tendenz, sich zu erweitern.[4]

Ihren eigenen Zweifeln zum Trotz beschrieb *The Times* im Januar Christina und Jean Ingelow als die »zwei führenden lebenden Dichter«. Jean Ingelow wurde als »vage und langatmig« kritisiert, während Christinas Gedichte als »schlichter, überzeugter, tiefer« gelobt wurden.

Es wurde über die Möglichkeit gesprochen, in den Band einige von Lizzies Gedichten aufzunehmen, und Gabriel ließ einige davon Christina zukommen. Sie schickte die Verse zurück mit der Bemerkung, sie habe unter der »schmerzlichen« Schönheit der Zeilen einen Anklang von »kühlem, bitterem Sarkasmus« entdeckt. Taktvoll erklärte sie, es würde ihr »ehrliche Freude« bereiten, ihre eigenen Gedichte mit Lizzies Werk zu zieren, gab aber eines zu bedenken.

> Wie Du bin ich der Ansicht, daß die Ehre, diese Gedichte zu enthalten, Deinem Band zukommt und nicht dem meinen. Aber glaubst Du nicht auch, daß (jedenfalls außer in Deinem Band) die Gedichte trotz ihrer großen Schönheit in ihrer Traurigkeit fast zu hoffnungslos sind, um *en gros* veröffentlicht zu werden? Vielleicht liegt es nur an meinen überbordenden Hirngespinsten, aber ihr Ton erscheint mir sogar schmerzlich verzweifelt. Ist meine vielbeschworene Düsterkeit im Vergleich dazu nicht herzerfrischend?[5]

Letzten Endes erschienen die Gedichte zusammen mit Gabriels Werk, und andere nahm William in seine Memoiren über das Leben seines Bruders auf.

Im Februar 1865 fügte Christina ihrem bitteren Gedicht »Memory«, das sie in der Zeit ihrer größten Verzweiflung über Collinson geschrieben hatte, einen zweiten Teil hinzu. Teil I beschreibt die entsetzliche Wahl, »die mein Herz zerbrach / Indem ich mein Idol zerstörte«. Teil II erzählt davon, daß der frühere Geliebte in der Erinnerung begraben ist – eine Erinnerung, die nun ohne Trauer betrachtet werden kann.

>Ich habe ein Zimmer, das niemand betritt
>Außer mir allein:
>Dort thront eine glückselige Erinnerung,
>Der Mittelpunkt meines Lebens.
>
>Während der Winter kommt und geht – der öde
>   Gesell! –
>Und seine eisigen Winde wehen;
>Während die blutlose Lilie und die warme Rose
>Im üppigen Sommer erblühen.
>Verschaffte sich jemand gewaltsam Zutritt, könnte er
>   sehen
>Einen, der begraben ist, aber nicht tot,
>Vor dessen Antlitz ich mein Haupt nicht mehr neige
>Noch mein Knie beuge.

Im April erschien Williams Übersetzung von Dantes *Inferno*. Die Rezensionen waren wohlwollend, aber nicht überschwenglich. Man warf ihm vor, er habe sich zu eng an das Italienische gehalten. Die Übersetzung leidet unter dem gleichen pedantischen Zug wie alle anderen Arbeiten Williams. Er wollte das Buch Henrietta Rintoul widmen, und wieder fungierte Christina als Vermittlerin. Henrietta stand William keineswegs gleichgültig gegenüber, und aufgrund ihrer widersprüchlichen Gefühle für ihn wollte sie manchmal »die Bekanntschaft mit der gesamten Familie aufgeben«. Doch schließlich nahm sie die Widmung an.[6]

Am 22. Mai brachen Christina und ihre Mutter zusammen mit William nach Italien auf. An Anne Gilchrist schrieb sie, William habe sie vorwiegend um ihrer Gesundheit willen zu dieser Reise eingeladen. Sie freute sich sehr darauf, Italien zu sehen, machte sich aber auch Vorwürfe, daß er sich mit ihr und der Mutter im Schlepptau nicht seinen Wunschtraum – einen Neapel-Besuch – erfüllen konnte. Aber William bedrängte sie, sich diese Gelegenheit nicht entgehen zu lassen. Sie reisten in kurzen Etappen und besuchten zuerst Paris, wo Christina und Mrs. Rossetti Seide kauften und die Französische Ausstellung, den Louvre und Notre-Dame besichtigten. Zufälligerweise hielt sich zu der Zeit auch Mrs. Adolf Heimann mit ihren Kindern in Paris auf, die mit den Rossettis befreundet waren, und man traf sich öfter zum Nachmittagstee.

Von Paris fuhren sie über Langres und Basel nach Luzern, wo sie in einem komfortablen Hotel mit Blick auf den Vierwaldstätter See abstiegen. William führte ein ausführliches Tagebuch, während Christina ihre Eindrücke in kurzen Gedichten und Prosatexten zusammenfaßte – einige davon entstanden lange nach ihrer Rückkehr nach England. In einem der Sonette aus *Later Life* (Im späteren Leben) erinnert sie sich:

> Die überwältigende Majestät der Berge
> Erfüllte mich anfangs mit Trauer,
> Und später mit großer Freude;
> Bildete Harmonien aus stummen Akkorden, die
> Sich in ein Lied ergossen, die Erinnerung hegend.[7]

In einer Droschke reisten sie weiter nach Andermatt, wo sie eine Nacht verbrachten, und am 1. Juni überquerten sie den St.-Gotthard-Paß. Christina war aufgeregt, das Land zu sehen, das sie als ihre Heimat betrachtete, und dieses Gefühl steigerte sich noch durch eine Erfahrung, von der sie später in *Time Flies* (Die Zeit verfliegt) berichtete und der sie die Bedeutung einer göttlichen Enthüllung beimaß. Der Paß gab plötzlich den Blick auf eine Wiese voller Vergißmeinnicht frei.

> Die Schweiz lag am Bergpaß hinter uns,
> Und ganz Italien vor uns, als wir
> St. Gotthard hinabtauchten, ein Garten voll
>   Vergißmeinnicht:
> Warum sollte solch eine Blume einen solchen Fleck sich
>   wählen!

Könnten wir den Weg vergessen, den wir einst gingen,
Auch wenn keine Blume blühte, ihn zu krönen?

Ihr ganzes Leben lang erinnerte sie sich an »die zauberhafte, üppige Blütenpracht, die der Erde die tiefblaue Farbe des Himmels verlieh«.[8]

Christina hatte das Gefühl, heimgekehrt zu sein. William bemerkte »die innige Erleichterung und Freude, mit der sie liebenswerte italienische Gesichter sah und die musikalische italienische Sprache hörte...«.[9] Zum Glück blieben die Rossettis nicht lange genug in Italien, als daß diese ersten verklärten Eindrücke von der Wirklichkeit eingeholt wurden. Christina blühte in der Wärme der italienischen Sonne auf, und so wurde ihr die Reise zu einem unvergeßlichen Erlebnis. Als sie eines Abends bei einer Bootspartie auf dem Comer See eine Nachtigall singen hörte, war ihr Glück vollkommen.

Auf vieles vertraue ich: Darauf,
Daß es die Nachtigall gibt, denn nur wenige
Kurze Momente im Sommer
Hörte ich wirklich ihre Weise.
So geschah es einmal am Comer See;
Doch damals war alles erfüllt mit Musik; jeder Stern
Sang auf seiner Bahn, jede Brise sang,
Alle Harmonien erklangen für die erwachten Gefühle.
Alles war in Harmonie, auch ich.
Und diese Nachtigall war wirklich:
Doch sogar ein Uhu hätte mich befriedigt,
Mich unter dem Mondenlicht entzückt,
Oder ein zwitschernder Spatz im Schilf;
Denn in jener Nacht glühte der Juni wie ein zweifacher
   Juni.

Am folgenden Tag reisten sie nach Mailand, wo sie Bilder betrachteten und so weite Strecken zu Fuß zurücklegten, daß

Christina sich den ganzen folgenden Tag im Hotel erholen mußte, bevor sie nach Pavia weiterfahren konnten. Hier wurden sie zum ersten Mal enttäuscht und waren entsetzt von dem schäbigen Hotel und dem Schmutz überall in der Stadt. William schrieb, es sei sehr deprimierend gewesen. So bald wie möglich brachen sie nach Brescia auf, und dort lernten sie durch Zufall einen Stadtführer kennen, der früher Soldat gewesen war und behauptete, Gabriele Rossetti gekannt zu haben.

Aus Zeit- und Geldmangel mußten sie in Verona die Rückreise beginnen und fuhren widerstrebend über Bergamo, Lecco und Chiavenna wieder nach Norden. Ihr Bedauern über die Abfahrt drückte Christina in abgedroschenen Phrasen aus, die mit der Zeile »Warum bist du die Fremde und nicht meine Mutter?« beginnen. William veröffentlichte das Gedicht nach ihrem Tod.

> Adieu, Land der Liebe, Italien,
> Schwesterland des Paradieses:
> Mit eigenen Füßen habe ich dich betreten,
> Mit eigenen Augen dich gesehen:
> Ich erinnere mich, du vergißt mich,
> Ich erinnere mich an dich.
>
> Gesegnet sei das Land, das mir das Herz erwärmt
> Mit seinem schönen, heiteren Klima,
> Den herzlichen, aufrechten Menschen,
> Der Sprache, die süß in meinen Ohren klingt:
> Nimm mein Herz, den zartesten Teil von ihm,
> Geliebtes Land, nimm meine Tränen.

Die Rückreise führte sie unter anderem zum Rheinfall bei Schaffhausen, wo Christina beinahe einen Gischtregenbogen gesehen hätte.

Ich kann mich nicht entsinnen, in meinem Leben einen
solchen bereits gesehen zu haben, außer vielleicht in
künstlichen Springbrunnen, aber diese Unterlassungs-
sünde scheint natürlich und ist daher von geringem Be-
lang. Doch dieser eine natürliche Gischtbogen, den ich
hätte sehen können und doch nicht schaute, ist der eine,
an den ich mit Wehmut zurückdenke, denn in gewisser
Weise lag es an mir, ihn zu betrachten, doch ich betrachtete ihn nicht.
Ich hätte es tun können und tat es nicht; solcherart sind
die Stacheln kleiner Dinge, die heute quälen...

Es war typisch für Christina, einem derart unwesentlichen
Ereignis eine so gewichtige moralische Bedeutung beizumes-
sen. Sie fügte hinzu: »Und was wird am letzten Tage der
Stachel in den Dingen größter Bedeutung sein?«[11]

Als sie im Juli nach England zurückkehrten, war der Himmel
grau verhangen, und das bestärkte Christina nur in ihrem
Gefühl von Verlust. Ihr war sehr wohl bewußt, daß sie Italien
vielleicht nie wiedersehen würde, und sie war zwei oder drei
Tage lang krank vor Erschöpfung und Niedergeschlagenheit.
Bedrückt bemerkte William in seinem Tagebuch, die Reise
habe nicht die erhoffte Wirkung auf die Gesundheit und Gemütsverfassung seiner Schwester gehabt. Im Verlauf des Juli
schrieb sie »Italia, Io Ti Saluto«, das ihr gut genug gefiel, um es
in ihre gesammelten *Poems* aufzunehmen. Das zentrale Thema
ist Entsagung.

> Vom lieblichen Süden nach Norden zurückzukehren,
> Wo ich zur Welt kam, aufwuchs und wohl sterbe;
> Zurück zu meiner Arbeit aller Tage,
> Mein Spiel zu beenden –
> Amen, sage ich.

> Nicht mehr das Land zu sehen, das halb das meine ist,
> Die halb vertraute Sprache nie mehr zu vernehmen,
> Amen, sage ich; ich wende mich dem öden Norden zu,
> Aus dem ich komme –
> Der Süden ist zu fern.
>
> Doch wenn die Schwalben von hier gen Süden ziehen,
> In den lieblichen, süßen Süden,
> Dann steigen mir wohl Tränen in die Augen
> Wie einst,
> Und der holde Name erklingt in mir.

William bedauerte, daß Christina nicht den Rest ihres Lebens in Italien verbringen konnte, wo »die italienische Freundlichkeit, Natürlichkeit und das Fehlen selbstzentrierter Steifheit eine Seite ihres Wesens ansprach, die der Großteil dessen, was ihr von England her vertraut war, nicht zum Klingen brachte«.[12] Möglicherweise wurde dieser Gedanke auch in Erwägung gezogen, aber er wurde nie in die Tat umgesetzt. Christinas eigenes Einkommen war zu klein, um davon zu leben, und aufgrund der Umstände war es für Frances, die ihrer Einstellung und ihren Gefühlen nach durch und durch englisch war, undenkbar, andere Familienmitglieder in England zurückzulassen.

Christina schrieb Anne Gilchrist, die Reise sei

> eine einmalige Freude, die man nie vergißt. Meine Mutter blühte in der Fremde auf, und es gab keinen erwähnenswerten Zwischenfall, der unser Glück getrübt hätte. Derart unvorstellbare Schönheiten und Wunder der Natur, wie wir sie sahen, können nicht auf Papier festgehalten werden; so brauche ich mich nicht zu bemühen, Ihnen Luzern zu beschreiben oder die liebreizende Erhabenheit des St. Gotthard, oder den Comer See zum Flötengesang der Nachtigall, oder wie das Italien, das wir sahen, unsere

halbitalienischen Herzen ansprach. Seine Menschen sind ein edles Volk, und selbst die Rinder haben ein aristokratisches Antlitz. Ich bin froh, italienisches Blut zu besitzen.[13]

Die lange Trennung von Charles Cayley, bedingt zuerst durch ihren Genesungsurlaub in Hastings und dann durch die Italienreise, bestärkte offenbar die Gefühle, die die beiden füreinander empfanden, und zu diesem Zeitpunkt wurde eine Ehe wohl ernstlich in Betracht gezogen. Die Gedichte, die Christina in der zweiten Jahreshälfte 1865 schrieb, sind schlicht und besitzen dieselbe melancholische Note wie die der vorhergehenden Jahre. Dazu gehört auch »An Immurata Sister« (Eine eingemauerte Schwester).

> Männer arbeiten, denken, Frauen aber fühlen;
> Deswegen (denn ich bin Frau)
> Deswegen möchte ich sterben
> Und dem ergebnislosen Streben ein Ende setzen.
>
> Keine Hoffnung und kein Grauen mehr,
> Kein sinnloses Verlangen,
> Keinen Schmerz der Welt mehr fühlen
> Und zwischen den Toten Frieden finden.
> Warum soll ich das, was ich nie besaß,
> Suchen und doch nie finden?
> Schön und unsagbar traurig
> Ist die Zeit, die die Welt ersann;
> Die Welt suchte, ich suchte –
> Ach, leere Welt und leeres Ich!
> Wir haben unsere Kraft vergeudet,
> Und bald ist es Zeit zu sterben.

Funken fliegen empor zu ihrer Feuerquelle,
Entflammend, leuchtend, schwebend –
Entflamme, leuchte, meine Seele; steige empor,
Du verbranntes Opfer!

Mittlerweile arbeitete sie an den letzten Vorbereitungen für die Veröffentlichung von *The Prince's Progress,* die jetzt Gabriel aufhielt, weil er die Illustrationen nicht rechtzeitig fertigstellte. Als Christina sie endlich in Händen hielt, mußte sie ihn taktvoll darum bitten, die Zeichnungen dem Text entsprechend abzuändern: »... das heißt, den ›schwarzen Lockenbart‹ des Prinzen und das ›verschleierte Gesicht‹ der Braut; alles andere ist eher zweitrangig.«[14]

Vor Weihnachten schließlich mußte Christina an Macmillan schreiben: »Ich weiß kaum, wie ich Sie darum bitten kann, P. P. zurückzustellen, nachdem Sie es anzeigenhalber ›in wenigen Tagen‹ versprachen. Doch wenn Sie mir mir übereinstimmen, daß Gabriels Entwürfe zu wunderbar sind, als daß man darauf verzichten könnte, so werde ich versuchen, Ihrem Beispiel geduldigen Wartens gepaart mit Enttäuschung zu folgen.«[15] Gabriels Gesundheit gab Anlaß zu Sorgen. Er mußte sich wegen einer Hydrozele (Hodenwasserbruch) einer kleinen Operation unterziehen, er hatte Furunkel und nahm außerdem Opium gegen seine Schlafstörungen ein. Auch psychisch war er bedrückt, und im Versuch, Kontakt mit Lizzie aufzunehmen, nahm er an Séancen teil.

Für den Sommer erhielt Christina mehrere Einladungen. Zuerst hatte sie ihrer neuen Freundin Alice Boyd zugesagt, sechs Wochen bei den Scotts in Penkill Castle zu verbringen. Doch dann bat Anne Gilchrist, sie möge wieder nach Brookbank kommen, und zu guter Letzt wurde sie auf die Isle of Wight eingeladen, um Tennyson kennenzulernen. Christina schrieb sofort an Anne, um ihr die Lage auseinanderzusetzen.

> Wenn das Ende meines Aufenthalts in Penkill mir verwehrt, Sie zu sehen, so bringt mich sein Anfang um einen Besuch auf der Isle of Wight, bei dem, wie mir versprochen wurde, ich Tennyson kennengelernt hätte – ich Arme! Diese Einladung erhielt ich erst gestern und somit zu spät, um ihr nachzukommen; andererseits bin ich nicht sicher, ob ich mich dazu durchgerungen hätte, sie anzunehmen, denn im Umgang mit Fremden bin ich schüchtern, und viele Dinge machen mich ängstlich.[16]

Penkill Castle in Schottland war das Zuhause von W. B. Scotts Geliebter Alice Boyd, einer Frau Ende Dreißig, die einige Jahre zuvor in Scotts Atelier erschienen war mit dem Wunsch, nach dem Tod ihrer Mutter ein neues Leben zu beginnen. Sie nahm bei Scott Malunterricht, und bald verliebten sich die beiden. Alice verstand sich gut mit Scotts Frau Laetitia, und von etwa 1865 an verbrachten die drei gemeinsam die Sommer in Penkill und die Winter in Scotts Haus in London. Christina war sich dem Wesen der Beziehungen zweifellos bewußt, blieb aber mit allen dreien befreundet. Das ist möglicherweise der Grund, warum sie aus ihren veröffentlichten Gedichtsammlungen »A Triad« entfernte. George Chapman hatte ein Gemälde zu dem Gedicht begonnen, und laut William »gab etwas, das er in seinen Worten oder seinem Bild zum Ausdruck brachte, Christina den Eindruck, es könne möglicherweise mißdeutet werden«.[17] Nach Williams Ansicht war es verkehrt, das Gedicht nicht zu veröffentlichen, aber angesichts der Tatsache, daß Christina sowohl mit Alice als auch mit den Scotts befreundet war, traf sie vermutlich eine kluge Entscheidung. Auch Gabriel lebte in einer Dreiecksbeziehung mit Janey und William Morris, und der Haushalt Madox Browns erweiterte sich um die exzentrische deutsche Dichterin Mathilde Blinde. Christina war immer darum bemüht, nichts zu veröffentlichen, das Menschen in ihrer Umgebung verletzen oder vor den Kopf stoßen könnte.

Alice, der ihre Eltern ein großes Erbe hinterlassen hatten, nahm Christina in Penkill sehr gastfreundlich auf. Nach ihrem Besuch beschwerte sich Christina scherzhaft bei Anne Gilchrist, aufgrund der Fürsorge ihrer Gastgeberin sei sie »nachgerade *dick*« geworden. Aus den Briefen Christinas an Alice kann man ersehen, wie sich die Freundschaft allmählich vertiefte. 1867 schrieb sie noch förmlich und etwas steif, doch im Verlauf der nächsten zwei Jahre wurden die Briefe immer herzlicher und aufgeschlossener. Nach einem Besuch – möglicherweise diesem – dankte Christina ihr für ihre Aufmerksamkeiten.

> ... stattliche Erinnerungen und authentische Häppchen Ihrer Herzensgüte begleiteten uns in einer Blechdose und wurden freudig begrüßt ... und vorwiegend von mir selbst verzehrt, wie Sie vermutlich ahnten ... Doch stellen Sie sich nur die Demütigung vor, die ich in Killochan erleiden mußte: Ein unerbittlicher Bahnbeamter erklärte Mrs. Scott um beinahe zwölf Pfund leichter als mich Arme! Hoffen wir nur, daß es sich wie bei Ihnen um ein Zuviel an Gehirnmasse handelt ...
>
> Was tun Sie nun wohl, frage ich mich beim Schreiben (zwischen neun und zehn Uhr). Vielleicht stricken Sie oder lesen laut, aber hoffentlich dösen Sie nicht, nach Mr. Scotts Predigt.[18]

In einem anderen Brief beschreibt sie Alice als »Sie, die Sie Burgherrin und Ländereibesitzerin sind und die nicht nur Mann und Magd Gerechtigkeit zuteil werden lassen, sondern Fischen und Vögeln ebenfalls«. Sie vertraute Alice auch an, wie sehr die »mühevolle Verantwortung und Arbeit«, einen Haushalt zu führen, sie belastete.[19]

Die Scotts unternahmen mit Christina Droschkenausflüge und Picknicks, und die Burg – ein umgebauter Wehrturm aus dem 15. Jahrhundert mit vielen Anbauten im mittelalterlichen

Stil – faszinierte sie. Alice gab ihr ein Zimmer ganz oben im Turm mit Blick auf das Meer. Später erzählte Alice Arthur Hughes, es habe »kleine viereckige Fenster ... die den Blick auf einen altmodischen Garten freigaben ...«, und dort stand Christina stundenlang ans Fensterbrett gelehnt und »meditierte und komponierte«.[20] So dachte zumindest Alice Boyd. Allerdings ist es wahrscheinlicher, daß Christinas Gedanken Cayley galten. In Penkill schrieb sie ein weiteres beschwörendes Gedicht voller Anspielungen:

> Was kommt über das Meer,
> An Untiefen und Treibsand vorbei;
> Und was kommt heim zu mir,
> Mit vollem, mit leerem Segel?
>
> Ein Wind kommt über das Meer,
> Bringt ein Stöhnen mit sich;
> Aber nichts kommt heim zu mir,
> Mit vollem, mit leerem Segel.
>
> Laß mich sein.
> Denn mein Schicksal ist besiegelt:
> Land oder Meer ist mir egal,
> Ob mit vollem oder leerem Segel.[21]

Scott nahm Christina als Modell für einige der Fresken, mit denen er den Treppenaufgang in Penkill bemalte; heute sind sie allerdings verwittert. Er beschwerte sich, Frauen würden ständig nur von ihrer Gesundheit und ihrem Glauben sprechen. Zu dieser Zeit war Scott selbst nicht allzu gesund und trug meist eine Perücke, um sein schütteres Haar zu verbergen. Der Tod von Pauline Trevelyan tat ein übriges, um die Stimmung dieses Urlaubs zu drücken.

Im Juni schließlich erschien *The Prince's Progress,* und ein Exemplar wurde Christina nach Penkill geschickt, wo sie es beim Frühstück erhielt. Ihre Freude wurde allerdings durch eine Reihe von Druckfehlern getrübt.

Im gleichen Sommer veröffentlichte Swinburne den Gedichtband *Poems and Ballads*. Nichts deutet darauf hin, daß er Christina eine Ausgabe davon zukommen ließ – vielleicht war ihm bewußt, daß er diesmal die Grenze des Anstands überschritten hatte. Nach Vorwürfen, die Gedichte seien obszön, zogen seine Verleger das eindeutig erotische Werk zurück.

Bei ihrer Rückkehr nach London war Christina offenbar zu einer Entscheidung bezüglich Cayley gekommen. Sosehr sie ihn auch liebte, war es für sie doch undenkbar, eine Ehe mit einem Agnostiker einzugehen. Charles Cayley bekannte sich zu keiner Religion, Christinas Glaube hingegen war leidenschaftlich und ein wesentlicher Teil ihrer Person. Der Gedanke einer körperlichen und spirituellen Vereinigung – die mystische Einheit des Fleisches – mit jemandem, der in dieser grundlegenden Frage so völlig anderer Auffassung war, kam ihr, wie auch heute noch vielen gläubigen Christen, einem Fluch gleich.

Christina hatte extrem konservative Anschauungen, was die Beziehung von Mann und Frau betraf. In *Seek and Find* schrieb sie:

> In vieler Hinsicht gleicht das Los des Weibes dem freiwillig aufgebürdeten Schicksal unseres Herrn und Vorbildes: Die Frau muß gehorchen...... Von Natur aus ist sie derart gestaltet, daß sie sich nicht durchsetzen, sondern nur unterwerfen kann... Ihre Aufgabe besteht darin, Gehilfin des Mannes zu sein... Der Mann ist der Kopf der Frau, die Frau die Zierde des Mannes.[22]

Es ist ein Beweis für die Tiefe ihrer Gefühle für Cayley, daß sie sich erst nach so langer Zeit zu dieser Entscheidung durchringen konnte. In ihren italienischen Gedichten findet sich die Zeile »sie, die nein sagt und doch ja meint«. Den Schmerz einer solchen Entscheidung beschreibt sie in Nr. 6 ihrer »Monna Innominata«-Sonette.

> Wahrlich, ich verdiene deinen sanften Tadel nicht –
> Wie du von mir verlangst, liebe ich Gott am meisten;
> Muß ich einen aufgeben, dann nicht Ihn, sondern dich,
> Und will auch nicht wie Lots Frau treulos einen Blick
>   zurückwerfen
> Im Unwillen, das gehen zu lassen, was ich aufgab;
> Das sage ich, nachdem ich den Preis wohl erwogen,
> Das sage ich, das zaghafteste Lamm Gottes,
> Das traurigste Lamm, das Christus bewacht.
> Doch während ich meinen Gott am meisten liebe, denke
>   ich,
> Daß ich dich nie zuviel lieben kann;
> Ich liebe Ihn mehr, darum laß mich auch dich lieben;
> Für mich ist Liebe solcherart:
> Ich kann dich nicht lieben, wenn ich Ihn nicht liebe,
> Ich kann Ihn nicht lieben, wenn ich dich nicht liebe.

Wenn Christina einmal einen Entschluß gefaßt hatte, ließ sie sich nicht mehr davon abbringen. William bot ihr an – falls Geld der einzige Hinderungsgrund sein sollte –, daß sie und Cayley zu ihm ziehen könnten und er sie beide unterstützen würde, bis sich ihre finanzielle Lage gebessert habe. Christina antwortete ihm mit einem hastigen, ängstlichen Brief, den sie mit Bleistift geschrieben hatte.

> Ich schreibe Dir dies, während ich mit einer Gruppe die Straße entlanggehe. Ich kann Dir nicht meine Gefühle ob Deines mehr als brüderlichen Angebots beschreiben. Natürlich bin ich nicht *nur* froh über das, was geschehen ist, aber es bedeutet mir viel zu wissen, wie sehr ich über mein Verdienst hinaus geliebt werde. Ich bin vielleicht selbstsüchtig genug, mir zu wünschen, daß Geld der einzige

Hinderungsgrund wäre, aber von meiner Warte aus ist dem nicht so. Doch bin ich zumindest selbstlos genug, es von mir zu weisen, C. B. C. zu seinem Nachteil und Unbehagen weiterhin zu sehen (und ihm dabei nichts weiter als Gefühl bieten zu können); aber wenn er mich sehen möchte, so weiß Gott, daß auch ich ihn sehen möchte, und jede Freundlichkeit, die Du ihm erweist, ist eine weitere Freundlichkeit, die Du mir aufbürdest.
Ich möchte, daß Du diese Zeilen von mir erhältst, bevor wir uns sehen, obwohl Du mich wenig einschüchterst.[23]

Am 6. September, einige Tage bevor Christina diesen Brief schrieb, erschien ein Gedicht von Charles Cayley in der Zeitung *The Nation*. Es hieß »Noli me Tangere« (Berühr mich nicht).

Süßer, trauriger Vogel der Rosen,
Der verfrüht im frischen Märzwind singt.
Hätte ich dich nur halten können mit warmer Hand,
Dein banges Herz vor eisiger Kälte schützen.

Ich habe dich verschreckt und dich gequält,
habe mit gerinnendem Blut die zarten Federn
An deiner Brust verklebt,
Denn ein Dorn stand dagegen.[24]

Christina fand die Verse so persönlich, daß sie als Antwort darauf selbst ein Gedicht schrieb; es heißt »Luscious and Sorrowful« (Süß und traurig) und beginnt: »Zärtlich, schön, sieh vor Trauer.« Sie und Charles Cayley trafen sich auch weiterhin als Freunde, und nach einiger Zeit korrespondierten sie sogar wieder. Einige von Cayleys gütigen, manierierten, aber humorvollen Briefen existieren noch, aber Christinas Briefe an ihn wurden nach seinem Tod auf ihren Wunsch hin vernichtet. Offenbar war sie entschlossen, keinen Hinweis auf ihren so persönlichen Entscheidungskampf zu hinterlassen, sondern nur – wie die »ungenannte Dame« – ihre Gedichte.

> Dereinst werden viele von dir sagen:
> »Er liebte sie« – aber was erzählen sie von mir?
> Nicht, daß ich dich mehr als nur zum Spiele liebte,
> So, wie viele müßige Frauen es tun.
> Laß sie schwätzen, sie wissen nicht wie wir
> Um Liebe und Trennung unter unendlichen Schmerzen,
> Um Trennung ohne Hoffnung auf ein Wiedersehen hienieden,
> Nicht hier auf Erden, und der Himmel ist fern.
>
> Doch bei meinem liebenden Herzen, das ich dir enthüllte,
> Meiner Liebe, deren Wert du ihr nicht nehmen kannst,
> Liebe, die dir entsagt, nur um dich erneut für mich zu fordern,
> Wenn wir das Tor des Todes durchschritten,
> Ich bitte dich: Am Jüngsten Tag erkläre deutlich,
> Daß meine Liebe zu dir das Leben war, nicht nur ein Atemhauch.[25]

Allerdings konnte Christina sich nicht überwinden, alles zu vernichten, was mit ihrer Liebesbeziehung zusammenhing. 1867 schickte Cayley ihr ein Gedicht, das anfängt mit der Zeile »Daß wir uns wiedersähen, träumt ich«:

> Und zwischen unseren Herzen ein Schwert,
> Es wurde ausgerissen, als ein Licht um uns im höchsten Glanz erstrahlt,
> Und lange sprachen wir von den Geheimnissen,
> Und kein Gebot der Welt noch das des Fleisches versuchte mehr,
> Uns zu entzweien oder zu vereinen.[26]

Christina bewahrte dieses Gedicht nicht nur auf, sondern notierte sogar das Datum, an dem sie es erhielt. Auch seine Übersetzungen von Shakespeares Sonetten 29, 30 und 31, die genau ihre Situation beschreiben und die Charles ihr geschickt hatte, tragen den Vermerk »19. Mai 1870 – aber vermutlich früher geschrieben –, auch wenn ich nicht weiß, unter welchen Umständen«. Das heißt, sie hob diese Texte eigens für die Nachwelt auf.

William glaubte, sie habe später ihre Entscheidung bereut, und vermutlich hatte er damit recht. Das letzte Sonett von »Monna Innominata« ist eines ihrer düstersten Gedichte.

> Die Jugend ist vergangen, und auch die Schönheit, wenn denn
> In diesem erbärmlichen Gesicht je Schönheit lag;
> Was bleibt vom Glück, wenn Jugend und Schönheit vergangen?
> Ich werde keine Rosen ins Haar mir stecken,
> Um eine Wange zu beschämen, die nur ein wenig hübsch sein mag –
> Überlaß die Rosen der Jugend, die Dornen ertragen kann –
> Ich suche nirgends mehr nach Blumen,
> Bis auf gemeine Blumen, die im Korn sich wiegen.
> Was bleibt, wenn Jugend und Schönheit vergangen?
> Die Sehnsucht eines verlorenen, gefangenen Herzens,
> Ein schweigendes Herz, dessen Schweigen liebt und verlangt:
> Das Schweigen eines Herzens, das seine Lieder sang,
> Als Jugend und Schönheit zum Sommer den Morgen machten,
> Schweigen der Liebe, die nicht mehr singen kann.

KAPITEL 12

Nachdem Christina sich gegen die Ehe entschieden hatte, drehte sich ihr Leben immer mehr um ihre Mutter, die mittlerweile beinahe siebzig war und gepflegt werden mußte. 1870 konnte Mrs. Rossetti nur noch mit Schwierigkeiten schreiben, und sie litt an kleinen Gebrechen wie Erkältungen, Husten, Fußentzündungen und Nasenbluten. Trotz der Unterstützung Marias und der Tanten war es vorwiegend Christina, die Frances versorgte, Briefe für sie schrieb und geschäftliche Angelegenheiten erledigte. Die Mutter-Tochter-Rolle verkehrte sich. William Allingham, den Mrs. Rossetti als Gabriels engsten Freund und Mentor betrachtete, schrieb 1867, sie »sieht noch kräftig aus, hat ein anziehendes, blühendes Gesicht und eine volltönende Stimme, die aufrichtig und anrührend klingt. Sie gibt keine Weisheiten von sich, aber es ist immer eine Freude, in ihrer Gegenwart zu sein«.[1]

Frances Rossetti war die Matriarchin der Familie, und Gabriel nannte sie »die teure Antiquität« oder »Teaksicunculum«. Ihr Einfluß auf die Kinder war immer stärker gewesen als der ihres Mannes, und man darf nicht unterschätzen, welche Auswirkungen das auf Christina hatte. Als Nesthäkchen der Familie, das überdies oft kränkelte, war sie sehr auf ihre Mutter angewiesen gewesen. Sie widmete Frances all ihre Werke und vernichtete ohne zu zögern alles, was Frances Rossettis strengen puritanischen Prinzipien zuwiderlaufen könnte. Mrs. Rossetti, die von Natur aus demütig und von Anne Pierce sehr strikt erzogen worden war, hatte sich bereitwillig mit ihrer Rolle als Ehefrau und Mutter abgefunden und betrachtete Selbstaufgabe als oberste Pflicht. Ihre jüngste Tochter bemühte sich, es ihr gleichzutun, und aus diesem Wunsch heraus unterdrückte sie ihre eigene – weitaus leidenschaftlichere – Gefühlswelt und Persönlichkeit. Ebenso, wie Williams Loyalität und Pflichtgefühl gegenüber seiner Mutter und seinen Schwestern ihm im Weg standen (er hätte einen guten Arzt abgegeben), so bedingte auch Christinas Liebe zu ihrer Mutter, daß sie ein Leben in Selbstaufopferung und Beschränkung führte.

Allerdings läßt nichts darauf schließen, daß Christina so stark unterdrückt wurde wie etwa Dora Greenwell, deren Mutter von ihr weit mehr als nur Zuneigung und respektvolle Fürsorge verlangte. Mrs. Greenwell konnte sich nicht einmal für kurze Zeit von der lebhaften, geselligen Dora trennen, und wenn ihre Tochter doch einmal ausgehen wollte, griff ihre Mutter auf Bestechung zurück.

> »Dora, wenn du heute abend nicht zur Familie Soundso gehst, sondern bei mir zu Hause bleibst, gebe ich dir einen Shilling.« Dora würde sich weigern und ein Spiel daraus machen. »Du meine Güte, Mutter, es wäre mir unmöglich, diese Einladung für einen Shilling auszuschlagen. Ich soll den Dekan treffen und alle möglichen kurzweiligen Leute; ... ich weigere mich, einen Handel für weniger als eine halbe Krone einzugehen.« Und daraufhin wurde den Gastgebern eine freundliche Absage erteilt...[2]

Von Kindern, insbesondere von Töchtern, wurde erwartet, daß sie für ihre Eltern Opfer brachten, ob nun aus Liebe oder aus Pflichtgefühl, und gleichgültig, ob deren Ansprüche gerechtfertigt waren oder nicht. Einmal schrieb Dora amüsiert, sie habe »um das Royal Worcester-Service flehen« müssen, um Gäste bewirten zu können. Wie Dora hätte Christina allein aus

Pflichtgefühl diese Verantwortung übernommen, wenn sie es nicht aus Liebe getan hätte.

Es ist schwer zu beurteilen, inwieweit Frances Rossetti an Christinas Entscheidung beteiligt war, die Beziehung mit Charles Cayley zu beenden. Frances' und Marias Meinungen zu diesem Thema sind uns nicht bekannt, und William hüllte sich in diskretes Schweigen. Allerdings ist nicht von der Hand zu weisen, daß auch die Erfahrungen ihrer Mutter Christina zögern ließen, eine Ehe einzugehen. Als William viele Jahre später einmal bemerkte, ihre Mutter hätte doch ein friedliches, glückliches Leben geführt, konnte Christina ihm nicht zustimmen. Ganz im Gegenteil, widersprach sie, das Leben ihrer Mutter sei vielfach unglücklich und voller Enttäuschungen gewesen.

Anfang 1867 starb Margaret Polidori und wurde im gleichen Grab beigesetzt wie Lizzie Siddal und Gabriele Rossetti. Im Juni zog die Familie in ein neues Haus am Euston Square 56 (mittlerweile wurde die Straße zum Gedenken an einen berüchtigten Mord in Endsleigh Gardens umbenannt). Eine Zeitlang lebte auch Tante Eliza dort, bis sie zusammen mit ihrer Schwester Charlotte am Bloomsbury Square 13 eine eigene Wohnung bezog. Der Vorschlag, Tante Charlotte solle die Pacht von Euston Square 56 kaufen, als deren Erneuerung anstand, wurde nach längeren Verhandlungen in die Tat umgesetzt; 1871 erwarb Charlotte sie für eintausend Pfund. Das Haus wurde zuerst Eliza überschrieben, dann Frances und schließlich William.

Auf den Rat von Jean Ingelow hin bemühte sich Christina um einen amerikanischen Verleger und nahm Kontakt zu Roberts Brothers in Boston auf. Ebenfalls auf Empfehlung Jeans schickte sie dessen Agenten in London neben *Goblin Market* eine Ausgabe des kürzlich erschienenen *Prince's Progress*, und bald darauf erschien ein Doppelband mit diesen beiden Werken in Amerika.

Mit der Veröffentlichung ihres zweiten Gedichtbands in

Großbritannien und den USA war Christina zu einer anerkannten Dichterin geworden, und als solche erhielt sie zahlreiche Einladungen. Leider konnte sie aufgrund ihrer Gesundheit und auch ihrer Schüchternheit nur wenige davon annehmen. George F. Watts, ein Freund ihres Bruders, wohnte in Little Holland House, und dort lernte Christina die Prinseps kennen: Toby, seinen Sohn Val und Julia Cameron, die das Haus am Euston Square aufsuchte, um Christina und ihre Mutter zu fotografieren. Außerdem begegnete Christina der schönen Mrs. Jackson, der Großmutter Virginia Woolfs.

Nach dem Tod Elizabeths war Robert Browning nach London zurückgekehrt und wurde gelegentlich von den Rossettis zum Essen eingeladen. Ein gewisser Kontakt bestand auch zu Barbara Leigh Smith. Sie war mittlerweile mit dem französischen Militärarzt Bodichon verheiratet, den sie in Nordafrika kennengelernt hatte und der äußerst exzentrisch war; so hielt er sich anstatt eines Hundes einen Schakal. Barbara rührte die Werbetrommel, um Geld für das spätere Girton College zu sammeln. Offenbar fühlte sich Christina von Barbara überfordert und bevorzugte die Gesellschaft der Italienerin Enrica Filopanti. Diese war mit dem Revolutionär Barile verheiratet, der sich weigerte, seine Ehefrau finanziell zu unterstützen. Deshalb mußte sie sich als Lehrerin selbst ihren Lebensunterhalt verdienen.

Edmund Gosse lernte Christina bei einem der regelmäßigen Treffen bei Ford Madox Brown kennen. Im allgemeinen ging sie großen gesellschaftlichen Anlässen aus dem Weg, aber bei Madox Brown fühlte sie sich wie zu Hause, denn dort fanden sich ein Großteil ihrer Angehörigen und engen Freunde ein. So etwa Swinburne, der wegen seiner *Poems and Ballads* den Spitznamen »libidinöser Laureat« trug; Jane Morris, elegant in lange Gewänder aus elfenbeinfarbenem Samt gehüllt; Dante Gabriel, der stark zugenommen hatte und auf großen Kissen zu ihren Füßen saß; und William, der mittlerweile seine Augen auf Madox Browns älteste Tochter Lucy geworfen hatte. Inmitten dieser informellen, gesprächigen Gruppe sah Gosse Christina »alleine dasitzen... wie eine Wolkensäule, eine Sibylline, der niemand zu nähern sich wagte«.[3] Ihr Äußeres war sehr abweisend. Sie hatte sich nie viele Gedanken über ihre Kleidung gemacht, und mit zunehmendem Alter wurden ihr diese Dinge noch gleichgültiger. In einer Karikatur von Max Beerbohm sieht man Gabriel, wie er seiner Schwester eine Reihe von »prächtigen« Stoffen aufdrängt und sagt: »Was nützt es denn, Christina, ein Herz wie ein singender Vogel und eine Fontäne und so weiter zu haben, wenn Du wie ein Kirchdiener daherkommst?«[4] Gosse berichtete:

> Ihr dunkles Haar hing ihr in Strähnen über die olivfarbene Stirn und war zu einem Chignon gesteckt; das hochgeschlossene, steife Kleid endete in einem starren Kragen mit einer schlichten Brosche, der außergewöhnlich gewöhnliche Rock breitete sich über einer altmodischen Krinoline aus. Diese Verunstaltung war schwer zu ertragen von der Hohenpriesterin der Präraffaeliten.[5]

Frauen sollten eine Zierde darstellen. Christina machte sich keine Gedanken über die Kleidung, auch Emily Brontë und Emily Dickinson scherten sich wenig um ihr Äußeres. Emily Dickinson trug Kleider aus schlichter weißer Baumwolle; Mrs. Gaskell beschrieb die Garderobe von Emily Brontë als »häßlich und lachhaft«. Eine andere Freundin beschrieb sie als eine »unansehnliche, schlechtgekleidete Gestalt«. Frauen werden von der Mode beherrscht – und die Korsetts und Krinolinen der siebziger und achtziger Jahre des 19. Jahrhunderts beengten sie sowohl körperlich als auch gesellschaftlich. »Sich herzurichten« hat ein Element der Konformität und beinhaltet den Wunsch zu gefallen. Indem diese drei Frauen bewußt nicht der Mode entsprachen, signalisierten sie ihre »Andersartigkeit«.

Für Christina war diese Aufmachung allerdings auch ein

Aspekt ihrer Selbstentsagung. In *Letter and Spirit* schrieb sie: »Es kann doch kaum hart ankommen, sich bescheiden und mit wenig Aufwand zu kleiden anstatt üppig und modisch, wenn wir mit lebhafter Überzeugung die ›weißen Rosen‹ der Erlösten erwarten.«[6]

Auch Christinas Persönlichkeit wirkte auf Gosse abschreckend.

> Wenn man überdies hinzufügt, daß ihr Wesen aus Schüchternheit ominös und ernsthaft war, daß sie zu keiner leichten Konversation fähig war und daß die üblichen Gesprächsthemen ihr nichts bedeuteten, so kann man verstehen, daß junge, schwärmerische Menschen sie äußerst einschüchternd fanden.[7]

Als Gosse allerdings mit ihr über Religion und Dichtung sprach, bekam er einen Einblick in die andere Seite ihrer Persönlichkeit, denn bei diesen Themen blühte sie auf und unterhielt sich angeregt. Nur wenige Menschen vermuteten, daß sie einen Sinn für Humor besaß. Amüsiert schrieb sie Gabriel, ein »Menschenwesen« habe sie schriftlich um Erlaubnis gebeten, eines ihrer Lieder zu vertonen, und habe sich dabei überraschenderweise nicht für »When I am dead, my dearest« entschieden, sondern für »Grown and Flown«.

Die heitere Seite von Christinas Wesen kommt in ihren Kindergedichten zum Tragen, und sie dachte daran, eine Sammlung solcher Verse zusammenzustellen. Außerdem experimentierte sie mit Prosatexten und überarbeitete Kurzgeschichten, die sie im Verlauf der letzten fünfzehn Jahre geschrieben hatte.

Maria war, abgesehen von ihrer Lehrtätigkeit, damit beschäftigt, Material für *The Shadow of Dante* zusammenzutragen, einer Einführung zum Werk des Dichters. William arbeitete an einer Ausgabe von Walt Whitmans Gedichten, in die er allerdings viele der Gedichte aus *Grashalme* nicht aufnahm. Er verwahrte sich aufgrund seiner Prüderie gegen eine gewisse »Geradheit und Grobheit oder sogar Geschmacklosigkeit im Ausdruck, die zu Recht abgelehnt werden muß, nicht nur aus Gründen des Anstands und des Zartgefühls, sondern auch um der literarischen Kunst willen«.[8] Trotz dieser Zensur schrieb William in einem Brief an Anne Gilchrist begeistert über Whitmans Talent. »Dieser wunderbare Whitman wird eines Tages als einer der Größten der Welt gelten und auf dem Thron der Unsterblichkeit nur wenige Stufen unter Shakespeare stehen. Wie großartig versteht er es doch, den Schleier des Gewohnten vom Antlitz des Menschen und des Lebens zu reißen.«[9]

Bei den Rossettis wurden nicht nur Whitmans, sondern auch Shelleys Gedichte zitiert und gelesen, denn William arbeitete nebenbei an einer Ausgabe von Shelleys Gedichten mit begleitenden Memoiren. Auch bei diesem Band warf man ihm vor, die Texte verändert zu haben. Zwar verbesserte er nur das, was er »die gröbsten Fehler« nannte, aber später bedauerte er seine Eingriffe. Ebenso tat es ihm leid, auf Bitte Claire Clairmonts hin – die er in Italien besucht hatte –, einige Informationen aus den Memoiren gestrichen zu haben. Da William als Herausgeber in die Werke anderer Dichter eingriff, kann man mit einigem Recht auch seine Zuverlässigkeit bei der Herausgabe von Christinas Werk nach ihrem Tod anzweifeln. Seine Aufrichtigkeit gestattete ihm zwar nicht, direkte Verfälschungen vorzunehmen, aber oft ließ er gewisse Dinge aus und verbesserte gelegentlich andere, ohne auf diese Veränderungen hinzuweisen.

In »A Nightmare« (Ein Alptraum) ersetzte William einige Wörter, um dem leicht erotischen Gedicht eine andere Wendung zu geben. Im Manuskript heißt es:

> Im Land der Geister hab ich eine *Liebe* –
> Früh gefunden und ach, wie früh verloren! –
> Seetang säumt blutrot den Meeresstrand,
> Wird von Wellen umtost und umhergeworfen.

> Beim Erwachen *reitet* er wie ein Alp auf mir:
> Meine Haare stehen zu Berge, mein Körper bebt:
> Im Dunkeln seh ich ein schauriges Bild,
> Ein Geheimnis, das ich bewahren muß.[10]

Als William das Gedicht nach Christinas Tod als »ein Fragment« veröffentlichte, ersetzte er »Liebe« durch »Freund« und »reitet« durch »jagt«. Dadurch verringerte er die Aussagekraft der Zeilen und gab ihnen eine andere Bedeutung. Zudem ließ er zwischen der ersten und der letzten Strophe eine ganze Manuskriptseite wegfallen. Darauf weist William in einer Fußnote zu dem Gedicht zwar hin, nicht aber auf seine Abänderung der Worte.

Bei den drei Rossettis war es üblich, daß sie gegenseitig ihre Manuskripte lasen und ihre Meinungen dazu abgaben. Vielleicht war es das, was W. B. Scott in seiner Autobiographie zu der sarkastischen Bemerkung veranlaßte:

> Mir sind ganze Haushalte bekannt, die miteinander wetteifern ... Ein netter Anblick, auch wenn das Ganze nicht so unfehlbar wie Bézigue zu Wutausbrüchen führt, und auch nicht so ökonomisch, wenn der Wunsch nach öffentlicher Anerkennung sich durchsetzt, wie allgemein der Fall ist, so daß dem Setzerlehrling jedes Jahr Unsummen in den Rachen geschmissen werden.[11]

Auch Dante Gabriel fühlte sich von der Konkurrenz seiner Geschwister unter Druck gesetzt. Er hatte sich wieder dem Dichten zugewandt, denn wie Madox Brown vorhergesagt hatte, bedauerte er seine Entscheidung, sich ausschließlich der Malerei zu widmen. Gelegentlich erklärte er Freunden, er hätte doch Poet werden sollen. Der Gedanke an die Gedichte, die er in Lizzies Grab gelegt hatte, begann ihn zu verfolgen und wurde schließlich zu einer Obsession. Er litt an Schlaflosigkeit und Sehstörungen und befürchtete, er könne wie sein Vater erblinden. Erholungsaufenthalte bei Freunden, zu denen auch Barbara Bodichon zählte, bewirkten kaum eine Besserung. Er war ein starker Trinker – seine Vorliebe galt Whisky – und nahm Laudanum, um die Schmerzen seiner diversen körperlichen Leiden zu lindern. 1870 stieg er auf Rat seines Freundes William Stillman auf Chloral um, das er für weniger schädlich hielt.

Gabriel litt zusehends an Sinnestäuschungen, die möglicherweise hervorgerufen wurden durch die Séancen, bei denen er mit Lizzie in Kontakt zu treten versuchte. Verstärkt wurden die Symptome durch die Mischung von Alkohol und Opiaten. Bei einem Besuch 1869 bei den Scotts in Penkill war er höchst erregt und glaubte fest daran, daß ein halbzahmer Buchfink, der ihm vor die Füße flog und sich in die Hand nehmen ließ, der Geist seiner verstorbenen Frau sei. Als Alice Boyd erzählte, während sie alle außer Haus gewesen waren, habe geheimnisvollerweise die Türglocke geklingelt, fühlte sich Gabriel in seinem Gefühl bestätigt, daß Lizzie ihn besucht habe. Jeden Tag sprach er von Selbstmord, und die Scotts waren davon überzeugt, er habe sich in Lady's Green einen Wasserfall hinabstürzen wollen und sei erst im letzten Augenblick zurückgetreten, wobei er krampfhaft W. B. Scotts Hand umklammerte.

Aber Gabriel litt nicht nur an nicht verarbeiteten Schuldgefühlen wegen Lizzies Selbstmord, er war noch dazu in eine verheiratete Frau verliebt: Jane Morris. William, der drei Abende pro Woche in Tudor House verbrachte, wußte zwar um Gabriels Probleme und wie gravierend der Zustand seines Bruders wirklich war, wollte das aber seiner Mutter und seinen Schwestern so lange wie möglich verheimlichen.

1869 beschloß Gabriel, Lizzies Leiche exhumieren zu lassen und seinen Gedichtband aus dem Sarg zu holen. Die Ereignisse in Penkill hatten ihn davon überzeugt, daß Lizzie ihre Einwilligung dazu gegeben habe. Allerdings brauchte er dazu eine offizielle Genehmigung, die erst nach komplizierten legalen

Formalitäten erteilt werden konnte. Erschwert wurde das Unterfangen dadurch, daß Margaret Polidori nach Lizzie begraben worden war und man deshalb möglicherweise Frances Rossetti um Erlaubnis ersuchen mußte (der das Grab gesetzlich gehörte). Allerdings wurde diese Vorschrift umgangen, und über die Exhumierung wurde absolutes Stillschweigen bewahrt; selbst William erfuhr erst im nachhinein davon. Gabriel war nicht anwesend, als das Grab eines Nachts geöffnet wurde; aber seine Freunde berichteten ihm, Lizzies prachtvolles Haar sei völlig unverändert und so schön wie eh und je. Der Gedichtband wurde desinfiziert und Gabriel ausgehändigt, der ihn daraufhin für eine Veröffentlichung vorbereitete.

Gabriel war sehr daran gelegen, daß Christina zu seinem Verleger F. S. Ellis überwechseln sollte. Sowohl er als auch William waren seit einiger Zeit unzufrieden über die geringen Summen, die Macmillan ihr bezahlte. William bemühte sich, ihn zu einer Erhöhung der Vorschüsse zu bewegen, obwohl noch eine recht große Anzahl von *Goblin Market* und *Prince's Progress* unverkauft war. Gleichzeitig verhandelte Gabriel im Namen seiner Schwester mit Ellis. Christina saß zwischen zwei Stühlen, führte aber freundschaftliche Korrespondenz mit beiden Verlegern. Ellis wurde zum Nachmittagstee eingeladen, um Alice Boyd kennenzulernen. »Möglicherweise ist es ungeheuerlich, Sie zu bitten, am folgenden Dienstagnachmittag um vier Uhr Ihre Zeit auf eine Teegesellschaft zu vergeuden; aber es würde mich sehr freuen, wenn unsere Bekanntschaft über das Lesen der Handschrift des jeweilig anderen hinausginge... Sollte ich Ihnen damit Ungemach bereiten, bitte ich Sie um Verzeihung.«[12] Christina wollte Ellis dazu überreden, Alice *Sing-Song* illustrieren zu lassen, ihre Sammlung von Kindergedichten. Ellis willigte ein, doch als er feststellen mußte, daß die Qualität von Alices Zeichnungen nicht seinen Erwartungen entsprach, bedauerte er diesen Entschluß. Das brachte Christina in eine schwierige Situation.

Ellis nahm auch *Commonplace* [A. d. Ü.: »Notizbuch«, aber

auch »Gemeinplatz«] an, eine Sammlung von Kurzgeschichten, die Christina zwischen 1852 und 1870 geschrieben hatte. Der banale Titel trug nicht dazu bei, das Buch zum Verkaufsschlager zu machen, aber Christina fiel nichts Passenderes ein. Maria schlug »Geburten, Tode und Hochzeiten« vor, aber das erinnerte zu stark an ein bereits erschienenes Buch und klang überdies kaum besser. Ellis bat um eine weitere Geschichte zur Ergänzung der bereits bestehenden sechs, und Christina wählte noch zwei aus – eine, die sie neu schrieb, und eine zweite, die sie schon in den Papierkorb geworfen hatte. Die Titelgeschichte wurde eigens geschrieben, um den Band dicker zu machen, und wurde wiederholt zwischen Christina und Ellis hin- und hergeschickt, während sie sich bemühte, die Erzählung nach den Wünschen ihres Verlegers umzuarbeiten.

Die Geschichte beginnt auf moderne, journalistische Art.

> Brompton on Sea – hier eignet sich jeder Name, der nicht im Zugfahrplan steht –, Brompton on Sea im April.
> Die Luft ist frisch und sonnig; das Meer blau und sanft gekräuselt, nicht wogend; alles in und außer Sichtweite ist grün, alles sprießt.

Die Geschichte hat drei Hauptfiguren – Catherine, Lucy und Jane –, die alle Züge von Christina besitzen. Wie Christina empfindet Lucy »eine gewisse Erleichterung, mit dreißig genauso auszusehen wie mit neunundzwanzig und sich noch genauso zu fühlen. Der Spiegel gab ihr keinen schamlosen Hinweis auf das Alter, das sie in einer einzigen Nacht überfallen hatte«. Auch Catherines selbstaufopfernde Fürsorge, mit der sie sich um ihre jüngeren Schwestern kümmert, erinnert an Christina, während auf Jane Weltzugewandtheit projiziert wird, vor der Christina so große Angst hatte und sich entsprechend zu schützen wußte. Ein Mann »konnte sich in Jane verlieben, aber niemand konnte ihr Freund werden«.

Einige von Christinas Biographen haben diese Geschichte

als Beweis für die Christina/W. B. Scott-Theorie gedeutet, das heißt als eine Geschichte, in der ein Mädchen – Lucy – sich in einen verheirateten Mann verliebt. Aber in »Commonplace« verliebt sich Lucy nach kurzer Bekanntschaft in einen Mann, der später eine andere Frau heiratet, während Lucy sich noch Hoffnungen hingibt, er könnte sich mit ihr verloben. Das trifft eher auf Collinson als auf Scott zu.

Vom Aufbau her ist die Geschichte unzusammenhängend und in mehrere kurze Abschnitte oder »Kapitel« unterteilt, die zeitlich nicht aufeinanderfolgen und ungeschickt verbunden sind. Kapitel drei beginnt: »Das letzte Kapitel war eine Parenthese; hier wird nun der unterbrochene Faden wiederaufgenommen.« Christinas Technik hatte sich seit *Maude* kaum verbessert, aber dieser Fehler hätte durch stärkeres Eingreifen des Lektors behoben werden können. Mitunter läuft die Geschichte Gefahr, ins Triviale abzugleiten, doch Abschnitte wie die Beschreibung von London, »schäbig und grell«, verhindern dies.

> Der Bahnhof London-Bridge mit seinem hektischen Verkehr scheint kein schlechtes Bild für London selbst zu sein, diese riesige, verworrene, geschäftige, geordnete, mehr oder minder schmutzige Stadt... verunreinigt von Tausenden von Füßen, die hin und her hasten: Bei Nieselwetter hinterläßt jeder Tritt Schmutzspuren, nimmt Schmutz auf und gibt ihn ab, hinterläßt seinen Abdruck im Schmutz... wenig reizvoll für Menschen, die soeben von der stets reinlichen Küste und dem schmucken Inland eintreffen.

Eine der eindrücklichsten Passagen beschreibt die Qualen der neunundzwanzigjährigen Lucy, deren Liebe nicht erwidert wird.

Allein auf ihrem Zimmer mochte sie sichtbar und heftig leiden, aber sobald sie ein Auge auf sich ruhen wußte, gab sie dem Schmerz nicht nach. Manchmal hatte sie das Gefühl, als würde ihre Seelenpein unerträglich, aber dieser Moment stellte sich nie ein, und sie litt weiter... Bei Tage konnte sie ihren Gedanken verbieten, sich auch nur im Geiste zu Worten zu formen, selbst wenn sie nie das dumpfe, vage Leid verbannen konnte, das ihr vielleicht als einzige von ihren Erinnerungen bleiben würde. Aber des Nachts, wenn der Schlaf ihre Selbstbeherrschung übermannte, wurde sie im Traum von schaurigen Gespenstern der Vergangenheit heimgesucht. Diese waren nie verlockend oder liebenswert – und dafür war sie dankbar –, aber manchmal monströs, und immer war es unmöglich, ihnen zu entrinnen. Nacht um Nacht erwachte sie schluchzend und um sich werfend aus solchen Träumen, und immer geringer wurde ihre Kraft, sich dem Alltag zu stellen.

In »Commonplace« gibt es wesentlich mehr Personen, als einer Kurzgeschichte zuträglich sind, aber die Dialoge sind zum größten Teil überzeugend. Christina hatte ein gutes Gefühl für ausgefallene Sprachmuster.

Nach ihrer Enttäuschung geht Lucy eine glückliche Ehe mit einem fürsorglichen, wenig weltgewandten Mann ein. Jane heiratet einen Mann um seines Geldes willen und beschreibt ihn als »die Wohnsteuer«, die sie für ihr Landhaus bezahlen muß. Catherine findet sich mit ihrem Junggesellinnendasein ab und wartet auf eine Zukunft »in der Ferne« – implizit auf das Leben nach dem Tod.

Die besten Geschichten der Sammlung sind »Nick«, ein sehr knapp erzähltes Schauermärchen, »Vanna's Twins«, eine moralische Fabel über eine Frau, die durch ihr Zögern, eine wohltätige Spende zu geben, den Tod zweier Kinder verursacht (Christina bemerkte zu Alice Boyd in diesem Zusammenhang: »Säuglingen gegenüber war ich früher nicht allzu zartfühlend«), und »The Lost Titian«, in der der Maler Tizian beim Würfelspiel sein Meisterwerk verliert und das Bild daraufhin übermalt wird und verlorengeht. Christina betonte, die Geschichte beruhe nicht auf Tatsachen. Sie ist nach wie vor einer ihrer anspruchsvollsten Prosatexte.

> Es war vollbracht. Die orangefarbene Drapierung war vollkommen in ihren üppigen Farbschattierungen; jedes Weinblatt bog, jede Ranke wand sich, als würden sie vom lauen Südwind umweht; das Sonnenlicht ruhte matt in jeder Talsenke und auf jedem sich wölbendem Hügel; doch im Schatten der Zedern schlief zehnfache Mattigkeit. In einem Moment, so glaubst du, werden die Zimbeln schlagen, wird der Panther springen; tritt näher, und du hörst die Lieder, die diese vollen, weinbenetzten Lippen singen.

Obwohl es Christina gesundheitlich immer schlechter ging, bemühte sie sich, die Fahnen fertigzustellen. Das gesamte vorangegangene Jahr war sie sehr lethargisch gewesen – »eine beständige Mattigkeit« – und hatte an allgemeinem Unwohlsein gelitten, aber im Verlauf des Jahres 1870 machten sich die Symptome deutlicher bemerkbar und wurden beängstigend; eine Diagnose wurde allerdings erst 1871 gestellt. An Alice Boyd schrieb sie, sie wissen nicht »genau, was mir fehlt, aber ich stehe völlig neben mir und will nichts tun«.[13] Im Mai fuhr sie nach Gloucester, um einen Monat bei Henry Polydore und seiner Tochter Henriette zu verbringen, und dann weiter ans Meer zu ihrer gewohnten Sommer-»Medizin«, die aber nicht die erhoffte Wirkung hatte.

Als Gabriels *Poems* im April erschienen, wurden sie sehr wohlwollend aufgenommen, Gabriel hatte die Kritiken zum Teil selbst veranlaßt. William hatte ihn zwar gedrängt, »keine Vermittlungsversuche zu unternehmen« und die Reaktion auf das Buch abzuwarten, aber die Gedichte waren für Gabriel zu wichtig, um sich nicht für sie einzusetzen. Er erstellte eine Liste aller Zeitschriften, die das Buch positiv beurteilen würden oder mit deren Kritikern er befreundet war, und bat Ellis, den Band nur an diese Verlage zu schicken. Die erste Auflage von 1000 Exemplaren war innerhalb einer Woche ausverkauft, und Gabriel verdiente damit 300 Pfund – selbst heute noch eine beträchtliche Summe für einen Gedichtband.

Blackwood's Magazine war eine der Zeitschriften, die nicht auf Gabriels Liste standen. Als dort schließlich eine Ausgabe eintraf, wurde eine Rezension gedruckt, die weniger überschäumend war als die übrigen. Die Gedichte wurden zwar als »interessante und reizvolle Lektüre« beschrieben, aber auch kritisiert: Sie »hinterließen keinen Eindruck«, und in bezug auf *Blessed Damozel* – das Gabriel mit achtzehn Jahren geschrieben hatte, im nachhinein aber mit Lizzie assoziierte – fielen Worte wie »fleischlich« und »unerträglich«.[14] Gabriel konnte sich mit diesen Bemerkungen nicht abfinden und schrieb seinem Freund Frederick Shields, das »Unerfreuliche« belaste ihn länger, als er für möglich gehalten habe. Auch einige seiner Freunde hatten Einwände gegen die Gedichte. So hielt Madox Brown sie für weniger originell als Christinas, denn sie verkörperten die »Gedanken Dantes in der Sprache Shakespeares« und brächten nicht seine eigenen Gedanken in der Sprache seiner eigenen Zeit zum Ausdruck.[15]

Im Gegensatz zu den Gedichten ihres Bruders fand Christinas *Commonplace* in der Öffentlichkeit wenig Anklang. Anfangs war sie noch zuversichtlich und schrieb an Anne Gilchrist: »Bis jetzt haben ich und mein Werk noch keine unfreundliche Behandlung erfahren. Und im Augenblick ist meine Gesundheit so gut, daß ich den Rückschlag guten Mutes werde ertragen können.«[16] *The Times* stellte scharfsichtig fest: »Das tragische Element des Menschenlebens bewahrt die bescheidenste Existenz vor dem vollkommenen Commonplace«; die Kritik war zwar nicht negativ, regte die Leser aber auch nicht dazu an, sich den Band zu kaufen. Ein weiterer Rezensent sprach von »einem Gemälde in moralischen Grautönen«, verglich es aber auch mit Mrs. Gaskells *Cranford* – Christinas Lieblingsroman; vermutlich freute sie sich also über diese Bemerkung. Gabriel gefielen die Geschichten nicht übermäßig, aber er bemühte sich, seine Schwester zu ermutigen. Er beschrieb *Commonplace* als »eine zweifellos ungefährliche Aufregung für das Nervensystem« und fügte als Nachsatz hinzu: »Aber schließlich bin ich der Ansicht, daß Deine Aufgabe darin besteht, Gedichte zu schreiben und keine Commonplaces.«[17]

Der Band verkaufte sich so schlecht, daß Christina Ellis von seiner Verpflichtung enthob, *Sing-Song* zu veröffentlichen – »Es tut mir wirklich so leid wegen all des Geldes, das Sie auf *Sing-Song* verwandt haben, und es darf sich angesichts seiner Zurechtweisung ruhig eine Zeitlang verbergen... Ich befürchte, daß mein armseliges kleines Buch Ihnen (fast) lästig ist, selbst wenn es praktisch im Grabe liegt.«[18] Ellis schickte ihr 35 Pfund Ausfallhonorar, das sie aber an ihn zurückgehen ließ. Nun hatte sie wieder keinen Verleger. Allerdings entspannte sich damit die schwierige Situation wegen Alice Boyd, denn nun konnte der Plan, daß sie das Buch bebilderte, einfach fallengelassen werden. Sowohl Christina als auch ihre Brüder hatten befürchtet, W. B. Scott könne darauf bestehen, in die Bresche zu springen, als sich Alices Zeichnungen als unzulänglich erwiesen, denn die drei Rossettis hatten bereits beschlossen, daß Arthur Hughes am besten dafür geeignet sei, das Werk zu illustrieren. Es wurde nie darüber gesprochen, daß Christina selbst Zeichnungen für den Band anfertigen könnte, obwohl sie an den Rand ihrer Manuskripte kleine Bleistift- oder Wasserfarbenbilder gemalt hatte. Wie Emily Brontë war sie zwar begabt, hatte aber nicht genügend Unterricht erhalten, um wirklich professionell zu malen. Gabriel schickte einen ihrer Entwürfe – ein Apfelmotiv – an William Morris, und sie hoffte, er könnte es vielleicht verwenden, aber auch daraus ergab sich nichts.

Mit William ging die Kritik ebenfalls nicht allzu freundlich um. Seine mit Memoiren versehene Ausgabe von Shelley wurde nicht nur von Shelleys Familie, sondern auch von den Rezensenten vernichtend beurteilt. Eine Zeitung nannte das Buch die schlechteste Shelley-Ausgabe aller Zeiten. Irgend jemand schickte William ein Fragment von Shelleys verbranntem Schädel, und er trug das makabre Andenken in einem Medaillon um den Hals.

Im April 1871 wurde Christina »elend krank« und war erschöpft, auch wenn sie den ganzen Tag nur auf dem Sofa lag. Sie klagte über Schmerzen und Fieber, und Dr. William Jenner – Leibarzt der Königin Victoria und des Prinzen von Wales – wurde gerufen. Er verordnete ihr Bettruhe, und daran hielt sie sich mehrere Wochen, ohne jedoch etwas essen zu können. Im Juni sank das Fieber, und Dr. Jenner empfahl, sie solle so bald wie möglich in die frische Luft hinaus. Unglückseligerweise war es der »unfreundlichste, kälteste und sonnenärmste Juni«, an den William sich erinnern konnte, und abends – gelegentlich sogar tagsüber – brannte in den Kaminen ein Feuer. Christina wurde in einem Rollstuhl ins Freie gefahren, wo sie sich sofort erkältete und wieder im Haus bleiben mußte. Dann kam die betrübliche Nachricht, daß Henrietta Polydore sich im letzten Stadium der Tuberkulose befand und den Sommer vermutlich nicht überleben würde.

Zu dieser Zeit trat man an die Familie mit dem Ansinnen heran, Gabrieles Leichnam zu exhumieren und mit entsprechenden Ehren in Italien beizusetzen. Nach heftigen Debatten im Kreise der Familie Rossetti wurde der Plan allerdings abgelehnt. Die Stimmung war allgemein gedrückt, und nicht einmal der Erfolg von Marias Dante-Buch konnte die Familie aufheitern. Im Oktober erschien in der Zeitschrift *Contemporary Review* ein Angriff auf Dante Gabriels *Poems* mit der Überschrift »Die fleischliche Schule der Poetik«, verfaßt von einem gewissen Thomas Maitland – einem Pseudonym Robert Buchanans.

In dem Artikel wurde Gabriels Dichtung eine »morbide

Abweichung von gesunder Lebensart« nachgesagt, »ein horrendes Schwergewicht von Sinnlichkeit und krankhaftem Animalismus... nicht einmal ein kurzer Blick auf die Natur, kein Anzeichen von Menschlichkeit... formal schlampig und bemüht schlaff... frivol, absurd, ruchlos«.[19] Eine Beleidigung folgte der anderen. Offenbar lag der Grund für diesen Angriff in dem Wunsch nach persönlicher Rache, weil Gabriel angeblich Buchanans geliebten Freund David Grey beleidigt hatte, der einige Jahre zuvor gestorben war. Obwohl Gabriels Freunde ihn beschworen, die Kritik zu ignorieren, konnte er sie nicht vergessen. W. B. Scott schrieb, kurz nach dem Erscheinen dieses Artikels sei Gabriel eines Abends spät und im Zustand höchster Erregung zum Essen gekommen und habe den ganzen Abend lang immer wieder »Robert Buchanan« geschrien.

Auch seine heftige Erwiderung auf diesen Artikel – »Die geheime Schule der Kritik« – half Gabriel nicht über seine Bitterkeit hinweg, sondern verstärkte ganz im Gegenteil nur seine Depressionen. Er nahm immer mehr Chloral, um schlafen zu können, und steigerte seinen Konsum auf über 100 Grane pro Dosis. William glaubte zwar, der Apotheker verdünne sie auf Anweisung des Arztes, aber selbst die halbe Dosis wäre noch sehr stark gewesen.

Bald nach der Veröffentlichung von »Die geheime Schule der Kritik« verschlechterte sich Christinas Gesundheitszustand dramatisch. Da Dr. Jenner bei der Königsfamilie war, wurde sein Stellvertreter Dr. Wilson Fox gerufen. Christina fühlte sich sehr schwach, litt an Kopfschmerzen, und ihre Hände zitterten, so daß sie nicht mehr schreiben konnte. Durch eine Schwellung im Hals konnte sie nicht richtig schlucken, und ihr Herzschlag war unregelmäßig. Dr. Fox verschrieb ihr Digitalis für das Herz, doch die Ursache ihres Leidens konnte er nicht erkennen. Als Dr. Jenner sie schließlich untersuchte, sagte er, Christina habe eine sehr seltene Krankheit, die er in seiner ganzen Laufbahn nur ein- oder zweimal gesehen habe. Es blieb einem mit Maria befreundeten Chirurgen überlassen zu erklären, daß Christina an der Basedowkrankheit litt, einer Überfunktion der Schilddrüse.

Christinas Haut verfärbte sich braun, ihre Haare fielen aus, und sie nahm stark ab. Bis auf Flüssigkeiten konnte sie nur unter großen Schwierigkeiten schlucken, und sie bekam oft Würgeanfälle. Die Ärzte sagten, dies sei lediglich eine »nervöse Verengung« und habe nichts mit der geschwollenen Schilddrüse zu tun. William schrieb, sie erschiene ihm »ängstlicher und erregter, als ich sie je gesehen habe, wenn sie Schmerzen litt oder großen Kummer hatte«.[20] Da sie wußte, wie sehr sie körperlich verfallen war, wollte sie außer Familienmitgliedern und engen Freunden niemanden um sich haben. William schrieb sie, sie sei »weniger hübsch anzusehen, als die Gesellschaft mit Fug und Recht verlangen darf«, und fügte im Nachsatz hinzu: »Die durch Überdruß mir vertraute Scheußlichkeit schleicht sich selbst in meine Briefe ein. Verzeih.«[21]

Im Januar erlitt sie vermutlich einen Herzschlag und war nun auf ein Stockwerk des Hauses beschränkt. Nun wurde ihr Bett in das Zimmer ihrer Mutter gestellt, hinter dem Wohnzimmer im ersten Stock. Sie hatte weiterhin Schluckbeschwerden, und es kamen noch erschwerend Brechanfälle dazu.

Auch Dante Gabriels Zustand hatte sich verschlechtert. So erzählte er William, die Hausmädchen in Cheyne Walk hätten eine weißgekleidete Gestalt in der Tür zum Schlafzimmer gesehen. Ein anderes Mal beschwerte er sich, er erlebe übernatürliche Heimsuchungen in Form eines jammernden Kindes. Es ist schwer zu ermessen, inwieweit dies Projektionen seiner eigenen konfusen Gedanken waren. Gabriel war extrem verwirrt und glaubte, selbst seine Freunde planten Verschwörungen gegen ihn. Swinburne distanzierte sich in dieser Zeit ebenfalls von ihm. Wie er sagte, war Gabriel irgendwann 1872 »für mich durch sein eigenes Handeln und seinem eigenen Wunsch gemäß gestorben«. Wahrscheinlich hatte der Bruch etwas mit den Geschichten zu tun, die Swinburne verbreitete, etwa, daß

Gabriel ihm erzählt habe, er habe seine ungeborenen Kinder umgebracht. Heute kann man nicht mehr feststellen, ob er damit (wie einige glauben) die Abtreibungen meinte, die seine Geliebten durchführen ließen, oder – was eher wahrscheinlich ist – darauf anspielte, daß Lizzie gesagt hatte, Gabriel sei schuld an der Totgeburt ihrer Tochter. Auch wenn das alles nur wilde Gerüchte und Vermutungen waren, bestärkten sie doch Gabriels Schuldgefühle und seine Trauer über Lizzie und ihr totes Kind. Kurze Zeit später wurde Buchanans Artikel als Broschüre veröffentlicht, was Gabriel als weiteren Beweis für eine Verschwörung gegen sich betrachtete.

Am 2. Juni 1872 wurde William nach Cheyne Walk gerufen, und dort verbrachte er »einen der elendigsten Tage meines und zweifellos auch seines Lebens« mit seinem Bruder, der »eindeutig nicht ganz bei Sinnen war«.[22] Gabriel litt an Wahnvorstellungen, Halluzinationen und nervöser Erregung. Auf Williams Bitte hin erschienen W. B. Scott und seine Ärzte Mr. Marshall und Dr. Hake. Diese verordneten Beruhigungsmittel und Bettruhe, und man hoffte, daß die Symptome abklingen würden.

Mrs. Rossetti und ihre Töchter erfuhren nicht, wie schlimm es um Gabriel stand. Auch Christinas Zustand gab Anlaß zu »großer Besorgnis«, und Dr. Jenner fürchtete um ihr Leben. Die Ärzte kamen dreimal am Tag. Sowohl Frances als auch Maria waren erschöpft, zumal sie beide gerade selbst eine besonders schwere Form der Grippe überstanden hatten.

Einige Tage nach Gabriels Zusammenbruch veröffentlichte Robert Browning *Fifine at the Fair* und schickte ihm ein Exemplar. Als Gabriel es las, hielt er es für einen weiteren Angriff auf seine Person. Er erregte sich derart, daß der bekannte Psychiater Dr. Maudsley herbeigerufen wurde. Er verordnete absolute Ruhe, und Gabriel wurde mit der Droschke zu Dr. Hakes Haus in Roehampton gebracht. Während der Fahrt hörte er Glocken läuten, und bei seiner Ankunft glaubte er, ein dort errichtetes Zigeunerlager sei »eine Kundgebung, die eigens ihm zu Schimpf und Schande angestiftet worden war«. In der Nacht hörte er Stimmen, die ihn verhöhnten, und er schluckte eine ganze Flasche Laudanum, die er heimlich mitgenommen hatte. Doch ein Selbstmordversuch – wenn es denn einer war – wurde erst am folgenden Nachmittag vermutet, als man ihn nicht wecken konnte und die leere Flasche in einer Schublade entdeckte.

William holte sofort Mrs. Rossetti und Maria und bat Madox Brown, Mr. Marshall herbeizurufen. Christina war zu krank, um ihn zu begleiten, und Tante Eliza blieb bei ihr. Zu diesem Zeitpunkt erwähnte niemand die Flasche Laudanum. Man hielt Gabriel Ammoniakgeist unter die Nase, und Mr. Marshall flößte ihm starken schwarzen Kaffee ein – die einzigen Gegengifte, die damals zur Verfügung standen. Trotzdem kam Gabriel zwei Tage lang nicht zu Bewußtsein. Nur seine Körperfülle und seine mittlerweile sehr große Toleranz gegenüber Opiaten bewahrten ihn davor, wie Lizzie Siddal zu sterben. In einem Brief an William hatte Gabriel einmal scherzhaft über Selbstmord gesprochen.

> Apropos Tod, Hunt und ich wollen in unserem Bekanntenkreis einen Verein zum Gegenseitigen Selbstmord gründen. Nach dessen Statuten kann jedes Mitglied, das des Lebens überdrüssig ist, jederzeit von einem anderen verlangen, ihm die Kehle durchzuschneiden. Natürlich muß das alles sehr still vor sich gehen, ohne Tränenvergießen und Zähneklappern. So würde etwa ich zu Hunt gehen und sagen: ›Hör mal, Hunt, unterbrech doch eben mal deine Malerei an dem Kopf da und schneid mir die Kehle durch.‹ Daraufhin soll er dem Modell sagen, daß sie ihre Haltung nicht verändern soll, weil er in einer Sekunde wieder da ist, und wenn er seine Pflicht getan hat, macht er sich wieder ans Malen.[23]

Als Gabriel schließlich zu sich kam, war er zutiefst depressiv, und ein Bein war teilweise gelähmt. Es war offensichtlich, daß er in diesem Zustand nicht nach Hause zurückkehren konnte. Man konnte ihn nicht einmal gefahrlos alleine lassen. Ford Madox Brown stellte ihm ein Zimmer zur Verfügung, bis man eine dauerhafte Bleibe für ihn gefunden hatte. Gabriels Gemälde wurden aus Tudor House abgeholt und von W. B. Scott und Madox Brown aufbewahrt; William übernahm die Regelung seiner Finanzen. Da man erwartete, daß er mehrere Monate lang nicht würde arbeiten können, wurde ein Teil seines Porzellans verkauft.

Am 20. Juni reiste er in Begleitung von Madox Brown und Dr. Hake – letzterer in seiner Eigenschaft als Freund und als Arzt – nach Schottland. Gabriel hatte sein Buch *Vates* oder *The Philosophy of Madness* (Die Philosophie des Wahnsinns) sehr bewundert. Gabriel schickte Christina einige von Dr. Hakes Gedichten, aber sie zeigte sich unbeeindruckt und gab einen vernichtenden Kommentar dazu ab. »Deadly Nightshade« (Nachtschattengewächs) befand sie für »erschreckend in seiner Entsetzlichkeit«, und »Madeline« sei nur marginal besser – »Ich verlor mich völlig in seinem Irrgarten und versank in seinem Sumpf«. Zusammenfassend fragte sie Gabriel: »Ich erkenne Schönheit – aber wie steht es mit dem Sinngehalt?«[24]

Während Gabriels Aufenthalt in Schottland fuhr Christina zu Barbara Bodichon nach Sussex. Ganz allmählich ging es ihr besser, obwohl die körperlichen Anzeichen der Krankheit noch nicht verschwunden waren. Ihre Haut war nach wie vor fahl, und ihre Augen traten hervor. Charles Cayley war einer der wenigen Menschen, den sie sehen wollte. Den letzten Teil ihres Gedichts »By Way of Remembrance« (Eine Art Erinnerung) widmete sie im Manuskript ihm. Es wurde zu ihren Lebzeiten nie veröffentlicht, aber Zeilen daraus verwendete sie in dem weniger persönlichen zehnten Sonett ihrer »Monna Innominata«-Sequenz.

> Du weißt, daß ich dich liebe – zumindest
> Diesen Trost hab ich in meinem Schmerz:
> Du weißt es und kannst es nimmermehr bezweifeln,
> Diese Liebe allein ist immerdar ein Fest:
> Kein Schwur von mir, kein Segen eines Priesters
> Könnte sicherer oder klarer sie machen.
> Wie der ab- und zunehmende Mond ist das Leben –
> Du müder Mond, der sich rundet und sich doch
>   verjüngt!
> Das Leben vergeht: Und wenn die Liebe ihre Schwingen
>   über
> Matte Freude breitet und wir ihren Schlag kaum noch
>   vernehmen,
> Dann, lieber Freund, laß uns in Frieden schlafen: –
> Nur kurze Zeit noch, dann sind Alter und Kummer
>   vergessen;
> Nur kurze Zeit noch, dann löscht die wiedergeborene
>   Liebe
> Verlust, Verfall und Tod – und alles ist Liebe.

Christina machte sich Sorgen, daß ihr Verstand gelitten haben könnte, weil sie sich nach wie vor nicht konzentrieren konnte. Die Krankheit und die Nähe des Todes – einmal hatte sie William geschrieben, sie akzeptiere den Tod als Willen des Allmächtigen – hatten sie fast ebensosehr verändert wie ihre Krise als junges Mädchen. Sie wurde ernsthafter, und ihre Weltsicht verengte sich. Immer häufiger las sie Sachbücher, religiöse Texte, Biographien und Geschichtsbücher, etwa Southeys *Life of Nelson* und Goldsmith' *History of Greece*. Mehr und mehr zog sie sich hinter die Mauern ihres Glaubens zurück.

KAPITEL 13

Während ihrer Genesung in Hampstead und später in Folkestone gelang es Christina, einen neuen Verleger für ihre Sammlung von Kindergedichten zu finden. *Sing-Song* erschien 1872 bei Routledges mit Illustrationen von Arthur Hughes, und diesmal handelte Christina einen Vertrag aus, bei dem sie zehn Prozent Tantiemen für jedes verkaufte Exemplar erhielt, und nicht wie früher eine fixe Summe. Der Band war Charles Cayleys kleinem Neffen gewidmet – »dem Kind, das die Anregung zu den Gedichten lieferte«. Zwar sind viele der Strophen sehr sentimental und berühren den Leser nach heutigem Zeitgeschmack etwas peinlich, doch einige finden sich auch in modernen Anthologien, weil sie durch ihre Schlichtheit und Aufrichtigkeit zeitlos geworden sind.

In *Women Reading Women's Writing* erzählt Isobel Armstrong von dem Augenblick des Erkennens, den sie erlebte, als sie mit neun Jahren »Who has seen the Wind?« las. Sie beschreibt die »kristallene, reine Schlichtheit«, die »nie kindisch klingt«.[1] Die Sprache fängt den geheimnisvollen Wind mit seinen subtilen Geräuschen ein.

> Wer hat den Wind gesehen?
> Weder ich noch du:
> Doch wenn die Blätter zittern,
> Streicht der Wind durch sie.
> Wer hat den Wind gesehen?

> Weder du noch ich:
> Doch wenn die Bäume ihre Kronen neigen,
> Zieht der Wind durch sie.

In dem Gedicht verwendete Christina eine Frage-und-Antwort-Technik, die sie immer wieder benutzte und die in ihren Kindergedichten besonders gut zur Geltung kommt.

> Was ist schwer? Sand und Kummer.
> Was ist kurz? Heute und morgen.
> Was ist zerbrechlich? Frühlingsblüten und Jugend.
> Was ist tief? Das Meer und die Wahrheit.

Einige der Gedichte sind Varianten altbekannter Kinderverse, während andere eine Moral besitzen. In *Sing-Song* finden sich viele Hinweise auf den Tod von Kindern, Gedichte über »Eine Kinderwiege ohne Kind darin«, über ein Baby, das einschlief und erst im Himmel wieder erwachte, oder noch expliziter:

> Warum starb das Kleine,
> So daß Vater seufzte
> Und die Mutter weinte?
> Blumen, die blühen, um zu sterben,
> Antworten nicht auf
> Das »Warum?«,
> Sondern neigen sich und sterben.

Literaturwissenschaftler des 20. Jahrhunderts, für die der Tod ein heikleres Thema ist als Sexualität, beanstanden vielfach Christinas Direktheit. So schreibt G. D. Klingopulos in *The Pelican Guide to English Literature,* Band 6, daß ihre Kindergedichte »zuviel von Tod und Vergänglichkeit erzählen, um für Kinder brauchbar zu sein«.[2] Für uns ist der Tod von Kindern eher ungewöhnlich, doch in der Mitte des 19. Jahrhunderts gab es kaum eine Familie, die nicht ein Kind verloren hatte. Daß dieses Thema in der Kunst und Literatur vielfach angesprochen wurde – was uns morbide erscheint –, bedeutete eine Art öffentliche Trauer über ein individuelles und doch beinahe universelles Leid.

Ungewöhnlich an *Sing-Song* ist, daß darin die Kindheit in einer sehr direkten Weise besungen wird – und das von einer Dichterin, die behauptete, sie möge Kinder nicht, verstünde sich nicht mit ihnen und besitze keinerlei Muttergefühle. Und doch vermittelt *Sing-Song* in jeder Strophe die körperliche Innigkeit der Mutter-Kind-Beziehung.

> Mein Kleines mit der getupften Faust,
> Mein Kleines mit dem faltigen Hals,
> Mein Kleines küßt und wird geküßt,
> Weil es zum Küssen geboren ist.

Anne Gilchrist schrieb William, die »Melodie« von *Sing-Song* sei so »lieblich und spontan wie das Lied eines Rotkehlchens«. Auch die Kritiker und die Öffentlichkeit fanden Gefallen an dem Band, und bis Anfang des 20. Jahrhunderts wurde er immer wieder nachgedruckt. Es war einer von Christinas wenigen finanziellen Erfolgen. Für sie war es eine völlig neue Erfahrung, für Kinder zu schreiben, und möglicherweise wurde sie dazu von ihren Freundinnen Dora Greenwell und Jean Ingelow angeregt, die beide mit Erfolg Kindergedichte und -geschichten veröffentlicht hatten. In einem Brief an Dora bemerkte Jean Ingelow, es sei »auf ganz eigene Art befriedigend, für Kinder zu schreiben. Es zwingt einen dazu, einfach und direkt zu sein, und räumt mit einigen der mystischen Phantastereien auf, in denen man sich doch gerne ergeht und die reiner Luxus sind«.[3]

Der Sommer 1873 wurde auf Genesungsurlaub in Kelmscott verbracht, dem wunderschönen Landsitz in der Nähe von Lechlade in Oxfordshire, den Dante Gabriel seit 1871 zusammen mit William und Jane Morris mietete. Es war ein eindrucksvolles Herrenhaus mit Giebeln, unterteilten Fenstern, die in meterdicke Mauern eingelassen waren, umgeben von angelegten Gärten mit beschnittenen Eibenhecken. Die Themse war hier zu einem See gestaut, der im Winter oft über die Ufer trat, so daß das Haus feucht und unbewohnbar wurde. An den Wänden hingen Gobelins, und die Zimmer waren im Grunde zu dunkel, um dort zu malen. Die Wandteppiche, die in der Zugluft wehten, zeigten bedrückende Szenen aus der Bibel und der griechischen und römischen Antike und erschienen Gabriel wie »eine Heimsuchung«. In Begleitung von Dr. Hakes Sohn George unterzog er sich in Kelmscott einer Kur, zu der Ruhe, frische Luft, gutes Essen und eine beständige Verringerung der Chloraldosis gehörten. Er begann wieder zu malen und arbeitete an einem Porträt von Jane Morris als Proserpina. Vielleicht war das ein allegorischer Hinweis auf die sechs Monate des Jahres, die sie gemeinsam in Kelmscott verbringen konnten, bevor Jane nach London in das gemeinsame Haus mit William Morris zurückkehrte.

Auch der Schriftsteller Theodore Watts-Dunton hielt sich den Sommer über in Kelmscott auf und verbrachte viel Zeit mit Christina. Er erinnerte sich an Spaziergänge mit ihr am Wehr entlang, während Gabriel mit George Hake »im Tempo von fünf Meilen pro Stunde« über die Felder stampfte. Watts-Dunton und Christina sprachen über Shelleys Gedicht »Die Lerche«, das Christina als hehr und erhaben bezeichnete, und über die Eigentümlichkeiten der englischen Aussprache. Sie betrachteten Blumen und Moose, und Christina beeindruckte Watts-Dunton mit ihrer Liebe zur Natur. Sie erinnerte ihn an ein »großäugiges Londoner Kind«, das plötzlich durchs Freie streunen darf. In *Athenaeum* schrieb er: »Sie liebte die Schönheit an sich; sie liebte sie wegen ihres Symbolgehalts einer anderen, jenseitigen Welt.« Er wurde sich aber auch bewußt, daß unter ihrer durchgeistigten Art »eine üppige Sinnlichkeit [lag], die unter anderen Lebensumständen zum

Tragen gekommen wäre, und auch die seltene Anlage zu einer tiefen Leidenschaft«.[4]

William war aufgrund der Anstrengungen der vorhergehenden zwei Jahre einem Zusammenbruch nahe, und so fuhr er im Sommer in Begleitung der Scotts, Alice Boyds und Lucy Madox Browns nach Italien. Ein Zweck der Reise war, Claire Clairmont in Florenz zu besuchen, die einige Dokumente über Shelley und Byron besaß; William hatte den Auftrag, sie zu kaufen. Doch Claire ging es nach einem Sturz gesundheitlich nicht gut, und obwohl William und sie einige interessante Gespräche führten, bekam er die Papiere nicht zu sehen und reiste nach zwei oder drei Tagen ohne sie wieder ab.

Auf diesem Urlaub verlobte sich William mit Lucy Madox Brown. Er hatte sie bereits als kleines Mädchen kennengelernt, als er mit Gabriel das Atelier ihres Vaters aufgesucht hatte. Sie hatte sowohl bei Mrs. Rossetti als auch bei Maria Unterricht bekommen und die Familie oft besucht. Mittlerweile war Lucy dreißig, William war vierundvierzig, und keiner der beiden wünschte sich eine lange Verlobungszeit. Lucy hoffte, daß sie auch als Ehefrau ihrer Laufbahn als Malerin nachgehen konnte. Sie war Schülerin ihres Vaters gewesen und war sich ihrer Fähigkeiten bewußt – ebenso wie der Tatsache, daß sie diese Fähigkeiten ausschöpfen wollte. William schrieb: »Sie hatte den Ehrgeiz, überragend zu sein, und Ruhm war ihr keineswegs gleichgültig; und sie hatte eine exaltierte Vorstellung von Kunst und deren Einflußmöglichkeit.«[5]

Anfangs nahm Christina Lucy herzlich in die Familie auf und schrieb William, Lucys »Liebenswürdigkeit und Freundlichkeit und Begabung machen sie zu einer Zierde und Ehre für uns«[6]. An Lucy richtete sie einen der für sie typischen großzügigen – wenn auch etwas unbeholfenen – Briefe:

> Ich wünschte, ich wäre ein Dutzend Jahre jünger und in jeder Hinsicht würdiger, Deine Schwester zu werden,

aber so, wie ich nun bin, sei Dir meiner liebenden Annahme als meine teure Schwester und Freundin gewiß.

Obwohl Lucy ebenso wie William Agnostikerin war, endete Christina mit den Zeilen:

> Mögen Liebe, Friede und Glück Dein und sein gemeinsames Los in dieser Welt sein, und mehr noch in der nächsten; und wenn die Erde ein Vorzimmer zum Himmel ist (was durch Gottes Gnade uns allen gegenüber der Fall sein möge), so ist die Erde selbst doch auch voller Schönheit und Güte.[7]

Zwischen den Zeilen kommt in beiden Briefen ein Gefühl von Unbehagen und Unsicherheit zum Ausdruck. Williams Heirat mit Lucy bedeutete eine völlige Umstellung in Christinas Leben. Mrs. Rossetti hatte ihren Haushalt auf ihre eigene Art geführt, und in den letzten Jahren hatte Christina diese Arbeiten übernommen. Nun sollte diese Aufgabe Lucy zufallen, und damit waren Veränderungen unvermeidlich. Christina schrieb William lange, detaillierte Briefe über den Inhalt von Schränken und die Umverteilung von Zimmern; Listen über persönliche Besitztümer mußten erstellt und das zusätzliche Zimmer von den Dingen geleert werden, die Christina und Maria dort aufbewahrten. Gesundheitlich ging es Christina noch immer nicht allzugut, und gelegentlich brachen ihre Ängste über die bevorstehende Umwälzung durch ihre oberflächliche Ruhe durch. Dann konnte sie auch kleinlich werden.

> Mein lieber William,
> ich bedaure aufrichtig meine Gemütsaufwallung heute morgen (und Hunderte anderer Fehler), um so mehr, wenn dadurch das Folgende nur noch wie ein zweites, ernsthafteres Beispiel dafür erscheint.
> Die Tatsache, daß ich in der Bibliothek schlafe, hat Dir

zweifelsohne bewußt machen müssen, wie wenig meine Person dazu geeignet ist, ein Zimmer neben dem Eßzimmer zu bewohnen. Mein Husten (der, wie ich später feststellte, Lucy anderntags beim Essen überraschte) läßt es unstatthaft erscheinen, daß ich mich beständig und unausweichlich in der Hörweite Lucys und ihrer Gäste aufhalte. Von *Dir* spreche ich dabei nicht, hast Du Dich doch so völlig an die unerfreulichen Begleitumstände meiner Krankheit gewöhnt; aber wenn »eine große Liebe« unter uns weilt, findest vielleicht auch Du dies unmöglich zu ertragen. Ich muß Dir sagen, daß ich mit einem schweren Rückfall der Herzbeschwerden und einer daraus resultierenden Kehlvergrößerung zu kämpfen habe (weswegen ich wieder unter Sir William Jenners Fürsorge stehe), aber überdies machte sich das, was als Quelle meiner ersten Erkrankung galt, wieder bemerkbar und könnte, soweit ich das zu beurteilen fähig bin, erneut ernsthafte Probleme bereiten.

Die Summe all dessen ist, daß (keinesfalls aufgrund einer Bevorzugung meiner Person vor der Deinen, wie Du mir bitte glauben möchtest, sondern weil mein kränklicher Zustand Notfälle bedingen kann, in denen ich Hilfe benötige, von deren Gewährung Du Dich möglicherweise befreit sehen möchtest) unsere Mutter, wenn ich denn dazu gezwungen bin, auf alles zu verzichten, was Du in Deiner brüderlichen Güte mir gewährst, ohne Zögern und gerne mit mir fortzieht. Wir glauben, daß wir gemeinsam aus all unseren Einkommensquellen genügend haben werden, und wie Du weißt, erstrecken sich unsere Ansprüche nicht auf all die Eleganz, die der moderne Luxus verlangt. Ich habe wenig Grund zu zweifeln, daß ein Abkommen getroffen werden kann, unter dem wir eine Bleibe bei meinen Tanten finden können; damit würde uns kein zu verachtendes Maß von fröhlicher Gesellschaft zuteil sowie willige Hilfe im Krankheitsfalle.

> Lieber William, es würde mich nicht wundernehmen, wenn Du angesichts dieser offensichtlichen Schwierigkeit großes Unbehagen verspürtest, dies jedoch aus Sohnes- und Brudergüte nicht anzusprechen gewillt warst: Wenn dem so ist, so empfinde ich große Freude darüber, daß meine Wahrnehmung zu einem guten Zwecke sich schärfte.
> Nun weiß ich nicht, ob Du mögliche Veränderungen (zu unser aller und nicht zuletzt zu Lucys Bestem) hinsichtlich dieser Vereinbarung anführen möchtest; ich muß gestehen, mir erschließt sich kein Ausweg aus dieser Situation, der nicht eine Trennung beinhaltet. Vielleicht kannst Du Mama oder mich in ein oder zwei Tagen wissen lassen, wie Du darüber befindest.
> Natürlich ist Mama bekümmert und ängstlich; ihrem schwachen Herzen werden von allen Seiten Prüfungen auferlegt. – Solltest Du Dich wundern, daß ich Papier dem gesprochenen Wort vorziehe, gedenke bitte meiner Nerven und anderer Schwachpunkte.[8]

Christina belasteten auch andere Dinge. Zum Teil als Folge ihrer Krankheit und Erschöpfung war sie seit einiger Zeit unfähig, Gedichte zu schreiben. Als Macmillan 1875 vorschlug, eine gesammelte Ausgabe von *Goblin Market* und *Prince's Progress* herauszubringen, schrieb sie ihm, »zusätzliches Material« könne er leider nicht erwarten. »Ich befürchte, daß ich Ihnen in der Tat nur sehr wenig bieten kann. Es scheint, als sei das Feuer erloschen; und ich kenne keinen Blasebalg, der die erstorbenen Kohlen wieder zum Glühen bringen könnte. Ich wünschte, ich kennte ihn.«[9] Die wenigen Gedichte, die sie dennoch schreiben konnte, berichten von ihrem Leid. In »A Martyr« betet eine junge Frau zu Gott:

> Laß nicht das Wasser über mir zusammenschlagen,
> Halt mich, daß ich nicht versinke in dem Sumpf:

Denn Fleisch und Blut sind schwach und furchtsam:
Und ich bin jung und mißvergnügt,
Unerfüllt das Erinnern, Hoffen, Sehnen,
Mein Lied ist halb gesungen, die süßesten Noten blieben
  stumm.

Auch ihr zunehmender religiöser Eifer behinderte ihre Phantasie. In *Letter and Spirit* zitierte sie aus den Seligpreisungen: »›Selig sind, die reinen Herzens sind‹, aber wie kann ein Herz seine Reinheit bewahren, wenn der Phantasie freier Lauf gelassen wird; wenn lebhafte Bilder heraufbeschworen und stürmischen, schmelzenden Gefühlen nachgegeben wird? Dies bedeutet doch sicherlich, bereits im Herzen eine Sünde zu begehen und Gottes Willen zuwiderzuhandeln...«[10] Indem sie ihre Phantasie beschränkte, begann sie langsam und systematisch, aber unwissentlich auch die Quelle ihrer kreativen Inspiration abzutöten.

Williams Verlobung veranlaßte Maria, endlich eine lange hinausgeschobene Entscheidung zu treffen und sich der Anglican Sisterhood in All Saints anzuschließen. In den letzten zwei Jahren war ihre Gesundheit sehr angegriffen gewesen – sie litt bereits an Krebs, woran sie schließlich auch sterben sollte –, und Christina und ihre Mutter machten sich Sorgen, weil das Kloster keinen Komfort bot und die Räume dort kalt waren. Aber Maria ließ sich nicht umstimmen, und sobald sie ihren Entschluß gefaßt hatte, war sie überglücklich.

Angeregt durch den bescheidenen kommerziellen Erfolg von *Sing-Song* beschloß Christina, sich an eine Kindererzählung zu wagen, die anfangs den Titel *Nowhere* (Nirgends) trug. Im Februar schrieb sie unter Umgehung von Ellis und Routledges ihrem alten Verleger Macmillan.

> Ich habe mich an einer kleinen Prosageschichte versucht, die sich möglicherweise vielleicht für einen Weihnachtsband für Kinder eignen könnte. Wenn Sie mir gestatten,

ihn Ihnen zu schicken, wäre ich Ihnen zu herzlichstem Dank verpflichtet. Um genau zu sein, besteht sie aus drei Kurzgeschichten in einem Rahmen – aber das Ganze ist nicht sehr lang.[11]

Gabriel erklärte sie, die Geschichte sei »im Stil von *Alice* und in Gedanken an die Käuferschaft geschrieben«. Daß Macmillan die Erzählung angenommen hatte, erfuhr Christina erst aus einer Anzeige in *Athenaeum*. Daraufhin empfahl sie Macmillan Arthur Hughes als Illustrator. Glücklich nahm sie 5 Pfund 9 Shilling Tantiemen für *Goblin Market* in Empfang, das sich immer noch verkaufte, wenn auch sehr langsam. Sie schrieb Macmillan, sie freue sich über das Geld, weil sie bald ein Hochzeitsgeschenk kaufen müsse.

Am 31. März 1874 heirateten William und Lucy standesamtlich, und im Anschluß daran fand ein kleiner Empfang im Haus von Madox Brown statt. Außer den nächsten Angehörigen waren nur William und Jane Morris anwesend. Offenbar nahm William Morris nur widerstrebend an dieser Feier teil, aber er wußte, daß seine Absage beide Familien verletzen würde. Er und William Rossetti waren sich nie sehr nahe gestanden, und die Beziehung zwischen Morris und Gabriel war gespannt – zum Teil wegen Gabriels Liebe zu Jane und zum Teil auch deswegen, weil Gabriel durch seine Krankheit selbst seine besten Freunde vor den Kopf gestoßen hatte. Gabriel hatte begonnen, das Konzept der Präraffaeliten zu verdammen; einem Bekannten gestand er, er sei »die visionären Eitelkeiten eines halben Dutzend Jungen« leid, und »der Zusammenschluß unter diesem Namen [sei] der reine Witz«.[12] Außerdem war William Morris' Firma, an der neben anderen Präraffaeliten auch Madox Brown und Gabriel beteiligt gewesen waren, im Begriff, sich aufzulösen, weil Morris sich unabhängig machen wollte. Auch das belastete ihre persönliche Beziehung.

Alle waren ein wenig besorgt über Gabriels Erscheinen bei

dem Empfang. Er war nervös, weil er die entfernteren Verwandten der Browns kennenlernen würde, und gesundheitlich ging es ihm nicht gut genug, um an der großen Abendgesellschaft teilzunehmen. Direkt im Anschluß daran reisten William und Lucy in die Flitterwochen nach Frankreich und Italien, und William konnte sich schließlich seinen Traum erfüllen und Neapel sehen.

Nach Williams und Lucys Rückkehr wurde Christina und ihrer Mutter bald klar, daß sie unmöglich mit Lucy unter einem Dach leben konnten. Das lag nicht nur an der schwierigen Umstellung, in ihrem bisherigen Zuhause plötzlich nur mehr Gäste zu sein; es hing auch mit Lucys Ungläubigkeit zusammen, die stärker und militanter ausgeprägt war als bei William. Die Rituale, die Christinas Alltag bestimmten – Lesen in der Bibel, Beten und Meditieren –, waren für Lucy ein Unding. Zwar wollten weder Christina noch Frances ihren Glauben anderen Menschen aufdrängen, aber es herrschte doch eine unangenehme Stimmung; um mit William zu sprechen: »Auf ihrer Seite existierte das Gefühl, und auf der anderen Seite gab es ein Bewußtsein dieses Gefühls.«[13]

Außerdem war Lucy sehr jung und liebte Geselligkeit – die Madox Browns waren immer sehr gastfreundlich gewesen –, und diese Lebensweise wollte sie auch am Euston Square beibehalten. Christina und ihre Mutter hingegen waren ein sehr stilles, fast zurückgezogenes Leben gewohnt und konnten sich mit dieser Veränderung schlecht abfinden; William hingegen gefiel der neue Lebensstil sehr gut. Allerdings betrübte es ihn, daß Lucy eine Abneigung gegen alte Freunde der Rossettis entwickelte, wie etwa Mrs. Heimann und William Allingham, und ihre Besuche zu unterbinden wußte, bis die Bekanntschaft abgebrochen wurde.

Außerdem gab es Schwierigkeiten zwischen Christina und Lucy, die Christina niemals eingestanden hätte. Von allen Geschwistern war sie William immer am nächsten gestanden und verließ sich in vielen kleinen Dingen auf ihn; sie bat ihn um Rat und um finanzielle Unterstützung und schätzte die männliche Gesellschaft, die er ihr bot. Jetzt stand Lucy – die große Liebe – an erster Stelle in seinen Gefühlen. Christina hätte nie zugegeben, daß sie eifersüchtig oder besitzergreifend war, aber sie fand es schwierig, William aufzugeben. Lucy war aus einem anderen Grund eifersüchtig. Sie beneidete Christina um ihr ruhiges Leben (das William ihr ermöglichte), in dem sie schreiben konnte, unbelastet von all den häuslichen Pflichten, die Lucy nun erfüllen mußte. Sie bemühte sich sehr, auch in ihrer Rolle als Ehefrau weiterhin zu malen, und William schrieb: »Mehr als einmal versuchte sie, sich entschlossen wieder ihrer Arbeit zuzuwenden; aber die Sorgen um eine wachsende Familie, ihre zarte Gesundheit und die vielen ständigen Unterbrechungen«, die das Los einer Ehefrau und Mutter sind, »hinderten sie ständig daran, und zu ihrer großen Enttäuschung und ihrem Verdruß gelang es ihr nicht, Bilder zu malen, die sie in eine Ausstellung hätte geben können.«[14]

Christina und ihre Mutter mieteten sich während des Sommers im All Saints Mission Hospital in Eastbourne ein, wohnten aber wochenweise auch in dem Haus am Bloomsbury Square, das Charlotte und Eliza Polidori gemietet hatten. Durch den Wechsel wollten sie vermeiden, daß sie die beiden Damen zu sehr bedrängten.

In diesem Sommer erschien *Annus Domini,* Christinas erster Band mit religiöser Lyrik. Möglicherweise hatte die Freundschaft mit Dora Greenwell sie in diese Richtung beeinflußt. Dora schrieb religiöse Werke seit 1863; ihr Ideal war »ein Buch, das *das Leben, wie es ist,* in christlichem Geiste betrachtet, jedoch von einem natürlichen Standpunkt aus«. Sie hoffte, ihre Bände würden dazu beitragen, »das christliche Leben etwas mehr an die Öffentlichkeit zu bringen«[15]. Auch Christina wollte den geringen Einfluß, den sie hatte, zum Tragen bringen, und je älter sie wurde, desto unerläßlicher wurde es für sie, ihre Fähigkeiten in den Dienst ihres Glaubens zu stellen. Christinas religiöse Prosa ist relativ konventionell.

In einem ihrer Briefe gestand Dora Greenwell: »Man hat in seinem Kopf Türen, die man nicht aufzustoßen wagt«, und Christina, die in früheren Jahren auf den gefährlichsten Schwellen gestanden hatte, zog jetzt einige dieser Türen für immer hinter sich ins Schloß. Die beste Möglichkeit, um Versuchungen zu widerstehen, empfahl sie in *Time Flies,* bestehe darin, ihnen gänzlich aus dem Weg zu gehen. Dennoch gelang es ihr nicht, den geistigen Frieden zu finden, den Maria in so großem Maße besaß. Zu Anfang von *Annus Domini* steht ihr wunderschönes Gedicht »Wrestling« (Ringen), das folgendermaßen beginnt:

> O Herr,
> Wie kann ich die ganze Nacht des Lebens
> Mit Dir, meinem Gotte, ringen, meiner Kraft und meiner
>   Freude?
>
> Wie kann es
> So qualvoller Mühen bedürfen,
> Damit Dein gnadenvolles Gesicht wieder leuchtet.
>
> Wie kann es
> Atemlos hervorgestoßener Gebete bedürfen, um Dich
> Zu Deiner Liebe zu bewegen, der Du doch Liebe bist?

Annus Domini ist ein winziges Buch, etwa zehn mal sieben Zentimeter groß, das man überall bei sich tragen kann und das Bibelzitate und Gebete für jeden Tag des Jahres enthält; es erschien bei James Parker und Co. In den Gedichten offenbart sich Christinas leidenschaftlicher Glaube – »O Herr Jesus Christus, der zweite Mann, ich rühme, ich verehre, ich lobpreise, ich liebe Dich... O Herr Jesus Christus, Dem wir vermählt sind, ich beschwöre Dich, bewahre unsere Seelen jungfräulich, wir, die wir Deiner Liebe treu ergeben.« Christinas Gott, den sie zusehends als ihren himmlischen Gemahl und den Mittelpunkt ihrer Gefühlswelt betrachtete, ist der Gott des Alten Testaments: grausam und doch liebend. In ihren Schriften sind die Schrecken der Hölle stets präsent: Das Leiden und die Opfer Christi und anderer biblischer Gestalten, Heiliger und Märtyrer müssen sich in unseren eigenen Leiden widerspiegeln und im Feuer gereinigt werden.

> O Herr Jesus Christus, Dessen Rat währet ewiglich, laß nicht Staub und Asche, einen Wurm, einen Windstoß, Wesen eines einzigen Tages, laß uns selbst nicht, oh, Herr, uns jemals unseren Willen gegen Deinen Willen stellen, laß uns nicht unser Geburtsrecht mit Esau verachten oder unser Herz mit Pharao verhärten. Aber heute, bevor der Abend naht, heute, am gnadenreichen Tag, gewähre uns Reue, damit wir auf den rechten Weg geraten; daß Du uns am letzten Tage des Gerichts nicht mit der Woge der Zerstörung hinwegfegen mögest.

Christina gelobt, ihre Kunst Gott zu weihen.

> O Herr Jesus Christus, Herr Davids, ich bitte Dich inständig, gewähre, daß wir so, wie er vor Deiner Lade tanzte und auf seiner Harfe Dir Lobpreisungen sang, auch wir alle Gaben, die Du uns geschenkt, freudig in Deine Dienste stellen mögen; daß wir sie nicht verwenden, um unseren Stolz zu mehren, sondern um Dich zu ehren.

Im Oktober 1874 starb Lucys Halbbruder Oliver – der in der Familie Nolly genannt wurde – plötzlich an einer Blutvergiftung. Christina und ihre Mutter hatten ihn sehr gern gemocht, und sein Tod traf die beiden Frauen fast ebensosehr wie Lucy. Er war ein sehr begabter junger Mann, der bereits als Jugendlicher einen Roman veröffentlicht hatte.

Wie angekündigt, erschien *Speaking Likenesses* (Beredete Ähnlichkeit) im November, rechtzeitig für das Weihnachtsgeschäft. Christina widmete es »meiner geliebten Mutter, in dankbarer Erinnerung an all die Geschichten, die sie uns Kindern erzählte«. Christina gefielen weder der Aufdruck auf das Titelblatt »mit *ergänzenden* Illustrationen von Arthur Hughes« noch die Bildunterschriften, aber Macmillan hörte nicht auf ihren Einspruch.

Das Buch wirkt gelegentlich etwas unbeholfen und ist in der Art einer »erzählten« Geschichte geschrieben; es beginnt: »Kommt, ihr lieben kleinen Mädchen, setzt euch zu mir, und ich erzähle euch eine Geschichte.« Sie werden aufgefordert, ihre Stickarbeiten zur Hand zu nehmen, damit sie nicht untätig sind. »Und nun beginne ich gleichzeitig zu stricken und zu erzählen.« Es ist verschachtelt wie eine russische Puppe: eine Geschichte innerhalb einer Geschichte innerhalb einer Geschichte. Es ist eine moralische Fabel über ein kleines Mädchen, das an seinem Geburtstag wütend ist, weil der Tag nicht nach seinen Erwartungen verläuft. Zur Strafe träumt es einen bösen Traum, in dem es gezwickt und gestoßen wird, nichts zu essen bekommt und schließlich hinter den hohen Mauern eines Traumhauses erwacht. Die Erzählung beschwört ein lebhaftes Bild der Grausamkeiten herauf, die kleine Kinder einander zufügen, und die Szenen körperlicher Gewalt erinnern an »Goblin Market«. Andere Passagen sind eher sentimental.

> Ich erzähle euch aus dem traurigen Wissen meiner älteren Erfahrung, daß für jede von euch ein Tag kommen wird, an dem euch Sonnenschein, Hoffnung, Präsente und Vergnügen nichts bedeuten im Vergleich zu dem unerreichbaren Geschenk, einem Kuß eurer Mutter.

Der Kritiker von *The Academy* war etwas ratlos angesichts der Moral der Erzählung. »Uns beschleicht das unbehagliche Gefühl, daß die Bedeutung wesentlich tiefer geht, als auf den ersten Blick erscheint, und daß jeder Teil etwas bedeuten sollte, wenn wir nur wüßten, was es ist.«[16] Für Christina war die Moral der Geschichte und deren Verbindung zum Titel recht eindeutig. An Gabriel schrieb sie, die Kinder begegneten auf Schritt und Tritt »sprechenden Darstellungen« ihrer eigenen Fehler und Charaktere. *Athenaeum* meinte mit einigem Recht, die Geschichte wäre origineller, »wenn Alice nie im Wunderland gewesen wäre«.[17]

Im August 1875 verbrachten Christina und ihre Mutter vier Wochen im All Saints Mission House in Clifton bei Bristol, wo Maria arbeitete. Trotz ihrer angegriffenen Gesundheit sollte Maria im Herbst ihre letzten Gelübde ablegen. Christina liebte Clifton und schrieb William voll Wehmut von der Landschaft.

> Dich erinnerte Clifton wohl zu sehr an Cheltenham [A. d. Ü.: ein eleganter Kurort in Gloucestershire]; doch es scheint ein hübscher Ort, mit wunderbaren Bäumen, die mit Blüten übersät sind und an ein höchst liebreizendes St. John's Wood [A. d. Ü.: ein vornehmer Londoner Stadtteil] denken lassen. Jedoch die Hügel hier übertreffen alles, was ich in dieser Hinsicht kenne, und ermöglichen wunderschöne Ausfahrten... Vor einigen Häusern blühen große, weiße Magnolien, und an einem sah ich heute den seltenen Anblick einer blühenden Myrrhe.[18]

Christina wollte Gabriel sogar dazu überreden, ein Haus in der Nähe von Bristol zu mieten.

Christina verbrachte auch einige Zeit mit Dora Greenwell, die sich zu Besuch bei ihrem Bruder in Clifton aufhielt und der es gesundheitlich nicht gutging. Christina schrieb William, sie sei »recht stark eingeschränkt und wesentlich kränklicher als ich, die Arme«.[19] Vermutlich hatte Dora, eine leidenschaftliche Gegnerin der Vivisektion und Fürsprecherin der Gesellschaft zur Verhinderung von Grausamkeit gegenüber Tieren, die Broschüren geschrieben, die Christina damals an Angehörige und Freunde verschickte. Eine Bekannte, so erzählte sie

William, habe sie soeben aufgeklärt, daß Tierversuche nicht unter Chloroform durchgeführt würden, wie sie bislang geglaubt habe.

Nach ihrer Rückkunft nach London blieben Christina und ihre Mutter bei den Tanten am Bloomsbury Square. Am 20. September wurde Lucys erstes Kind, ein Mädchen, geboren; es erhielt den Namen Olive (was sie später zu Olivia veränderte). Sobald Lucy nicht mehr im Wochenbett lag, kehrten Christina und Frances nach Hause zurück, verbrachten aber immer längere Zeitabschnitte am Bloomsbury Square. Christina arbeitete gerade an ihrem Band *Collected Poems*. Gabriel erhob nach wie vor Einwände gegen »Under the rose«, das mittlerweile »The Iniquity of the Fathers Upon the Children« (Die Sünde der Väter an den Kindern) hieß. Sie räumte zwar ein, daß der Titel »schwerfällig« sei, aber Gabriels Vorschlag »An die Kinder« sagte ihr ebensowenig zu, denn sie fand ihn nicht eindeutig genug.

Gabriel sprach sich auch dagegen aus, »The Lowest Room« aufzunehmen, das seiner Ansicht nach den »modernen, verderbten Einfluß« von Elizabeth Barrett Browning verriet, und empfahl ihr, derlei Ansätze aus allen zukünftigen Gedichten zu verbannen. Ebenso entdeckte er Einflüsse von Jean Ingelow. Christina erwiderte, sie habe das Gedicht vor dem Band *Goblin Market* geschrieben, also zu einer Zeit, »ehe Miss Ingelow mich in irgendeine Richtung wies«. Wie zuvor verteidigte sie sich, warum sie das Gedicht aufnehmen wollte.

> Es tut mir von Herzen leid, falls ich eine Fehlentscheidung getroffen haben sollte, als ich *The Lowest Room* aufnahm... Für mein Dafürhalten ist es keineswegs das morbideste oder persönlichste der Gedichte; aber mein Urteil ist nicht das beste, wenn es um meine eigenen Dinge geht... Der Bereich von Jugendgedichten ist insgesamt mit Angst behaftet, wenn man die mittleren Jahre erreicht, oder so erscheint es in gewissen Augenblicken

zumindest; *man ist so anders, und doch noch genau wie immer.*[20]

Gabriel beharrte auf seinem Standpunkt, und einige Tage später schrieb sie ihm wieder von Bloomsbury Square aus.

> Nachdem ich so lange derart uneinsichtig war, beginne ich jetzt (glaube ich), Deine Einwände zu *The Lowest Room* zu begreifen; und es tut mir bereits leid, es aufgenommen zu haben, *denn Du bist für mich das Zünglein an der Waage.* Die Dicke des Bandes war einer meiner Hauptbeweggründe... Mir selbst mißfällt es auch jetzt nicht, aber ich kann mich nicht als vorurteilsfrei bezeichnen.[21]

Trotz Gabriels Einwände erschien das Gedicht wie ein Credo am Ende des Bandes.

Noch immer traf Christina Charles Cayley, und manchmal besuchte er die Familie, um mit Christina, ihrer Mutter und Tante Eliza eine Partie Whist zu spielen. Sie schrieben sich auch weiterhin, und etwa 1875 verfaßte Christina »Cor Mio«, das sie abänderte und etwas unpersönlicher gestaltete, um es in ihre Sammlung »Later Life« aufzunehmen. Es ist gut möglich, daß sie das Original in Gedanken an Cayley dichtete.

> Im innersten Herzen sage ich noch zuweilen
> »Cor mio«, wenn ich an dich denke,
> Und gebe damit uns beiden, was uns gebührt,
> Schmiede aus zwei getrennten Teilen ein Ganzes.
> Freund, zu weise oder unklug für derart Künstelei,
> Edler Freund, schweigend und stark und treu,
> Hättest du mir Rosen für die schlichte Blume gegeben,
> Die ich auf dem Markt der Liebe gegen Rosen tauschte?
> Im späten Herbst vergißt man bald den Frühling,
> Vergißt den Sommer in seiner Pracht,

Die nackten Vögel, die schon lange flügge,
Die Schwalben, die erst später flogen:
Wird je etwas wie Frühling, wie
Sommer eines Tags die schlummernden Sinne wecken?

In »Later Life« verschwindet das persönliche Element des Gedichts und wird in den ersten acht Zeilen durch Betrachtungen über den Herbst ersetzt; jetzt beginnt es: »So spät im Herbst nun schläft die halbe Welt.« Es ist dies ein gutes Beispiel für Christinas Vorgehensweise: Angeregt durch ein bestimmtes Gefühl oder eine bestimmte Situation schrieb sie Gedichte von einem persönlichen Standpunkt aus und verschleierte diesen Ursprung dann, um die Verse zu veröffentlichen.

Im Frühjahr 1876 ging es Maria gesundheitlich immer schlechter, und im Juli wurde sie in das Mission Hospital in Eastbourne eingeliefert. Christina und Frances trafen Vorbereitungen, um ebenfalls nach Eastbourne zu fahren und in Marias Nähe zu sein. Vor ihrer Abreise fiel schließlich die Entscheidung, daß Christina und ihre Mutter zu Charlotte und Eliza Polidori ziehen sollten, um den Schwierigkeiten, mit Lucy in einem Haus zu leben, ein Ende zu setzen. Christina schrieb Gabriel: »Ich glaube, William ist verärgert, unsere geliebte Mutter zu verlieren; aber ich bin für Lucy völlig unerträglich, und wenn wir Persönlichkeiten tauschen könnten, so zweifle ich nicht, daß ich ähnliche Gefühle wie sie hegen würde.«[22]

Während ihres Aufenthalts in Eastbourne fanden Charlotte und Eliza ein Haus, das ihre Ansprüche zu erfüllen schien und dessen Miete erschwinglich war. In einem Brief an Lucy nahm Christina alle Schuld für das Scheitern ihrer Beziehung auf sich. Allerdings traf sie nicht allein die Schuld, wie William erklärte, der in dieser Sache zwar nicht Partei ergreifen wollte, aber doch andeutete, daß Lucys Verhalten gegenüber ihrer Schwägerin einiges zu wünschen übrig ließ.

> Liebe Lucy,
> vielleicht hast Du gehört, daß ein für unsere Hausgemeinschaft passend erscheinender Wohnsitz am Torrington Square Nummer 30 gefunden wurde. Wenn wir unter zwei Dächern leben und wenn meine Fehler, die ich bedaure, nicht mehr Dein täglich Brot sind, dann, so hoffe ich, können wir auch zum Teil zu der Zuneigung zurückfinden, die wir als Freundinnen hatten und die, so wünsche ich, um so herzlicher und wärmer sein möge, da wir nun Schwestern sind. Bitte verzage nicht, daß ich mich nicht doch bessern könnte.[23]

Marias Zustand war »sehr kritisch«. Sie wurde zur Untersuchung zu einem Facharzt nach London geschickt, und der Orden enthob sie vorübergehend ihrer Pflichten. Der Spezialist empfahl eine Punktion, um Flüssigkeit aus ihrem Körper zu entfernen, und am 16. Oktober mußte die Behandlung wiederholt werden. Es wurde offensichtlich, daß Maria nicht mehr lange leben würde. William und Lucy waren auf Urlaub in Cornwall, und Christina schrieb ihnen warnend: »Ohne daß ich es Euch eigens sage, seid Ihr sicher bereits auf *alles* gefaßt, was ich Euch schreiben könnte.« William beschloß heimzukehren, aber Lucy und das Kind blieben in Cornwall. Christina schrieb Lucy, daß Maria eine zweite Punktion überstanden habe und absolute Ruhe brauche. »Jeder, der sie sieht, erkennt, wie wenig Kräfte sie noch hat.« Gabriel hatte seine Mutter besucht, »um mit ihr zu trauern und sie zu trösten«.[24]

Maria wurde immer schwächer. Sie konnte nicht essen und kaum die Limonade schlucken, die ihr verordnet wurde. Am 12. November erzählte Christina William, Marias Tod sei »nur eine Frage von Tagen«. Am 24. November um etwa 1.30 Uhr nachmittags starb Maria friedlich. Christina übernahm die Aufgabe, die notwendigen Briefe zu schreiben. »Unsere geliebte Mutter erträgt ihren Schmerz mit dem Seelenfrieden, den die Welt weder gibt noch nimmt.«

Auch die Organisation des Begräbnisses mußte Christina übernehmen. Der Gottesdienst sollte in der All Saints Mission stattfinden, und nur die engste Familie wurde eingeladen. Christina sprach mit William darüber, daß es nicht ratsam wäre, wenn Gabriel dem zweiten Gottesdienst am Grab beiwohnte. Seit Lizzies Tod und ihrer späteren Exhumierung hatte er eine morbide Angst vor Friedhöfen, und in seinem damaligen labilen Geisteszustand wollte die Familie ihn nicht dieser Belastung aussetzen.

Maria wurde nach den Riten der Schwesternschaft in Brompton Cemetery beigesetzt. Sie hatte sich ein fröhliches Begräbnis gewünscht, und dieser Bitte wurde so weit wie möglich entsprochen. Christina beschrieb die Szene in *Time Flies*:

> Blumen bedeckten ihr Grab, liebende Trauergäste folgten ihr, an ihrem Grab wurden Hymnen gesungen, der Novembertag hellte auf, und die Sonne (daran erinnere ich mich lebhaft) ließ in meinen Wimpern einen kleinen Regenbogen entstehen. An diesen Regenbogen mußte ich seither oft denken.[25]

TEIL IV

Ein Leben im verborgenen

»Jede qualvolle Niederlage meines schäbigen Lebens
Stand in jener bitteren Stunde vor mir, trotzte mir;
Verwandelte meine Kraft in sehnsuchtsvolle Schwäche,
Meinen Frieden in Hader,
Ich selbst zerfleischte mich mit scharfen, unbarmherzigen Messern.«

<u>Christina Rossetti</u>
»An Old-World Thicket«
(Ein Gebüsch der Alten Welt)
etwa 1882

KAPITEL 14

Nach dem Umzug an den Torrington Square und seit Marias Tod lebte Christina nun in der Gesellschaft von drei älteren Damen, die mehr oder minder auf sie angewiesen waren. Christina führte ihnen den Haushalt, schrieb Briefe für sie, las ihnen vor und kümmerte sich um sie. Es war kein fröhliches Leben. Besuchern fiel die absolute Stille auf und der spezifische Geruch, der alten Menschen eigen ist.

In *Letter and Spirit* beschrieb Christina die Schwierigkeiten, mit älteren Personen zu leben. »Sie reden, und wir wünschen, sie würden schweigen, ihre Manieren sind altmodisch, ihr Geschmack ist barbarisch, ihre Meinungen sind überholt, ihr Niveau ist kindisch...« Abschließend sagte sie, es sei sehr schwierig, eine »ehrfurchtsvolle und demütige« Einstellung zu gewinnen. Am Torrington Square ging es nicht immer harmonisch zu. In einem Brief an Tante Eliza, die sehr direkt und etwas rücksichtslos war, erwähnte Christina Auseinandersetzungen über Karten, nimmt aber die Schuld dafür auf sich. Tante Charlotte war etwas ausgeglichener – Christina schrieb anerkennend über ihre Geduld und ihre Toleranz – und eine umgänglichere Mitbewohnerin.

Das Haus am Torrington Square hatte keinen eigenen Garten und war sehr teuer. Gabriel mißbilligte die Wahl. Der mit Eisengittern umzäunte Gemeinschaftsgarten war mit einer schwarzen Rußschicht bedeckt und sah wenig einladend aus, und das Haus war eher düster, denn die Bäume hielten alles

Licht ab. Im Erdgeschoß befanden sich ein schmaler, dunkler Flur und das Eßzimmer, das Tante Eliza zu ihrem Schlafzimmer machte, als ihre Gesundheit nachließ. Hinten lag ein kleines Zimmer, das den Blick auf den Hof freigab; hier richtete Christina ihre »Höhle« ein, in der sie enge Freunde empfing.

Das Wohnzimmer erstreckte sich über die ganze Vorderfront des ersten Stocks, und tagsüber schien die Sonne hinein. Es war spärlich mit einer seltsamen Ansammlung von Gegenständen aus dem Rossetti- und dem Polidori-Haushalt möbliert; an den Wänden hingen ein paar von Gabriels Familienporträts. Gabriel stellte auch einen wunderschönen alten Kronleuchter zu Verfügung, der früher in Cheyne Walk gewesen war. Wenn die Sonne schien, brach sich das Licht in dem Leuchter und tanzte an den Wänden. In einer Ecke stand das große Terrarium mit den Farnen, die Christinas Steckenpferd waren. Sie hatte zugenommen und trug mittlerweile tagsüber eine Kappe, die ihr Haar bedeckte. Christinas Alltag wurde bestimmt durch die Bedürfnisse und körperlichen Beschränkungen ihrer älteren Verwandten; ihr eigenes Leben drehte sich um das der ihr anvertrauten Personen und ließ ihr wenig Zeit für persönliche Dinge. Sie drückte ihre Gefühle in dem schönen Sonett mit dem Titel »Why?« aus, das anfängt:

> Herr, wenn ich Dich liebe und Du mich liebst,
> Warum muß ich mich noch durch die Tage quälen?
> Warum sollte ich nicht singend zu Dir laufen,
> Bis in den Himmel, um bei Dir zu ruhen?

Die Zeilen verraten eine unterdrückte Wut, die auch die Antwort Christi nicht ganz beschwichtigen kann:

> Braut, die Ich dich liebe, wenn auch du Mich liebst,
> Mußt du als Mitgift zu Meinem Abbild werden:
> Du wirst dich duldsam mühen,

Hungernd und dürstend auf die gesegnete Stunde
   warten,
Wenn Ich in dir Mein Bild erkenne,
Wirst du befriedigt darin erwachen.

Mrs. Rossetti war zu gebrechlich, um größere Reisen zu unternehmen, und so mußte Christina darauf verzichten, den Sommer am Meer zu verbringen. An Gabriel schrieb sie:

> Vielen Dank, daß Du Deine Fühler in Richtung Felixstowe ausgestreckt hast. Aber (leider!) hindern zwei Gründe uns daran, das Angebot anzunehmen. Zum einen hat unsere Mutter in weiser Voraussicht ihren Bewegungskreis beschränkt und bevorzugt Orte, die nicht zu weit von London entfernt liegen, um sich nicht ermüdend langen Reisen auszusetzen. Und zum anderen unternehmen wir dieses Jahr eine gesellige Familienpartie, und wegen der Augen der armen Tante Eliza müssen wir die See meiden.[1]

Der gewohnte Urlaub am Meer fehlte Christina, ebenso wie die langen, einsamen Spaziergänge am Strand. Wie sehr dieser Verzicht für sie ein Opfer bedeutete, geht aus dem Sonett Nr. 17 ihrer Sequenz »Later Life« hervor, das irgendwann zwischen ihren gesammelten Gedichten 1875 und dem Band *Pageant* 1881 entstand.

> Etwas an diesem Nebeltage, etwas, das
> Nicht zu diesem Nebel noch diesem Tag gehörte,
> Ließ mich von den Winden träumen, die
> Bestimmte Klippen, einen bestimmten Strand umwehen
> Und Wellen mit Schaumkronen verzieren:
> Du schöner, steiniger Strand in großer Ferne,
> Unerreichbar und doch ganz nah,
> Unerreichbar wie Indien und Karthago!

> Ich bin leid, wo ich bin und nicht bin,
> Ich bin leid des Vorausblicks und der Erinnerung,
> Ich bin leid alles, was ich habe und was ich sehe,
> Ich bin leid meiner selbst, und es gibt nichts Neues;
> Ach, lahme, ungeduldige Geduld meines Schicksals! –
> So geht es mir – wie steht's bei euch, Freunde?

Trotz der häuslichen Pflichten, die Christina einschränkten, kehrte allmählich ihre dichterische Inspiration zurück, auch wenn sie sich jetzt fast ausschließlich in religiöse Themen ergoß. 1877 schickte Christina Gabriel ein Gedicht, das sie wie früher als einen »echten lyrischen Schrei« geschrieben hatte, im Gegensatz zu dem, was sie »brauchbares Handwerk« nannte. Das Gedicht hieß »Mirrors of Life and Death« (Spiegel von Leben und Tod) und wurde am 17. März 1877 in *Athenaeum* veröffentlicht. Darin verglich sie die Natur mit einem Spiegel.

> Das Geheimnis des Lebens, das Geheimnis
> O Tod, sehe ich
> So dunkel wie im Spiegel;
> Ihre Schatten gleiten vorüber
> Und sprechen mit mir.

Jede Strophe ist ein anderer »Spiegel«.

> Wie die Sonne mit Pracht und Anmut
> Auf ihrem Gesicht
> Wohltuend heiß,
> Strahlend und grell,
> Bereit, aufzugehen und ihren Lauf zu nehmen –
> Nicht ohne Flecken,
> Selbst nicht die Sonne.

Wie ein Maulwurf unter der Erde;
Kaum ans Tageslicht gekommen,
Wühlt er wieder hinab,
Fühlt keinen Strich seines Fells,
Der ihn behindert,
Er hat wenig Freude und Leid,
Entzieht sich dem Blick
Ohne Geräusch.

Wie üblich besprach sie den Inhalt mit Gabriel.

Bitte beachte, daß ich Deine *Streichung* von »sun of« sowie Deine Neuanordnung übernommen habe: und laß mir mein *mouse* und *mole* durchgehen, von denen ich mich nicht zu trennen vermag. Allerdings habe ich mehrere neue »Spiegel« eingewoben, und einige von ihnen (so hoffe ich) mildern das Abrupte von m. und m. Jetzt bin ich mit meinem kleinen Stück zufrieden, und ich würde mich sehr freuen, wenn es unter Deinen Fittichen seinen Weg zum Athenaeum findet, obwohl ich Dir weitere Mühen erspart und selbst gehandelt habe, nun, da ich alt und widerstandsfähig genug bin. Der Möglichkeit einer Absage muß ich mich stellen; im schlimmsten Falle wird es nicht meine erste derartige Erfahrung sein. Was meinen Maulwurf und sein Fell betrifft, so ist Dir vielleicht entgangen, daß sein Fell keinen Strich hat (wie zum Beispiel das einer Katze): es wächst wie ein Kettsamt *ohne Strich,* und als biologische Tatsache wird dies damit erklärt, daß dieser Umstand ihm ermöglicht, sein Leben unter der Erde zu verbringen, wo er vorwärts und rückwärts wühlt. Ich hoffe, daß diese Eigenart gemeinhin bekannt ist, damit der Sinn meines Reimpaares deutlich wird; jedenfalls gehe ich das Risiko ein, die Bildung der Allgemeinheit zu steigern...
»Benignantly hot« habe ich übersehen – Weißt Du, es

gefällt mir –, und ich möchte nicht ausschließlich »verträumt süß« sein – und glaube auch nicht, daß der Rest so ist.[2]

Sie versprach, Gabriel weitere ihrer neuen Gedichte zu schikken, falls er seinerseits versprach, »meine *Dünnhäutigkeit* zu respektieren und das Thema nicht in der Öffentlichkeit anzusprechen«. Heute erscheint »Mirrors of Life and Death« ziemlich abgedroschen und durchschnittlich, aber damals erregte es großes Aufsehen. Insbesondere Gerard Manley Hopkins überhäufte es mit Lob. Wesentlich wichtiger war das Gedicht »The Thread of Life« (Lebensfaden), das etwa zur gleichen Zeit entstand und 1882 veröffentlicht wurde. Es beschreibt ein neues Gefühl des Selbstempfindens. Christina betrachtet das menschliche Leben als Gefängnis, in dem jedes Individuum durch eine »Kette des Selbst« gefesselt ist. Die zweite Strophe endet triumphierend: »Doch was ich war, das bin ich, ich bin.« Dieses neue Selbst, das Christus geweiht wird, gewährt Erfüllung und das Gefühl, berufen zu sein. Christus fordert den Dichter auf zu singen:

> Deswegen bin ich selbst das einzig Ding,
> Das nützen, vergeuden, bewahren und verschenken ich kann;
> Mein einziger Besitz an allen Lebenstagen,
> Der nur mir gehört, auch wenn die Zeit verstreicht.
> Mein eigen, während die Monate und Jahre
> Aus Kargheit milde, heilende Reife schaffen;
> Mein eigen, bis der Tod die Sense schwingt;
> Und noch mein eigen, wenn Heilige ein Lied anstimmen.
> Und dieses Selbst geb ich als König meinem Könige,
> Der Sein Selbst für mich gab;
> Der sich mir gibt und mich zu singen bittet
> Ein süßes neues Lied der von Ihm Erlösten;
> Er bittet mich zu singen: Tod, wo ist dein Stachel?

Zu singen: Grab, wo ist dein Sieg?

In *The Face of the Deep,* einem 1892 veröffentlichten Andachtskommentar zur Offenbarung des Johannes, kehrt Christina zu diesem Thema von Annahme und Selbsterkenntnis zurück. »Ich bin die, die ich bin... Ich kann nicht mein Selbst entäußern... Felsen mögen auf uns herabstürzen, Berge uns begraben; aber unter Bergen und Felsen bleibt das unauslöschliche Ich bestehen.«[3] Diesen Gedanken der »Selbstheit« – die Einzigartigkeit aller Dinge und aller Menschen – teilte Christina mit Gerard Manley Hopkins, der ihr Werk bewunderte und sich davon in eine bestimmte Richtung beeinflussen ließ. Besonders sprach ihn ihr Geschick an, durch Wiederholungen von Wörtern und Alliterationen ein Muster zu formen; diese Technik wurde zu einem der Hauptmerkmale von Hopkins' Werk.

Hopkins war nur einer von mehreren jungen Dichtern in der zweiten Hälfte des 19. Jahrhunderts, der Christina Rossettis Dichtung als richtungweisend betrachtete. 1911 schrieb Ford Madox Brown in *The Critical Attitude*: »Christina Rossetti erscheint uns als der wertvollste Dichter, den das Viktorianische Zeitalter hervorbrachte.« Für ihn wies ihre Lyrik der Dichtung des 20. Jahrhunderts den Weg – ihre direkte, sparsame Ausdrucksweise sowie die Tatsache, daß sie persönliche Situationen als legitime Themen dichterischer Werke ansah. In der 1984 bei Carcanet erschienenen Ausgabe ihres Werks schreibt Charles Sisson, daß Fords Urteil »durch vieles bestätigt wurde, das seitdem passiert ist, und nach 1980 kaum in Zweifel gezogen werden kann.«

Nachdem sich Gabriel 1877 einer weiteren kleinen Operation unterziehen mußte, bei der Flüssigkeit aus den Hoden entfernt wurde, litt er wieder an schweren Depressionen. Er wurde von Mr. Marshall versorgt, der sich bereits bei seinem früheren Zusammenbruch um ihn gekümmert hatte. Christina schrieb an William: »Der arme Gabriel ist so entsetzlich deprimiert, daß er sich offenbar keinerlei Aussicht auf Genesung gestattet.«[4] Marshall empfahl einen Erholungsurlaub in stiller Abgeschiedenheit als »einen absolut notwendigen Schritt«, und Christina und Frances bereiteten sich darauf vor, ihn zu begleiten. Einer der Gründe für ihre Sorge waren die großen Mengen von Chloral, die Gabriel einnahm, zusammen mit ähnlich hohen Dosen reinen Alkohols, um den üblen Geschmack des Mittels zu überdecken. Am 15. August schickte Christina William ein weiteres Bulletin:

> Vielleicht möchtest Du von unserem gestrigen Besuch in Chelsea erfahren, bevor Du heute den Deinigen abstattest. Der arme Gabriel war zutiefst deprimiert, in gewisser Hinsicht aber ging es ihm besser: Er spazierte ein wenig im Garten umher und blieb ein Weilchen dort sitzen, und dann spielte er Schach mit mir. Mit großer Wärme und Dankbarkeit sprach er von Mr. Brown, der bei ihm gesessen und ihm vorgelesen hatte, und mit großer Zuneigung erzählte er, welchen Trost es ihm bedeute, Dich zu sehen. Von Wichtigkeit aber war, daß während unseres Besuchs Mr. Marshall vorbeikam und eine geraume Weile bei ihm blieb. Natürlich ließen wir ihn alleine mit dem Patienten, aber nach einiger Zeit gesellte er sich zu uns in das Wohnzimmer und führte ein besorgniserregendes Gespräch mit Mama. Mit aller Offenheit berichtete er uns, daß ein Monat strenger Beachtung der Vorschriften einen großen Unterschied zum Besseren hin bewirken würde, Gabriel aber mit seiner jetzigen Lebensweise nicht allzu viele Monate überdauern werde. Nun, ich vermute, daß er auch Gabriel gegenüber sehr freimütig sprach, der ihm schwerwiegende Überschreitungen der Vorschriften gestand; und nun hat Gabriel eingewilligt, sich in die Hände einer ständig anwesenden Krankenpflegerin zu begeben, die die Mäßigung durchsetzen wird, von welcher sein Leben nun abhängt. Mr. Marshall wußte von einer höchst emp-

fehlenswerten Krankenschwester, die soeben einen anderen Fall abgeschlossen hat; und er überreichte G[abriel] eine Auflistung mit Ernährung etc., die keinerlei Mißverständnisse aufkommen läßt.[5]

In Hunter's Forestall in der Nähe von Herne Bay in Kent wurde ein Bauernhaus gefunden, das Gabriel mit der Krankenschwester Mrs. Mitchell bezog. Anfangs leistete Ford Madox Brown ihm Gesellschaft, und als er abreiste, traf der Maler Frederick Shields ein. Gegen Ende August fuhren auch Christina und ihre Mutter nach Hunter's Forestall, und damit begann Christinas lange Freundschaft mit Shields, dessen tiefreligiöses Wesen sie sehr schätzte. Aber auch seiner Fehler war sich Christina bewußt, und sie räumte Gabriel gegenüber ein, daß er »wie ein Miesepeter« durchs Leben ginge. Sie bemitleidete seine Frau, die nach der Hochzeit im Alter von sechzehn Jahren auf eine nach strengsten religiösen Prinzipien geführte Schule geschickt worden war und den Großteil des Jahres alleine verbrachte.

Shields schenkte Christina seine Zeichnung für das Gemälde *The Good Shepherd,* das sie ins Wohnzimmer am Torrington Square hängte. Ihrem Biographen MacKenzie Bell erzählte sie, Shields Philosophie von Kunst und Glaube entspräche ihren eigenen Idealvorstellungen. »Wissen Sie, er behandelt sakrale Themen nicht nur als Künstler; sie sind Teil seines Lebens.«[6] Ganzheit, Selbstsein, die völlige Integration der verschiedenen Aspekte ihrer Persönlichkeit – das war Christinas Ziel.

Gabriels Zustand besserte sich nur sehr allmählich, und es erwies sich als unmöglich, seine Chloraldosis zu reduzieren. Sobald sie verringert wurde, litt er unter Schlaflosigkeit, und die Pflegerin war gezwungen, die Menge wieder zu erhöhen, damit er ein wenig schlafen konnte. Christina hielt William regelmäßig auf dem laufenden.

Der arme, liebe Gabriel schlief vergangene Nacht etwas weniger unruhig; aber es handelt sich dabei nur um die Andeutung eines Unterschiedes, keineswegs um den Gegensatz zwischen gut und schlecht. Seine Depression ist schmerzlich, doch gelegentlich erstrahlt einen Augenblick lang ein Anklang seiner früheren Lebensfreude. Im Vergleich zu vor einigen Wochen gibt es allerdings durchaus einige Veränderungen zum Besseren hin. Die Zimmer brauchen nicht mehr halb verdunkelt zu werden, und jetzt sitzt er auch nicht mehr in dieser entsetzlich gedrückten Haltung mit hängendem Kopf; er transpiriert weniger, und wenn ich mich nicht irre, sind die Schmerzen in seinen Gliedmaßen zurückgegangen. Er sieht kräftig aus, sein Teint ist blühend; einzig seine Augen blicken auf eine seltsame Weise, die, wie ich befürchte, nichts Gutes verheißt. Gelegentlich ist er unfähig zuzuhören, wenn ihm vorgelesen wird, doch sehr oft hört er eine geraume Zeit mit Interesse zu. Meist vertreiben wir uns den Abend mit einer kleinen Partie Whist. Bislang hat er noch nicht angefangen, Mama zu portraitieren, und seine Hand zittert oft sichtlich.[7]

Ebenso, wie sich Branwell Brontë während seines letzten Zusammenbruchs stark auf Emily stützte, so war Gabriel jetzt emotional ganz auf seine Schwester angewiesen. Wie Emily konnte auch Christina Mitgefühl empfinden, ohne das Verhalten ihres Bruders zu billigen. Offenbar verstand sie als einzige seine künstlerische Enttäuschung und das drückende Schuldgefühl, das sein Bewußtsein trübte. Als William in einem Brief vorsichtig andeutete, viele der Symptome seien wohl imaginärer Natur, wies Christina ihn scharf zurecht und meinte, sie seien deswegen nicht weniger wirklich oder schmerzlich. Scharfsichtig erklärte sie: »Gelegentlich ist es ermüdend, sich mit ihm zu beschäftigen, aber wie muß es erst sein, *er zu sein*.«[8]

Im Oktober hielten sich Christina und Frances noch immer

in Kent auf, und an Frederick Shields' Statt war Theodore Watts-Dunton gekommen. Man hatte Angst davor, Gabriels Opiumdosis zu stark zu reduzieren, weil er dann »selbst Chloral direkt beim Apotheker anfordern« würde. Christina erzählte William von ihren Befürchtungen.

> Alles, was ich Dir diesbezüglich wiederhole, ist im strengsten Vertrauen gesagt, aber *Du* sollst den gegenwärtigen Zustand kennen und wissen, welche Gefahr möglicherweise droht. Er hat davon gesprochen, nicht länger als etwa bis Monatsende hierzubleiben, aber er sagte es nicht dergestalt, daß ich mir sicher sein könnte, wir würden jederzeit aufbrechen; wenn er sich nicht mehr an die Vorschriften hält, so weiß ich nicht, worauf ich mich vorbereiten soll – ob wir bleiben oder abreisen. Gott helfe uns.[9]

Im November war Gabriel so weit wiederhergestellt, daß er zu William und Lucy in das Haus am Euston Square ziehen konnte. Sein angegriffener Zustand erlaubte ihm nicht, methodisch zu arbeiten, aber er zeichnete das wunderschöne Kreideporträt von Christina und ihrer Mutter, das heute in der National Gallery hängt. Für William zeigte das Porträt »einen unverkennbaren, bestimmten Aspekt von Christinas Gesicht... Immer, wenn mein Blick darauf fällt, kommen mir die Zeilen aus ihrem Gedicht *From House to Home* in den Sinn –

> In Geduld fasse ich meine Seele;
> Ein steinernes Gesicht setze ich auf.«[10]

Es kam zu unerfreulichen Auseinandersetzungen mit Augustus Howell, einem skrupellosen Galeristen, der zusammen mit seiner Geliebten Bilder fälschte und sie als Gabriels Werk ausgab. Gabriel hatte ihm Gemälde zum Verkaufen gegeben, und darüber herrschte jetzt Verwirrung; überdies fehlten einige Dinge. Gabriel war eindeutig nicht in der Lage, sich um seine Geschäfte zu kümmern.

Im Februar wurde Lucys zweites Kind geboren, ein Junge, den sie Arthur nannten. Christina und ihrer Mutter bereitete es große Sorgen, daß Lucy und William die Kinder nicht taufen ließen. Zwar hatte sich die Beziehung zwischen den beiden Familien entspannt, aber die Kinder führten nun erneut zu Unstimmigkeiten. Zwischen Christina und Lucy kam es zu Reibereien wegen eines Besuchs der dreijährigen Olive mit ihrem Kindermädchen am Torrington Square. Offenbar hatte Christina sich beschwert, Olive habe sich »mehr als angemessen ›zu Hause‹ gefühlt«, und Lucy drohte, ihre Besuche einzustellen. Im Versuch, das Mißverständnis zu klären, schrieb Christina an Lucy.

> Meine liebe Lucy,
> ich bin von Herzen froh, daß Du schriebst, denn somit habe ich die Gelegenheit, einen Eindruck zu korrigieren, den ich niemals geben wollte. Ich empfinde große Bewunderung für unsere kluge, kleine Olive und freue mich sehr, daß sie mit *Sing Song* genährt wird. Und um so wohler sie sich bei uns, einigen ihrer nächsten Anverwandten, fühlt, desto besser; und sollte sie mich eines Tages so sehr ins Herz schließen, um sich mir vertraut zu fühlen, dann wäre das noch besser – nur erwarte ich keine solch glückliche Fügung, denn ich kenne meinen Mangel an mütterlicher Fürsorge, die das Herz eines Kindes einnimmt und auch einnehmen soll. Überdies weißt Du nicht, wieviel Freude Du Mamas stiller Tage berauben würdest, wenn Du Olives Besuche hier oder ihre Freiheit, wenn sie hier weilt, beschnittest. *Das* ist ein wahres Mutterherz, voller Wärme für Kinder und die Kinder von Kindern: und sie könnte es nicht ertragen, wenn *ihre* Freude, Deine Kleinen zu sehen und zu hören, angezweifelt oder mißverstanden würde. Dies alles mit vielen lieben Grüßen von ihr an

Dich und sie. Und auch von mir, bitte, an alle drei: keine Krokodilsliebe!

»Jetzt gebt euch einen Kuß und vertragt euch« ist ein sehr weiser alter Spruch: Laß Olive meine Stellvertreterin sein, und ich brauche nicht zu befürchten, das Ergebnis könnte fehlschlagen. Sollte ich das?[11]

Christinas gesammelte *Poems* verkauften sich relativ gut, aber als sie sich nach ihren Tantiemen erkundigte, mußte sie mit Bestürzung feststellen, daß Macmillan ohne Rücksprache mit ihr das Geld verwendete, um das durch *Prince's Progress* entstandene Defizit auszugleichen. Außerdem hatte er eine zweite Auflage der *Poems* gedruckt, ohne Christina davon zu informieren. Sie selbst hätte die Sache auf sich beruhen lassen, aber sowohl Gabriel als auch William waren der Meinung, daß etwas unternommen werden mußte. Schließlich bedrängten sie Christina, ihnen zu gestatten, Watts-Dunton (der auch Anwalt war) damit zu beauftragen, in ihrem Namen mit Macmillan zu verhandeln; sie willigte ein unter der Bedingung, daß es zu keinem Gerichtsverfahren käme.

...Wenn er dem freundlicherweise zustimmt, ohne daß ich mich in große Anwaltskosten stürzen muß, so nehme ich Deinen Rat an, daß dies empfehlenswert sei... Aber nur und ausschließlich auf die allerfreundlichste Art und Weise; ich bin überzeugt, daß kein Falsch getan wurde oder auch nur beabsichtigt war; ich weiß, daß ich mit dem gegebenen Abkommen zufrieden bin; und man darf nicht meinen Wunsch vergessen, mit meinem freundlichen Verleger eine herzliche, persönliche Freundschaft aufrechtzuerhalten... Jedoch nichts, auch kein handfester Beweis, daß ich geplündert wurde!, würde mich dazu veranlassen, auf das Gesetz zurückzugreifen: Und diese meine Aussage ist gleichzeitig als Warnung und als letztgültige Entscheidung zu verstehen. Überdies hege ich

Hoffnungen, in nicht allzu ferner Zeit genügend Strophen für einen *kleinen* neuen Band zusammenzubekommen: Also bin ich momentan überhaupt nicht in der Stimmung, den standhaften Mac vor den Kopf zu stoßen...[12]

Der hier erwähnte Band erschien allerdings erst 1881, doch 1879 veröffentlichte Christina bei der SPCK [A. d. Ü.: Society for Promoting Christian Knowledge – Gesellschaft zur Förderung christlichen Wissensguts] ein weiteres Prosawerk mit dem Titel *Seek and Find,* eine Reihe von Studien über das Benedicte. Christina entschuldigte sich bei Gabriel für den Mangel an lyrischer Dichtung, »aber ich schmeichle mir, daß ein Teil davon in jener Prosa gehalten ist, die unsere italienische Hälfte uns zu schreiben verleitet«.[13] Ihre Brüder waren der Ansicht, daß die vielen Verweise, die nicht in Fußnoten standen, sondern in den Text eingearbeitet waren, die Schönheit und Schlichtheit der Prosa störten.

Gabriels gesundheitlicher Zustand änderte sich täglich, aber insgesamt ging es ihm immer schlechter. Im Sommer zerstritt er sich mit Madox Brown, einem seiner engsten Freunde und Verbündeten. Wegen seiner Reizbarkeit, seiner heftigen Stimmungsumschwüngen und Wahnvorstellungen, die, wenn nicht von den Drogen hervorgerufen, so doch von ihnen verstärkt wurden, hatten sich im Laufe der Jahre die meisten seiner Freunde von ihm zurückgezogen. Sogar Jane Morris sah sich dazu gezwungen, ihm in freundlichen Worten mitzuteilen, daß sein Verhalten gegenüber anderen unerträglich war. Er durfte das Haus der Morris' nicht mehr betreten und sah nur noch Jane Morris in Cheyne Walk. Seine Briefe an sie sind liebevoll und aufmerksam, und auch sie schrieb ihm weiterhin voller Zuneigung, allerdings nicht so häufig, wie Gabriel gerne gesehen hätte. Er erzählte ihr, es wäre ihm unerträglich, wenn sie ihm »ihr langjähriges Interesse entziehen würde«.[14]

Anfang Oktober nahm Gabriel eine Überdosis Chloral, und

wieder mußte er gesund gepflegt werden. Christina schrieb an William:

> Gestern verbrachten wir einen langen Vormittag mit Gabriel, den wir weniger deprimiert vorfanden, als ich erwartet hätte. Aber der Zustand seines Mundes!, und seine Stimme klang entsetzlich. Allerdings war er recht redselig, was Bücher und Menschen anbetraf, und zeigte uns einige wunderschöne Zeichnungen. Ich wünschte, Du hättest die zartfühlende und dankbare Wärme hören können, mit der er von Deiner Freundlichkeit zu ihm in seiner Krankheit sprach – »wie eine Frau« –, und von Deinem reizenden Wesen.[15]

Mittlerweile war Gabriel unfähig, alleine zu leben, und nachdem sich mehrere Assistenten als Fehlschläge erwiesen hatten, fand William schließlich Thomas Hall Caine, einen jungen Schriftsteller, der in Gabriels letzten Jahren als sein Mentor und Freund fungierte.

Im Juli 1880 erschien in *The Pen* ein Artikel über die Familie Rossetti. Christina las ihn in Eastbourne, wo sie mit ihrer Mutter einen ihrer selten gewordenen Urlaube am Meer einlegte. An Gabriel schrieb sie:

> Wie sehr wünsche ich mir, wir wüßten, wer den Artikel in *The Pen* verfaßte. Nun halte mich bitte nicht für eine Gans und denke, ich könnte furchtbar gekränkt sein, weil mir ein geringerer Platz zugewiesen wird als Dir, der Du in so vieler Hinsicht der Vorstand unseres Hauses bist. Die Erwähnung unseres lieben Vaters gefällt mir sehr gut, und der Tribut an Maria, so kurz er ist, sagt mir ebenfalls zu; auch William schneidet relativ gut ab. Das Wortspiel über Dich finde ich köstlich. Wer kann es nur sein, der soviel über unsere Familie weiß, sich aber in ein oder zwei Punkten so völlig irrt – etwa, wenn er uns *gar kein* engli-

sches Element zugesteht und Dich zum Ältesten der Gruppe erkürt? Solltest Du das jemals herausfinden, so hoffe ich, daß Du uns erhellen wirst.[16]

Hinter dem männlichen Pseudonym dieses Artikels verbarg sich Alice Meynell, die sich große Mühe gab, ihre Arbeit als Journalistin und Dichterin mit den Anforderungen ihres Mannes und ihrer Familie zu vereinbaren. Die Einzelheiten ihres Essays hatte sie ihren Freunden George Meredith und Coventry Patmore entlockt, doch brillant wird der Artikel erst durch Alices lebhafte Intelligenz. Patmore beschrieb ein wunderbares Bild von Alice im häuslichen Leben, die mit ihren Kindern in ihre Küche stürmt, »strahlend wie ein Primeltopf«. Sie hielt es für unvermeidlich, daß die Dichtung von Frauen »melancholisch und befangen« war, zeigte sich aber wesentlich kritischer hinsichtlich der Vorstellungen, die Christina explizit zum Ausdruck brachte und fraglos (wenn auch nicht mühelos) akzeptierte. »Es ist das Los unseres Geschlechts, der ›liebeverlorenen Frauen‹«, schrieb Christina an William zur Geburt seines Sohnes Arthur, »im Leben die zweite Geige zu spielen, wenn auch nicht in der Musik«.[17]

Im August 1880 fragte Lord Henry Somerset schriftlich bei Christina an, ob er einige ihrer Gedichte vertonen dürfe. Zunächst willigte Christina ein, doch dann ließen Gabriel und William sie wissen, daß er in Sexskandale verstrickt sei und es ihrem Ruf schaden könnte, wenn sie ihm ihre Genehmigung gab. Christina wankte in ihrer Entscheidung; sie wollte nicht ablehnen, bevor sie sich nicht selbst im klaren war. Wir wissen nicht, ob ihre Brüder sie über Lord Henrys Homosexualität aufklärten. Zur damaligen Zeit durfte nicht explizit darüber geschrieben werden, und in Christinas Briefen an Gabriel wird selbst sein Name nicht genannt. Lord Henry hatte ihr zwei Dokumente geschickt.

Eines davon, denke ich, würde bei jedem aufgeschlossenen Menschen einen starken Eindruck hinterlassen, und das andere spricht mich stark an. Aber ich empfinde es nicht als richtig, sie aus der Hand zu geben oder auch nur jemandem zu zeigen, außer unserer Mutter, die mindestens ebenso vorteilhaft beeindruckt ist wie ich. Worauf dies alles hinausläuft, ist, daß ich *** all seine Briefe und Papiere zurückschicken werde, damit er gewiß sein kann, daß diese weder zu meinen Lebzeiten noch später in anderer Leute Hände geraten... Der arme Mann, was immer mit ihm der Fall sein mag, er ist überaus bedauernswürdig.[18]

Lord Henry war über Christinas Antwort verärgert und enttäuscht.

*** hat mir geantwortet. Mit keinem Wort erwähnt er die Vertonungen; aber er stellt sich als »einen unschuldigen Mann« dar (und schickt voraus, daß er »nicht vorgeben wird, meinen Brief mißzuverstehen«) und erscheint im einen Falle, wie ich glaube, zu Recht verletzt, im anderen ablehnend. Es bereitet mir große Qualen: und ich denke, ich werde erneut schreiben – EIN LETZTES MAL –, natürlich nicht, um die Frage der Musik zu überdenken, sondern damit ich mich wohler fühlen kann für den Fall, daß ich (aus welcher Unwissenheit heraus auch immer) ungerecht gehandelt habe. Weder Erklärungen noch Einzelheiten oder Beteuerungen sind vonnöten: und unter keinen Umständen könnte ja Schaden daraus erwachsen. Lach nicht: Mich belastet die Verantwortung all dessen, was man tut oder nicht tut.[19]

Je älter Christina wurde, desto mehr wurde sie von Gewissensnöten geplagt. Eines ihrer Gedichte mit dem Titel »Yet A Little While« (Kurze Zeit noch) wurde im *University Magazine* veröffentlicht. Christina kannte die Zeitschrift nicht und war entsetzt, als sie sah, welche Artikel dort erschienen. Sie schrieb an den Herausgeber und weigerte sich, weiterhin Beiträge zu schreiben für Menschen, die

> einer Gedankenschule angehören, die der meinen diametral gegenübersteht. Wenn dem so ist, so bin ich mir sicher, daß Sie mich freundlicherweise aus meiner Quasi-Verpflichtung entlassen werden, auf Auftrag hin für Ihre Zeitschrift zu schreiben, denn ich könnte mich nie wohl oder glücklich fühlen in der literarischen Gesellschaft von Menschen, die auf das herabblicken, zu dem ich aufschaue. Ich habe mit dem Christentum nicht *gespielt,* und deswegen kann ich auch nicht mit Ungläubigkeit spielen.[20]

In einem Brief an Frederick Shields legte sie eine ähnlich prüde Einstellung an den Tag; es ging dabei um einige Zeichnungen von Feen, wie sie dem damaligen Zeitgeschmack entsprachen und meist eine nackte weibliche Gestalt darstellten. Christina meinte: »Als ich gestern abend (Miss) -s Arbeiten bewunderte, hätte ich vielleicht besser daran getan, weniger zu sagen, es sei denn, es wäre mir gelungen, gleichzeitig mehr zu sagen. Ich bewundere wirklich die Anmut und Schönheit der Zeichnungen, aber ich denke nicht, daß es das moralische Problem derartiger Abbildungen löst, wenn man sie ›Feen‹ nennt.« Ihr Gewissen hatte sie die ganze Nacht gequält, weil sie im geeigneten Augenblick nichts gesagt hatte. Sie mißbilligte Darstellungen des nackten Körpers (wie auch ihre Brüder und ein Großteil der viktorianischen Gesellschaft) und war der Ansicht, daß »Künstlerinnen ein Beispiel setzen und wegweisend sein sollten«.[21]

KAPITEL 15

Gegen Ende 1880 fand Christina endlich einen Verlag für ein Werk, das sie bereits einige Jahre früher, noch vor Marias Tod, beendet hatte. Die SPCK wollte an den Erfolg ihres vorherigen Bandes anknüpfen und brachte Anfang 1881 *Called to be Saints* heraus. An Gabriel, der sich Sorgen machte, ihre religiöse Prosa könne ihrem Ruf als Dichterin abträglich sein, schrieb sie: »Ich glaube kaum, daß durch meine SPCK-Bücher Schaden entstehen kann, und auch mein Ansehen sollte nicht darunter leiden; doch selbst wenn dem so wäre, freute ich mich dennoch, mein Staubkörnlein in die Waage der Religion zu werfen.«[1]

Called to be Saints ist eine Zusammenstellung von Andachtsstudien über die Heiligen des Kirchenkalenders und ist dem Andenken Marias gewidmet; es enthält eine Inschrift aus Hookers *Ecclesiastical Polity*. Christina beschrieb die Lebensgeschichten aller Heiligen, zitierte die jeweils auf sie zutreffenden Bibelstellen, gab eine genaue botanische Beschreibung der Blume, die das Emblem dieses Heiligen darstellt, und wählte jeweils einen entsprechenden Edelstein, ein Gebet und einen Psalm. Mit der Jungfrau Maria verband Christina das Schneeglöckchen, das

> aus dem Schnee geboren scheint, der sein Blühen doch nicht verhindert: denn es trägt reines Weiß zum Gewand und läßt sein Köpfchen hängen, als sei es ein Eiszapfen...

Das Schneeglöckchen wird auch Unsere Liebe Frau des
Februar genannt. Die Schöne Jungfrau des Februar und die
Blume der Reinigung: Das heißt, sein Aussehen und auch
seine Namen lassen uns an Reinheit und Frömmigkeit
denken; und die gewöhnliche Erde, der es entspringt, kann
für uns ein Trittstein auf dem Weg zum Himmel werden.[2]

In den Text waren Gedichte unterschiedlicher Qualität eingefügt. Die Verse, die die Verkündigung begleiten, gehören mit zu den besten:

> Sie war selbst eine Rose und trug die Rose,
> Trug die Rose und spürte die Dornen.
> Die neugeborene Lieblichkeit
> Ruhte an ihrer Brust,
> Schlief und erwachte dort nachts und morgens.
>
> Sie war selbst eine Lilie und trug die eine
> Schöne Lilie: weitaus süßer, weißer
> Als sie selbst oder andere sind:
> Die Sonne der Unbescholtenheit war ihr Sohn,
> Und sie sein Morgenstern.

Im Abschnitt über Allerheiligen spielt sie darauf an, daß sie zugunsten der göttlichen auf die menschliche Liebe verzichtete, denn der göttlichen Liebe gebührt der erste Platz. Sie verweist auf die zwei bedeutenden Ereignisse in ihrem Leben, die sie in ihren Briefen erwähnte, als sie eine religiöse Krise erlebte.

> So oft ich auch etwas verstreichen ließ, das nicht wiedergutzumachen ist, so stechen doch zwei Erlebnisse besonders lebhaft hervor: Einmal, als mir kaum bewußt war, daß ich beinahe meine letzte Gelegenheit verspielt hätte, tat ich in letzter Sekunde das, was innerhalb kürzester

Zeit für immer ungetan hätte bleiben müssen; und dann wieder, als ich ein Versprechen erfüllte, für dessen Erfüllung jenseits aller Überlegung nur wenig Zeit blieb.[3]

Diese zwei »Schwellen« ihres Lebens waren für Christina offenbar von großer Bedeutung, obwohl sie über die Einzelheiten absolutes Stillschweigen wahrte. Ihr Gedicht »Twice«, geschrieben 1864, bezieht sich möglicherweise auf die gleichen Ereignisse. Der erste Teil spricht von der irdischen Liebe.

Ich nahm mein Herz in die Hand
(O mein Liebster)
Und sagte: Laß mich fallen oder stehen,
Laß mich leben oder sterben,
Aber dieses eine Mal höre mir zu –
(O mein Liebster) –
Doch die Worte einer Frau sind schwach,
Nicht ich, sondern du sollst sprechen.
Du nahmst mein Herz in die Hand,
Und mit freundlichem Lächeln
Und kritischem Blick prüftest du es,
Legtest es nieder
Und sagtest: Es ist noch unreif.
Es ist besser, zu warten;
Solange die Lerchen singen,
Bis das Korn sich färbt.

Und als du es niederlegtest, zerbrach es –
Es zerbrach, aber ich klagte nicht;
Ich lächelte über deine Worte,
Über dein Urteil:
Doch seither habe ich nur selten gelächelt
Und auch keine Fragen gestellt
Noch mich an wilden Kornblumen erfreut
Oder mit den Vögeln gesungen.

Im zweiten Teil des Gedichts bietet die Dichterin ihr Herz – ihr gebrochenes Herz – Gott an, und nun wird es nicht zurückgewiesen.

> Diesen verdammten Menschen,
> Der unbedacht sich befleckte,
> Dieses Herz nimm hin und prüf es
> Innen sowie außen;
> Läutere sein Gold im Feuer,
> Reinige es von Schlacke –
> Bewahre es in Deiner Hut,
> Der niemand es entreißen kann.

Im Januar starb James Collinson, gerade drei Monate vor seiner Schwester Mary, die sich einst geweigert hatte, mit Christina zu korrespondieren. Dies waren nur zwei von vielen Todesfällen, die – um mit William zu sprechen – den »Sterbekatalog« in Christinas zweiter Lebenshälfte bildeten. Als Andenken an Collinson fügte sie am 24. Januar eines seiner Sonette in *Time Flies* ein. Sie schrieb es »aus dem Gedächtnis« nach und fügte bezeichnenderweise hinzu: »Ich betrachte es als religiös; vielleicht denken andere ebenso.« Das Sonett ist ein Dialog und beginnt mit einer Aufforderung, auf die eine Entschuldigung folgt.

> »Gib mir dein Herz.« Ich sagte: »Kann ich
> Kein größeres Opfer bringen Ihm, der mir
> Leben, Besitz, Gesundheit gab, mein Freund in allem war,
> Als mein Herz, das ich einmal schon verschenkte?«

Wie in »Twice« muß die irdische der himmlischen Liebe weichen. Der mittlere Abschnitt beschreibt das Ideal des Weltlichen, das in die Liebe Christi eingebunden ist.

»Gib mir dein gebrochenes Herz.« Kann Liebe
versklaven?
Muß sie zu ihrer Erfüllung den Blick
Auf jenseits des Grabes richten? Herr, um Deiner Liebe
willen,
Gestatte das: So, wie zwei Flüsse sich
In ihrem Verlauf vereinen und ins Meer ergießen,
So laß zwei liebesgefangene Seelen eine werden,
Damit ein erfülltes Herz all seine Liebe auf Dich wendet.

Nachdem das Mißverständnis über die Tantiemen mit Alexander Macmillan geklärt war, bot Christina ihm einen neuen Band »zu den alten Bedingungen« an. Macmillan willigte ein, ohne die Gedichte zu sehen, und Christina war beglückt, aber auch nervös über die Aussicht, sich den Kritikern mit einem neuen Werk stellen zu müssen – ihrem ersten, abgesehen von Kindergedichten und Prosa, seit *Prince's Progress* im Jahr 1866. An William schrieb sie, sie sei »ein wenig rastlos; ein neuer Band ist eine gewaltige Erschütterung für die Nerven, doch zumindest kann er sich nicht als ZWILLINGE herausstellen!« Am 23. April hatte Lucy völlig unerwartet ein Mädchen und einen Jungen zur Welt gebracht, die Mary und Michael genannt wurden. Bereits 1879 war eine zweite Tochter, Helen, geboren worden. Mittlerweile hatte Christina also fünf Nichten und Neffen.

Sie verwendete große Mühe auf den Band *Pageant* und bestand darauf, daß sie das Copyright behielt. »Copyright ist mein Steckenpferd«, schrieb sie Alexander Macmillan, »von dem ich mich nicht zu trennen vermag. Wenn es denn einen Wert hat, so denke ich, als erste Anspruch darauf zu haben, und hat es keinen, so kann es unbesorgt bei mir belassen werden«. Mit der Geburt der Zwillinge »ist selbst der kleinstmögliche Gewinn doppelt wertvoll, und ich hänge mehr denn je an meinem geliebten Copyright«.[4] Unter dem Copyright-Gesetz von 1842 konnte der Autor das Copyright nur für einundvierzig Jahre zu seinen Lebzeiten und sieben Jahre nach seinem Tod besitzen. Internationales Copyright war damals unbekannt, und Raubkopien waren keine Seltenheit. Macmillan gehörte zu denjenigen, die sich während der siebziger und achtziger Jahre des 19. Jahrhunderts um eine Reform der Copyright-Gesetzgebung bemühten.

Christina besprach den Titel von *A Pageant and Other Poems* nicht mit Gabriel, dessen Konzentrationsvermögen aufgrund seiner angegriffenen Gesundheit relativ gering war. Wenn Christina und ihre Mutter ihn besuchten, konnten sie nicht einmal sicher sein, von ihm empfangen zu werden – in seinen schlimmten Stimmungen war es ihm unmöglich, überhaupt jemanden zu sehen. In einem Brief an Christina, die mit Frances einen kurzen Urlaub in Sevenoaks verbrachte, schrieb er von seiner großen Neugier auf ihr neues Werk. Sie antwortete ihm, ein Exemplar sei bereits an ihn abgeschickt, und erklärte taktvoll: »William sah die Sonette nur deshalb vor Dir, weil er mich bei einem Besuch direkt dazu aufforderte – das waren aufgeregte Momente für mich, aber ich überstand sie.«[5] Auf Gabriels Empfehlung hin schickte sie Exemplare zur Rezension an Watts-Dunton und Hall Caine, gestand aber auch, daß sie »ob dieser Aussicht zurückschreckte«. Sie freute sich sehr, »in dieser Zeit von London fort zu sein«, und scherzte über ihr Aussehen. »Wenn nur meine Figur ein wenig schrumpfen würde! Denn eine dicke Poetin ist widersinnig, insbesondere, wenn sie neben dem Sarg begrabener Hoffnungen sitzt!«[6]

Christinas Sorge wegen der Kritiken erwiesen sich als unberechtigt. Watts-Dunton ging in *Athenaeum* auf ihre »Vorliebe für Allegorien und Symbole« ein. Er beschrieb ihre Musik als »scheinbar ebenso ungeregelt wie das Lied eines Vogels, und doch folgt sie wie der Vogelgesang einem Gesetz, das zu subtil ist, um erkannt zu werden«. Ihre lyrische Begabung habe »nichts mit intellektueller Leistung zu tun«. Er hob insbesondere ihre Sonette hervor und verglich Christina mit Shakespeare und Matthew Arnold. Abgesehen von dem Titelgedicht – einem eher pedantischen und unförmigen Tableau von Kindergedichten rund um die Monate des Jahres, bilden die Sonettsequenz »Monna Innominata« sowie die weniger beliebten, aber wunderschönen Sonette aus »Later Life« das Hauptwerk dieses Bandes.[7]

Christina jedoch fand, daß Hall Caine in *Academy* ihre Bezüge auf Elizabeth Barrett Brownings *Sonette aus dem Portugiesischen* nicht verstanden hatte. Ihre Bemerkungen sind ein gutes Beispiel für Haarspalterei.

> Sicherlich nicht nur, was ich zu sagen beabsichtigte, sondern auch, was ich tatsächlich sage, ist nicht, daß die Sonette dieser Dame übertrefflich sind, sondern daß eine »Donna Innominata« aus derselben Feder sehr wohl unübertrefflich hätte sein können. Die fragliche Dame, wie sie dasteht, betrachtete ich keinesfalls als eine »innominata« – denn letztere lebt gemäß den traditionellen Bildern, die ich im Sinn hatte, unter anderen Bedingungen. Es verwundert mich ein wenig, daß bis dato niemand (meines Wissens) je mein semi-historisches Argument aufgriff, um es derart zu verarbeiten – mir erscheint es voll poetischer Andeutungen.[8]

Als ein gewisser Mr. Patchett Martin in einem Artikel behauptete, Christina sei eine »größere literarische Künstlerin« als Elizabeth Barrett Browning, verwahrte sich Christina gegen diesen Vergleich. »Ich bezweifle, ob die Frau geboren ist, oder für viele lange Jahre, wenn überhaupt, geboren werden wird, die es Mrs. Browning gleichtun kann, ganz zu schweigen davon, sie auszustechen.«[9]

Als Gabriel *A Pageant* erhielt, war er nicht in der Lage, es zu lesen, versicherte Christina aber, die Teile, die er sich angesehen habe, seien »voller Schönheit«. Im gleichen Brief machte er seine Schwester auf einen neuen Gedichtband von Augusta

Webster aufmerksam und meinte, er sei »ohne Berufung« geschrieben, so wie die Gedichte von George Eliot. In ihrer Antwort meinte Christina: »Mit George Eliot bin ich wenig vertraut, neige jedoch dazu, Mrs. Webster wesentlich höher einzustufen.«[10]

Augusta Webster war sieben Jahre jünger als Christina und hatte mehrere Bände mit Gedichten und gereimten Stücken veröffentlicht; Browning bewunderte sie sehr, obwohl sie keine besondere Popularität genoß. Sie war sehr intelligent, sprach mehrere Sprachen, übersetzte die Klassiker und schrieb für *The Examiner*. Als Augusta Christina Exemplare ihres neuen *Book of Rhyme* zukommen ließ, schickte Christina ihr im Gegenzug *A Pageant*. Augusta setzte sich für das Wahlrecht für Frauen ein und hatte wegen dieses Themas auch bereits an Christina geschrieben, wobei sie den Briefwechsel als einen »freundschaftlichen Disput zum Thema der willensstarken Frau« bezeichnete.

Willensstarke Frauen – der damalige Euphemismus für Feministinnen – waren zu der Zeit häufiger Gesprächsstoff. Charlotte Yonge widmete diesem Thema in ihrem Buch *Womankind*, erschienen 1876, ein ganzes Kapitel. Laut Miss Yonge war die willensstarke Frau für Männer

> »ein lachhaftes Kuriosum und ein Schreckgespenst«, denn sie »erachten sie für ungemein unterhaltsam« und probieren, wie weit sie gehen wird, achten sie aber nicht... Besitzt sie weder Schönheit noch Charme, erscheint sie ihnen aufgrund ihrer Überzeugungen lediglich als anrüchig, und sie gestehen ihr nicht den sanften Glanz süßer Freundlichkeit und warmen Mitgefühls zu, der Freundschaft und Achtung erst ermöglicht.

Auf das Argument, »Männern gefallen zu wollen... ist eines der unwürdigsten Motive... das man Frauen empfehlen kann«, erwidert Miss Yonge: »Beifall ist ein durchaus empfehlenswerter Maßstab. Das, was ein Mann an seiner Schwester oder Tochter nicht tolerieren kann, ist unschicklich und ziemt sich nicht für das weibliche Geschlecht.«

Der Gedanke, Frauen könnten Männern körperlich oder geistig überlegen oder auch nur gleichwertig sein, ist für Miss Yonge unvorstellbar, und sie führt dabei die altvertrauten Argumente ins Feld. Körperlich »gewinnt der Mann mit dem Älterwerden... die Blüte der Frau ist weitaus flüchtiger«. Und was das Geistige betrifft, so schreibt sie: »Wo gab es jemals eine Frau, die ein großes, dauerhaftes Werk hervorbrachte? Welche Frau hat ein Oratorium oder ein Epos geschrieben oder eine Kathedrale erbaut?«[11]

Augusta Webster und Barbara Bodichon lehnten derartige Vorstellungen ab, aber Christina, deren Überzeugungen fest in der Bibel verankert waren, konnte solche Gedanken nicht anzweifeln, ohne dabei die Grundlagen ihres Glaubens zu hinterfragen. In ihren Briefen an Augusta zeigt sich, wie sehr sie sich bemühte, ihre Gefühle zu diesem Thema rational und logisch darzustellen.

> Sie schreiben mit einer derart herzlichen Offenheit, daß ich mich dazu aufgefordert sehe, mich ebenfalls um einen klaren Ausdruck meiner Gedanken zu bemühen – was gelegentlich nicht eben leicht ist. Ich schreibe, und gleichzeitig denke und fühle ich, aber ich kann Ihnen versichern, daß ich mich selbst meinem eigenen Verständnis nach nie intensiv mit diesen Fragen beschäftigte; zumindest nicht in dem Maße, das viele, die sich gründlich damit auseinandergesetzt haben, von mir erwarten würden. Doch in gewissem Sinne habe ich dennoch das Gefühl, in die Tiefe dieses Themas vorgedrungen zu sein, denn meine Einwände sind grundlegender Natur und liegen dem gesamten Rahmen weiblicher Qualitäten zugrunde. Entspricht es nicht der Wahrheit, daß die Bibel auf einem instinktiven, unveränderbaren Unterschied zwischen

Mann und Frau beruht, ihrer jeweiligen Stellung, ihren Pflichten und Vorrechten? Ohne anmaßend sein zu wollen, sondern in dem ernsthaften Wunsch, das Wesen eines demütigen, orthodoxen Christen mir anzueignen, muß ich behaupten, daß dies meine Überzeugung ist. Die Tatsache, daß die Priesterschaft ausschließlich aus Männern besteht, bedeutet für mich zweifelsfrei, daß in dieser Welt die höchsten Positionen nicht beiden Geschlechtern offenstehen: Und wenn nicht allen, so muß eine Auswahl getroffen und ein Strich gezogen werden...
Viele, die sich mehr Gedanken darüber gemacht und weitaus mehr getan haben als ich, sind Ihrer Ansicht – und doch ist sie nicht die meine. Meiner Meinung nach besteht das Ziel der gegenwärtigen gesellschaftlichen Strömungen nicht darin, das Christentum zu bewahren, und auch der Einfluß einiger unserer hervorragendsten und talentiertesten Frauen setzt sich nicht diesbezüglich ein: und somit komme ich zu der Überzeugung, daß »Frauenrechte« meine Sache nicht sein können.[12]

Es fiel Christina nicht leicht, einer Person zu widersprechen, »der ich Bewunderung entgegenbringe«, aber sie weigerte sich auch, sich für ihre Ansichten zu entschuldigen. Es ist bedauerlich, daß sie nicht wie Anne Gilchrist glauben konnte, daß für Frauen ein neues Zeitalter anbrach. Anne schrieb an William: »Die jetzige Zeit ist, wie ich denke, die Morgendämmerung einer neuen Ära für [die Frauen] – Andeutungen einer Zukunft ungeahnter Schönheit und Größe, die sich erst allmählich zeigt, um sich langsam zu einem Lebensgedicht zu entwickeln, das jeder Beschreibung spottet.«[13]

Unverständlicherweise trat Christina durchaus für weibliche Parlamentsabgeordnete ein.

> Überdies verwahre ich mich gegen den Ausschluß verheirateter Frauen vom Wahlrecht, denn wer eignete sich so

gut wie Mütter – alle bisherigen Argumente für den Augenblick beiseite lassend –, ihre eigenen Interessen sowie die ihrer Nachkommenschaft zu vertreten? Ich bin davon überzeugt: Falls je die Grenze zwischen den Geschlechtern tatsächlich einmal fallen sollte und die Frau nicht zur Riesin oder zur Heldin wird, sondern zu einem ausgewachsenen Helden und Riesen – wird das nicht durch die Macht der Mutterliebe bewirkt, durch die die kleinsten Vögelchen und Tiere ebenso wie kleine Frauen zu wehrhaften Gegnern größter Feinde werden?[14]

Im Herbst litt Gabriel wieder an starken Depressionen und ließ sich dazu überreden, gemeinsam mit Hall Caine und seiner Geliebten Fanny Cornforth nach Fisher Ghyll in der Nähe von Keswick im Lake District zu gehen. Allerdings fand er die Berge und die Einsamkeit unerträglich und kehrte am 17. Oktober in einem schlimmeren Zustand als zuvor nach London zurück. Bald darauf erlitt er einen Anfall, der Lähmungserscheinungen im linken Arm und linken Bein hervorrief.

Seine Ärzte versuchten, das Chloral durch Morphium zu ersetzen, und den ganzen Dezember hindurch ist in ihren Berichten von einem Teufelskreis aus Chloral, Whisky und Morphium die Rede, von unruhigem Schlaf, Alpträumen und Wahnvorstellungen. In wachem Zustand quälten ihn Gewissensbisse wegen dem, was er in der Vergangenheit getan hatte. Die rigiden religiösen Vorstellungen, mit denen Christina erzogen worden war, belasteten sein empfindsames Wesen auf ähnliche Weise wie das ihre und führten zu einem übertriebenen Schuldgefühl. Er bereute bitter sein Verhalten gegenüber seinem Vater, gegenüber Lizzie und seinen Geliebten, auch seine ehebrecherische Liebe zu Jane Morris (obwohl sie später erklärte, sie hätte ihm nie »ganz nachgegeben«). Gabriel sprach davon, bei einem Priester die Beichte abzulegen, und am 2. Dezember schrieb Christina ihm:

> Ich schreibe Dir, weil ich Dir schreiben muß – in Gedanken bin ich ständig bei Dir und trage Dich stets im Herzen; unsere Mutter, die noch mehr an Dich denkt und Dich liebt, läßt Dir die allerherzlichsten Grüße und ihren Segen ausrichten.
> Ich möchte Dir versichern, sosehr Erinnerungen oder Ängste Dich quälen mögen, auch ich habe (mehr oder minder) ehedem sehr Ähnliches durchgestanden. Ich ertrug mich, bis ich mir selbst unerträglich wurde, und dann fand ich Hilfe in der Beichte, der Absolution, in spirituellem Rat und unsäglicher Erleichterung. Zweimal in meinem Leben wollte ich mich mit weniger bescheiden, aber es war mir nicht möglich... Es erleichtert mir das Herz, Dir dies zu sagen, und ich hoffe, damit nicht das Deine zu beschweren. Erachte mich nicht nur als Deine jüngere Schwester, deren Fehler Dir allzu vertraut sind, sondern auch als Deine hingebungsvolle Freundin.[15]

Dies ist eines der sehr seltenen Male, in denen Christina auf das anspielte, was Gabriel immer scherzhaft als »die Leichen in Christinas vielen Kellern« bezeichnete. Aus Sorge um ihren Bruder bot sie ihm an, Rev. Burrows, Pfarrherr von Christ Church, der auch ihr Freund und religiöser Mentor war, zu ihm zu schicken.

Weihnachten verlief in gedrückter Stimmung. Christina lehnte Lucys und Williams Einladung zum Essen am ersten Weihnachtstag ab, weil dieser Gedanke ihrer Mutter nicht behagte. »Unsere Gesellschaft alter Dämchen«, schrieb sie, »wird (so Gott will) gemeinsam und friedlich dinieren.« Sie fügte hinzu: »Seit heute abend (21. Dezember) erscheint jede festliche Stimmung noch undenkbarer, denn wir statteten Gabriel einen Besuch ab und erlitten einen Schock angesichts seines Zustandes; er ist bettlägerig und teilweise gelähmt. Gott stehe uns bei, denn menschliche Hilfe ist ein sehr gebrechlich Ding.«[16]

Auf ärztlichen Rat hin ging Gabriel nach Birchington-on-Sea in Kent, wo man einen Bungalow für ihn gemietet hatte. Christina und Mrs. Rossetti hätten ihn gerne begleitet, aber der Arzt verbot Frances, die Reise zu unternehmen, bevor es wärmer wurde, und so konnten sie ihm erst im März folgen. Beide waren entsetzt über die Verschlechterung, die seit seiner Abfahrt aus London eingetreten war, und Christina schrieb William fast täglich ausführlich und freimütig über seinen Zustand.

> Dies alles ist belastend für Dich zu lesen, und ich muß Dir sofort schreiben, was ich soeben erfahren habe... Mrs. Abrey (die Krankenpflegerin) befürchtet, in seiner Leber oder sonstwo könne ein tiefsitzendes Übel liegen, das die Möglichkeit einer Genesung verhindert.[17]
> Ich glaube, es besteht Grund zur Befürchtung, daß in seinem Körper ein entsetzliches Übel lauert, und dieses treibt sich in ihm um (sozusagen) und verhindert jede Rückkehr der Kräfte oder des Reaktionsvermögens...
> Ich flehe Dich an, zweifle nicht an der *Echtheit* der Krankheit unseres armen, lieben Gabriel: lasse Dich von keiner Theorie oder Meinung dahingehend beeinflussen, einen solchen Zweifel zu hegen.[18]

Gabriels Freunde Watts-Dunton, Hall Caine und Frederick Shields besuchten ihn gelegentlich in Kent und halfen Christina und ihrer Mutter bei der Pflege des Kranken. Sie alle bemühten sich, im Haus eine so heitere Stimmung wie nur möglich zu verbreiten. Völlig unerwartet tauchte eines Abends Augustus Howell auf und unterhielt Gabriel mit der phantastischen Geschichte, er habe den Auftrag erhalten, für den König von Portugal Pferde zu kaufen. Keiner glaubte ihm – aber er war überaus amüsant.

Auch aus Bristol erhielt Christina betrübliche Nachrichten. Dora Greenwell, die der Tod ihres »gebundenen Freundes«

sehr mitgenommen hatte, starb plötzlich im Haus ihres Bruders, nachdem sie einen Sturz erlitten hatte. Gegen Ende ihres Lebens war sie sehr mutlos geworden und faßte ihr Dasein in einem Brief an eine Freundin kurz zusammen: »Mein Leben kann ich mit vier Worten beschreiben – ich habe nicht genügt.«

Während Christinas Aufenthalt in Kent machte J. H. Ingram, der Herausgeber einer Buchserie über *Eminent Women* (Bedeutende Frauen), ihr durch William den Vorschlag, eine Biographie über Adelaide Proctor zu verfassen. Christina gefiel dieser Gedanke, aber bei dem Thema selbst hatte sie Zweifel.

> An Mrs. Fry würde ich mich gerne versuchen, und auch Lady Augusta Stanley fände ich vermutlich nicht undurchführbar; die 2 Georges (Sand und Eliot) würde ich ablehnen und verzichtete auch lieber auf Miss Martineau. Mary Lamb wäre meines Erachtens durchaus machbar und auch lohnenswert zu schreiben. Doch nun kommt mir der Gedanke, daß die geeignete Person, A. A. Proctor zu schreiben, nicht meine Wenigkeit ist, sondern Anna Mary Watts, die zum Kern dieses Gesellschaftskreises gehörte und nicht (wie ich) am äußersten Rande stand.[19]

Schließlich verfaßte Anne Gilchrist die Biographie von Mary Lamb, und Lucy übernahm Mary Shelley. Christina teilte Ingram mit, sie sei zwar bereit, für ihn zu schreiben, doch aufgrund ihrer gegenwärtigen häuslichen Umstände könne sie nicht sofort mit der Arbeit beginnen.

> Durch meine Abwesenheit von London sind mir keine Referenzbücher erhältlich, doch diese wären natürlich unverzichtbar, um mich zu vergewissern, ob ich Ihren Anforderungen genügen könnte: ...
> Ich befürchte, meine Antwort klingt nicht eben ermuti-

gend, und bitte fühlen Sie sich nicht gebunden, sondern holen Sie auch anderweitige Erkundigungen ein. Wie lange ich noch auf dem Lande bleiben werde, ist mir unmöglich vorherzusehen, denn diese Entscheidung liegt nicht bei mir.[20]

Ende März war Gabriels Zustand »erbärmlich«, und eine Woche später stellte der Arzt Nierenversagen fest und erklärte Christina und Frances, dieses Leiden führe unweigerlich zum Tod. Am 1. April kam William zu einem kurzen Besuch, fuhr am nächsten Tag aber nach London zurück, weil seine Arbeit beim Finanzamt nicht liegenbleiben durfte. Doch am 6. April war Gabriels Zustand derart kritisch, daß Christina William und Watts-Dunton jeweils ein Telegramm schickte. Lucy, die zu Besuch bei ihrem Vater in Manchester war, wurde von William benachrichtigt.

Jede Nacht saß Christina bis zum Morgengrauen an Gabriels Bett, obwohl er nur halb bei Bewußtsein war. Am Ostersonntag ging sie nicht zur Kommunion, um bei ihm bleiben zu können. Er starb schließlich umgeben von Freunden und Angehörigen abends um halb zehn.

Der Tag, an dem die Trauerfeier in der Kirche von Birchington stattfand, war kalt und grau. Nur wenige Trauergäste nahmen teil. Lucy traf wenige Minuten nach Gabriels Tod aus Manchester ein, und zwei Tage später kam Tante Charlotte aus London, um ihrer Schwester Gesellschaft zu leisten. Am Grab mußte Mrs. Rossetti von Christina und William gestützt werden. Anwesend waren außerdem Hall Caine, Watts-Dunton und Shields, aber niemand von den Präraffaeliten. Hunt und Millais, Madox Brown, W. B. Scott, Edward Burne-Jones und William und Jane Morris waren verhindert, und Gabriels Geliebte Fanny Cornforth durfte aus Gründen des Anstands nicht zur Beisetzung kommen.

Gabriels Grab lag auf einer Anhöhe mit Blick auf das Meer. Christina pflückte einen Strauß Wolfsmilch und Vergißmeinnicht, und am Nachmittag fand sich die Familie wieder auf dem Friedhof ein, um im stillen um Gabriel zu trauern und das Grab mit Blumen zu schmücken.

In seinem Testament, das er nur wenige Wochen zuvor aufgesetzt hatte, vermachte er alles zu gleichen Teilen William und Christina. Christina weigerte sich allerdings, die Erbschaft anzutreten, und erklärte, ihre Mutter und nicht sie hätte als Erbin eingesetzt werden sollen. William erläuterte ihr die praktischen Gründe, warum Gabriel das Geld seiner Schwester hinterlassen habe, aber Christina blieb fest. So ging die nicht unbeträchtliche Summe an Frances Rossetti.

KAPITEL 16

Nach Gabriels Tod wurde beschlossen, ihm ein würdiges Denkmal zu setzen. Madox Brown erhielt den Auftrag, für das Grab ein irisches Kreuz mit einer schlichten Inschrift zu entwerfen, und Shields wurde gebeten, für die Kirche von Birchington zwei Bleiglasfenster anzufertigen. Sein erster Entwurf – nach Gabriels *Maria Magdalene an der Tür Simon des Pharisäers* – fand keinen Anklang, und daraufhin schlug Shields den *Vorabend des Passahfestes* vor. Er arbeitete nach einer Zeichnung, die Ruskin dem Ashmolean Museum in Oxford geschenkt hatte, und stellte detaillierte Recherchen an. So gab er sich große Mühe, genau herauszufinden, welche bitteren Kräuter beim Passahfest verzehrt werden.

Das zweite Fenster sollte Shields selbst entwerfen. In einem Brief an ihn schrieb Christina über die Schwierigkeit, ein Thema zu finden, das sowohl »dem Mann als auch seinem Werk« gerecht würde. Ihr Vorschlag – dem auch Frances zustimmte – war die Auferweckung des Jünglings zu Nain, dem einzigen Sohn einer Witwe.

Da die Taufe »das Sterben der Sünde und die Geburt von Rechtschaffenheit« bedeutet, eignet sich unserer Ansicht nach die Geschichte einer Auferstehung wunderbar für ein Baptisterium: Und Gabriel (allerdings kein einziger Sohn) war ein geliebter, liebender, bemerkenswerter Sohn einer Witwe, zu deren teuersten Hoffnungen es gehört, ihn durch überströmende Gnade Gottes bei der Wiederauferstehung erneut in die Arme schließen zu können.

Dann fügte sie hinzu: »Dies erzähle ich Ihnen so freimütig, weil Sie stets vertrauenerweckend sind.« Sie bot Shields einen großzügigen Vorschuß an und versicherte ihm, die vereinbarte Summe von 100 Pfund sei keineswegs die Obergrenze für das Fenster. Außerdem bat sie ihn, sofort eine Rechnung für die Abschlußzahlung zu schicken, denn ihre mittlerweile vierundachtzigjährige Mutter habe »mehr denn je das Gefühl, daß man heutige Pflichten am besten heute erledigt und nicht auf morgen verschiebt«.[1]

William drängte darauf, daß so bald wie möglich eine Biographie über Gabriel geschrieben werden sollte, und zwar von jemandem, der der Familie nahestand und Verständnis für deren Wünsche aufbrachte. Er hoffte, daß Theodore Watts-Dunton diese Aufgabe übernehmen würde; er selbst wollte einen Begleitband mit Gabriels Briefen zusammenstellen. Christina und ihre Mutter verbrachten viele Stunden damit, Gabriels Briefe zu sichten und zu entscheiden, welche davon verwendet werden konnten bzw. unveröffentlicht bleiben sollten. Christina schrieb Swinburne, beim Wiederlesen der Briefe sei ihre Mutter derart vom Gefühl des Verlusts überwältigt worden, daß sie zweimal zusammengebrochen sei. Die ausgewählten Briefe kopierte Christina und schickte die redigierten Fassungen an William. Doch die Hoffnung, Watts-Dunton würde die Biographie schreiben, zerschlug sich. Als William ihn daraufhin ansprach, meinte er, es sei besser zu warten, bis mehrere Menschen – unter anderem Howell und W. B. Scott – gestorben seien. Schließlich verfaßte William die Biographie selbst.

Im Januar erkrankte Williams fast zweijähriger Sohn Michael. Als sich abzeichnete, daß er nicht überleben würde, flehte Christina ihren Bruder und Lucy an, ihr zu erlauben, ihn zu taufen. Aufgrund ihres Glaubens war sie davon überzeugt, daß die Taufe »die einzige mir bekannte Tür ist, die Eintritt zum Glück verheißt – einem Glück, das das Auge nicht gesehen noch das Ohr gehört hat und das das Herz des Menschen nicht fassen kann«.[7] Ohne Taufe, so sagte sie, könnte selbst ein Kind nur schwer in den Himmel gelangen.

William und Lucy kamen zu dem Entschluß, daß eine Taufe keinen Schaden anrichten könnte, Christinas Gewissen aber entlasten würde. Zu ihrer großen Erleichterung konnte Christina Michael ganz im stillen taufen; weder William noch Lucy waren anwesend. Zu dritt saßen sie dann am Bettchen des Kindes, bis es starb. In den letzten Stunden fertigte Lucy eine wunderschöne, lebensechte Zeichnung ihres Sohnes an, das sogar seine Zwillingsschwester erkannte. Michael wurde im Grab seiner Großmutter in Highgate beigesetzt.

Im Februar beschloß Charles Cayley, der ein schwaches Herz hatte, seine Papiere zu ordnen und ein Testament aufzusetzen. Schriftlich fragte er Christina, ob sie seine literarische Nachlaßverwalterin sein wolle, und deutete seine Absicht an, ihr auch sein restliches Erbe zu hinterlassen. Obwohl Christina diesen Brief vernichtete, läßt sich sein Inhalt aus ihrer Antwort ersehen.

> Mein teurer, alter Freund,
> ich werde nicht allzu lange bei der traurigen Möglichkeit verweilen, die Sie andeuten, sondern möchte lieber – so aufrichtig, wie es mir möglich ist – die mindestens ebenso große Wahrscheinlichkeit erwähnen, daß ich Ihnen auf diesem Wege vorangehen und nicht nachfolgen könnte. Auch kümmert es mich nicht, wohin die Schritte führen, solange es zu einem schönen Ziel ist. Noch bezweifele ich, daß einer von uns das hehre Ziel nicht erreicht...
> Doch wenn wir das Unvermeidliche ins Auge fassen, so würde ich ein Andenken schätzen, wenn auch nicht benötigen. Und drei der Übersetzungen wären mir sehr teuer:

Wenn ich über sie wachte, könnte ich Ihren Namen und Ihren Ruhm in gewissem Maße mehren. Sollten Sie jedoch glauben, daß ein Mitglied Ihrer Familie sich darob verletzt fühlen könnte, so tun Sie es nicht: Sehr wahrscheinlich gab es einen Augenblick, in dem – was nicht wundernehmen kann – diejenigen, die Sie am meisten lieben, meiner finster gedachten, und in der Tat verdiente ich Unnachsichtigkeit von meiner eigenen Hand, da ich von der Ihren nur wenig erfuhr. Und eine Kleinigkeit, die Sie schätzten und möglicherweise benutzten, würde mir viel bedeuten.

Nehmen wir nun die umgekehrte Situation an, zu der ich Ihnen meine Pläne darlegen möchte. Wenn meine geliebte Mutter mich überlebt, so geht alles, das ich besitze (und das ist gar wenig) an sie: Vielleicht erinnern Sie sich, daß ich Ihnen sagte, ich sei selbst jetzt nicht unabhängig, so wenig besitze ich. Von dieser Tatsache abgesehen – William bereitete mir so viele Jahre lang ein Heim, daß ich (insbesondere nun, da er eine junge Familie hat) den mit Geld aufzuwiegenden Anteil meiner Schulden an ihn bei (etwa) £ 100 pro Jahr für 20 Jahre ansetzen möchte: Das sind insgesamt £ 2000!, und wie weit bin ich davon entfernt, eine solche Summe zu besitzen! Es ist keineswegs William, der diesen Gedanken äußerte; aber *mir* ist er zur Überzeugung geworden. Zusammenfassend also: Sie sehen, daß ich nur eine bescheidenste Summe mein eigen nennen kann. Sollte ich lange genug leben – das heißt, sollte ich bestimmte Familienmitglieder überleben –, dann, so glaube ich, werde ich gut versorgt sein: Aber darauf kann ich keinesfalls zählen. Ich vermute, daß Sie, obwohl ich es zweifellos nicht aussprach, ahnen können, welche Gedankengänge mich dazu veranlaßten, all dies zu sagen.

Ich hoffe, die Ashburton MSS bereiten Ihnen Freude. Wenn ich ein wenig mehr Energie hätte, so würde auch ich mich an ihnen freuen wollen, aber dies scheint mir ein allzu hoffnungsvoller Gedanke. Mein Dante-Artikel kommt im langsamsten Schneckentempo voran; vielleicht gelangt er eines Tages tatsächlich in die Hände des Druckers.[3]

Der Dante-Artikel hieß »Dante Illustrated out of his own Poem« (Ein Bild Dantes nach seinem Gedicht), einer der zwei Essays, die Christina auf Auftrag schrieb; er erschien im Mai 1884 in *The Century*. Der zweite war »Dante – An English Classic« (Dante – ein englischer Klassiker), der 1867 in *Churchman's Shilling Magazine* veröffentlicht worden war. Wie andere Familienmitglieder wurde auch Christina »vom Danteschen Strudel mitgerissen«.

Anfang 1883 schrieb John Ingram erneut an William und schlug nun vor, Christina solle für seine Serie *Eminent Women* die Biographie von Elizabeth Barrett Browning verfassen. Dieser Vorschlag sagte Christina weitaus mehr zu als die vorherigen, und sie antwortete Ingram direkt.

> Mein Bruder zeigte mir Ihren freundlichen Brief, in dem Sie Ihrem Wunsch Ausdruck verleihen, ich und nicht jemand anderer möge sich an einer Biographie von Mrs. Browning versuchen. Ich würde mit Begeisterung über diese große Dichterin und (meiner Meinung nach) liebenswerte Frau schreiben, auch wenn ich nie das Glück hatte, ihr begegnen zu dürfen. Doch bevor ich zu schreiben begänne, müßte ich Mr. Brownings Wünsche in dieser Angelegenheit kennen – und an seine Wünsche, welcher Art sie auch sein mögen, fühlte ich mich gebunden; zum einen, weil er als ihr Gatte meines Ermessens derjenige ist, dem eine Entscheidung darüber zukommt, wieviel oder wie wenig zu seinen Lebzeiten über sie veröffentlicht werden sollte; und auch, weil mich seit langem eine lose Bekanntschaft mit ihm verbindet und ich seinen Wünschen stets entsprechen möchte.[4]

Offenbar widerstrebte es Browning, Einzelheiten aus dem Leben seiner Frau der Öffentlichkeit preiszugeben. William bezweifelte zwar, daß je um seine Genehmigung ersucht wurde, aber in ihrem nächsten Brief an Ingram deutete Christina an, Browning habe keine Erlaubnis erteilt. Die Schwierigkeiten, die dieser Umstand mit sich brachte, und ethische Skrupel bewogen Christina schließlich dazu, Ingram eine Absage zu erteilen.

> Wissen Sie, ich habe nicht den Mut, mich an die Memoiren von E. B. B. zu machen; meiner Ansicht nach läßt sich diese Arbeit ohne Mr. Brownings Mithilfe (zumindest zu seinen Lebzeiten) nicht zur Zufriedenheit bewältigen: und abgesehen davon habe ich tiefes Verständnis für seine Zurückhaltung in Zusammenhang mit einer Person, die ihm so lieb und teuer war.[5]

Ingram wollte aber nach wie vor, daß Christina einen Beitrag zu seiner Serie verfaßte. Er schrieb die Biographie Elizabeth Barrett Brownings selbst und schlug Christina als Thema Ann Radcliffe vor, deren Schauerromane sie als junges Mädchen gerne gelesen hatte. Am 24. April 1883 antwortete sie Ingram:

> Mein Bruder berichtete, daß Sie zuvorkommenderweise mich für Mrs. Radcliffe in Erwägung ziehen. Sie reizt mich mehr als viele andere, auch wenn ich praktisch nichts von ihr weiß. Wenn es Ihnen zusagt, würde ich mich an ihr versuchen. Besteht die Hoffnung, daß uns private Korrespondenz, Tagebücher etc. zur Verfügung stehen? Oder muß ich ausschließlich darauf zurückgreifen, über ihre Person im British Museum nachzulesen?[6]

Die größte Schwierigkeit bei der Biographie von Mrs. Radcliffe stellte der Mangel an Material dar. Abgesehen von einer kurzen Erinnerung von Field Talfourd am Ende ihrer gesammelten Werke war nur wenig über sie bekannt; es gab weder die Briefe noch die Tagebücher, auf die Christina gehofft hatte. Auf Ingrams Vorschlag hin setzte sie eine Anzeige in *Athenaeum*, in der sie um Information bat, und schrieb an Dr. Richard Garnett im British Museum. Die vielen Stunden, die sie bei Nachforschungen in der Bibliothek verbrachte, waren so unergiebig, daß Christina sich verpflichtet fühlte, Ingram erneut einen abschlägigen Bescheid zu geben.

> Nach meiner Rückkehr vom Meer kann ich nur sagen, daß ich mein Bestes getan habe, um Radcliffe-Material zu finden, in meinem Bemühen jedoch gescheitert bin. Sicherlich gibt es eine andere Person, die sich gerne an die Memoiren setzen möchte, ich jedoch verzage und gebe auf. Bitte verzeihen Sie mir, daß ich Sie so lange in der Schwebe ließ.
> Ich entschuldige mich für alles, das Sie in meiner Arbeit enttäuschte.[7]

Christina arbeitete weiterhin an ihrer religiösen Prosa und stellte *Letter and Spirit* fertig – eine Schrift über die Zehn Gebote, die sie wiederum ihrer Mutter widmete. Das Buch enthält keine Gedichte. Christina glaubte, das Nachlassen ihres dichterischer Impulses sei der Wille Gottes. »Es überrascht mich nicht, daß ich unfähig bin, ihn jederzeit heraufzubeschwören und ihn nach Wunsch einzusetzen.«[8] Zu diesem Zeitpunkt erschien es ihr der Wille Gottes, daß sie Prosa schreiben solle. In dem späteren Werk *Time Flies* erläuterte sie, welche Schwierigkeiten ihr die Aufgabe bereitete, die ihr ihrer Meinung nach gestellt worden war, die aber im großen und ganzen auf Inspiration beruhte.

> Angenommen, unsere gegenwärtige Pflicht bestünde im Schreiben: Warum schreiben wir nicht?
> Weil uns nichts Originelles einfallen will, nichts

> Eindrückliches oder Anschauliches, nichts
> Überzeugendes oder Brillantes.
> Doch ist uns ein Thema gegeben? Sicherlich.
> Verstehen wir es? Bis zu einem gewissen Grade, ja.
> Lohnt es der Meditation? Ja, und zwar gebethafter.
> Lohnt es der Darstellung? Ja, zweifellos.
> Warum fangen wir nicht an?
> Herr, erlöse uns von Stolz und Eitelkeit.[9]

Sie gestand Watts-Dunton, das Arbeiten falle ihr schwer. »Ich arbeite an Prosa und sporne mich mit kleinen Versen an.«[10]

In *Letter and Spirit,* das die SPCK 1883 veröffentlichte, geht Christina auf Einzelheiten des Glaubens ein, im wesentlichen des anglo-katholischen Glaubens, der jeden Aspekt ihres Lebens einschließlich ihrer Kunst bestimmte. Es war kein freudiger, freiheitlicher Glaube, sondern ein einengender, unterdrückender Glaube, dem alles Positive fremd war.

> Die überragende Schwierigkeit, ein Vergehen insbesondere gegen das Erste Gebot eindeutig zu bestimmen, zwingt uns notgedrungenermaßen dazu, Motive zu ergründen, Geisteshaltungen zu erforschen und nicht das Verhalten direkt zu überprüfen, sondern die Grundsätze, die dieses Verhalten bestimmen. Selbst Tugenden muß man mißtrauen; ihre Wurzeln müssen ebenso überprüft werden wie ihre Schößlinge...
> Das Erste Gebot, das eine negative Formulierung enthält, fordert uns dazu auf, bei unserer eigenen Suche nach Vollkommenheit ebenfalls auf Negatives zu achten.[11]

Christina fand den Weg zur Erlösung oft beschwerlich. In *Called to be Saints* beschrieb sie, wie oft

> unser Joch schwer und unsere Last unerträglich [erscheinen], weil unser Leben in einem unerträglichen Maße

beschnitten und unterdrückt und geknechtet ist: und deswegen bäumt sich in einem gewissen Moment jeder Instinkt unseres Selbst gegen unser Schicksal auf...

Ihren Lohn für diese Unterdrückung und den Verzicht würde sie im Himmel bekommen, denn dort gab es »Keinen Mangel, nichts Geknechtetes; keine Zügel, keine Beschneidung, keine Selbstaufopferung«: nur eine »Woge des Mitgefühls, große Fröhlichkeit, Freude immerdar, gefällige Gestalten; Schönheit für Asche, Öl der Freude für Trauer, das Gewand des Lobes für den Geist der Schwere«.[12] An Frederick Shields schrieb sie, der Verzicht auf menschliche Liebe sei notwendig, um die Liebe Gottes zu erringen.

Im Juni schickte Swinburne Christina zwei Exemplare von seinem *A Century of Roundels* – eines für sie und eines für ihre Mutter –, und die Widmung in Form eines Roundel [A. d. Ü.: eine aus dem Rondeau entwickelte Gedichtform] galt Christina. Er drängte sie, auf die Kanalinseln zu fahren. Auf Guernsey, so sagte er, finde sich »jede Schönheit und Größe in geballter Form«.[13] Für Frances stand eine derart weite Reise außer Frage, und nur der Wunsch, Gabriels Grab wiederzusehen, brachte sie dazu, mit Christina auf Sommerurlaub nach Birchington-on-Sea zu fahren. Als Mrs. Rossetti auf den ungesicherten Stufen der Pension stürzte, bestärkte sie das in ihrem Entschluß, das Zimmer sowenig wie möglich zu verlassen. Gelegentlich ging Christina alleine hinaus, und mindestens einmal spazierte sie zu dem Haus, in dem Gabriel gestorben war und das mittlerweile den Namen Rossetti-Bungalow trug; dort blieb sie stehen und blickte abwesend in den Garten.

Während des Urlaubs in Birchington las Christina *Memoir of Emily Brontë,* den neuesten Band in Ingrams Serie. Sie fand das Buch interessant, bemerkte aber zu William: »Erweckt es für Dich den Eindruck, vorwiegend Erinnerungen an Emily zu enthalten?« Offenbar hatte die Autorin Schwierigkeiten, genügend Material über die zurückgezogen lebende Emily zu finden, und das Buch befaßt sich großteils mit der gesamten Familie Brontë; Emily ist nur eine von mehreren Gestalten. Ihre Dichtung wird bewundert – »Lieder... des Trotzes und der Trauer« –, aber *Sturmhöhen* schneidet weniger gut ab; laut der Autorin entsprang der Roman einer gewalttätigen Phantasie und einer »beschränkten, perversen« Erfahrung, die durch Branwells Exzesse noch verstärkt wurden.[14]

Frederick Shields kam mit seiner Frau aus gesundheitlichen Gründen nach Birchington, und Christina verbrachte viel Zeit damit, eine billige Unterkunft für die beiden zu finden, was sie aufgrund ihrer langjährigen Übung auch mit Erfolg tat. Aber das Paar war schwer zufriedenzustellen und reiste schließlich weiter nach Margate, weil es ihnen in Birchington zu laut war.

In diesem Sommer stellte Christina fest, sie habe eine neue Stufe von Akzeptanz und Resignation erreicht, und schrieb an Lucy:

> ...für *mich* ist es ein großer Triumph, zu einem Zustand philosophischer Ruhe zu finden, und selbst wenn ich dieses gebändigte Temperament ohne gesunden Menschenverstand anwende, kann mich »color che sanno« dennoch zu einer gewissen Verbesserung beglückwünschen! Frag William, der mich in meinen frühen, stürmischen Tagen kannte; er könnte mit einer Vielzahl von Geschichten aufwarten – obwohl ich mich mit großem Bedauern erinnere, wie sehr auch Du unter meiner Gereiztheit zu leiden hattest und wieviel Du dem freundlichen Vergessen anheimstellen mußt.[15]

Ihrer Bekannten Katharine Tynan Hinckson erzählte sie, als junges Mädchen sei sie melancholisch gewesen, doch als alte Frau sei sie nun sehr fröhlich.

Das Jahr 1883 endete, wie es begonnen hatte – mit einem Todesfall. Am Morgen nach Christinas dreiundfünfzigstem Geburtstag wurde Charles Cayley tot in seinem Bett aufgefunden; er war im Schlaf an Herzversagen gestorben. Henrietta und Professor Arthur Cayley wurden vom Arzt herbeigerufen, und sie informierten Christina, sobald diese vom Kirchgang zurückgekehrt war. Gemeinsam mit den beiden ging Christina in Cayleys Zimmer, wo er wie schlafend dalag. Später suchte sie ihren Bruder William in seinem Büro im Finanzamt auf. William bemerkte, er würde nie »den Ausdruck ihres Gesichtes vergessen, und die bemühte Selbstbeherrschung ihrer Stimme; sie brach nicht zusammen«.[16] Vom Finanzamt ging Christina nach Covent Garden, wo sie einen Blumenkranz kaufte, um ihn auf das Laken über Cayleys Leichnam zu legen.

Sophie Cayley wurde mit einem Telegramm nach London gerufen, in dem nur stand, der Zustand ihres Bruders sei sehr kritisch. Am folgenden Tag schrieb sie Christina:

> Ich nahm den nächsten Zug; aber wie ich die ganze Zeit befürchtet hatte, mußte ich feststellen, daß diese Zeilen mich lediglich auf Schlimmeres vorbereiten sollten, wie die Leute so freundlich meinen. Sie fanden ihn tot in seinem Bett, und der Arzt sagte, er müsse Stunden zuvor im Schlaf verschieden sein. Er sieht wunderbar ruhig und friedlich aus und ist nun in Gottes gnadenreicher, seliger Hand. Aber es ist ein entsetzlicher Schock. Vor einiger Zeit waren wir ob seiner Gesundheit beunruhigt und versuchten, ihn zu uns zu holen, damit er in eine andere Umgebung käme und gepflegt würde; aber in letzter Zeit dachten wir, es ginge ihm besser, insbesondere, als meine Schwester in London war. Er hat Ihnen all seine Werke hinterlassen, die jetzt bei seinen Verlegern sind, und einen großen Schreibtisch, in dem sich ein Umschlag mit einem Brief von Ihnen an ihn befindet sowie ein Ring; außerdem liegt ein Päckchen mit Ihren Briefen da. Möchten Sie sie zurück? Ich weiß, Sie waren der Mensch, den er vor allen anderen schätzte.[17]

Am 11. Dezember luden die Cayleys Christina zu sich nach Hastings ein, um die Nacht bei ihnen zu verbringen und am folgenden Tag mit ihnen zur Beerdigung zu gehen. Aber Christina lehnte ab. Vielleicht wollte sie ihre Trauer nicht öffentlich zeigen. Mrs. Rossetti schickte einen Kranz und Christina ein Kreuz.

Bereits in Nummer 9 ihrer Gedichte *Il Rosseggiar Dell' Oriente* hatte Christina sich mit dem Augenblick beschäftigt, in dem der Tod sie von dem geliebten Mann scheiden würde; und sie hatte immer gehofft, Cayley würde in der Frage des Glaubens seine Meinung ändern, damit sie nach dem Tod wiedervereint würden.

> Wenn wir scheiden
> Und jeder von uns seinen eigenen Weg gehen muß,
> Dieser unvermeidliche, letzte Moment,
> Wann immer er kommen mag:
>
> Wenn einer von uns einen neuen Weg beschreitet,
> Während der andere seinem gewohnten Gange folgt,
> Soll kein Vorwurf unsere Gesichter trüben,
> Soll es keine Reue geben.
>
> Ob du als erster gehst, allein und stark,
> Oder ob ich den Weg vor dir beschreite,
> Laß uns an alles denken, was wir dereinst sagten:
> Es war stets die Wahrheit.
>
> Wie sehr liebte ich dich. Ach, wie sehr!
> Und konnte dir doch nicht zeigen, was in meinem
>   Herzen lag,
> Viel mehr, als ich dir sagen konnte –
> Ich liebte dich aus ganzem Herzen.

Viel mehr als Glück, viel mehr als Hoffnung,
Ich kann nicht sagen: »Mehr als das Leben« – das ist so
  wenig.
So traurig-süß gedenke ich jetzt deiner
In der Erinnerung.

Doch du zogst die Aufrichtigkeit mir vor,
Die Wahrheit, mein Freund; und wer kann wissen,
Wen du letztlich lieben wirst; die Blume erblüht nur
Im Sonnenlicht.

Nach dem Begräbnis teilte Professor Arthur Cayley Christina mit, Charles habe ihr all seine gedruckten Bücher hinterlassen, die bei Longman verlegt worden waren. Diese Bücher wurden in einem Lager aufbewahrt und erwiesen sich als ein belastendes Vermächtnis, denn nur wenige von ihnen wurden verkauft. Davon abgesehen bekam Christina ein weitaus persönlicheres Erinnerungsstück an Cayley. Wie Sophie Cayley schon erwähnt hatte, sollte Christina seinen »besten Schreibtisch« erhalten sowie »jenes Päckchen, das an sie adressiert ist und was darin liegen möge«. In dem Umschlag befanden sich ein Ring und ein Brief, den sie ihm einmal geschickt hatte. Ob darin auch ein Brief von ihm lag, den Christina nach seinem Tod lesen sollte, ist nicht sicher.

Cayley hatte alle Briefe Christinas gebündelt, und auch diese wurden ihr vermacht, »um sie wieder an sich zu nehmen oder ihre Vernichtung anzuordnen«.[18] Christina bat Professor Cayley, die Korrespondenz für sie zu vernichten. Christina schützte ihre Privatsphäre sorgfältig. Als Rev. William Dorling sie darum bat, einen Beitrag zu den Memoiren von Dora Greenwell zu schreiben, weigerte sie sich und gestattete auch nicht, daß aus Doras Briefen an sie zitiert würde. Als Grund dafür führte Dorling an: »Miss Rossetti möchte nicht das sehr große Lob über ihr Genie und ihre Dichtung veröffentlicht wissen, das Dora in diesen Briefen zum Ausdruck brachte.«[19]

Auf Sophies Wunsch hin schrieb William für *Athenaeum* einen Nachruf auf Cayley und überredete außerdem Madox Brown und seinen Schwager Francis Hueffer, ähnliche Artikel für andere Zeitschriften zu verfassen, in denen der »sanfte Gelehrte« mit großer Zuneigung beschrieben wurde. Christina war ihrem Bruder sehr dankbar dafür und schickte ihm unverzüglich einen Brief. »Mama und ich freuen uns sehr – welcher Ausdruck! – über Deinen Artikel. Sie hält ihn für einen der besten seiner Art, wenn nicht den besten überhaupt, den sie je gelesen hat. Ich für meinen Teil kann nichts dazu sagen.«[20]

Im Januar 1884 fuhr sie alleine nach Hastings, um Cayleys Grab zu besuchen, kehrte aber bereits am Nachmittag nach London zurück, um ihre Mutter nicht über Nacht alleine zu lassen. Kurz darauf überarbeitete sie ein Gedicht, das sie bereits 1853 geschrieben hatte; sie verwendete die beste Strophe und stellte ihr eine weitere, neu geschriebene voran. Es wird mitunter vermutet, der Titel »One Sea-Side Grave« (Ein Grab am Meer) beziehe sich auf Gabriels Grab, aber William brachte es ausdrücklich mit Cayley in Zusammenhang, und der Zeitpunkt der Überarbeitung scheint ihn zu bestätigen.

> Nicht achtend der Rosen,
> Nicht achtend der Dornen,
> Ruht ein Schnitter müde
> Zwischen den Garben:
> Das will auch ich bis zum Morgen!
>
> Kalt wie die kalten Dezember,
> Vergangen wie der verflossene Tag,
> Nur einer will sich erinnern,
> Die anderen vergessen,
> Doch einer erinnert sich noch.

eile war Christinas dichterische Inspiration fast völlig
und dieser Umstand wurde von der Öffentlichkeit

ebenso bedauert wie von ihr selbst. Swinburne schickte ihr ein Exemplar von *A Midsummer Holiday,* das ein Gedicht mit dem Titel »A Ballad of Appeal« (Eine flehentliche Ballade), adressiert an Christina G. Rossetti, enthielt. Er bat um Vergebung, sich die Freiheit herausgenommen zu haben, »Sie öffentlich anzusprechen, ohne das geringste ›*mit* Ihrer freundlichen Genehmigung‹«. In dem Gedicht wird Christina darum gebeten, mehr »Süßes Wasser von der Quelle der Lieder« hervorzubringen, und in seinem Brief fügte Swinburne hinzu, das sei »nur das mindeste all dessen, was man gerne sagen würde«.[21]

Christina dankte ihm »für Ihre so freundliche Einschätzung meiner Person, so wenig sie auch gerechtfertigt sein mag. Bitte glauben Sie mir, daß ich die Stummheit nicht *gewählt* habe und auch nicht versuchen werde, sie zu rechtfertigen wie der Papagei, der schrie: ›Dafür denke ich um so mehr.‹ Und vielleicht darf ich hinzufügen, daß niemand erfreuter ist als ich, wenn ich ab und an meine Stimme wiederfinde«.[22] In diesen letzten, schwierigen Jahren verwundert es nicht, daß sie so wenige Gedichte schrieb, sondern daß sie überhaupt noch welche schrieb.

Da sie in der Öffentlichkeit in dem Ruf stand, einer der größten lebenden Dichter zu sein, auf gleicher Stufe mit Tennyson und Browning, wollten viele junge Bewunderer Christinas Meinung zu ihrem Werk hören und ihren Rat bekommen. Christina war diese Aufmerksamkeit unangenehm, und sie verabscheute es, die Gedichte anderer beurteilen zu müssen. Einerseits konnte sie nicht anders, als völlig aufrichtig zu sein, andererseits war ihr bewußt, daß die Wahrheit gelegentlich schmerzlich ist. Ihr Neffe Ford Madox Ford erzählte von einem jungen Dichter, der Christina aufsuchte in der Hoffnung, ihr seine Gedichte zu zeigen. Christina, die den jungen Mann dem Namen nach kannte, entdeckte den dünnen Band in seiner Jackentasche und begann, die zeitgenössische Dichtung derartig heftig zu kritisieren, daß er es nicht wagte, ihr sein eigenes Bändchen zu geben. William gegenüber verhielt sie sich weniger zurückhaltend und urteilte über einen anderen jungen Dichter: »Er ist sehr klug, aber welchen Sinn hat es, in poetischen Dingen klug zu sein.«[23]

1885 suchte Katharine Tynan Hinkson, eine junge irische Dichterin, die gerade ihren ersten Sammelband veröffentlicht hatte, Christina nach einem kurzen Briefwechsel mit William auf. Sie hatte ihr Buch *Louise de la Valliere and Other Poems* genannt, und das Titelgedicht verwies auf eines von Christina, das 1881 veröffentlicht worden war und »Sœur Louise de la Misericorde« hieß. Es handelt von Louise de la Valliere, einer Geliebten Ludwig XIV., die später Nonne wurde. Als Katharine Christina ein Exemplar schickte, brachte sie in ihrer Antwort ihre »aufrichtige Bewunderung für Ihr dichterisches Talent [zum Ausdruck]. Doch über alles *Talent* hinaus schätze ich *Tugenden* weitaus höher, und deswegen erfüllt mich die Frömmigkeit Ihres Werkes mit Hoffnungen, die weit über das Maß dessen hinausgehen, was die Musik der Diktion verheißen könnte. Wenn Sie meine Form ehrten, indem Sie sie nachahmenswert empfanden, so ehre ich Ihre Geisteshaltung um so mehr«.

Katharine wurde zum Tee eingeladen – »aber bitte, ›interviewen‹ Sie mich nicht. Ich muß gestehen, diese neue Mode erregt meinen Unwillen, und meine Unbekanntheit ist mir lieb und teuer«.[24] Nach der ersten Begegnung meinte Christina, Katharine sei »eine durchaus reizende junge Frau und ehrerbietig genug, um meine Brust anschwellen zu lassen wie einen Hefeteig«.[25]

Zuerst war Katharine enttäuscht von Christina, die derbe Stiefel und einen kurzen grauen Rock trug, »die richtige Kleidung für einen 15-Kilometer-Marsch über frisch gepflügte Äcker«, und die »weitaus energischer und fröhlicher war, als ich erwartet hatte«. Sie hatte den Eindruck, daß Christina »sich diese Fröhlichkeit aus Pflichtgefühl auferlegt, weil sie möglicherweise wie Dante glaubt, Traurigkeit sei eine Sünde. In dem Haus schien Fröhlichkeit ein wenig fehl am Platz.

Wenn man es betrat, empfand man die Gegenwart hohen Alters, eine Stille, die... schwer lastete und Geräusche nicht nur verdunkelte, sondern auch dämpfte«. Die Tanten waren nicht anwesend, um Katharine zu empfangen, sondern blieben aufgrund ihrer Krankheiten in ihren Zimmern, nur Mrs. Rossetti saß in einem Stuhl mit hoher Rückenlehne neben dem Kamin im Wohnzimmer. Die junge Dichterin erinnerte sich, wie sie sich zu ihrer Tochter umdrehte und »ihre schöne alte Hand auf die ihre legte. ›Meine liebevolle Christina‹, sagte sie«.

Als Mrs. Rossetti sich zum Nachmittagsschlaf auf ihr Zimmer zurückzog, konnten die beiden Frauen etwas offener reden, und Katharine merkte, wie die Atmosphäre sich entspannte. Sie sprachen über Dante Gabriel und Elizabeth Siddal und dann – wie nicht anders zu erwarten – über Bücher. Christina zeigte sich insbesonders von Alice Meynells erstem, 1875 veröffentlichtem Gedichtband *Preludes* beeindruckt. Sie lieh Katharine Mrs. Gaskells *Cranford,* und Katharine erinnerte sich an Christinas Lachen, als sie das Buch durchblätterte und »Abschnitte, die sie kannte und liebte«, durchlas. Beim Abschied fühlte Katharine sich »unbehaglich wegen ihrer robusten, ja fast schroffen Maske«.[26]

Zwischen den beiden Frauen entwickelte sich langsam eine Freundschaft, die sie brieflich aufrechterhielten. Katharine nannte die Tage, an denen sie Briefe von Christina erhielt, »von Sonne erfüllt«. Christina schickte ihr ein Exemplar von *Time Flies* und schrieb lediglich »Katharine Tynan« hinein. »Ich habe gewagt, Ihren Namen ohne die Formalität des ›Miss‹ hineinzuschreiben – eine Unterlassung, die mir meiner Person gegenüber vielfach gefällt.«[27]

Katharine bewunderte an Christina nicht nur ihr literarisches Talent, sondern auch »die starke geistige Schönheit des Gesichtes, das ihr Bruder als das der jungen Maria gemalt hatte – ein Gesicht, dem übermenschliches Leid bevorsteht«. Sie wollte einen Artikel über Christina schreiben, und obwohl Christina ihrer Freundin nicht ausdrücklich die Genehmigung dazu verweigerte, spürte Katharine doch einen großen Widerstand auf seiten der älteren Frau. Als sie an einem sonnigen Herbstnachmittag zusammensaßen, versicherte Katharine plötzlich »mit Heftigkeit, daß ich nichts schreiben würde«. Christina war unendlich erleichtert. Sie sagte zu Katharine: »Ich wäre nicht ich selbst ... es ist, wie wenn man sich für eine Fotografie in Pose stellt und eine unnatürliche Haltung einnimmt. Mir gefällt der Brauch des Befragens nicht, denn die befragte Person wird unweigerlich gehemmt und kehrt für die Öffentlichkeit stets ihre beste Seite hervor.« Als Katharine ging, sagte sie zu ihr: »Dafür gibt es noch genügend Zeit, wenn ich nicht mehr bin.«[28] Ihren Wünschen entsprechend, erschien Katharines Artikel in *The Bookman* erst nach Christinas Tod.

In einem späteren Artikel für *The Bookman* gestand Katharine, Christina habe ihr erzählt, sie »hätte zwei- oder dreimal heiraten können«. Das unterstützt Williams Darstellung von ihrer Liebe zu James Collinson und Charles Cayley. Um wen es sich beim dritten Mann handelt, ist nach wie vor ein Rätsel; möglicherweise war es der »John«, dessen Aufmerksamkeit Christinas Ärger erregte. Katharine machte sich auch selbst Gedanken über Christina, die, wie sie bemerkte, »nicht umsonst Italienerin« war.

> Was in aller Welt hatte sie, diese Heilige mit dem flammenden Herzen, zu tun mit den grauen Straßen Londons, insbesondere mit Bloomsbury, und insbesondere mit der Frau des mittleren oder frühen Viktorianismus, die zu sein sie sich bemühte? Ihre Art der Liebe, der sterblichen Liebe, der göttlichen Liebe, hatte überhaupt nichts Englisches an sich.[29]

Im Sommer 1884 fuhr Christina ein letztes Mal mit ihrer Mutter nach Birchington, und diese Reise ging fast über Mrs. Rossettis Kräfte. Es gab Probleme mit dem Gepäck, und bei der Ankunft am Bahnhof fand sich keine Droschke, die sie zu ihrer Pension bringen konnte; diese Schwierigkeiten überforderten Christinas Organisationsvermögen. Sie schrieb William, zum Glück habe ein Geistlicher sich ihrer angenommen und alles für sie erledigt, und am folgenden Tag habe er ihnen mit seiner Frau und seinen Kindern einen Besuch abgestattet. Christina und Frances blieben lange genug in Birchington, um mitzuerleben, wie schließlich Shields' Glasfenster in die Kirche eingesetzt wurde, und um letzte Arbeiten an Gabriels Grab vorzunehmen.

Im Februar 1885 bekam Lucy Rossetti eine schwere Bronchitis. Offenbar hatte sie sich verkühlt, als sie in der Nacht aufgestanden und barfuß in das obere Stockwerk gegangen war, um die weinende Helen zu beruhigen. Lucy erholte sich nur sehr langsam von dieser Krankheit, und der Husten wollte nicht abklingen. Die Ärzte empfahlen einen Aufenthalt am Meer, und daraufhin fuhr sie zuerst nach Bournemouth und dann nach Ventnor auf der Isle of Wight, wo sie einen langen Urlaub verbrachte.

Christina arbeitete an *Time Flies,* einem christlichen Lesebuch. Es enthält für jeden Tag des Jahres einen Gedanken, ein Gedicht oder ein Gebet, wobei diese sich gelegentlich mit einer bestimmten historischen Gestalt befassen, etwa St. Perpetua und St. Etheldreda. Der Inhalt ist stark von Ereignissen in Christinas eigenem Leben bestimmt. So beschreibt sie für den 29. April einen Spaziergang mit einem Freund (Frederick Shields) in Birchington, bei dem sie in einer Hecke ein trichterförmiges Spinnwebennetz entdeckte. In der frühen Morgensonne »glitzerte es wie mit Perlen besetzt, und jeder dieser Tautropfen funkelte wie gleißendes Licht oder ein Regenbogen. Gewebt war es, wie kein Mensch es wirken könnte, zart und geschmeidig, zerbrechlich und widerstandsfähig.« Unweigerlich führt ihre Beobachtung zu einer Moral.

Doch die Schönheit, das Leuchtende und die Farbenpracht sind letztlich unbedeutend. Der Tau verdunstet, die Farbtöne und das Schillern verschwinden, die Widerstandsfähigkeit bleibt, und am Grunde all dessen lauert eine Spinne.

Christinas Belehrung wird humorvoll fortgeführt.

Einmal erklärte mir jemand, ein grauer Papagei und ein Elefant seien sich äußerlich recht ähnlich... Es ist ein verblüffender Gedanke, daß unsere Mitmenschen sehr seltsame Ähnlichkeiten zwischen uns entdecken, während wir sorglos und heiter nebeneinanderher spazieren.

Zwischen die Prosa sind Gedichte eingestreut – die ersten, die Christina seit zehn Jahren veröffentlichte. Einige der Verse sind fromme Platitüden, doch in manchen Zeilen scheint ihr früheres Talent durch. »Besser als das bebende Herz des Lebens ist das unbewegte Herz des Todes« ist eine Zeile aus »If Love is Not Worth Loving« (Wenn Liebe zu lieben nicht lohnt), ein Gedicht, das die Kritiker mit besonderem Lob bedachten. Die das gesamte Buch prägende Stimmung kommt deutlich im Epigraph für den 13. April zum Ausdruck – »Endure Hardness« (Ertrage schwere Zeiten) – und ebenfalls in den dazugehörigen Versen.

> Ein kalter Wind treibt dem Schlehdorn
> Knospen und Blüten,
> So daß die zartgrünen Hecken
> Wie mit Schneeflocken besetzt sind.
>
> Durch Kälte und Bitterkeit
> Liebes Herz, sei gewiß:
> Einmal ohne Zweifel
> Bringen sie den Schlehdorn zum Blühen.

Es war nur dieser Glaube, der Christina aufrechterhielt. Sie wollte, daß Frederick Shields das Deckblatt für *Time Flies* entwarf, aber er war zu krank, um ihr diesen Wunsch zu erfüllen. Außerdem bat sie ihn, eine Petition gegen ein geplantes Institut zu unterstützen, an dem Medikamente in Tierversuchen getestet werden sollten.

Im Sommer setzte Christina sich für eine weitere Angelegenheit ein und unterzeichnete eine Bittschrift, die verlangte, das Mündigkeitsalter auf sechzehn Jahre zu erhöhen. Dieses Thema erregte die öffentlichen Gemüter, nachdem ein Artikel in *The Pall Mall Gazette* beschrieben hatte, wie Kinder armer Familien als Prostituierte verkauft wurden. Christina hatte die Institution in Highgate schon seit einigen Jahren nicht mehr aufgesucht, weil ihre häuslichen Verpflichtungen ihr keine Zeit dazu ließen, aber sie unterstützte die Kampagne mit ganzem Herzen.

1885 erlitt W. B. Scott einen Herzanfall. Christina ging zu seinem Haus, um Laetitia zu trösten, traf aber nur Scott und Alice Boyd an. Wenig später fuhr Alice mit Scott nach Penkill, wo sie ihn bis zu seinem Tod hingebungsvoll pflegte.

Christina mochte Scott, und sie schrieb ihm zu seinem Geburtstag scherzhafte Gedichte; einige davon waren an ihn und Alice Boyd gemeinsam gerichtet. In einem sprach sie von »Meiner alten Bewunderung, als ich noch keine zwanzig war«, aber in keinem der Verse kommt mehr als Christinas übliche Wärme gegenüber Freunden zum Ausdruck. Sie sind weniger freimütig in ihrer Zuneigung als Christinas Briefe an Frederick Shields.

Da Lucys Aufenthalt in Ventnor sich in die Länge zog, verbrachte William Weihnachten bei seiner Mutter und den Tanten am Torrington Square, und Christina schrieb, es habe ihnen allen große Freude bereitet, ihn wieder an seinem angestammten Platz im Familienkreis zu sehen. Für William war die Situation weniger angenehm. Er war seit Monaten von seiner Frau und den Kindern getrennt und wußte nicht, wann sie wieder zusammensein würden.

Es war ein ungewöhnlich kalter Winter. Es kam zu Aufständen und Unruhen unter den Arbeitslosen, die zum Teil fürchterliche Not litten. Christina schrieb Lucy: »Es ist herzzerreißend, an die entsetzliche Arbeitsnot zu denken – das erbärmliche Elend direkt vor unserer Tür –, und uns geht es so gut.« Für sie bestand die einzige Lösung in Auswanderung.[30]

Im Februar verletzte sich Mrs. Rossetti bei einem Sturz im Schlafzimmer am Rücken und mußte das Bett hüten. Christina bemühte sich erfolglos, von All Saints eine Pflegerin zu bekommen, doch mit Annie Jackson, die sich hingebungsvoll um Mrs. Rossetti kümmerte, war sie sehr zufrieden. Auch Tante Charlotte war bettlägerig, sie wurde von Mrs. Abrey versorgt, die auch Gabriel gepflegt hatte; William befürchtete, sie würde nie mehr aufstehen. Mrs. Rossettis Zustand verschlechterte sich täglich.

Christina dankte Shields in einem Brief für seine Anteilnahme. Sie hoffte, seine Frau würde bald genesen, und fügte hinzu: »Für mich gibt es auf Erden keine Hoffnung.«[31] Am 8. April, fast auf den Tag genau vier Jahre nach Gabriel, starb Mrs. Rossetti friedlich, nachdem sie schon eine Zeitlang nicht mehr bei Bewußtsein gewesen war. Christina notierte den Zeitpunkt des Todes im Tagebuch ihrer Mutter, das sie führte, seitdem Frances nicht mehr schreiben konnte. Der letzte Eintrag lautet:

> Ich, Christina G. Rossetti, glückliche und unglückliche Tochter einer so teuren Heiligen, schreibe diese letzten Worte. Erst eine halbe Stunde nach Mittag am 8. April (Donnerstag) wurde meine geliebte Mutter von ihrem Leiden erlöst, obwohl sie bereits seit geraumer Zeit (wie mir versichert wurde) nicht mehr bewußt gelitten hatte... William, die Pflegerin Annie Jackson, Harriet und ich wachten die letzte, traurige Nacht immer wieder bei ihr. Im Augenblick ihres Todes waren William, die Pflegerin, Mr. Stewart und ich zugegen... Meine schöne

Mutter sah im Tod so schön, so zufrieden aus, daß man fast einen Ausdruck von Freude auf ihrem Gesicht zu sehen vermeinte. Ich ließ ihr die »Witwenkappe« aufsetzen, die sie mehr als 30 Jahre lang getragen hatte.[32]

KAPITEL 17

Christina schrieb Lucy nach Ventnor vom Tod Mrs. Rossettis und meinte bedrückt: »Die Welt ist eine andere geworden, seit Du zum letzten Mal von mir hörtest.« Williams Ansicht nach betrachtete Christina den Tod ihrer Mutter »praktisch als das Ende ihres eigenen Lebens... Für sie gab es jetzt nur noch religiöse Resignation, um das traurige Warten zu überbrücken, und Vorfreude auf das Ende«.[1] Finanziell war sie jetzt abgesichert, denn Mrs. Rossetti hatte ihr rund 4000 Pfund hinterlassen; ein Teil davon stammte aus Gabriels Erbe. Wie Christina Charles Cayley erklärt hatte, fühlte sie sich moralisch verpflichtet, 2000 Pfund davon William zu geben. In einem Brief an Lucy erläuterte sie ihre Gefühle:

> Teuersten Dank, meine liebe Schwester, für alles, was Du uns schriebst und wünschtest: Ich kann noch »uns« sagen und mich auf das Ende unserer Trennung freuen. Aber bitte glaube nicht, ich ertrüge diese bittere Zeit besser, als es tatsächlich der Fall ist. Es war mir ein Trost, William zu sehen, aber nun freue ich mich, daß ihn in Ventnor eine erholsame Zeit erwartet...
> Hat William Dir von unserem Gespräch erzählt? – als ich ihm sagte, ich hoffte, ihm endlich mindestens £ 2000 geben zu können. Seit langem fühle ich mich in seiner Schuld wegen all der Jahre, in denen er mir mit großzügiger Zuneigung ohne Groll und Gram ein Heim bereitete.

Er und wir alle denken, daß wenn wir diese Schuld über 20 Jahre mit £ 100 pro Jahr veranschlagen, so habe ich das *Geld* zurückgezahlt; und was die *Liebe* betrifft, so kann nur Gleiches mit Gleichem vergolten werden – bis ich mit ihm redete, war er sich keiner finanziellen Schuld meinerseits bewußt. Mir liegt am Herzen, daß vor allem Du dies weißt, denn wenn ich das Unglück erleben sollte, meinen lieben William zu verlieren, so denke ich (soweit ich das im Moment beurteilen kann), daß seine Ansprüche voll und ganz auf Dich oder die Kinder übergehen...
Von verschiedensten Seiten wurde uns Beileid ausgesprochen, und es freut mich zu sehen, wieviel Liebe und Achtung meiner teuren Mutter entgegengebracht wurde. Hoch und niedrig haben uns Freundlichkeiten erwiesen. Nachdem ich einzeln mit meinen Tanten gesprochen habe, weiß ich, daß es ihrer beider Wunsch ist, ich möge weiterhin bei ihnen leben, und somit ist auch diese Frage geklärt.[2]

Christinas Situation war alles andere als beneidenswert. Watts-Dunton gegenüber äußerte sie sich, sie lebe »im Kreise von Abwesenden, die sich entweder in dieser oder in der nächsten Welt befinden«.[3] Tante Charlotte war bettlägerig und brauchte ständige Pflege. Tante Eliza ging es körperlich besser, geistig jedoch wurde sie immer verwirrter; offenbar litt sie an seniler Demenz. Aber auch Tante Charlotte, die William als eine in jeder Hinsicht sehr durchschnittliche Dame bezeichnete, wurde gegen Ende ihres Lebens geistig sehr unstet. Williams Tagebucheintrag vom 4. Oktober 1886 verdeutlicht, unter welchen eingeschränkten Umständen Christina leben mußte: »Christina aß bei uns zu Abend – etwas, das seit vier Jahren nicht mehr vorgekommen ist.«

Ihr Neffe Ford Madox Ford (geboren Ford Madox Hueffer, der Sohn von Lucys Schwester und deren Mann Francis Hueffer) besuchte sie gelegentlich und schrieb später seine Eindrücke auf:

Ich kann mir nicht vorstellen, daß Christina Rossetti in ihrem Wohnzimmer in dem düsteren Londoner Square das Leben in irgendeiner Weise erhebend oder anregend fand. Es muß für sie wenn schon nicht außerordentlich tragisch, so doch ungemein schmerzlich und fast unerträglich gewesen sein. Ihre Gedichte sprechen beredt von leidenschaftlicher Sehnsucht nach dem Land, doch sie lebte in kleinen Kämmerchen, gegen deren Fenster Blätter schlugen, die Zimmer verdunkelt von den schwarz bestämmten Londoner Bäumen, die wie blanker Hohn wirken im Vergleich zu ihren üppig grünen Schwestern draußen in der freien Natur.

Ford berichtete, wie Christina in ihrer schwarzen Kleidung dasaß, äußerlich völlig gefaßt, die Hände im Schoß gefaltet, den Kopf ein wenig zur Seite geneigt, und sich mit unerbittlicher Genauigkeit ausdrückte; doch in ihrem Inneren tobte »stets ein heftiger Kampf zwischen heidnischer Lebenslust, dem Verlangen nach Sonnenlicht und Liebe, und einer Askese, die calvinistische Zurückhaltung beinahe übertraf und ebenfalls an Ekstase grenzte«.[4]

Christina schrieb Ford liebevolle Briefe, in denen sie ihn als Angehörigen bezeichnete, in Klammern aber pedantisch darauf hinwies, daß es sich im Grunde nur um eine »Verwandtschaft« durch Heirat handelte.

Es ist wenig verwunderlich, daß Christinas Gesundheit unter dieser Umständen litt. Im Januar 1887 konsultierte sie Sir William Jenner, der eine Angina feststellte und sie auf einen dringend benötigten Urlaub nach Torquay schickte. An William schrieb sie, sie sei »nicht ausgesprochen erblüht, doch hoffen wir, daß ich der zertretenen Kamille gleiche, die ›darob‹ nur um so mehr Süße verströmt«.[5] Sie trat diese Reise in Begleitung ihrer Nichte Olive an, aber offenbar war der gemeinsame Urlaub kein Erfolg. Besorgt erzählte Christina ihrem Bruder, sie entdecke in Olive Anzeichen von Neid, aber weder William noch Lucy sahen irgendwelche Gründe für diese Annahme.

Lucy, deren Brustleiden sich mittlerweile zu einer Tuberkulose entwickelt hatte, war auf Genesungsurlaub in San Remo, und William fuhr zu einem kurzen Besuch zu ihr. Ihre lange Krankheit belastete nicht nur ihre Beziehung, sondern auch Williams Finanzen. Christina freute sich, Lucy hundert Pfund als Beitrag zu ihren Ausgaben schenken zu können, wobei sie taktvoll hinzufügte, ihre Mutter habe Lucy diese Summe testamentarisch vermachen wollen. Während Williams Aufenthalt in San Remo wurde die italienische Riviera von einem Erdbeben erschüttert, das großen Schaden anrichtete und viele Menschenleben forderte. San Remo selbst war kaum betroffen, aber wegen drohender Nachbeben mußten William und Lucy den Tag und die darauffolgende Nacht im kalten Februarwetter im Freien verbringen. Als Christina in England davon hörte, machte sie sich große Sorgen, schrieb sofort und wollte wissen, ob den beiden etwas passiert sei.

Im März war sie wieder in London an ihrem »angestammten Platz«, wie sie es ausdrückte. Sie sagte William, er brauche kein Mitleid mit ihr zu empfinden.

> Bitte sage nicht: »Saure Trauben!« Wunderschön, reizend, erhaben, denkwürdig, das ist die Welt, in der Du und die Deinen leben – doch ich bin's zufrieden in meiner schattigen Höhle, und diese Höhle bietet den ungemeinen Vorteil, nach meinem sicheren Wissen der Ort zu sein, der mir gebührt. Und auf meine schlichte Art genieße ich meine schlichten Interessen und schlichten Vergnügen![6]

Zu diesen Interessen gehörte Wohltätigkeitsarbeit. Ellen Proctor, die später ihre Erinnerungen an Christina aufschrieb, lernte sie im Factory Girls Club in der London Street kennen, ein Projekt, bei dem auch Walter Besant (Annies Schwager) mitarbeitete. Der Verein war vorwiegend für die Arbeiterinnen der Streichholzfabrik Bryant and May eingerichtet worden, aber auch andere Fabrikmädchen aus dem East End fanden sich dort ein, »Seilmacherinnen, Segeltucharbeiterinnen, Marmeladenköchinnen«. Offenbar kam Christina mit diesen jungen Mädchen besser zurecht als mit Kindern. Sie gestand Ellen, daß sie gerne häufiger in dem Verein arbeiten würde, ihre Pflichten als Krankenpflegerin dies aber verhinderten, weil ihre Tanten immer nur für kurze Zeit allein gelassen werden konnten.

Die erzwungene Abgeschiedenheit vergrößerte Christinas Schüchternheit, und ohne ihre Mutter, die ihr oft Mut zugesprochen hatte, fiel es ihr immer schwerer, an gesellschaftlichen Anlässen teilzunehmen. Sie zweifelte daran, ob Freunde und Angehörige sie wirklich sehen wollten. Das galt insbesondere für ihre Schwägerin. In einem kurzen Brief heißt es:

Meine liebe Lucy, William hat mich eingeladen, am nächsten Donnerstag bei Euch zu essen – soll ich kommen? Ich weiß, daß zuzeiten ein Gast mehr trotz der besten Absichten ein Gast zuviel ist, und es würde mich keinesfalls an Deiner Freundlichkeit zweifeln lassen, wenn Du mir offen gestündest, mein Kommen sei ungelegen.[7]

Da Christina nicht daran gewöhnt war, alleine Besuche zu machen, wurden sie für sie zur Qual. Bei einer von Lucys Abendgesellschaften konnte sie sich nicht überwinden, das Zimmer, das sie bereits verlassen hatte, wieder zu betreten, um sich zu verabschieden. Sie versuchte William ihr Verhalten zu erklären:

Bitte grüße Lucy von mir; und erkläre ihr, daß ich mich gerade verabschieden wollte, als die Tür, vor der ich stand, sich schloß und mich ausschloß: Ich nehme an, sie ahnt, daß ich noch immer scheu bin und mich durch eine solche Zurückweisung verschreckt fühle. Eure kleine Gesellschaft erschien mir ein Erfolg, und ich bedauere nur, keinen Blick auf Deine Bibliothek geworfen zu haben. Welch wunderschönen Teppich auf der Treppe Ihr habt![8]

Christinas Schüchternheit und ihr ständiges Bedürfnis nach Bestätigung müssen Lucys Geduld auf eine harte Probe gestellt haben. Dies verstärkte die Zurückhaltung ihrer Schwägerin. Für William war die Situation noch belastender – Christina überschüttete ihn mit ihren Gefühlen und war auf seine Besuche gewissermaßen angewiesen, so daß er sich gelegentlich zweifellos überfordert fühlte.

> Padrone! Questa tua casa!
> Du bist aus reinstem *Eigennutz* hier willkommen, immer aufs herzlichste willkommen. Du kannst eine Tasse Tee trinken, und ich werde Dir ein oder zwei Bücher zeigen, wenn Du sie sehen möchtest... Warum kommst du nicht immer an Shelley (Gesellschafts-)Abenden hierher? Deine liebende alte Schwester.[9]

Es betrübte Christina, daß sie zwar vieles mit ihrem Bruder teilen konnte, aber nicht das, was ihr am meisten am Herzen lag – ihren Glauben. »Mir kommt es unnatürlich vor, Dich so sehr zu lieben und doch nie ein Wort zu erwähnen von den Dingen, die mein Leben ausmachen.«[10]

Mit William sprach sie über die Gedichte Emily Dickinsons, die sie nach der Veröffentlichung in Amerika 1890 erhalten hatte. »Sie *hatte* (denn sie ist tot) eine wunderbare Blakesche Gabe, doch überdies war sie überraschend unbekümmert, was poetische Mittel und Wege betraf.«[11] Emily Dickinsons Werk litt, wie später auch Christinas, an den posthumen »Verbesserungen« durch Angehörige und Freunde. Sie veränderten die Reime, die Satzzeichen sowie die Anordnung von Zeilen und fügten gelegentlich andere Metaphern ein, um Emilys Gedichte »regelmäßiger« zu gestalten. Auch Christina las diese erste, verstümmelte Ausgabe, deren Veröffentlichung trotz der Veränderungen ein bedeutsames literarisches Ereignis darstellte. Von den Dichterinnen aus Christinas Generation lebte noch Jean Ingelow, jedoch hatten ihre *Collected Poems* von 1885 wenig Anklang gefunden, und seitdem ihr Lieblingsbruder gestorben war (dem sie alle Werke gewidmet hatte), war ihre Gesundheit derart angegriffen, daß sie nicht mehr schreiben konnte.

Trotz der vielen alltäglichen Unterbrechungen und Behinderungen arbeitete Christina an einem weiteren religiösen Buch mit dem Titel *The Face of The Deep* (Das Gesicht der Tiefe), das sie erst nach sieben Jahren fertigstellte. Es enthält Überlegungen zu den Offenbarungen des Johannes, und die Beschäftigung mit der unerbittlichen und vielfach beängstigenden Vision vom Jüngsten Gericht brachte Christinas zartes Gemüt aus dem Gleichgewicht. Sie schrieb an William: »Vielleicht tust Du es bereits – aber wenn nicht, und wenn Du es nicht für unrecht erachtest, so würde ich mir wünschen, daß Du manchmal für mich betest, damit ich nicht, nachdem ich (in gewisser Weise) anderen gepredigt habe, selbst zur Verdammten werde.«[12]

Christina wurde von Zweifeln gequält – vielleicht war sie nicht gut genug gewesen, hatte nicht genügend Selbstverzicht geübt? Frühere Sünden und Überschreitungen belasteten ihr Gewissen. In einem Brief an William wollte sie den Eindruck richtigstellen, den sie ihm über die Dauer ihres Morgengebets gegeben hatte. Es sei keine halbe Stunde, schrieb sie, sondern weniger. »Dies hat mir große Sorgen bereitet, und zu Recht, denn die Unkorrektheit rückte mich in ein besseres Licht.« Die Flammen der Hölle waren für Christina sehr real. In *The Face of the Deep* schrieb sie von ihren Hoffnungen auf Erlösung.

> Selbst wenn ich hier und in vielen anderen Punkten mich irre, so hoffe ich, ich könne doch in gewissem Grade entschuldigt werden. Denn nicht berechnend (sei Gott

mir gnädig) irre ich, sondern weil ich sehr dunkel nur durch das Glas sehe.[13]

Sie hoffte, durch das Studium der Offenbarungen sich in Geduld zu üben, doch sie litt in dieser Zeit. »Stündlich, augenblicklich, kommt Gnade oder Strafe über mich«, und das Bild, das sie von ihrem Leben zeichnete, war freudlos.

Ich habe gesehen Tränen, Tod, Leid, Weinen, Schmerz. Möge Gott mir gestatten, das allgemeine und persönliche Ende all dieser Qualen zu erleben, wenn der Tod schließlich im Triumph hinweggefegt wird:[14]

Der Kampf, nicht vom Glauben abzufallen, war mitunter fast unerträglich für sie. In dem folgenden zusammenhanglosen Abschnitt aus *The Face of the Deep* fehlen keine Wörter oder Satzteile; die Zeichensetzung stammt von Christina selbst.

Solange ich lebe, muß ich – ich kann nicht anders – widerstehen, ringen mit etwas... Böse oder Gut, Satan oder Christus, ich widerstehe, ich lehne mich auf. Satan zu bekämpfen heißt, das, was stärker ist als er, auf meine Seite zu ziehen. Christus zu bekämpfen... Lieber Gott, durch Deine Gnade, Dein Mitleid, grenzenloses Mitleid, endlose Gnade, bewahre mich, bewahre alle davor, jemals zu wissen, was es bedeutet, Dich zu bekämpfen.[15]

Ford Madox Ford meinte später: »Ich betrachtete es immer als ein verdammendes Argument gegen das Christentum, daß es dem Schicksal gestattete, eine solche Frau derart zu quälen.«[16]

Das Buch schließt mit einem typischen Beispiel für Christinas völligem Mangel an Selbstvertrauen, an dem sie gegen Ende ihres Lebens litt: »Sollte ich allzu kühn gewesen sein im Versuch, ein solches Werk zu schreiben, so bitte ich um Vergebung.«

1890 starb Tante Charlotte, nachdem sie über drei Jahre ans Bett gefesselt gewesen war. Zwei Drittel ihres Geldes vermachte sie Christina unter der Bedingung, weiterhin wohltätige Spenden zu geben, so wie sie es selbst getan hatte. Die Zuwendungen gingen unter anderem an entfernte, verarmte Polidori-Verwandte. William mißbilligte es, daß Christina diese Angehörigen großzügig unterstützte. Nach Charlottes Tod ging die Pacht des Hauses in Endsleigh Gardens auf William über, erst jetzt konnte er mietfrei in seinem eigenen Haus leben. Doch als Lucy 1889 vom Mittelmeer zurückkehrte, beschloß sie, aus der Innenstadt in ein Viertel umzuziehen, das höher gelegen und deswegen im Winter nicht so stark vom Smog betroffen war. William widerstrebte der Gedanke sehr, aber die willensstarke Lucy setzte sich durch, und sie erwarb die Pacht auf das Nachbarhaus ihres Vaters in Primrose Hill.

Nach einer neuen Regelung der Nineteenth Century Building Society sollte die Pacht des Hauses nach einer gewissen Anzahl von Jahren an Lucy gehen. Nun mußte William Miete an Lucy entrichten, die das Geld an die Building Society zahlte und somit das Haus selbst kaufte. Williams Weg zur Arbeit war nun doppelt so weit wie früher. Doch das Leben in Primrose Hill war gesünder und auch ruhiger, und sowohl Lucy als auch die Kinder freuten sich, neben Madox Brown zu wohnen. Kurz nach dem Umzug starb dessen Frau Emma, und Lucy führte nun beide Haushalte. Lucys Biographie über Mary Wollstonecraft Shelley, die sie wegen ihrer Krankheit nur unter großer Mühe fertiggestellt hatte, erschien schließlich 1890.

Im November starb W. B. Scott. Christina erwähnt diese Tatsache zwar in ihren Briefen, empfand aber offenbar nicht mehr als die übliche Trauer über den Verlust eines alten Freundes. Seit einigen Jahren hatte sie kaum etwas von »den lieben alten Scotts« gehört.[17] Scotts Memoiren mit dem Titel *Autobiographical Notes* wurden in stark veränderter Form zwei

Jahre später veröffentlicht und enthielten mehrere Passagen über die Rossettis, die William beleidigend fand. Vor allem Scotts Einstellung zu Gabriel verärgerte ihn. Auf Williams Warnung hin verzichtete Christina darauf, das Buch zu lesen; sie zog es vor, ihre warmen Erinnerungen an Scott nicht zu zerstören. Sie selbst wird in den Memoiren kaum erwähnt, abgesehen von Scotts erstem Eindruck von ihr als siebzehnjährigem Mädchen.

Dies sowie der Umstand, daß große Teile seines Tagebuchs verbrannt wurden, unterstützt angeblich L. M. Packers Theorie, daß zwischen Christina und W. B. Scott eine Liebesbeziehung bestanden hatte. Es steht jedoch zu bedenken, daß Christina in Scotts Leben keine große Rolle außer als Freundin seiner Frau und als Gabriels Schwester gespielt hatte, dann ist auch verständlich, daß er nur wenig über sie schrieb: Scotts freimütige Einträge über seine Beziehungen mit Alice Boyd und Pauline Trevelyan waren zweifellos Grund genug, seine Tagebücher zu vernichten.

Es ist anzunehmen, daß Scott heimlich eine andere Beziehung unterhielt. Die qualvollen *Poems to Mignon* sind jedoch ganz offensichtlich nicht an Christina Rossetti gerichtet. Eines von ihnen heißt »A Compliment to Mignon Singing« (Ein Kompliment an Mignons Gesang), und auch an anderer Stelle werden Mignons Lieder erwähnt. Christina sang nicht, und nichts deutet darauf hin, daß »Lied« eine Metapher für Verse sein könnte. Es sind Gedichte eines Mannes, der in der Stadt lebt, geschrieben an eine Frau auf dem Land (Christina war zu der Zeit in London), und der Ort Wetherall im Norden Englands wird namentlich erwähnt. In den Gedichten finden sich auch viele Wortspiele über das Wort »May« [A. d. Ü.: der Monat Mai, aber auch ein Frauenname] (»Mädchenfrau, Mignon, May«), die darauf schließen lassen, daß die Frau so geheißen haben könnte.

Gegen Ende 1891 wurde Christina bewußt, daß ihre allgemeine Unpäßlichkeit eine tiefere Ursache hatte. Dr. Stewart, der Sir William Jenner als Christinas Hausarzt abgelöst hatte, stellte Brustkrebs fest, und der Chirurg Mr. Lawson bestätigte diese Diagnose nach einer Untersuchung. Christina berichtete William erst davon, als Ende Mai eine Brustamputation beschlossen wurde. Am 20. Mai schrieb sie ihm: »Nun endlich hat es den Anschein, daß meine gesundheitliche Angegriffenheit einen Punkt erreicht hat, der eine einschneidende Behandlung verlangt.«[18] Lucy gegenüber erklärte sie ausführlicher:

> Nennenswerte Schmerzen habe ich nicht, aber offenbar wäre es unklug, diesem erfreulichen Umstand allzusehr zu vertrauen und den Schritt zu unterlassen, der nun gemacht wird und von dem ich unter dem Einfluß von Äther nichts wahrzunehmen erwarte... Tante Eliza belasten wir mit dieser Sorge nicht...[19]

Da Christina davon ausging, daß die Öffentlichkeit Interesse an ihrem Befinden zeigen würde, beauftragte sie William, die Presse über ihren Zustand zu informieren. Sie hatte das Gefühl, daß absolute Offenheit die beste Lösung sei.

Am 25. Mai nahm Lawson die Operation vor. William war im Haus, wo Tante Eliza zuliebe der normale Tagesablauf soweit wie möglich aufrechterhalten wurde. Er notierte in sein Tagebuch: »Mit großer Dankbarkeit kann ich sagen, daß bislang alles wunderbar und sogar erstaunlich gut gelaufen ist. Die Zukunft ist natürlich überschattet; ... Christina hat sich wahrhaft heldenhaft benommen.« Drei Tage später schaute er wieder vorbei und konnte Christina für zwanzig Minuten sehen: »Sie ist gefaßt und einigermaßen wohlauf – hat keine direkten Schmerzen, bis auf eine gewisse, nicht allzu angenehme Empfindung in der linken Schulter.«[20] Der Chirurg hoffte, daß die Operation Christina geheilt habe, und erzählte William, die Prognose für die Zukunft sei gut. Doch Christinas Ansicht nach war dieser Optimismus fehl am Platz. Als Stewart ihr sagte, sie könne gut und gerne achtzig Jahre alt werden, schrieb sie Lucy, sie habe »bei dieser Ankündigung keinen Luftsprung gemacht«[21].

Ende Juni schickte Dr. Stewart Christina zur Erholung nach Brighton. Sie fuhr in Begleitung Williams und bedankte sich bei Lucy, daß diese ihm gestattete, mit ihr zu kommen. Christinas Zustand war auch weiterhin angegriffen, und als sie im September nach London zurückkehrte, verbrachte sie die Tage immer noch auf dem Sofa im Wohnzimmer. Bei einem von Williams Besuchen erzählte ihm das Hausmädchen Harriet Read, das Christina pflegte, der Arzt habe eine Nachricht für ihn hinterlassen, »nämlich, daß Christinas Herz Anlaß zu großen Sorgen gibt, und man müßte auf alles gefaßt sein«[22]. Der Maler G. F. Watts wollte als Geschenk an die Nation ein Porträt von Christina malen, aber sie war zu schwach, um ihm Modell zu sitzen.

Im Herbst erschien *The Face of the Deep* und fand allgemein großen Anklang. In einer Kritik in *The Rock* wurde allerdings angedeutet, Christina verzichte als Akt der Selbstverleugnung absichtlich darauf, ihre Gedichte so gut zu machen, wie sie sein könnten. Empört schrieb sie William: »Diese Bezichtigung verdiene ich weder als Lob noch als Anschuldigung.«[23] Allerdings bewies der Kritiker mit dieser Bemerkung mehr Scharfblick, als ihm bewußt war, denn er verdeutlichte damit den Konflikt zwischen dem Anspruch von literarischer und spiritueller Brillanz, der Christinas Werk zugrunde lag. In der zweiten Hälfte ihres Lebens stand für sie der Glauben an erster Stelle. Das bedingte, daß sie sich selbst verleugnete, sich selbst an die zweite Stelle verwies und ihre eigenen Wünsche und Sehnsüchte dem unterordnete, was sie als Gottes Willen betrachtete. Dies schränkte ihre Phantasie und Gefühle ein, was wiederum ihre Dichtkunst beeinträchtigte.

In Christinas letzten Jahren wurde ihr Bedürfnis nach Liebe vor allem von der jungen Dichterin Lisa Wilson erfüllt. 1932 erzählte Lisa Christinas Biographin Mary F. Sandars, sie habe Christina zum ersten Mal »als sehr kränkliches junges Mädchen [geschrieben], das viel im Bett liegen mußte, um ihr für ihre Gedichte zu danken, die jemand mir geschenkt hatte. Sie gefielen mir auf Anhieb, und ich bewunderte sie sehr«.

Christina vernichtete Lisas Briefe an sie ebenso wie ihre restliche Korrespondenz, und Christinas Briefe an Lisa wurden (laut Helen und Olive Rossetti) bei deren Tod verbrannt. Vorher allerdings durfte M. F. Sandars einige dieser Briefe sehen. Als Antwort auf die Bitte, Christina besuchen und das versprochene Exemplar von *Time Flies* abholen zu dürfen, schrieb Christina: »Holen Sie es, wenn Sie es denn gerne möchten, aber erwarten Sie nicht, daß ich so nett bin wie meine Gedichte, sonst wären Sie enttäuscht.« Aber Lisa fühlte sich ganz im Gegenteil sofort zu ihr hingezogen und beschrieb sie später als »meine liebste Freundin und geistige Mutter«.[24]

Lisas Besuche bereiteten Christina immer eine große Freude. Sie gab ihrer jungen Freundin den Kosenamen »Fior de Lisa« – das italienische Wort für Schwertlilie –, und 1892 schrieb sie ein Gedicht für sie, in dem sie das Motiv der Rose mit dem der Lilie verband.

> Als Blume der Liebe liebt die Rose dennoch auch
> Die Zartheit der Lilie.
> Muß darum die Rose einen Teil ihrer Würde
> An die Lilien auf dem Felde abtreten?
> Nein, wahre Harmonie entsteht durch viele Töne;
> Jede Art der Liebe kann dies bestätigen;
> Die Liebe trägt das Weiß der Lilie, und die Liebe erglüht
> Im tiefen Herzen der Rose.

Darüber hinaus empfing Christina den jungen MacKenzie Bell, den sie durch ihren Gemeindepfarrer kennenlernte und der 1895 ihre erste Biographie verfaßte. Er erinnerte sich, wie sie ihn bei seinem ersten Besuch fragte: »Vielleicht fahren Sie im August aufs Land, um etwas zu töten?«, und an ihre Freude, als er erwiderte: »Ich fahre nie aufs Land, um etwas zu töten.«

Er vergaß auch nicht den ersten Eindruck, den er von Christina hatte. Wie Edmund Gosse fand er sie einschüchternd.

... bescheiden in ein schwarzes Seidenkleid gekleidet, ohne jeden Schmuck; der vorherrschende Eindruck von Düsterkeit wurde nur durch eine nüchterne weiße Spitze am Hals und an den Handgelenken ein wenig gemildert. Ihr noch volles Haar hatte mittlerweile einen nur mehr schwärzlichen Schimmer bekommen, und die grauen Strähnen waren zwar sichtbar, aber nicht auffällig. Ihre dunkle Stoffhaube war außerordentlich schlicht und zurückhaltend.

... Auf mich wirkte sie groß, und ich dachte damals, wie auch heute noch, daß keines der Porträts von ihr die dominierende Breite ihrer Stirn genügend zur Geltung bringen. Sie sah fraglos wie eine geniale Frau aus.[25]

Verallgemeinerungen mißfielen Christina, und auf Floskeln in Unterhaltungen reagierte sie aufgebracht und verärgert. Ihr Neffe Ford Madox Ford erzählte ihr einmal, »sehr viele Leute« hätten gemeint, nach Tennysons Tod solle Christina zum Poet Laureate ernannt werden. Christina fragte so lange nach, bis er einräumte, es seien acht oder neun Menschen gewesen, die ihren Namen genannt hatten. Auch Jean Ingelow wurde der Queen als mögliche Kandidatin vorgeschlagen. Christina war entsetzt über die Vorstellung, sie selbst könne ernannt werden, und sagte Ford, sie würde diesen Titel nie annehmen.

Im Frühjahr 1893 teilten die Ärzte ihr mit, daß sie wieder Metastasen im Körper hatte, dieses Mal aber keine Operation mehr möglich war. Der Krebs breitete sich aus, griff die Brustwand an und von dort die Lunge. Christinas linker Arm war geschwollen von Wassereinlagerungen. Christina nahm die Nachricht gefaßt auf und sagte William, sie habe keine *starken* Schmerzen. Für William war diese Eröffnung ein herber Schlag. Im November des vergangenen Jahres hatte Lucy begonnen, große Mengen Blut zu spucken, was bedeutete, daß die Tuberkulose das letzte Stadium erreicht hatte. Am 3. Oktober fuhr Lucy mit ihren drei Töchtern Olive, Helen und Mary nach Italien. Sie hoffte, der Aufenthalt dort könne helfen, ihr Leben zu verlängern. Zu Williams tiefer Trauer darüber, die zwei ihm liebsten Menschen zu verlieren, kam noch der Kummer über das veränderte Verhalten, das Lucy seit 1893 ihm gegenüber an den Tag legte. Für ihre Feindseligkeit und Ablehnung – er bezeichnete es als »Umschwung ihrer Gefühle« – machte er ihre Krankheit verantwortlich.

Im Juni starb zur großen Entlastung der Familie Tante Eliza, die wieder Christina als Erbin eingesetzt hatte. Nachdem Christina nie mehr als dreißig oder vierzig Pfund im Jahr verdient hatte, besaß sie jetzt ein beträchtliches Vermögen. Sie machte ein neues Testament, in dem sie – abgesehen von einigen wohltätigen Spenden – William zu ihrem einzigen Erben ernannte. Außerdem gab sie ihrem Bruder einige der Aktien, die Tante Eliza ihr hinterlassen hatte, womit sie sein kleines Vermächtnis verdoppelte.

Nachdem sie so plötzlich zu einer vermögenden Frau geworden war, fiel die großherzige Christina nur allzu leicht habgierigen Menschen zum Opfer. So wurde sie von einem Mann hintergangen, der sie um Hilfe gebeten und dem sie einen Brief sowie eine kleine Geldsumme geschickt hatte. Kurz darauf entdeckte William, daß er ihren Brief an einen Autogrammhändler verkauft hatte. William bat ihn schriftlich, davon Abstand zu nehmen, stellte später jedoch fest, daß auch sein eigenes Schreiben verkauft worden war. Ein weiterer Bittsteller, Mr. Gringer, wurde daraufhin an Watts-Dunton verwiesen. Christina sah sich nicht in der Lage, Gringers Frau und Sohn zu helfen, die sich wiederum darüber beschwerten, wie unfreundlich er behandelt worden war.

Im Oktober, kurz nach Lucys Abreise nach Italien, erlitt Madox Brown, der immer bei guter Gesundheit gewesen war, plötzlich einen Herzschlag und starb. William und Christina befürchteten, diese Nachricht würde für Lucy den Tod bedeuten. Sie hielt sich mittlerweile in Pallanza am Lago Maggiore auf und war schwer krank. So schrieben sie ihr zunächst nur, daß ihr Vater krank sei, dann, daß sein Zustand sich verschlechtert habe, und erst später erfuhr Lucy die ganze Wahrheit. Madox Browns Tod war ein schwerer Schlag für Christina. Sie hatte ihn bereits als junges Mädchen kennengelernt und erinnerte sich gerne an seine Hilfsbereitschaft ihr und ihrer Familie gegenüber, insbesondere an seine Unterstützung für Gabriel.

Nach Weihnachten wurde Lucys Zustand kritisch. Da William wegen seiner Arbeit am Finanzamt nicht abkömmlich war, erbot sich Christina trotz ihrer eigenen Schwäche, mit einer Krankenschwester zu ihrer Schwägerin zu reisen oder aber für die Unkosten aufzukommen, damit Lucys Arzt zu ihr fahren konnte. Allerdings erwies sich dieser Plan als undurchführbar. Im März erhielt William ein Telegramm von Lucy aus San Remo, und Christina gab ihm Geld, damit er und sein Sohn Arthur sie besuchen konnten. Die beiden befürchteten, sie könnten zu spät kommen, aber Lucys Willenskraft und Energie hielten sie noch am Leben. Sie starb schließlich am 12. April.

Christina schrieb William einen Brief, in dem sie ihm ihre Liebe und ihr tiefes Mitgefühl versicherte. Sie berichtete, Charles Cayleys Nichte und Neffe seien gekommen, um ihr Beileid auszusprechen und Blumen von Professor Cayleys Frau zu bringen. Bei der Testamentseröffnung stellte sich heraus, daß Lucy ihren gesamten Besitz einschließlich des Hauses, in dem sie lebten, ihren Kindern vermacht hatte. Das einzige, das sie William hinterließ, war ein Porträt von ihr, das Dante Gabriel gemalt hatte. William befand sich nun in der wenig beneidenswerten Lage, Gast in seinem eigenen Haus zu sein. Christina ärgerte sich über Lucys verletzende Geste, und in einem Brief bot sie William jede erdenkliche Hilfe an; zum Schluß erinnerte sie ihn daran, daß er nach ihrem Tod finanziell abgesichert sein würde.

1893 wurde Christinas letztes Buch veröffentlicht. Die SPCK verlegte die Sammlung *Verses* – religiöse Gedichte, die bereits in ihren Prosawerken erschienen waren. Es war sehr anstrengend, die Verse für die Drucklegung zu kopieren, und William meinte, Christina hätte diese Arbeit den Herausgebern überlassen sollen. Aber Christina erklärte, sie empfände diese Aufgabe als befriedigend, und außerdem habe sie keine andere Arbeit, um ihre Zeit zu füllen. In dem Band finden sich einige ihrer besten Gedichte, etwa die Weihnachtslieder »In the Bleak Midwinter« und »Love Came Down at Christmas« (Zu Weihnachten stieg die Liebe herab), die Sonette »Lord Grant me Grace to Love Thee in My Pain« (Herr, gewähre mir die Gnade, Dich in meinen Schmerzen zu lieben) sowie frühere Gedichte wie »The World« und das unvergleichliche »Passing Away«. Christina wollte den Band William widmen, er jedoch fand diese Geste unangemessen in Anbetracht seines Atheismus. Als die SPCK Christina das Honorar für den Band sowie die Tantiemen für *The Face of the Deep* schickte, weigerte Christina sich, das Geld anzunehmen. Dies war ihre Art, dagegen zu protestieren, daß die SPCK ein anderes Buch veröffentlicht hatte, das sich offenbar für Vivisektion aussprach.

Christina schlug William vor, gemeinsam mit ihr in ein anderes Haus zu ziehen. Zum Teil wollte sie ihn damit aus seiner mißlichen Lage befreien, und zum anderen war das Haus am Torrington Square viel zu groß für sie allein. Sie bewohnte nur noch die Etage, in der auch das Wohnzimmer lag, und nur zu gerne hätte sie das düstere, leere Haus gegen ein kleineres, freundlicheres eingetauscht. Doch die Ärzte machten ihr klar, daß in ihrem augenblicklichen Zustand ein Umzug nicht in Frage käme, und der Gedanke wurde wieder aufgegeben. MacKenzie Bell besuchte sie an einem drückenden Sommertag und bemerkte die stickige Luft im Zimmer, obwohl alle Fenster weit offenstanden. Außerdem fand er den Lärm störend, der von draußen hereindrang, wo drei Leierkästen dudelten, aber Christina versicherte ihm, sie sei daran gewöhnt.

Im Laufe des Jahres 1894 verschlechterte sich ihr Befinden rapide, und ab August konnte sie nicht mehr zur Kirche gehen. Rev. Nash besuchte sie zweimal die Woche, um ihr die Kommunion zu geben und mit ihr zu plaudern, und William kam fast jeden Tag vorbei. Weniger willkommen waren die Besuche von Rev. Charles Gutch von der St. Cyprians-Kirche. William hatte den Eindruck, daß dessen kompromißlose und düstere Sicht des Christentums Christina keineswegs tröstete, sondern sie vielmehr bedrückte und in ihrer morbiden Angst um ihre eigene Erlösung nur bestärkte.

Schließlich wurde ein Bett ins Wohnzimmer gestellt, das Christina von September an kaum noch verließ. Es war ihr ein großer Trost zu wissen, daß in diesem Bett ihre Mutter gestorben war. Sie hatte einen quälenden Husten, und mitunter litt sie sehr unter den krampfartigen Schmerzen, die Krebs im fortgeschrittenen Stadium verursacht. Auch die immer höheren Dosen Opium, die die Ärzte verschrieben, konnten die Qualen nur zum Teil lindern. Christina gestand MacKenzie Bell: »Ich muß so *schrecklich* leiden.«

Unter den Manuskripten im Besitz der University of British Columbia findet sich ein Brief von Christinas Nachbarin, einer jungen Frau mit kleinen Kindern, die ihren Lebensunterhalt mit Literatur verdiente und die sich beschwerte, sie würde durch lang anhaltendes Schreien gestört. Dies sei »besonders entsetzlich« zwischen acht und elf Uhr abends. Sie fügte hinzu: »Ich habe den Verdacht, daß die Schreie beginnen, wenn sie allein gelassen wird... Ich hätte mich gefreut, ihr *helfen* zu können; aber nur dazusitzen und dem Schreien zuhören zu müssen, gegen das man nichts unternehmen kann, ist nervenaufreibend.« Christinas Ärzte deuteten an, die Schreie könnten hysterischen Ursprungs sein, aber William wies diese Vorstellung empört zurück.

Gleichgültig ob Christinas Leiden körperlicher oder geistiger Natur war oder eine Mischung aus beidem – ihre Qualen waren enorm. William beschrieb ihren Geisteszustand als schwermütig; sie glaubte nicht, daß eine Erlösung für sie möglich war. »Einige ihrer Äußerungen waren sehr schmerzlich... Die Flammen der Hölle erschienen ihr realistischer als der Segen des Himmels.«[26] Christinas Sonett Nr. 27 aus »Later Life«, das sie über zwölf Jahre zuvor geschrieben hatte, erwies sie als prophetisch.

> Mir träumte vom Tod. Wie wird es sein zu sterben,
> Nicht im Traum, sondern in Wirklichkeit,
> Mit all den schlimmen Todesqualen,
> Dem letzten Schlag des Herzens, dem letzten Atemzug?
> Vielleicht zu benommen für ein letztes Lebewohl,
> Zu untröstlich, um Trost zu finden,
> Ein hilfloser, unschöner Anblick der Reue,
> Lange letzte Stunden, so lange, auch wenn sie verfliegen.
> So lange für alle, die hoffnungslos in ihrer Angst
> Dem langsamen Atem lauschen und das Gefürchtete
>   erwarten:
> Während ich daliege mit Ohren, die nicht mehr hören,
> Mit trüben Augen und ersterbendem Puls
> (Ach! Keine Heilige frohlockt hier auf ihrem Bette),
> Kann doch das Ziel verfehlen, die Krone nicht erringen.

Die von den Ärzten verordneten Drogen und der Brandy – der, wie Christina William lächelnd berichtete, »kistenweise« ins Haus geliefert wurde – riefen Halluzinationen hervor. Sie war sich bewußt, daß ihr Verstand nicht immer ganz klar war; einmal fragte sie William, ob das Tier, das sie auf dem Laken sehen könne, tatsächlich oder nur in ihrem Kopf existiere. Dann wieder war sie geistig völlig klar und sprach angeregt über die alten Zeiten. Wie Gabriel plagten auch sie irrationale Schuldgefühle. So flehte sie William um Vergebung an, weil sie ihm als Kind einmal einen Farbkasten versprochen, aber nie gegeben habe; dann wieder, weil er ihr eines Tages befohlen habe, niemanden zu empfangen, sie aber Charles Cayley zum Mittagessen gesehen habe. Mehr als einmal sprach sie über Cayley und wie sehr sie ihn »mit fast leidenschaftlicher Inbrunst«[27] geliebt habe.

Einen ihrer letzten Briefe schrieb sie an Frederick Shields, voll beschwörender Erklärungen der Zuneigung zu ihm und seiner Frau; sie erwähnte auch, wieviel seine Freundschaft ihr bedeutet habe. Seine Zeichnung des Guten Hirten hing an der Wand gegenüber ihrem Bett, so daß sie das Bild ständig betrachten konnte.

Im November war sie zu schwach, um sich aus der Bibel vorlesen zu lassen. Sie machte sich Sorgen um ihre Katze Muff, zur Hälfte eine Perserkatze mit einem beeindruckenden Wesen. Muff hatte immer auf Christinas Schreibtisch gesessen, während sie schrieb, und sich auf ihren Schultern durchs Haus tragen lassen. William hatte versprochen, eines ihrer Jungen zu nehmen und sich nach Christinas Tod auch um Muff selbst zu kümmern. Er fragte Christina, ob er die Katze auf ihr Bett setzen solle, aber sie war zu schwach und meinte, sie habe Muff vermutlich zum letzten Mal gesehen. Mehrere Tage lang war sie nur noch wenig bei Bewußtsein; sie litt keine Schmerzen mehr und war zu schwach, um zu reden, konnte offenbar aber verstehen, was man ihr sagte. Sie starb am Samstagmorgen, dem 29. Dezember, um 7.25 Uhr; nur Harriet Read war bei ihr. William kam sofort, um ein letztes Mal alleine bei seiner Schwester zu sitzen, und später traf MacKenzie Bell ein und durfte sie sehen.

In der Nacht vor ihrer Beerdigung schneite es, und der Friedhof in Highgate war weiß. Der Gottesdienst fand in Christ Church am Woburn Square statt, abgehalten von Rev. Nash. Viele Trauergäste waren anwesend. Der Chor sang Vertonungen von Christinas Gedichten, und die Gemeinde stimmte in die Hymnen »O Rest in the Lord« und »Abide With Me« ein. Es war ein würdevoller und freudiger Gottesdienst.

Das Begräbnis in Highgate fand im engsten Familien- und Freundeskreis statt – nur William und seine Kinder, MacKenzie Bell und Lisa Wilson waren anwesend sowie Harriet Read und andere Bedienstete der Rossettis. MacKenzie Bell beschrieb das Ereignis.

> Eine leichte Schneedecke lag auf dem Boden, und als Mr. Nash die abschließenden Worte der Trauerfeier sprach, schien die Wintersonne durch die unbelaubten Zweige einiger Bäume zur Rechten und hob all die feinziselierten Äste hervor, und dazu sang ein Rotkehlchen.[28]

Der schlichte Grabstein stand in Richtung des Denkmals, das für ihre Eltern errichtet worden war, und trug die Inschrift, die William am passendsten für Christinas Leben fand – eine Strophe aus ihrem Gedicht »The Lowest Place«:

> Gib mir den bescheidensten Platz: oder wenn
> Dieser bescheidenste Platz zu hoch für mich ist, mach
>   einen noch bescheideneren,
> Damit ich dort sitzen
> Und meinen Gott sehen und Dich lieben kann.

Zu dem Gedenkgottesdienst in Christ Church drängten sich zahlreiche Menschen, denen Christinas Dichtung Lebensmut gegeben hatte. Viele hatten Trost gefunden in Christinas Worten, man könne durch Leiden zu Glauben und Freude gelangen. Von Christinas Freunden empfand Swinburne den Verlust vielleicht am schmerzlichsten. Er gestattete William, ihm Christinas posthum erscheinende *New Poems* zu widmen, und schrieb eine Lobpreisung auf ihren Tod, die trotz Swinburnes atheistischem Glauben die Möglichkeit vom Leben nach dem Tod nicht ausschließt.

Nicht hier soll das Lied der erstarkten Freude
Jubelnd erklingen und uns erheben, ein nimmermüder Bann
Vom Traum zur Vision des Lebens, den die Seele
Nur durch die Gnade des Todes erblicken kann, wenn dieser das in ihn gesetzte Vertrauen nicht enttäuscht.[29]

KAPITEL 18

In *Some Reminiscences* schrieb William: »Christina Rossetti ist von uns gegangen; sie war wenigen persönlich bekannt, wurde von noch weniger Menschen verstanden und blieb für fast alle stumm.« Da Christina alle persönlichen Zeugnisse vernichtete und ihre Privatsphäre sorgsam hütete (auch niemandem ihre Gefühle anvertraute), standen ihre Zeitgenossen und späteren Biographen vor einem großen Problem. Selbst ihre Nichten Olivia Rossetti Agresti und Helen Rossetti Angeli räumten ein, ihr wahres Wesen sei »schwer zu ergründen« gewesen. Abgesehen von noch existierenden Briefen und Gedichten, stammen die Informationen über sie vorwiegend aus Erinnerungen von Freunden, Bekannten und Verwandten.

Nach Christinas Tod erschienen mehrere Memoiren von Menschen, die sie gekannt hatten, und es ist schwer einzuschätzen, inwieweit diese Rückblicke korrekt und nicht von persönlichen Eindrücken gefärbt sind. Aufgrund von Christinas Zurückgezogenheit kursierten zahlreiche eher unwahrscheinliche Geschichten über sie. So berichtete Mrs. Virtue Tebbs von einer kleinen Gesellschaft, bei der man über Christinas Gedichte sprach. Mitten in der Unterhaltung sei eine kleine, in Schwarz gekleidete Frau vorgetreten und habe gesagt: »Ich bin Christina Rossetti.« Daraufhin habe sie sich wieder gesetzt. Diese Anekdote wurde aus zweiter Hand von einer Freundin Mrs. Tebbs' wiedergegeben und paßt so wenig zu Christinas Wesen, daß man sie mit Vorsicht genießen muß. Wahrscheinlicher ist wohl die Geschichte Katharine Tynans, Christina habe oft Papierfetzen von der Straße aufgelesen für den Fall, daß sie den Namen Jesu trugen.

Die Erinnerungen und Artikel, die gleich nach Christinas Tod erschienen, waren im Ton durchweg ehrerbietig. Sie wurde zur »heiligen Christina« verklärt. Im Nachruf der *Daily News* stand: »Ihre erhabensten Bücher sind die Bücher ohne Worte, die sie lebte.« Wie bei den meisten Schriftstellerinnen ihrer Zeit wurde ihr Werk als unmittelbar mit ihrem Leben zusammenhängend interpretiert. Watts-Dunton schrieb in seinem Artikel für *Athenaeum*: »Allein durch die Schönheit ihres Lebens wurde ihr persönlicher Einfluß so groß, und auf niemanden wirkte dieser Einfluß stärker als auf ihren berühmten Bruder Gabriel.« In allen Nachrufen wurden ihr Gehorsam, ihre Selbstaufopferung und ihre Unterdrückung des »dem Künstler eigenen Egoismus« hervorgehoben, denn dies entsprach dem viktorianischen Idealbild der Frau.

In einem Artikel über Jean Ingelow nach ihrem Tod hieß es: »Aufmerksamen Menschen wird nicht entgehen, welches Beispiel das Leben von Frauen wie Jean Ingelow, Mrs. Oliphant und Christina Rossetti heutigen Frauen bieten kann.« Später werden »die Bescheidenheit, die Feinheit und Reinheit« ihrer Werke gepriesen sowie die Frauen selbst, weil sie »keine ›Rechte‹ einforderten, keine schlammigen Tiefen turbulenter Leidenschaften und Gefühle aufwühlten, keine kritischen Punkte ansprachen, keine Mißklänge anstimmten und alle Arten der Werbung vermieden«.[1] Aber genau deswegen fiel es Frauen, die dieses Muster durchbrechen wollten, schwer, diese Dichterinnen als literarische Vorbilder zu akzeptieren. Literaturwissenschaftler und Rezensenten zwängten Christina und Jean Ingelow in eben dieses Muster und legten ihrer Kritik ähnliche Maßstäbe zugrunde, wobei sie vielfach nicht den literarischen, sondern ausschließlich den moralischen Wert ihrer Dichtkunst betrachteten. Wären die Werke dieser Frauen tatsächlich so blutleer gewesen, wie die Kritiken behaupteten, dann wären all diese Gedichte heute zu Recht vergessen.

Das Bild der heiligen Christina, der vorbildlichen Tochter und Schwester, die ihre Eltern und Brüder versorgte und über deren Leben berichtete, verdrängt die leidenschaftliche, wütende Frau, deren Selbstaufopferung nur durch großes Leid und Verleugnung ihrer Sexualität möglich war. MacKenzie Bells ehrerbietige, 1898 veröffentlichte Biographie erwähnt James Collinson und Charles Cayley lediglich am Rande. Christina existierte ausschließlich im Rahmen ihrer Familie und ihres Werks. Doch so interessant spätere Generationen Christinas »Lebensgedicht« auch finden mögen, letztlich steht an erster Stelle ihre Dichtung, die eine eigene Geschichte erzählt. Die Bedeutung dieser »anderen Geschichte« betonte Dora Greenwell in ihrem Essay »Our Single Women« (Unsere unverheirateten Frauen). »Es ist sicher bezeichnend, daß die Frau, ... die in allem, was persönliche Gefühle betrifft, zu einer gewissen Unterdrückung verpflichtet ist, sich im gedruckten Wort um jene furchtlose, kompromißlose Aufrichtigkeit bemüht, die ihr im wirklichen Leben verwehrt bleibt.«

Als einziges noch lebendes Mitglied der Familie Rossetti übernahm William die Aufgabe, Christinas Briefe und Gedichte zu redigieren, wie er es bereits bei Gabriel getan hatte; als Anhang zu einer Sammlung ihrer Gedichte schrieb er zudem kurze Memoiren. Obwohl er meist aufrichtig ist in dem, was er sagt, berichtet er nicht immer die ganze Wahrheit – schließlich schrieb auch er innerhalb der einschränkenden Konventionen seiner Zeit. Für ihn waren die »wahren, hehren Prinzipien einer Biographie« Mitgefühl und Wahrheit. »Das dargebotene Bild soll bewußt günstig sein ... soweit die Aufrichtigkeit dies gestattet.«[2] Das darf man nicht vergessen, wenn man seine Erinnerungen an Christina liest.

William war überrascht über die große Menge bislang ungedruckter Gedichte, die er nach Christinas Tod fand, und 1896 veröffentlichte er einen Band mit 233 *New Poems*. Daraufhin griffen Kritiker ihn an, er habe »alles zusammengesucht, was [er] finden konnte – und das ist gelegentlich überaus durchschnittlich –, und bot dies der Öffentlichkeit dar, die gerne auf vieles verzichtet hätte«.[3] Das Niveau der *New Poems* ist unterschiedlich; es gibt Gedichte, die Christinas Ansicht nach nicht ihrem üblichen Standard entsprachen, aber auch solche, die zu persönlich waren, um veröffentlicht zu werden. Zu den besten Werken dieser Kategorie gehören »A Pause«, »Long Looked For« (Lange ersehnt), »Introspective« (Nach innen blickend), »The Heart Knoweth Its Own Bitterness«, »Today and Tomorrow« und »By Way of Remembrance« (Als Erinnerung). Andere sind aufschlußreich, weil sie Christinas Entwicklung als Dichterin aufzeigen und uns verdeutlichen, womit sie sich in Gedanken befaßte.

1904 verlegte William eine *Collected Edition* ihrer Gedichte, der er Memoiren voranstellte. Auch dieses Buch enthält nicht alle ihre Werke, ist aber nach wie vor die umfassendste Ausgabe, die der Allgemeinheit vorliegt. (Eine vollständige Ausgabe wird in den USA vorbereitet.) Neben ihrem Jugendwerk finden sich darin bis auf siebzig fehlende all ihre Gedichte in Manuskriptform. Das Druckbild stammt großteils von William, der »ein durchgängiges System des Zeileneinzugs« bevorzugte. Allerdings räumte er ein, daß sein System aufgrund des unterschiedlichen Versmaßes und der unregelmäßigen Zeilenlänge von Christinas Gedichten schwer durchzuhalten war. Widerstrebend mußte er darauf verzichten, es »durchgängig und einheitlich anzuwenden«, wenn die Reimfolge eines Gedichts sich nicht seinem Schema anpassen ließ. Selbst in dieser relativ unbedeutenden Hinsicht sperrt sich Christinas Dichtung dagegen, sich den Vorgaben anderer zu fügen. Wichtiger ist allerdings, daß William sich die Freiheit herausnahm, in einigen Gedichten bestimmte Wörter zu ersetzen – in einem wird aus »passion« (Leidenschaft) »pathos« (Ergriffenheit) –, um das sinnliche Element abzuschwächen. Dies ist zwar typisch für Christinas Gedichte, ihr Bruder aber hielt es nicht für angebracht. Ähnliche Probleme gibt es auch bei Emily Brontë und Emily Dickinson, deren Werke nach ihrem Tod ebenfalls von ihren Familien redigiert wurden. Charlotte Brontë gestand sogar, sie habe einige von Emilys Gedichten vernichtet und in der 1850 erschienenen Ausgabe von Emilys Werk bei »The Prisoner« zwei Stanzen eingefügt.

Ein Großteil der Kritik an *New Poems* richtete sich an William als Herausgeber, weil er, so der Vorwurf, Werke veröffentlicht habe, die dies Christinas eigener Ansicht nach nicht wert waren. Christina selbst wurde, um MacKenzie Bell zu zitieren, mit einem »Schwall von Lobpreisungen« bedacht, wobei einschränkend immer ihr Geschlecht erwähnt wurde. So schrieb Andrew Lang im *Cosmopolitan Magazine*: »Es kann kaum einen Zweifel geben, daß wir nun des größten englischen Dichters beraubt sind, aus dem Geschlecht derer, die mehr zur Poesie anregen, als sie selbst verfassen sollten.«[4] Doch aufgrund der nachdrücklichen und verstörenden Wirkung ihrer Gedichte wurde Christinas Genialität gepriesen. Sir Walter Raleigh hielt sie für den größten Dichter seiner Zeit. Über ihre Inspiration urteilte Watts-Dunton in *Athenaeum*: »Mir erschien es, als entspringe sie einer Kraft, die meine Seele in einem vorgeburtlichen Zustand kannte und auch jetzt noch nicht völlig vergessen hat.«

Andere Kritiker legten etwas größere Zurückhaltung an den Tag. Arthur Benson sprach in der *National Review* von dem Element des Traumgedankens – den lebhaften inneren Bildern, die Christina mit dem Auge der Künstlerin nachzeichnet.

> Einige Schriftsteller besitzen die Gabe, im Geist ihrer Leser eine luftige Landschaft zu erzeugen – oft vage und schattenhaft, die sich dem Bewußtsein nicht aufdrängt, sondern einen ruhigen Hintergrund bildet, wie eine Sammlung von Porträts, in deren Rahmen die Handlung des Gedichts oder des Sonetts sich abspielt. Ich spreche hier nicht von bildlicher Beschreibung, die darauf abzielt,

ein Haus, einen Park, ein Tal mit mehr oder weniger Lebendigkeit heraufzubeschwören, sondern von Gedichten reinen Denkens und Empfindens, die dennoch ein unglaubliches Gefühl von Örtlichkeit vermitteln, in dem die Stimmung sich austräumt.[5]

Für William Rossetti lag Christinas unvergleichliche Gabe in ihrer Fähigkeit, »den Gedanken mit dem Bild und das Bild mit dem Gedanken« zu verschmelzen. Ein anderer Kritiker sprach von »Aufrichtigkeit im Dienste eines einfühlsamen und außerordentlich *sehenden* Wesens«. Andere erwähnten ihre »strenge Lebensphilosophie«.[6]

Natürlich konnten auch negative Reaktionen nicht ausbleiben. Einige waren persönlicher Art und stellten ein Gegenbild zur heiligen Christina dar. Violent Hunt (die Geliebte Ford Madox Fords) beschrieb sie als unsympathisch und scharfzüngig, wobei sie damit ausschließlich auf Christinas Zurückgezogenheit und Bitterkeit in den letzten Lebensjahren anspielen konnte. Im Bereich der Literatur gab es eine neue Generation von Dichtern mit Yeats und Eliot an der Spitze. Unter T. S. Eliots Definition der Moderne wurde zwischen persönlicher und literarischer Emotion unterschieden, wobei erstere für den Leser nur von geringem Interesse sei. In dieser Theorie gab es für Frauen wie Christina und Elizabeth Barrett Browning keinen Platz, denn eine der Stärken ihrer Werke besteht genau in deren persönlicher emotionaler Offenheit. Christina wurde (wie auch andere Dichterinnen) kritisiert wegen ihrer geringen Bandbreite von Themen und der Monotonie ihrer Gefühlswelt. Ford Madox Ford, der selbst bereits ein angesehener Literat war, als er über seine Tante schrieb, verteidigte sie und meinte, sie sei die Dichterin des Leidens, und »Leiden ist ein Thema eines jeden Zeitalters«.

Wenn man Christina jedoch ausschließlich als Dichterin des Leidens betrachtet, übersieht man die vielen anderen Gedichte, die sie im Zustand der Ekstase schrieb und die einen großen Teil ihres Werks ausmachen. Ihr lyrisches Werk befaßt sich mit der Vielfalt menschlicher Gefühle, und vieles davon ist universell und zeitlos. In seinem Vorwort zu ihren *Selected Poems* von 1984 bemerkt Charles Sisson: »Menschliche Gefühle überdauern alle Veränderungen der Umstände und der Ideologie.« Er nennt ihr Werk »kontrolliert und leidenschaftlich« und gesteht ihr »absolute Meisterschaft« zu innerhalb der Parameter, die sie sich selbst vorgab. Die Qualitäten, deretwegen ihr dichterisches Werk auch heute noch gelesen wird, sind Schlichtheit und Direktheit. Zwischen der Dichterin und dem Leser liegt kein metaphorischer Schleier, Christinas Sprache ist ausdrucksstark, aber nicht wortreich, der Gedanke wird nie durch unnötige Adjektive oder Adverbien oder durch ein Übermaß von Gefühl verdeckt. Im Gegensatz zu Dora Greenwell, Jean Ingelow und – häufig – Elizabeth Barrett Browning ist das »Ich« der Gedichte meist die Dichterin selbst. Jean Ingelow schreibt in der dritten Person oder verbirgt sich hinter einem männlichen »Ich«. Selbst in der vielsagenden Strophe

> Oh, laßt mich ich selbst sein! Doch wo
> Unter diesem Berg von Vorbildern, dieser Ansammlung
> Von Sitten, Gebräuchen und Maximen, von schweren
>   Lasten
> Soll ich mein Selbst finden?[7]

schreibt sie in der Person eines männlichen Dichters/Gelehrten, der nach Erfolg strebt. Wodurch Christina mit ihren Gedichten sich von den Werken ihrer Zeitgenossen und Zeitgenossinnen abhebt, ist ihre »Präsenz«, die Tatsache, daß sie den Leser direkt anspricht.

Zwar wurde Christina auch von Dichtern wie Basil Bunting, Philip Larkin und Elizabeth Jennings bewundert, aber bei Literaturwissenschaftlern des 20. Jahrhunderts findet ihr Werk keinen großen Anklang. Ihr Einfluß auf Swinburne und Hopkins wurde zu ihren Lebzeiten zwar durchaus anerkannt, wird heute jedoch großteils übersehen. In der vielfach benutzten Literaturgeschichte *Pelican Guide to English Literature* steht ein Aufsatz über die Dichtung der Präraffaeliten, der sich mit Dante Gabriel und Christina Rossetti sowie William Morris befaßt. Das Hauptinteresse gilt dabei Dante Gabriel, obwohl seine Gedichte im Vergleich zu Christinas übertrieben elegant, gekünstelt, überladen und manieriert wirken. Christinas Dichtung ist frei von diesen Fehlern, aber:

> Es ist bezeichnend, daß man ihr Werk in dieser negativen Form beurteilt. Denn Verneinung, Verleugnung, Verzicht sind die kennzeichnenden Elemente von Christinas religiöser Lyrik: Und man muß zugeben, daß eine ausgiebige Lektüre ihres Werks zu Depressionen führt. Die Trauer, vielfach Morbidität, die selbst in ihren reizenden Kindergedichten zum Ausdruck kommen, sogar in *Goblin Market* und zweifellos in *The Prince's Progress*; das unverkennbare Fehlen eines Ventils für aggressive Impulse, was sich zu Depression oder Resignation verdichtet; die kompensierende Todessehnsucht, die als Anodynum, als Betäubungsmittel der Ewigkeit, gesehen wird – diese Empfindungen sind jedem Leser ihrer Gedichte vertraut. Und es ist schwer, Gedichte zu finden, in denen sie diese Gefühle transzendiert oder in Umstände verwandelt, die ein großes Werk entstehen lassen.[8]

Immerhin räumt W. Robson »eine gewisse Wesensverwandtschaft« zwischen Christinas »Spring Quiet« und Gerard Manley Hopkins' »Heaven-Heaven« ein. Dabei werden lediglich das Gedicht »A Pause« untersucht, dessen »Schlichtheit und Natürlichkeit« ebenso gepriesen werden wie der »außerordentliche Geschmack und die spirituelle Manierlichkeit«, sowie das Sonett – »Remember me when I am gone away«, das im Vergleich mit Shakespeares 71. Sonett den kürzeren zieht. Christinas Sonett zeige »scheue Zurückhaltung, Zartheit und

Sehnsucht«, es fehle ihm an Argumenten und scheine »wenn nicht rührselig, so doch ein wenig *mièvre*«. Weiterhin wird bemerkt: »Der Vergleich mit Shakespeares Sonett veranlaßt uns, das ihre durchaus einschränkend als ›weiblich‹ zu bezeichnen: Durch das fehlende Feuer und die mangelnde Energie erhält man den Eindruck von Dürftigkeit und geringer Substanz.«

Allerdings wird gewürdigt, daß Christinas Dichtung »nicht das Sonore und Seherische besitzt, das Deklamatorische und gleichzeitig peinlich Intime«, das nach Ansicht W. Robsons das Werk Elizabeth Barrett Brownings kennzeichnet. In dem Aufsatz finden sich Anklänge an den Artikel über Jean Ingelow, denn Robson bemerkt, daß Christinas Dichtwerk zwar »entäußert, bedrückt und monoton« ist, doch würde dies wettgemacht durch die Tatsache, daß man sie als »eine Dame« bezeichnen kann, was »man nicht als snobistisches Urteil begreifen darf«.[9]

Diese Ausführungen erklären, warum Christinas Ansehen nach ihrem Tod auf Kosten von Elizabeth Barrett Browning stieg. Deren Werk wurde als aktiv und tatkräftig gesehen; es besäße eine intellektuelle Kraft, die männlich sein wollte – Dante Gabriel hatte diese Eigenschaft als »Falsettokraft« bezeichnet. Christinas Dichtung hingegen galt als weiblich, das heißt passiv, nicht intellektuell und somit besser, denn sie strebte nicht danach, die Grenzen zu überschreiten, die Frauen gemeinhin gezogen wurden. Dichterinnen befanden sich in einer ausweglosen Situation: Waren sie »weiblich«, so wurden sie zwar gelobt, jedoch nie gleichwertig mit ihren männlichen Kollegen verglichen; galten sie aber wie Elizabeth Barrett Browning als »unweiblich«, wurde ihnen vorgeworfen, sie versuchten erfolglos, Männer nachzuahmen. Beide Standpunkte führten dazu, daß ihr Werk gemessen am Standard der männlichen Kritik ein Fehlschlag war. Erst in der zweiten Hälfte des 20. Jahrhunderts, als sich eine feministische Literaturkritik entwickelte und in Frankreich neue Literaturtheorien entstanden, wurde das Werk von Frauen wie Christina Rossetti neu entdeckt.

Virginia Woolf fühlte sich von Christinas lyrischem Stil stark angesprochen. Mit ihrem ausgeprägten Sinn für Wortmelodien begeisterte Virginia Woolf sich für Gedichte wie »When I am Dead My Dearest« und »A Birthday«, denn sie riefen in ihr ein Gefühl von Selbstvergessenheit und Hingerissensein hervor. Dieses Stilmerkmal veranlaßte auch Komponisten wie Gustav Holst, Vaughan Williams und Delius, Christinas Gedichte zu vertonen. Virginia Woolf prophezeite, wir würden noch immer »My Heart is Like a Singing Bird« singen, wenn Torrington Square »womöglich schon zu einem Korallenriff geworden ist und die Fische durch Christinas Schlafzimmerfenster hin und her flitzen«.[10]

Die amerikanische Autorin Willa Cather stand anderen Frauen im allgemeinen sehr kritisch gegenüber. In einem 1895 im *Nebraska State Journal* veröffentlichten Artikel kam sie zu dem Urteil, Christinas Dichtung sei weder »lebenskräftig oder überzeugend genug, um auf zukünftige Dichter einen großen Einfluß zu haben oder ihnen als wegweisend zu dienen, und auch nicht glühend und leidenschaftlich genug, um einen Anspruch auf Unsterblichkeit zu erheben«. Ihrer Ansicht nach hatte Christina nicht genügend »göttliches Feuer« erhalten, sondern »nur einen Funken, der den Körper verzehrte und die Seele verbrannte«. Dabei übersieht sie allerdings, daß nur ein unkontrolliertes Feuer etwas verzehrt und verbrennt – ein Funke kann Dinge lediglich versengen. Paradoxerweise begeisterte Cather sich wie andere Amerikaner für Christinas religiöse Lyrik und räumte ein: »Sie schrieb mit dem mystischen, hingerissenen Glauben der Kassandra, einer Art spiritueller Ekstase, die für die Seele das gleiche bedeutet wie Leidenschaft für das Herz.«[11]

Gleichgültig welches Urteil Willa Cather öffentlich über Christinas Dichtung abgab – von *Goblin Market* fühlte sie sich unwiderstehlich angezogen; möglicherweise reflektierte dessen Doppeldeutigkeit einen ihrer eigenen Charakterzüge. So verwendete sie ein Zitat aus dem Gedicht als Epigraph zu ihrem Kurzgeschichtenband *The Troll Garden,* dessen beherrschendes Thema der Genuß verbotener Früchte ist, der sich oft als tödlich erweist. Die Heldin von »Death in the Desert« (Tod in der Wüste) siecht wie Jeanie dahin und stirbt – hier gibt es keine Möglichkeit der Erlösung. Die Gestalten leben in dem wilden Land, das von Goblins bewohnt ist und das außerhalb der Mauern geordneter viktorianischer Gärten liegt. Nichts ist sicher. Schönheit verleitet zu Schlechtigkeit, und Kunst ist gefährlich. Jene, die sich im Garten der Trolle ergehen wollen, setzen sich großen Gefahren aus und müssen für diese Freiheit einen hohen Preis zahlen.

Innerhalb der modernen feministischen Literaturwissenschaft gehört Christinas Dichtung eindeutig zu der »Ästhetik des Verzichts«, um Gilbert und Gubar in *The Madwoman in the Attic* (Die Wahnsinnige im Dachzimmer) zu zitieren. Dabei konzentrierten die Wissenschaftlerinnen sich auf die subversiven Elemente von *Goblin Market* und anderen Frühwerken. Diese Gedichte, in denen Christina die mühevolle Suche nach einer Stimme innerhalb eines Glaubens beschreibt, der sie ihr aber verwehrte, und nach einem Selbstwertgefühl, das gleichzeitig selbstlos sein mußte, verdeutlichen den Konflikt, in dem sich Schriftstellerinnen des 19. Jahrhunderts befanden und der sich für Christina durch ihren Glauben noch verschärfte. Dora Greenwell bekannte, ihr Ziel bestehe darin, »ihre äußere Existenz mit ihrem Innenleben in Einklang zu bringen«.[12] Christina erreichte dieses Ziel nur um den Preis ihres wahren Empfindens; die äußere Existenz des religiösen Rituals, der Angepaßtheit und Unterwerfung trug den Sieg davon. In einer 1975 erschienenen Ausgabe von *Goblin Market* bemerkte Germaine Greer, Christina sei »entsetzt über die unkontrollierbare Gewalt ihres eigenen Wesens« gewesen und habe ihre Gefühle unterdrückt, wobei sie »Frömmigkeit als Metapher für ihre unbefriedigte Sexualität« verwendete.[13]

In Christinas Gedicht »The Lowest Room«, von dem Gabriel Rossetti meinte, es lehne sich stilistisch zu stark an Elizabeth Barrett Browning an, stellt eine Schwester nach der Lektüre Homers das Los der Frauen in Frage.

> Ein Jahrhundert der Träume währt zu kurz,
> Eines Tages Arbeit ist lang genug;
> Warum sollten nicht du oder ich
> Heldenstärke erringen?
>
> Wir beginnen das Leben als leeres Blatt,
> Müssen selbst zu Fluch oder Segen es kehren;
> Wer bestimmt denn, daß ich nur
> Zweite, und nicht Erste sein darf?

Ihre jüngere Schwester tadelt sie für diesen Gedanken und erinnert sie daran, daß ihr Leben nicht von den klassischen Werten Homers, sondern von Christus bestimmt wird. Wie Christina findet das »Ich« des Gedichts es schwer, jedes Gefühl von Ehrgeiz aufzugeben.

> Nicht Erste zu sein – wie schwer ist doch
> Diese lebenslange Lektion der Vergangenheit zu
>   erlernen.
> Falte um Falte, Schlag um Schlag,
> Doch Gott sei Dank ist sie endlich erlernt.

Weltliches Streben wird zugunsten eines himmlischen Lohns aufgegeben, denn nach dem Tod werden »die Letzten die Ersten sein«. Das war Christinas einzige Hoffnung.

> Dereinst schlägt mein Herz noch höher
> Beim Schall der Erzengel-Posaunen,
> Wenn innerste Geheimnisse enthüllt
> Und die Letzten zu den Ersten werden.

Christina sah sich als eine zerbrochene Schale, die im himmlischen Feuer zu einem goldenen Kelch geschmolzen wird – »Ein königliches Gefäß für ihn, meinen König«. Selbst ihre Kunst mußte dem unterworfen werden, was sie für den Willen Gottes hielt. Hingabe, bemühte Geduld und Resignation gewinnen die Oberhand über Freude, Leidenschaft, Sinnlichkeit, Verzweiflung und stoische Entschlossenheit. In ihren späteren Gedichten findet sich nichts, das mit der leidenschaftlichen Vision einer mystischen Vereinigung mit Christus vergleichbar wäre, wie Christina sie in »Passing Away« beschrieben hatte. Ihr letztes Gedicht, das sie kurz vor ihrem Tod schrieb und das William Rossetti unter ihren Papieren fand, betrachtet den Tod nicht als Triumph, sondern als Erlösung.

> Endlich ist der Schlaf gekommen, Sorgen und Aufruhr
>   sind vorbei,
> Endlich ist der Schlaf gekommen, Kämpfen und Grauen
>   sind vorüber,
> Kalt und weiß, ohne Freund und Geliebten,
> Endlich ist der Schlaf gekommen.
> Kein müdes Herz mehr, das betrübt und bedrückt,
> Kein Schmerz mehr, den unfaßbare Furcht verschafft,
> Endlich ist traumlos der tiefe Schlaf gekommen.
>
> Ein tiefer Schlaf. Weder Singvögel in den Bäumen
> Noch Winde können sie wecken.
> Unter dem lilafarbenen Thymian und dem lila Klee
> Ist endlich der Schlaf gekommen.

ANMERKUNGEN

Abkürzungen:
C. R. = Christina Rossetti
D. G. R. = Dante Gabriel Rossetti
W. M. R. = William M. Rossetti

Kapitel 1

1 Willa Cather, *Nebraska State Journal*, 13. 1. 1895
2 Theodore Watts-Dunton, *Athenaeum*, 5. 1. 1895, S. 16–18
3 William M. Rossetti, *Some Reminiscences*, London 1906
4 Ibid.
5 *Poetical Works of Christina Rossetti*, hrsg. von William M. Rossetti, Macmillan, 1904
6 Edmund Gosse, *Critical Kit-Kats*, London 1896
7 William M. Rossetti, *Some Reminiscences*
8 Edmund Gosse, *Critical Kit-Kats*
9 William M. Rossetti, *Some Reminiscences*

Kapitel 2

1 C. R., *Poetical Works*, Enrica
2 C. R., *Verses*, 1847
3 Elizabeth Barrett Browning, *Aurora Leigh*, Buch I, S. 379
4 Ibid., S. 389
5 C. R., *Poetical Works*, A Royal Princess
6 Alice Meynell, *The Colour of Life and Other Essays*, London 1896
7 C. R., *Poetical Works*, The Convent Threshold

8 Mrs. Gaskell, *Wives and Daughters*, Kap. 11, Ausgabe 1906
9 *Dante Gabriel Rossetti's Family Letters* mit Memoiren, hrsg. von William M. Rossetti
10 C. R., *Poetical Works*
11 Zitiert in: MacKenzie Bell, *Christina Rossetti*, 1898
12 C. R., Notizbuch Nr. 1 (The Bodleian Library Manuscripts, Oxford)
13 Caroline Norton (1808–1877) war die Enkelin des Dramatikers Richard Brinsley Sheridan. Sie heiratete sehr früh den Hon. George Norton. Die Ehe war sehr unglücklich, und nachdem es zu gewalttätigen Zwischenfällen kam, lebte das Paar getrennt. Caroline Nortons Ehemann entführte die Kinder, woraufhin die Mutter sie mehrere Jahre lang nicht sehen konnte. Sie verdiente sich ihren Lebensunterhalt durch das Schreiben von Gedichten, Romanen und Artikeln für Literaturjournale und hatte angeblich Affären mit Lord Melbourne und Sidney Herbert. Ihren politischen Einfluß setzte sie ein, um Reformen der Ehegesetze und des Fürsorgerechts für Kinder durchzusetzen. Sie stand im Mittelpunkt eines großen politischen Skandals und diente als Vorbild für George Meredith' Roman *Diana of the Crossways*.
14 Für eine umfassende Abhandlung über Hysterie siehe Elaine Showalter, *The Female Malady*, Virago, 1987
15 C. R., The Ashley Library Manuscripts (The British Library, London)
16 C. R., *Verses*, 1847
17 *Family Letters of Christina Rossetti*, hrsg. von William M. Rossetti, London 1905

Kapitel 3

1 W. B. Scott, *Autobiographical Notes*, hrsg. von W. Minto, London 1892
2 Holman Hunt, *Pre-Raphaelitism and the Pre-Raphaelite Brotherhood*, London 1905
3 Ibid.
4 Ibid.
5 Ibid.
6 D. G. R., *Family Letters*
7 Holman Hunt, *Pre-Raphaelitism and the Pre-Raphaelite Brotherhood*, London 1905
8 Leslie Parris, *Pre-Raphaelite Papers*, S. 64, London 1984
9 C. R., *Family Letters*, 23. 11. 1848

Kapitel 4

1 C. R., *Maude*, London 1897
2 *Christina Rossetti: Selected Poems*, hrsg. von C. H. Sisson, Carcanet 1984
3 C. R., *Poetical Works*
4 C. R., *Family Letters*, August 1849
5 Ibid., 31. 8. 1849
6 Ibid., 19. 9. 1849
7 Ibid., 26. 9. 1849
8 C. R., *Poetical Works*
9 Ibid.

Kapitel 5

1 C. R., *Family Letters*, 8. 8. 1850
2 Ibid., 14. 8. 1850
3 Ibid., 3. 9. 1850
4 D. G. R., *Family Letters*
5 Ibid.
6 C. R., *Family Letters*, Juli 1851
7 Ibid., 4. 8. 1852
8 Ibid., 28. 4. 1853
9 D. G. R., *Family Letters*
10 Watts-Dunton, *Athenaeum*, 5. 1. 1895, S. 186
11 D. G. R., *Family Letters*

Kapitel 6

1 D. G. R., *Family Letters*, 28. 3. 1854
2 C. R., *Poetical Works*
3 Ibid.
4 *Poetical Works* – Anmerkungen von W. M. R.
5 D. G. R., *Family Letters*: E. Gosse, *A. C. Swinburne*
6 C. R., *Time Flies*, 22. August 1885, SPCK
7 W. M. R., *Some Reminiscences*
8 C. R., *Family Letters*, 13. 11. 1854

Kapitel 7

1. Edmund Gosse, *Critical Kit-Kats*
2. Dora Greenwell, *North British Review*, Februar 1862
3. W. M. R., Anmerkungen zu *Poetical Works of Christina Rossetti*
4. L. E. Landon, *Stanzas on the Death of Mrs. Hemans*
5. W. M. R., *Poetical Works of Christina Rossetti*
6. Ibid., Anmerkungen zu S. 335
7. C. R., *Family Letters,* S. 98
8. Max Beerbohm, *Rossetti and His Circle*, London 1922
9. D. G. R., *Family Letters* mit Erinnerungen
10. W. Dorling, *Dora Greenwell: A Memoir*, London 1885
11. W. B. Scott, *Autobiographical Notes*
12. Alice Meynell, *The New Review*, Februar 1895
13. Gerard Manley Hopkins, *Poems,* London 1918 und 1930.
14. D. G. R., *Family Letters* mit Erinnerungen
15. Alice Meynell, *The New Review*

Kapitel 8

1. W. M. R., Anmerkungen zu *The Poetical Works of Christina Rossetti*
2. C. M. Bowra, *The Romantic Imagination*
3. Edmund Gosse, *The Life of A. G. Swinburne*
4. Edmund Gosse, *Critical Kit-Kats*
5. Maureen Duffy, *The Erotic World of Faery*, London 1972
6. Johannes-Evangelium, Kap. 6,54
7. MacKenzie Bell, *Christina Rossetti*, S. 207
8. W. M. R., *Poetical Works of C. R.,* Anm. zu S. 375

Kapitel 9

1. C. R., *Time Flies*, London 1885
2. D. G. R., *Family Letters*
3. T. Hall Caine, *Recollections of D. G. R.,* London 1882 und 1922.
4. W. M. R., *Some Reminiscences*
5. C. R., Brief an W. M. R. v. 30. 11. 1860 (The University of British Columbia Manuscripts)
6. Edmund Gosse, *The Life of Swinburne*

7 C. R., *Family Letters*
8 Ashley Library Manuscripts
9 Ford Madox Ford, *Ancient Lights*, London 1911
10 C. R., *Family Letters*
11 *Rossetti-Macmillan Letters*
12 A. Cayley an C. R., *Family Letters*
13 C. R., *Family Letters*
14 Helen Rossetti Angeli, *Rossetti: His Friends and His Enemies*, London 1949
15 T. Hall Caine, *Recollections of D. G. R.*
16 Ibid.
17 D. G. R., *Family Letters*
18 H. Gilchrist, *Anna Gilchrist: Her Life and Writings*, London 1887
19 Edmund Gosse, *Life of A. C. Swinburne*
20 Trevelyan Manuscripts, University of Newcastle-upon-Tyne
21 C. R., *Family Letters. British Quarterly*, Juni 1862
22 *Emily Dickinson: The Complete Poems*, hrsg. T. H. Johnson, Faber & Faber, London 1970. Nr. 430, 512, 646
23 Ibid., Nr. 642

Kapitel 10

1 Edmund Gosse, *Critical Kit-Kats*
2 C. R., *Poetical Works*, S. 58
3 W. Dorling, *Dora Greenwell: A Memoir*
4 C. R., *The House of D. G. R.*, Literary Opinion, 1892
5 D. G. R., *Family Letters* mit Memoiren
6 C. R., *Family Letters*
7 Grace Gilchrist, *Good Words*, Dezember 1896
8 C. R., *Family Letters*
9 Edmund Gosse, *Critical Kit-Kats*
10 W. M. R., *Rossetti Papers*, siehe auch *Troxell Letters*
11 *The Times*, 22. August 1863
12 Ashley Library Manuscripts
13 C. R., *Family Letters*, British Columbia MSS
14 *Athenaeum*, 7. 6. 1897
15 Alice Meynell, *Jean Ingelow*
16 H. Gilchrist, *Anne Gilchrist: Her Life and Writing*
17 *Athenaeum*, 7. 8. 1897
18 Elizabeth Barrett Browning, *Aurora Leigh*, Buch I

19 *Fraser's Magazine*, 18. 8. 1864
20 C. R., *Family Letters*
21 Ibid.
22 The University of British Columbia Manuscripts

Kapitel 11

1 C. R., *Family Letters*
2 Ibid.
3 Ibid.
4 Ibid.
5 W. M. R., *Rossetti Papers*
6 British Columbia MSS
7 C. R., *Poetical Works of Later Life*, Nr. 22
8 C. R., *Time Flies*, 14. Juni
9 W. M. R., *Some Reminiscences*
10 C. R., *Poetical Works of Later Life*, Nr. 21
11 C. R., *Time Flies*
12 W. M. R., *Some Reminiscences*
13 MacKenzie Bell, *Christina Rossetti*
14 C. R., *Family Letters*
15 *Rossetti-Macmillan Letters*
16 H. Gilchrist: *Anne Gilchrist, Her Life and Writings*
17 C. R., *Poetical Works*, Anmerkungen
18 The University of British Columbia Manuscripts
19 Ibid.
20 MacKenzie Bell, *Christina Rossetti*
21 C. R., *Poetical Works*, Song, S. 382
22 C. R., *Seek and Find*, 1879, S. 32/33
23 C. R., *Family Letters*, 11. 9. 1866
24 The University of British Columbia Manuscripts
25 C. R., *Poetical Works*, Monna Innominata Nr. 11
26 The University of British Columbia Manuscripts

Kapitel 12

1 William Allingham, *The Diary of William Allingham*, London 1907
2 W. Dorling, *Dora Greenwell: A Memoir*
3 Edmund Gosse, *Critical Kit-Kats*

4 Max Beerbohm, *Rossetti and His Circle*
5 Edmund Gosse, *Critical Kit-Kats*
6 Edmund Gosse, C. R., *Letter and Spirit*, 1883
7 Edmund Gosse, *Critical Kit-Kats*
8 W. M. R., *Some Reminiscences*. Walt Whitmans *Poems Selected and Edited by W. M. Rossetti* (beruhend auf den Ausgaben von 1856 und 1860), erschienen in London 1868
9 H. Gilchrist, *Anne Gilchrist: Her Life and Writings*. Briefe von Anne Gilchrist an William Rossetti erschienen 1870 unter dem Titel *A Woman's Estimate of Walt Whitman*
10 Ashley Library Manuscripts
11 W. B. Scott, *Autobiographical Notes*, Band II, S. 200
12 Ashley Library Manuscripts
13 University of British Columbia Manuscripts
14 *Blackwood's Magazine*, August 1871
15 Ford Madox Ford, *Ancient Lights*, London 1911
16 H. Gilchrist, *Anne Gilchrist: Her Life and Writings*
17 C. R., *Family Letters*
18 Ashley Library Manuscripts
19 D. G. R., *Family Letters* mit Memoiren, Okt. 1871
20 Tagebuch von W. M. R., aus C. R., *Family Letters*
21 C. R., *Family Letters*
22 D. G. R., *Family Letters*
23 Ibid.
24 C. R., *Family Letters*

Kapitel 13

1 *Women Reading Women's Writing*, hrsg. Sue Roe Harvester, 1987
2 *The Pelican Guide to English Literature*, Band 6, 1958
3 *Athenaeum*, 7. 8. 1897, »A Poetric Trio«
4 Theodore Watts-Dunton, *Athenaeum*, 5. 1. 1895
5 W. M. R., *Some Reminiscences*, Band II
6 C. R., *Family Letters*, 10. 7. 1873
7 Ibid., Juli 1873
8 Ibid., 5. 11. 1873
9 *Rossetti-Macmillan Letters*
10 C. R., *Letter and Spirit*, S. 101
11 *Rossetti-Macmillan Letters*
12 D. G. R., *Family Letters* mit Memoiren

13 W. M. R., *Some Reminiscences*
14 Ibid., Band II, S. 432/3
15 W. Dorling, *Dora Greenwell: A Memoir*
16 *The Academy*, 6. 12. 1874
17 *Athenaeum*, 27. 12. 1874
18 C. R., *Family Letters*
19 Ibid., August 1874
20 Ibid., 14. 12. 1875
21 Ibid., 22. 12. 1875
22 Ibid., Juli 1876
23 Ibid., Juli 1876
24 Ibid., September 1876
25 C. R., *Time Flies*, 7. November

Kapitel 14

1 C. R., *Family Letters*
2 Ibid., 12. 3. 1877
3 C. R., *The Face of the Deep*, 1892, S. 536
4 C. R., *Family Letters*, 6. 8. 1877
5 Ibid., 15. 8. 1877
6 MacKenzie Bell, *Christina Rossetti*
7 C. R., *Family Letters*, 30. 8. 1877
8 Ibid., 1877
9 Ibid., 11. 10. 1877
10 W. M. R., Memoiren aus *The Poetical Works of D. G. R.*
11 C. R., *Family Letters*, Juni 1878
12 Ibid., 17. 12. 1879
13 Ibid., 25. 7. 1879
14 British Library Additional Manuscripts
15 D. G. R., *Family Letters*, 21. 10. 1879
16 Ibid., 20. 7. 1880
17 Ibid., Februar 1878
18 Ibid., September 1880
19 Ibid., 6. 9. 1880
20 *Troxell Letters*, 1878
21 MacKenzie Bell, *Christina Rossetti*, S. 105

Kapitel 15

1 C. R., *Family Letters*, 1. 1. 1881
2 C. R., *Called to be Saints*, 1881, S. 148/9
3 Ibid., *All Saints*
4 *Rossetti-Macmillan Letters*
5 C. R., *Family Letters*, 26. 7. 1881
6 Ibid., 4. 8. 1881
7 *Athenaeum*, 10. 9. 1881
8 C. R., *Family Letters*, 5. 9. 1881
9 MacKenzie Bell, *Christina Rossetti*, S. 92
10 C. R., *Family Letters*, 9. 8. 1881
11 Charlotte Yonge, *Womankind*, London 1876
12 MacKenzie Bell, *Christina Rossetti*, S. 111/2
13 H. Gilchrist, *Anne Gilchrist: Her Life and Writings*
14 MacKenzie Bell, *Christina Rossetti*, S. 112
15 C. R., *Family Letters*, 2. 12. 1881
16 Ibid., 21. 12. 1881
17 Ibid., 8. 3. 1882
18 Ibid., 14. 3. 1882
19 MacKenzie Bell, *Christina Rossetti*, S. 89
20 Ibid.

Kapitel 16

1 MacKenzie Bell, *Christina Rossetti*, S. 98
2 C. R., *Family Letters*, 1883
3 Ibid., 26. 2. 1883
4 MacKenzie Bell, *Christina Rossetti*, S. 90
5 Ibid., S. 91
6 Ibid.
7 Ibid., S. 92
8 Ibid., S. 88
9 C. R., *Time Flies*, 27. Januar
10 Ashley Library Manuscripts
11 C. R., *Letter and Spirit*, 1883, S. 27
12 C. R., *Called to be Saints*, 1881, S. 435
13 C. R., *Family Letters*
14 A. Mary F. Robinson, *Emily Brontë*, W. H. Allen, 1883
15 C. R., *Family Letters*, 24. 8. 1883
16 W. M. R., *Some Reminiscences*, Band II

17 C. R., *Family Letters*, 7. 12. 1883
18 Ibid.
19 W. Dorling, *Dora Greenwell: A Memoir*
20 C. R., *Family Letters*, 15. 12. 1883
21 Ibid., 17. 11. 1884
22 Ashley Library Manuscripts
23 C. R., *Family Letters*, 18. 2. 1892
24 Harry Ransom Humanities Research Center (HRHRC) University of Texas at Austin Manuscripts
25 C. R., *Family Letters*, 10. 6. 1885
26 *The Bookman*, Februar 1895
27 HRHRC University of Texas Manuscripts
28 *The Bookman*, Februar 1895
29 *The Bookman*, »Santa Christina«, Januar 1912
30 C. R., *Family Letters*, 19. 1. 1886
31 MacKenzie Bell, *Christina Rossetti*
32 Tagebuch Frances Rossettis aus C. R., *Family Letters*

Kapitel 17

1 W. M. R., *Some Reminiscences*, Band II
2 C. R., *Family Letters*, 21. 4. 1886
3 Ashley Library Manuscripts
4 Ford Madox Ford, *Ancient Lights*
5 C. R., *Family Letters*
6 Ibid., 10. 3. 1888
7 University of British Columbia Manuscripts
8 C. R., *Family Letters*, 23. 4. 1891
9 MacKenzie Bell, *Christina Rossetti*, S. 129
10 C. R., *Family Letters*, 8. 5. 1888
11 Ibid., 6. 12. 1890
12 Ibid., 8. 5. 1888
13 C. R., *The Face of the Deep*, S. 528
14 Ibid., S. 495
15 Ibid., S. 490
16 Ford Madox Ford, *Ancient Lights*
17 C. R., *Family Letters*, November 1889
18 Ibid., 20. 5. 1892
19 Ibid., 23. 5. 1892
20 W. M. R., Tagebuch, aus C. R., *Family Letters*
21 C. R., *Family Letters*, 20. 5. 1892

22 W. M. R., Tagebuch, aus C. R., *Family Letters*
23 C. R., *Family Letters*, 9. 11. 1892
24 M. F. Sandars, *The Life of Christina Rossetti*, London 1930
25 MacKenzie Bell, *Christina Rossetti*, S. 137
26 W. M. R., *Some Reminiscences*
27 Ibid.
28 MacKenzie Bell, *Christina Rossetti*, S. 182
29 Ashley Library Manuscripts

Kapitel 18

1 *Some Recollections of Jean Ingelow by her Early Friends*, London 1901, S. 227
2 W. M. R., *Some Reminiscences*
3 C. R., *Poetical Works* (Vorwort)
4 *Cosmopolitan Magazine*, Juni 1895
5 *The National Review*, Februar 1895
6 MacKenzie Bell, *Christina Rossetti*, Kap. 10
7 Jean Ingelow, *Poems*, Honour, 1863
8 *Pelican Guide to English Literature*, Band 6
9 Ibid.
10 V. Woolf, *The Nation and Athenaeum*, 6. 12. 1930 und *The Common Reader*
11 Willa Cather, *Nebraska State Journal*, 13. 1. 1895
12 Dora Greenwell, *Our Single Women*, in *Essays*
13 Germaine Greer, *Goblin Market*, Stonehill Pub. Co., New York 1975

DANKSAGUNG

Die Autorin dankt den zahlreichen Personen und Organisationen, die ihr helfend zur Seite standen und ihr die Erlaubnis gaben, aus Manuskripten oder Büchern zu zitieren. Besonderer Dank gebührt Cathy Henderson vom Harry Ransom Humanities Research Center, University of Texas in Austin, George Brandak von der University of British Columbia, David Burnett von der University of Durham sowie den Mitarbeitern der Bodleian Library in Oxford, der British Library in London und der Clifton Library in Bristol; Macmillan Publishers Ltd. für die Genehmigung, aus dem Briefwechsel Rossetti–Macmillan zu zitieren; der Carcanet Press, der Hulton Picture Library, der Mary Evans Picture Library, der National Portrait Gallery und der Tate Gallery. Dank auch der Familie Dora Greenwells, den Nachlaßverwaltern der Trevelyan Family Papers, Sir Rupert Hart-Davis, Jan Marsh, Mrs. Gwynneth Hatton, Mr. und Mrs. R. A. O'Connor, Victoria Huxley und Frances Kelly.

Die Autorin gab sich jede erdenkliche Mühe, die Copyrightinhaber von Material in Manuskriptform aufzuspüren. In manchen Fällen trafen auf Anfragen keine Antworten ein. Somit möchte die Autorin sich entschuldigen bei allen, deren Namen aufgrund unzureichender oder überholter Information nicht genannt werden.